全世界优等生都在做的 800个逻辑游戏

孟飞 主编

天津出版传媒集团

天津科学技术出版社

图书在版编目（CIP）数据

全世界优等生都在做的800个逻辑游戏 / 孟飞主编
. — 天津 : 天津科学技术出版社, 2018.4
 ISBN 978-7-5576-4833-6

Ⅰ . ①全… Ⅱ . ①孟… Ⅲ . ①智力游戏 Ⅳ .
① G898.2

中国版本图书馆 CIP 数据核字（2018）第 040122 号

策划编辑：刘丽燕　　张　萍
责任编辑：刘丽燕
责任印制：兰　毅

天津出版传媒集团 出版
天津科学技术出版社

出版人：蔡　颢
天津市西康路 35 号　　邮编 300051
电话（022）23332490
网址 www.tjkjcbs.com.cn
新华书店经销
北京鑫海达印刷有限公司印刷

开本 720×1 020　1/16　印张 34　字数 540 000
2018 年 4 月第 1 版第 1 次印刷
定价：39.80 元

前言
PREFACE

　　逻辑思维是人的一种潜在能力，逻辑能力强，思维必然活跃，其应变、分析、创新甚至领导能力就强，在工作、学习、生活中也必然会有卓越表现。因此，逻辑能力在现今社会越来越被看重，不仅学生应试要具备必需的逻辑能力，MBA 和公务员考试及世界著名公司的招聘面试中，其更是一项测试的重点。而"玩"一些由专家精心设计的逻辑游戏，无疑是提升逻辑能力的有效途径。

　　人类大脑理论上的信息存储量十分惊人，相当于藏书 1000 万册的美国国会图书馆的 5 倍，但到目前为止，人类的大脑只开发了 5% 左右。因此，人类的大脑有着无穷的潜力和极强的可塑性，若经常性地进行科学训练，可有效激发脑细胞的活力，让思维变得更加活跃。经常"玩"一些有趣的逻辑游戏，可以使游戏者轻松突破思维瓶颈，引发思维风暴，强化逻辑思维能力，并获得解题的快乐和满足，增强挑战困难的信心。

　　本书介绍了排除法、递推法、作图法、计算法、假设法、综合法等常用的解题方法，并精选了 800 个极具代表性和独创性的逻辑游戏，有类似脑筋急转弯的逻辑转换问题，有令人迷惑不解的图形难题，有必须活用常识来解决的谜题，还有由词语、数字组成的纵横字谜等，内容丰富，难易有度，形式活泼，极具思维训练的张力。

　　在游戏的过程中，你需要大胆地设想、判断与推测，需要尽量发挥想象力，突破固有的思维模式，多角度、多层次地审视问题，将所有线索纳入你的思考。通过完成书中的游戏，你会发现自己的思维能力得到了进一步的开发，观察分析力、想象创造力、注意记忆力等各方面都得到了极大的提升，无论今后在工作、学习、生活中遭遇什么样的难题，都不会感到无从下手，都能通过思维的灵活转换，顺利迈向成功。

无论你是学生还是家长，不管你是上班族还是企业经营管理者，只要你渴望找到思维的突破点，锻炼出聪明的大脑，本书就是你明智的选择。它是快速提升逻辑思维能力的益智宝典，更是一场涤荡头脑的思维盛宴，将彻底带动你的思维高速运转起来，让你越玩越聪明，越玩越开心！马上翻开本书，开启一段非凡的头脑历练之旅，进行一场前所未有的思维革命吧！

目录
CONTENTS

第一章 | 排除法

001 波娣娅的宝盒 2
002 三棱柱 2
003 哪一个不一样 2
004 形单影只 2
005 移民 3
006 说谎者 3
007 影像契合 4
008 镜像 4
009 小宝贝找妈妈 4
010 儿子和爸爸 5
011 真正的夫妻 5
012 师生关系 6
013 司机与车 6
014 祖孙两代 7
015 医生与病人 7
016 男女朋友 8
017 警察与小偷 8
018 采访 9
019 翻身 9
020 国际象棋 10
021 补缺口 10
022 夏日嘉年华 10
023 顶峰地区 11
024 出师不利 11
025 汤姆的舅舅 12
026 换装 12
027 小屋的盒子 13
028 瓦尼斯城堡 13
029 发错的邮件 14
030 清仓大拍卖 14
031 信箱 15
032 等公车 15
033 购物优惠券 16
034 职业女性 16

035	模仿秀	17	062	足球评论员	31
036	新生命	17	063	笔名	32
037	捷径	18	064	困惑	34
038	记者艾弗	18	065	找出异己	34
039	野鸭子	19	066	破损的宝塔	34
040	破纪录者	19	067	找袜子	35
041	请集中注意力	20	068	找不同	35
042	抓巫将军	20	069	残缺的迷宫	35
043	吹笛手游行	21	070	巧穿数字	36
044	在海滩上	21	071	捉老鼠	36
045	跳棋比赛	22	072	封口	36
046	古卷轴	22	073	最牢固的门	37
047	演艺人员	23	074	南瓜脸	37
048	戴黑帽子的家伙	23	075	分开链条	37
049	剧院座位	23	076	规律	38
050	狮子座的人	24	077	翻身	38
051	黑猩猩	25	078	帽子的颜色	38
052	找出皇后	25	079	美丽的正方体	39
053	摇滚乐队	26	080	看一看	39
054	飞行训练	26	081	一刀两断	39
055	生病	27	082	残缺的纸杯	40
056	在沙坑里	28	083	工作服	40
057	运输	28	084	莫斯科"摩尔"	41
058	摄影师	29	085	势单力薄的警察们	41
059	管事儿的撒克逊人	29	086	英格兰的旗舰	42
060	"多产的果树林"	30	087	特殊数字	42
061	马·博斯科姆斯公寓	31			

第二章　递推法

088	图形识别	44
089	黑点方格	44
090	拼凑瓷砖	45
091	组合转换	45
092	女主人的难题	46
093	递进的数字	46
094	猜数字	47
095	天平配平	47
096	神谕古文石	48
097	第七洞的成绩	48
098	数字模式	49
099	面积	49
100	最佳数字	49
101	葛鲁丘的难题	50
102	格拉斯哥谜题	50
103	还原多米诺	50
104	千禧年	51
105	四人车组	51
106	勋章	52
107	腼腆的获奖者	52
108	没人在家	53
109	测量	53
110	数字区	54
111	帐篷	54
112	阴影	55
113	赛马	55
114	图形组合	56
115	图形四等分	56
116	哪个不相关	56
117	填数字	57
118	黑色还是白色	57
119	图形转换	57
120	缺少的时针	58
121	类同变化	58
122	回忆填图	58
123	补充图案	59
124	规律推图	59
125	图形选择	59
126	搬运雪块	60
127	对应	60
128	有趣的脸谱	60
129	查缺补漏	61
130	数字代码	61
131	推测符号	61
132	中国盒	62
133	数字矩阵	62
134	补充表格	62
135	战舰（1）	62
136	寻找骨牌（1）	63
137	战舰（2）	63
138	战舰（3）	64
139	寻找骨牌（2）	64
140	战舰（4）	65
141	寻找骨牌（3）	65

142 战舰（5）……66	150 战舰（9）……69
143 战舰（6）……66	151 战舰（10）……70
144 寻找骨牌（4）……67	152 寻找骨牌（6）……70
145 战舰（7）……67	153 寻找骨牌（7）……71
146 寻找骨牌（5）……68	154 战舰（11）……71
147 思考帽……68	155 寻找骨牌（8）……72
148 方格寻宝……68	156 战舰（12）……72
149 战舰（8）……69	

第三章 | 倒推法

157 书上的绳子……74	170 单轮脚踏车……80
158 古董……74	171 "陷阱"游戏……81
159 风铃……75	172 午餐托盘……81
160 报酬……75	173 滚轮船……82
161 小甜饼……76	174 聚餐……82
162 布兰德魔宫……76	175 小费……83
163 葡萄酒……77	176 下注……83
164 分钱……77	177 魔力壶……84
165 照相……78	178 玻璃杯中的樱桃……84
166 磨面……78	179 邮票……85
167 巧克力糖……79	180 杯垫……85
168 赛车……79	181 燕子李三……86
169 硬币计数器……80	182 游戏天才……86

第四章 | 作图法

| 183 检查路线……88 | 184 电池……88 |

185	雪橇	89
186	管状面包	89
187	斯芬克司画像	90
188	砖墙	90
189	连线的风筝	91
190	兔子难题	91
191	学生会委员	92
192	变大的正方形	92
193	神奇的风筝	93
194	圆点	93
195	跳房子	94
196	字母连线	94
197	死亡三角	95
198	长方形	95
199	从 A 到 Z	96
200	潜水艇拦截网	96
201	最佳路线	97
202	动物园	97
203	猴子的路线	98
204	鱼	98
205	木匠活儿	99
206	神奇的"Z"	99
207	教授的难题	100
208	平分果园	100
209	火柴棍游戏	100
210	高尔夫球座	101
211	国际思维游戏大赛	101
212	最近的点	102
213	奇怪的电梯	102
214	企鹅回家	103
215	谁点了牛排	103
216	琴弦上的纸片	104
217	弹孔	104
218	缝制地毯	105
219	不规则房地产	105
220	婚礼	106
221	剪正方形	106
222	肖像画	107
223	切蛋糕	107
224	老鼠迪克	108
225	谁先到达	108
226	男生还是女生	108
227	几个正方形	109
228	双胞离体	109
229	不向左转	109
230	只剩一点	110
231	视图	110
232	条条大道通罗马	110
233	油漆窗户	111
234	太妃糖	111
235	应聘	111
236	十字架（1）	112
237	馅饼	112
238	书法	112
239	镜子	113
240	曲线连数	113

241	拉直的绳子	114	257	警察	119
242	重叠的长方形	114	258	钉子	119
243	未来时光	114	259	神奇的三角形	120
244	面积有多大	115	260	古董商	120
245	考试的结果	115	261	神庙	120
246	拼汉字	115	262	铜锣	121
247	各走各门	116	263	欢乐谷	121
248	保守的丈夫	116	264	直线	122
249	放不下的榻榻米	116	265	十字架（2）	122
250	移动汽车	116	266	胶合板	122
251	聪明的家丁	117	267	喂狗的硬饼干	123
252	戒指放盒里	117	268	电车	123
253	十字变方	117	269	雕刻品	123
254	巧做十字标	118	270	时钟	124
255	设计桌面	118	271	皇冠	124
256	圆圈	118	272	房产规划	124

第五章 ｜ 计算法

273	瓢虫	126	282	开商店	130
274	数学表达式	126	283	车厢	131
275	射击	127	284	面袋	131
276	心算	127	285	灵长类动物	132
277	漂流速度	128	286	幻方游戏	132
278	教授的难题	128	287	航行	133
279	五行打油诗	129	288	交叉的圆圈	133
280	计算闯关	129	289	进球数	134
281	保险箱	130	290	数学题	134

| 291 年度思维游戏大赛 135
| 292 神秘的正方形 135
| 293 对角线间的角度 136
| 294 蜘蛛网 136
| 295 财宝 137
| 296 还原公式 137
| 297 加法题 138
| 298 盒子的重量 138
| 299 南瓜先生的难题 139
| 300 新式计算机 139
| 301 啤酒 140
| 302 数独格 140
| 303 五角星游戏 141
| 304 谁先越过终点 141
| 305 排列奇数 142
| 306 点菜语言 142
| 307 平均速度 143
| 308 古老的思维游戏 143
| 309 牲畜 144
| 310 房顶上的数 144
| 311 最后的格子 145
| 312 阴影面积 145
| 313 切割立方体 145
| 314 蜂群 146
| 315 射箭 146
| 316 真实年龄 147
| 317 三角形组 147
| 318 巨型鱼 148

319 游戏者 148
320 伪钞 149
321 对角线路径 149
322 巧妙连线 150
323 数字和密码 150
324 书蛀虫 150
325 几何 151
326 细长玻璃杯 151
327 自行车 151
328 钱包 152
329 卖车 152
330 加法 152
331 机器人 153
332 4个5 153
333 握手 153
334 护身符 154
335 破解密码算式 154
336 剩余的页数 154
337 动物 155
338 长角的蜥蜴 155
339 数字 155
340 铁圈枪 156
341 排列数字 156
342 天文 156
343 三明治 157
344 靶子 157
345 打赌（1） 158
346 竞赛之后 158

| 347 失落的数字 ...... 159 | 349 号角民谣口琴 ...... 160 |
| 348 亚当和夏娃 ...... 159 | 350 链子 ...... 160 |

第六章 | 分析法

351 图形变身 162	374 下一个出场者 173
352 机车 162	375 囚室 174
353 洗车工 162	376 多面体环 174
354 在购物中心工作 163	377 签名售书 175
355 不同颜色的马 164	378 牛奶送错了 175
356 长长的工龄 164	379 别尔的行程 176
357 婚礼 165	380 巫婆和猫 176
358 课程研究 165	381 女英雄希拉 177
359 快乐家庭 166	382 改变形象的染发 177
360 十字路口 166	383 帕劳旅馆之外 178
361 卡车 167	384 杰克和吉尔 179
362 瓶子和钥匙 167	385 曼诺托 1 号 179
363 双关语 168	386 谁的房子 180
364 渡河 168	387 神像 180
365 寄出的信件 169	388 新来的人 181
366 柜台交易 169	389 退货 181
367 春天到了 170	390 租车 182
368 业余赛马 170	391 书报亭 182
369 扮演马恩的 4 个演员 171	392 小镇 183
370 五月皇后 171	393 美好记忆 183
371 年轻人出行 172	394 环行线路 184
372 交叉目的 172	395 修理店的汽车 184
373 可爱的熊 173	396 遍地开花 185

397	博物馆的展品	185	408	提起火柴	191
398	偶然所得	186	409	浴缸	191
399	盾形徽章	186	410	泰迪玩具熊	192
400	宠物	187	411	岔轨	192
401	罗希的玫瑰花结	187	412	钟	193
402	加油	188	413	孩子的年龄	193
403	迟到	189	414	跨栏	194
404	遮住眼睛	189	415	隧道	194
405	雕像交易	190	416	纺织女	195
406	卖小鸡	190	417	母亲节	196
407	密码	190			

第七章 假设法

418 碑铭 198	432 黄金产权 204
419 一样的小马 198	433 红白筹码 204
420 最适合 198	434 煮鸡蛋 205
421 商业调查 199	435 假砝码 205
422 隐藏的图形 199	436 水下答题人 206
423 小丑 200	437 古董车 206
424 玩具 200	438 城镇 207
425 卡兰德手表 201	439 狂欢大转盘 207
426 考古 201	440 硬币置换 208
427 埋伏地点 202	441 牌点 208
428 猜纸牌 202	442 铁皮 209
429 左撇子，右撇子 203	443 蜂箱 209
430 选票 203	444 热狗 210
431 假币 204	445 玻璃杯难题 210

446	换位置	210
447	筹码	211
448	标志牌	211
449	棋盘上的硬币	211
450	撞球	212
451	可可豆盒	212
452	硬币游戏	213
453	盐和胡椒粉	213
454	扑克牌点	214
455	蜘蛛的路线	214
456	寄钱	215
457	逃出高塔	215
458	滑行路线	216
459	烈酒	216
460	打赌（2）	217
461	吹翻书	217
462	牙签游戏	218
463	奇怪的装饰品	218
464	圣诞老人	219
465	海马	219
466	作弊	219
467	为难人的扑克牌	220
468	长袜里的玩具	220
469	纽扣图形	221
470	抢劫计划	221
471	跳棋	221
472	合理安排	222
473	冰激凌棒	222
474	玩具火车	223
475	线轴	223
476	黄金之城五角星	224
477	法拉比奥手表比赛	224
478	假设	225
479	堆积（1）	225
480	堆积（2）	225
481	堆积（3）	226
482	堆积（4）	227
483	堆积（5）	227
484	堆积（6）	228
485	堆积（7）	228
486	堆积（8）	229
487	朗姆酒	230
488	挽救熊猫的方法	230
489	犯罪嫌疑人	230

第八章 推理法

490	他绝不是自杀	232
491	栅栏	232
492	名字	233
493	感染病毒的计算机	233
494	绳管道	234
495	相同符号	234

496	抢劫	235
497	遗嘱	235
498	置换棋子	236
499	顶针	236
500	人物关系	237
501	大厦	237
502	家庭关系	238
503	不同的路线	238
504	立方体	238
505	冬日受伤记	239
506	纽扣	239
507	绳梯	239
508	扑克筹码	240
509	正方形木板	240
510	三位数	240
511	多米诺骨牌	241
512	魔术硬币	241
513	拿走硬币	242
514	绳索	242
515	拿走扑克牌	243
516	移动钉子	243
517	圈地	244
518	路径逻辑	244
519	房间之谜	245
520	女运动员	245
521	巴士停靠站	246
522	说谎的女孩	246
523	邮票的面值	247
524	与朋友相遇	247
525	出租车	248
526	电影制片厂	248
527	刺绣展览	249
528	欢度国庆	249
529	美好的火车旅行	250
530	沿下游方向	251
531	穿过通道	251
532	叠纸牌	252
533	票	252
534	加薪要求	253
535	照片定输赢	253
536	溜冰	254
537	服务窗口	254
538	学习走廊	255
539	善于针织的母亲们	255
540	瓶塞	256
541	吸血鬼	256
542	粮食	257
543	航空公司	258
544	减肥	258
545	结婚礼物	259
546	乘坐出租	259
547	国外度假	260
548	糖果店	261
549	邻居	261
550	戏剧表演	262
551	失衡的天平	262

552	迷宫算式	263
553	蜂窝	264
554	派对	264
555	直线和正方形	265
556	"不可能"的纸张	265
557	智慧之星	266
558	撒谎的肯特	266
559	取怀表	267
560	邮轮上的日本国旗	267
561	寻找放哨的人	268
562	女教师之死	269
563	冰凉的灯泡	270
564	敲诈事件	271
565	遗书	272
566	飞来的小偷	273
567	柯南的解释	273
568	幽灵的声音	274
569	萨斯城的绑架案	276
570	过继	277
571	雨中的帐篷	278
572	被杀的猫头鹰	279
573	迷乱的时间	280
574	聪明的谍报员	281
575	聪明的珍妮	282
576	匿藏赃物的小箱子	282
577	被打翻的鱼缸	284
578	博尔思岛上的抢劫案	284
579	口香糖艺术	285
580	甜水和苦水	286
581	被偷的古书	287
582	火车上的嫌疑犯	288
583	厨房里的男人	289
584	逃走的秘密	290
585	列车上的古董抢劫案	291
586	周五劫案	292
587	照片的证明	293
588	谁是贩毒者	294
589	猫尾巴上的棉花团	295
590	婚礼灾难	296
591	引诱	298
592	失窃的宝石	299
593	抢钱的破绽	300
594	足球的破绽	300
595	血型辨凶手	301
596	受过伤的死者	301
597	失窃的海洛因	301
598	是银圆还是红枣	301
599	苹果	302
600	巧搬巨石	302
601	当水缸满溢	303
602	网球	303
603	模具	303
604	狡诈的走私犯	304
605	识破伪证	304
606	巨款仍在	304
607	明察秋毫	305

608 可疑旅客 305	613 铅球落水 307
609 打破的水晶 305	614 吞食蛇 307
610 雪夜目击 306	615 轮子 307
611 有毒的苹果 306	616 抓强盗 308
612 阿基米德的胜利 306	617 寻找凶器 308

第九章 ▎判断法

618 比比谁大 310
619 商业谈判 310
620 地牢奇事 310
621 奇怪的线 310
622 太空人 310
623 奇特的算式 311
624 魔法变数 311
625 五棵松 311
626 半张唱片 311
627 几人能脱险 311
628 青蛙爬井 312
629 军队成员 312
630 装饰物 312
631 印度方块 313
632 啤酒搅拌器 313
633 狗窝 313
634 硬币 314
635 布料 314
636 疯狂的科学家 315
637 银行业务 315

638 拼图 316
639 地理名胜 316
640 找不同 316
641 凸面镜 317
642 三维世界的剑 317
643 瀑布 317
644 花瓶 318
645 底片 318
646 距离 319
647 几个人？ 319
648 最矮 320
649 巧分农庄 320
650 间谍之死 321
651 四减四的结果 321
652 错觉 321
653 6+5=9 321
654 12顶帐篷 322
655 出征 322
656 财主分田 322
657 钟表不慢了 323

658	客轮	323
659	得分	323
660	卖水	323
661	实际损失	323
662	电话	324
663	回到地球	324
664	排行榜	325
665	填空（1）	325
666	填空（2）	326
667	军官的来历	326
668	填空（3）	327
669	站岗的士兵	327
670	在国王桥上接客人	328
671	填空（4）	328
672	跨栏比赛	329
673	填空（5）	329
674	四人骑自行车	329
675	阳光中的海岛	330

第十章 解析法

676	标签怎样用	332
677	远近	332
678	理发	332
679	只动一点点	332
680	推理	333
681	竞技比武大会	333
682	错误	334
683	板砖	334
684	通话	334
685	魔方	335
686	聪明的匪徒	335
687	多点相连	335
688	图形数字	336
689	三只桶的称量	336
690	两数之差	336
691	往返旅途	337
692	航海	337
693	戒指女人	338
694	小猪储蓄罐	338
695	桥牌花色	339
696	留学生	339
697	信件	340
698	龙拥有者俱乐部	340
699	百岁老人	341
700	文学奖项	341
701	射球明星	342
702	时间	342
703	磁铁	342
704	桥牌	343
705	螺钉	343
706	欺骗	344
707	钓鱼	344

708	领导人	344	713	裂缝	347
709	排雷	345	714	安全脱险	347
710	吃了什么	345	715	特别的碑文	347
711	篱笆墙	346	716	决斗制胜	348
712	倒酒	346	717	切割菱形	348

第十一章 综合法

718	未完的序列	350	738	转移	360
719	移动的数字	350	739	围栏	360
720	数字狭条	350	740	平行四边形	361
721	合适的长方形	351	741	拼剪三角	361
722	数字游戏板	352	742	分辨碟子	362
723	六边形上色	352	743	容积	362
724	旗子	353	744	如何出场	363
725	排列规律	353	745	演员金字塔	363
726	填图补白	354	746	七巧板	364
727	地板	354	747	拼合图形	364
728	蛋卷冰激凌	355	748	拼数字	365
729	合适的图形	355	749	点菜	365
730	滑动链接谜题	356	750	动物组合	366
731	守卫	356	751	拓扑游戏	366
732	空白	357	752	走出迷宫	367
733	踩着石头过河	357	753	重新拼入	367
734	正透镜	358	754	钉子的跳跃	368
735	反射	358	755	加法运算	368
736	蜡烛的像	359	756	三角形个数	369
737	数字路线	359	757	小人	369

758	神奇的运算 …… 370	780	棋盘的方格 …… 381
759	博彩游戏 …… 370	781	小猫找尾巴 …… 381
760	条形关系 …… 371	782	惩罚 …… 382
761	活塞 …… 371	783	瓶子 …… 382
762	数字分拆 …… 372	784	火柴杆 …… 382
763	找出 4 …… 372	785	玻璃杯中的瓶塞 …… 383
764	哥伦布竖鸡蛋 …… 372	786	香水瓶 …… 383
765	巧分巧克力 …… 373	787	骰子 …… 383
766	组图 …… 374	788	幻方 …… 384
767	最长路线 …… 374	789	手表组合 …… 384
768	突变 …… 375	790	蜡烛 …… 384
769	哈密尔敦路线 …… 375	791	连线碑 …… 385
770	哈密尔敦闭合路线 …… 375	792	排列棋子 …… 385
771	投票箱 …… 376	793	数独 …… 386
772	不中断的链条 …… 376	794	字母游戏 …… 386
773	绳子上的猴子 …… 377	795	蚂蚁回家 …… 386
774	举起自己 …… 377	796	五碗巧搬 …… 387
775	木板上升 …… 378	797	猜猜主角 …… 387
776	聚餐 …… 378	798	聪明搬动 …… 387
777	警长的妙计 …… 379	799	死里逃生 …… 388
778	神奇的幻方 …… 380	800	七角星 …… 388
779	箭头与数字 …… 380	**答案**	**…… 389**

第一章

排除法

001 波娣娅的宝盒

在莎士比亚的《威尼斯商人》一剧中,波娣娅有3个珠宝盒:一个是金的,一个是银的,一个是铜的。在这3个盒子的某一个中,藏有波娣娅的画像。波娣娅的追求者要在这3个盒子中选择一个。如果他有足够的运气,或者足够的智慧,挑出的那个盒子藏有波娣娅的画像,他就能宣布娶波娣娅为妻子。如下图所示,在每个盒子的外面,写有一段话,内容都是有关本盒子是否装有画像。

波娣娅告诉追求者,上述3句话中,最多只有一句是真的。这个追求者有可能成为幸运者吗?如果有的话,应该选择哪个盒子呢?

金盒子	银盒子	铜盒子
画像在此盒中	画像不在此盒中	画像不在金盒中

002 三棱柱

4个选项中哪一个是原图的展开图?

003 哪一个不一样

下面几个图片中,哪一个与其他的不一样?

004 形单影只

下列图形中哪一个是与众不同的?

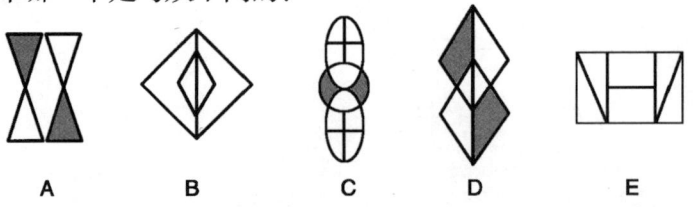

005 移民

去年3个家庭从思托贝瑞远迁到了其他国家,现在他们在那里有声有色地经营着自己的小店。根据下面的信息,你能说出每对夫妻有几个孩子、他们移民到了哪里以及所做的是何种生意吗?

1. 有3个孩子的家庭移民到了澳大利亚,他们没有在那里开旅馆。
2. 移民到新西兰的布里格一家开的不是传统英国风味鱼片店。
3. 开鱼片店那家的孩子比希金夫妇的孩子少。
4. 基德拜夫妇有2个孩子,他们每人照看1个。

	1个	2个	3个	澳大利亚	加拿大	新西兰	鱼片店	农场	旅馆
布里格夫妇									
希金夫妇									
基德拜夫妇									
鱼片店									
农场									
旅馆									
澳大利亚									
加拿大									
新西兰									

006 说谎者

我虽不知道谁在撒谎,可我知道这3个人当中只有1个人说了实话。那么,这个人是谁呢,是亨利还是西尔玛?

007　影像契合

下面6个选项中哪一个与所给剪影的轮廓完全契合？

008　镜像

5个选项中哪一个是所给图的镜像图？

009　小宝贝找妈妈

根据题目所给条件，你能否判断出宝贝与妈妈的对应关系？

010 儿子和爸爸

根据题目所给的条件,你能否判断出孩子与爸爸的对应关系?

011 真正的夫妻

012 师生关系

根据题目所给的条件，你能否说出下面的小孩与老师的对应关系？

013 司机与车

根据题目所给的条件，你能否判断出下面的车分别是上面哪个司机的？

014 祖孙两代

根据题目所给的条件，你能否判断出孙子孙女与爷爷奶奶的对应关系？

015 医生与病人

根据题目所给的条件，你能否说出病人和医生的对应关系？

016 男女朋友

根据题目所给的条件,你能否判断出女孩与男孩的对应关系?

017 警察与小偷

根据题目所给的条件,你能判断出小偷分别是被哪个警察抓到的吗?

018 采访

根据所给的条件,你能否判断出记者分别要采访哪个人?

019 翻身

请你把下边的火柴图按箭头所指的方向翻一个身,它会变成选项中哪一个?

020 国际象棋

右图中的米莉·赛克斯是谦逊主教国际象棋俱乐部的女服务员。她正在思考昨晚那个把所有人都难住的思维游戏——把皇后放在正方形棋盘上的一个角（如右图所示），你能否只走4步就可以使它经过棋盘左上角的全部9个方格呢？在你移动每一步棋时，你可以穿过任意多个方格，但是只能朝着一个方向移动。现在，试试看你能否在5分钟内把这个难题解答出来。

021 补缺口

请你仔细观察积木的缺口形状（如图），在A～F的小木块中，哪一块正好能嵌入积木？

022 夏日嘉年华

3个自豪的母亲带着各自的小孩去参加夏日嘉年华服装比赛，并且赢得了前3名的好成绩。从以下所给的线索中，你能将这3位母亲和她们各自的孩子配对，并描述出各小孩的服装以及他们的名次吗？

1. 穿成垃圾桶装束的小孩排名紧跟在丹妮尔的孩子的后面。
2. 杰克的服装获得了第三名。
3. 埃莉诺的服装像一个蘑菇。
4. 梅勒妮是尼古拉的母亲，尼古拉不是第2名。

	埃莉诺	杰克	尼古拉	机器人	垃圾桶	蘑菇	第一名	第二名	第三名
丹妮尔									
梅勒妮谢莉									
第一名									
第二名									
第三名									
机器人									
垃圾桶									
蘑菇									

023　顶峰地区

在安第斯山脉的某个人迹罕至之地，那里的4座高峰都被当地居民当作神来崇拜。从以下所给的线索中，你能说出4座山峰的名字以及它们之前被当作哪个神来崇拜吗？最后将4座山峰按高度排序。

1. 最高那座山峰是座火山，曾经被当作火神崇拜。
2. 格美特被当作庄稼之神崇拜，是4座山峰中最矮那座的顺时针方向上的下一座。
3. 山峰1被当作森林之神崇拜。
4. 最西面的山峰叫飞弗特尔，而普立特佩尔不是第二高的山峰。
5. 最东面那座是第三高的山峰。
6. 辛格凯特比被崇拜为河神的山峰更靠北一些。

山峰：飞弗特尔，格美特，普立特佩尔，辛格凯特
峰高次序：最高，第二，第三，第四
神：庄稼之神，火神，森林之神，河神

山峰：_____
峰高次序：_____
神：_____

山峰：_____
峰高次序：_____
神：_____

山峰：_____
峰高次序：_____
神：_____

山峰：_____
峰高次序：_____
神：_____

024　出师不利

在最近的乡村板球比赛中，头3号种子选手都发挥得不甚理想，都因某个问题出局，从所给的线索中，你能找出得分记录簿中各人的排名、他们出局的原因以及总共得分的场数吗？

1. 犯规的板球手得分的场数比克里斯少。
2. 史蒂夫得分的场数不是2，他得分要比被判LBW（板球的一种违规方式）的选手要低。
3. 哈里不是1号，因滚球出场，他的得分不是7。
4. 3号的得分不是4。

		克里斯	哈里	史蒂夫	滚球	犯规	LBW	2	4	7
位置	1									
	2									
	3									
得分	2									
	4									
	7									
	滚球									
	犯规									
	LBW									

025 汤姆的舅舅

汤姆是思道布市的市长,他在镇上有3个舅舅,3人在退休之前从事着不同的职业,退休之后都把时间花在各自的爱好上,从以下所给的线索中,你能说出每个舅舅出生的时间、他们曾经的职业以及各自的爱好吗?

	1910年	1913年	1916年	工程师	士兵	教师	诗歌	钓鱼	制作挂毯
安布罗斯									
伯纳德									
克莱门特									
诗歌									
钓鱼									
制作挂毯									
工程师									
士兵									
教师									

1. 伯纳德要比他有不寻常爱好——制作挂毯——的兄弟年纪大。
2. 退休之前从事教师职业的舅舅不是出生于1913年,也不爱好诗歌。
3. 以前是工程师的舅舅把大部分的时间花在钓鱼、阅读和书写钓鱼书籍上,他年纪要比安布罗斯小。

026 换装

在大不列颠的鼎盛时期,有素养的女士不像现在这样能在海边游泳,她们只能穿着及膝的浴袍坐在沐浴用的机器上,让机器把她们缓缓降入水中。下图展示的是4个机器,从所给的线索中,你能说出使用机器的4位女士的名字以及她们所穿浴袍的颜色吗?

1. 贝莎的机器紧挨马歇班克斯小姐的机器。
2. C机器是兰顿斯罗朴小姐的。
3. 卡斯太尔小姐穿着绿白相间的浴袍。
4. 拉福尼亚的机器位于尤菲米娅·坡斯拜尔的机器和穿黄白相间浴袍小姐的机器之间。
5. 使用B机器的女士穿了红白相间的浴袍。

名:贝莎,尤菲米娅,拉福尼亚,维多利亚
姓:卡斯太尔,兰顿斯罗朴,马歇班克斯,坡斯拜尔
浴袍:蓝白相间,绿白相间,黄白相间,红白相间

A   B   C   D

027 小屋的盒子

每次乔做家务要用到东西的时候,他就会去盒子里找。架子上立着4个不同颜色的盒子,每个盒子里都是一些有用的东西。从所给的线索中,你能弄清有关盒子的所有详细细节吗?

盒子颜色:蓝,灰,绿,红
东西数目:39,43,58,65
东西条目:地毯缝针,钉子,螺丝钉,洗涤器

1. 不同种类的43个钉子不在灰色的盒子里。

2. 蓝色的盒子里有58样东西。

3. 螺丝钉在绿色的盒子里,绿色盒子一边的盒子里有洗涤器,另一边的盒子里放着数目最多的东西。

4. 地毯缝针在C盒子里。

盒子颜色:＿＿＿ ＿＿＿ ＿＿＿ ＿＿＿
东西数目:＿＿＿ ＿＿＿ ＿＿＿ ＿＿＿
东西条目:＿＿＿ ＿＿＿ ＿＿＿ ＿＿＿

028 瓦尼斯城堡

18世纪末的斯顾博格公爵被公认为是一个疯狂的帽商,因为他花了大把的钱造了一个童话般的城堡,尤其是那4扇富丽堂皇的大门给人极大的震撼。从以下所给的线索中,你能说出这4扇门的名字、负责的长官以及守卫它们的护卫队吗?

门:钻石门,鹰门,铁门,剑门
长官:弗尔,哈尔茨,克恩,苏尔
护卫队:第一,第二,第三,第四

门:＿＿＿
长官:＿＿＿
护卫队:＿＿＿

1. 第四护卫队负责守卫入口,这个入口在剑门的顺时针方向,剑门不是弗尔长官负责的。

2. A门为第二护卫队守卫。

3. 钻石门的护卫队号要比D门护卫队大1。

4. 铁门在城堡的南方。

5. 哈尔茨长官负责第一护卫队,第一护卫队不看守鹰门。

6. 克恩长官的护卫队号要比苏尔长官的护卫队小1。

029 发错的邮件

克拉伦斯是一家邮递公司的派送员，有一天，他把订单的顺序给弄乱了，订单被送到错误的城市。从以下给出的线索中，你能推断出他把订单送到了哪个错误的城市吗？说出所列书目的作者名字，以及它原来要被送到的城市和克拉伦斯派送的错误地址。

1. 每本书相关的名字，包括作者和相关的两个城市名字的首字母都是不同的。

2. 《布达佩斯的秋天》和道森写的书，它们的目的地都不是卡莱尔。被送到切姆斯弗德的那本书，它的作者不是格雷尼，它原来的目的地也不是布莱顿。

3. 《斯多葛学派》一书，既不是克罗瞿的著作，也不是被送到格拉斯哥的那本书。

4. 《伊特鲁亚人》的作者名字的首字母在字母表上接在最后被送到威根的那本书作者名字的后面。

作者：艾伦·比格汉姆，伊利斯特·克罗瞿，格兰特·道森，马丁·格雷尼
正确的城市：布莱顿，卡莱尔，马特洛克，索尔兹伯里
错误的城市：切姆斯弗德，格拉斯哥，斯旺西，威根

030 清仓大拍卖

一次屋内用具的清仓大拍卖中，头3样拍卖物被3个不同的竞标人所获，从以下所给的线索中，你能说出拍卖物、竞标人以及他们所给出的价码吗？

1. 第二桩买卖中付出的钱比钟贵。

2. 唐纳德带了咖啡桌开心地回家了。

3. 丽贝卡出了15英镑买了东西，她买的东西紧挨着墙角柜竞标。

	咖啡桌	墙角柜	钟	塞德里克	唐纳德	丽贝卡	10英镑	15英镑	18英镑
1号									
2号									
3号									
10英镑									
15英镑									
18英镑									
塞德里克									
唐纳德									
丽贝卡									

031 信箱

在美国一个偏远山区，4位家庭主妇是邻居。每位主妇家门口的信箱颜色都不相同。根据下面的线索，你能说出每位主妇的姓名和她所用信箱的颜色吗？

1. 绿色信箱在加玛和杰布的信箱之间。
2. 阿琳选择了黄色信箱，她家的门牌号要比菲什贝恩夫人家的大。
3. 巴伦夫人家的信箱是红色的。
4. 232号家的信箱是蓝色的，但是这不是路易丝的家。

名：阿琳，加玛，凯特，路易丝
姓：巴伦，菲什贝恩，弗林特，杰布
信箱：蓝色，绿色，红色，黄色

228　　230　　232　　234

名：＿＿＿＿　＿＿＿＿　＿＿＿＿　＿＿＿＿
姓：＿＿＿＿　＿＿＿＿　＿＿＿＿　＿＿＿＿
信箱颜色：＿＿＿＿　＿＿＿＿　＿＿＿＿　＿＿＿＿

032 等公车

站台上7个职员正焦急地等待着下一趟公车。根据下面的信息，你能说出每位职员的名字及他们在哪个公司上班吗？

名字：吉莉安（女），格伦（男），马德琳（女），纳尔逊（男），雷切尔（女），塞布丽娜（女），托奎（男）
公司：银行，律师事务所，建筑公司，保险公司，投资公司，法律顾问公司，证券公司

1. 站台上，塞布丽娜站在那位在证券公司上班的职员右边第二个位子上。
2. 格伦在第四个位子，他不在法律顾问公司上班，但他右边那个人在那里上班。
3. 其中一位男性乘客站在第六个位子上。
4. 在纳尔逊的一边是一位女乘客。
5. 雷切尔左边的那位乘客在银行工作。
6. 第三位乘客在一家保险公司工作。
7. 站在吉莉安旁边的一个人在一家律师事务所工作。
8. 托奎是一家投资公司的雇员，从图上看马德琳在他的右边。

033 购物优惠券

当14岁生日那天,拉姆收到了4个信封,每个信封内都有一张购物优惠券。根据下面的线索,你能猜出每封信的寄信人姓名、优惠券发行方及每张优惠券的面值吗?

寄信人:卡罗尔阿姨,丹尼斯叔叔,马丁叔叔,理查德叔叔
代币发行方:Benedam,HBS,Ten-X,W S Henry
代币价值:5,10,15,20

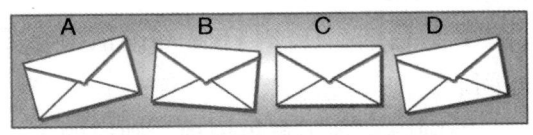

1. Ten-X 所发行优惠券的面值比旁边 C 信封里优惠券的面值小,而且不仅仅只是小 5。
2. 理查德叔叔寄来的优惠券在 B 信封内,其面值比 HBS 发行的优惠券小 5。
3. 马丁叔叔寄来的 Benedam 的优惠券不在 D 信封内。
4. 最有价值的优惠券是卡罗尔阿姨寄来的,但不是 W S Henry 发行的优惠券。
5. 丹尼斯叔叔寄来的礼物不是最便宜的。

034 职业女性

图片展示了"有成就和魄力的杰出职业女性"颁奖典礼上的4位获奖者。根据下面的线索,你能确定每位女性的姓名和获奖时她们的职业吗?

1. 马里恩·帕日斯女士的头发是红色的,对不起,图上没有显示。
2. 图片 3 是迪安夫人,她来自伯明翰,但这对你可能也没有帮助。
3. 图片 4 的救助队军官不是卡罗尔。
4. 消防员埃利斯夫人不是图片 2 中的人物,她喜欢古典音乐,但你也不需要知道这个吧。
5. 萨利站在交警和托马斯夫人中间。

名:卡罗尔,盖尔,马里恩,萨利
姓:迪安,埃利斯,帕日斯,托马斯
职业:消防员,护理人员,救助队军官,交警

035 模仿秀

潘尼卡普公司雇用了3位女性，让她们按自己的想法来模仿3个著名歌星。根据下面的信息，你能说出每位女性的姓名、在潘尼卡普公司的工作部门以及她们将要扮演的角色吗？

1. 帕慈将扮演麦当娜，她不在财务部工作。
2. 海伦·凡尔敦自从离开学校后就一直在潘尼卡普工作。
3. 销售部门的领导将扮演蒂娜·特纳，但她不是坦娜夫人。
4. 将扮演伊迪丝·普杰夫的不是卡罗琳。

036 新生命

4个刚出生的婴儿躺在产科病房内相邻的几张帆布床上。根据下面的信息，你能辨认出每个新生命的姓名以及他们各自的年龄吗？

名：阿曼达，丹尼尔，吉娜，托比
姓：博尼，基德，纽康姆博，沙克林
年龄：1天，2天，3天，4天

1. 2号床上的丹尼尔比基德早一天出生。
2. 阿曼达·纽康姆博比1号床的婴儿晚出生一天。
3. 托比不是2天前出生的，他也不在3号床上。
4. 博尼夫人的小孩刚刚出生3天。

037 捷径

有3个职员对到达某个小餐馆的最快路程起了争议，他们决定通过实验的方法解决这个问题。根据下面的信息，你能找出每个职员所走的两段路以及他们各自所用的时间吗？

1. 选择走斯拜丝巷和哥夫街的那个英国职员比尼克少花了2分钟。

2. 帕特先是沿着佩恩街去小餐馆的。

3. 从维恩广场（第二段路）抄近路过去只需要10分钟。

038 记者艾弗

上周末，记者艾弗对3位国际著名女性进行了采访。根据所提供的信息，你能找出每天他所采访的女性的名字、职业和家乡吗？

1. 艾弗在采访加拿大女星的第二天又采访了帕特丝·欧文。

2. 艾弗在星期五采访了一名流行歌手。

3. 艾弗在采访了一位澳大利亚的客人之后采访了畅销小说家阿比·布鲁克。

4. 艾弗在星期天访问的不是女电影演员。

039 野鸭子

在池塘的周围有4栋别墅，每栋别墅的花园都是一只母鸭子和她的一群小鸭子的领地。根据下面的线索，你能说出图中每个别墅的名字、别墅主人给母鸭子取的名字以及每只母鸭子生了多少只小鸭子吗？

别墅：洁丝敏别墅，来乐克别墅，罗斯别墅，沃德拜别墅
鸭子：戴西，达芙妮，迪力，多勒
小鸭子数量：5，6，7，8

1. 戴西生了7只小鸭子，她把巢筑在与洁丝敏别墅顺时针相邻的那栋别墅里。
2. 沃德拜的别墅在池塘的西面。
3. 迪力生的小鸭子比在罗斯别墅孵养的小鸭子少一只，而后者在逆时针方向上和前者所在的别墅相邻。
4. 多勒生的小鸭子数量最少。
5. 达芙妮所在的别墅和小鸭子数最少的那栋别墅沿逆时针方向是邻居。

040 破纪录者

下页新闻照片上的是4名年轻的女运动员，她们在最近的国家青年运动锦标赛中打破了各自参赛项目的纪录。根据下面的信息，你能认出图片中的4个女孩，并说出她们各自打破了什么项目的纪录吗？

1. 凯瑞旁边的两个女孩都是打破了跑步类项目的纪录。
2. 戴尔芬·赫尔站在标枪运动员旁边。
3. 洛伊斯不在2号位置。
4. 1号位置的女孩打破了跳远项目的纪录，她不姓福特。
5. 一名姓哈蒂的运动员打破了400米项目的纪录，但她不叫瓦内萨。

名：戴尔芬，凯瑞，洛伊斯，瓦内萨
姓：福特，赫尔，哈蒂，斯琼
比赛项目：100米，400米，标枪，跳远

041 请集中注意力

乡长老斯布瑞格正在指派任务，4个老朋友看上去都很认真。根据下面的信息，你能认出1～4号位置的每个人，说出他们想做的事以及每个人穿的衣服是什么面料的吗？

1. 一个人穿着狼皮上衣，艾格挨着他并在他的右边。

2. 埃格正在想怎样面对他自己的岳母耐格，本身他的妻子就很能言善辩。

3. 穿着山羊皮上衣的人在3号位置。

4. 奥格穿着小牛皮上衣，他不打算靠粉刷他的窑洞的墙壁打发时间。

5. 穿着绵羊皮外套的那个人打算在假日里把他小圆舟上的漏洞修补一下，坐在他左边的是阿格。

集会成员：艾格，埃格，奥格，阿格
想做的事：钓鱼，修小圆舟，粉刷窑洞的墙壁，拜访岳母
上衣：小牛皮，山羊皮，绵羊皮，狼皮

042 抓巫将军

在17世纪中期，"抓巫将军"马太·霍普金斯主要负责杀死那些被人们认为是巫婆或者巫师的人，其中有3个巫婆来自思托贝瑞附近的乡村。根据下面的信息，你能说出每个巫婆的名字、绰号，以及各自的家乡和具有法力的时间吗？

1. 艾丽丝·诺格斯被称为"诺格斯奶奶"是很自然的事情。

2. 马太·霍普金斯1647年在盖蒙罕姆抓到了一个女巫并把她送到了法院接受审判。

	绰号			家乡			1647年	1648年	1649年
	"诺格斯奶奶"	"蓝鼻子母亲"	"红母鸡"	盖蒙罕姆	希尔塞德	里球格特	1647年	1648年	1649年
艾丽丝·诺格斯									
克莱拉·皮奇									
伊迪丝·鲁乔									
1647年									
1648年									
1649年									
家乡 盖蒙罕姆									
希尔塞德									
里球格特									

3. "蓝鼻子母亲"不是在1648年被确定为女巫，也不是来自里球格特乡村，一生居住在这个乡村的也不是克莱拉·皮奇。

4.1649年，经抓巫将军证实，"红母鸡"是一个和魔鬼勾结在一起的女巫；从希尔塞德抓到的那名妇女被证实是女巫，随后的第二年伊迪丝·鲁乔也被确认为女巫。

043 吹笛手游行

图中展示了吹笛手带领着哈密林镇的小孩游行，原因是他用他的笛声赶走了镇里的所有老鼠，但镇里却拒绝付钱给他。从以下所给的线索中，你能说出4个小孩的名字、他们的年龄以及他们父亲的职业吗？

姓名：格雷琴，汉斯，约翰纳，玛丽亚
年龄：5，6，7，8
父亲：药剂师，屠夫，牧羊者，伐木工

1. 牧羊者的小孩紧跟在6岁的格雷琴的后面。

2. 汉斯要比约翰纳年纪小。

3. 最前面的小孩后面紧跟的不是屠夫的孩子。

4. 队列中3号位置的小孩今年7岁。

5. 玛丽亚的父亲是药剂师，她要比2号位置的孩子年纪小。

044 在海滩上

3位母亲带着各自年幼的儿子在海滩上玩。从以下所给的线索中，你能准确地推断出这3位母亲的姓名、她们儿子的名字以及孩子所穿泳衣的颜色吗？

1. 丹尼斯不是蒂米的妈妈，蒂米穿红色泳衣。

2. 莎·卡索在海滩上玩得相当愉快。

3. 曼迪的儿子穿绿色泳衣。

4. 那个叫响的小男孩穿着橙色泳衣。

045 跳棋比赛

跳棋协会这个星期举办了一场激动人心的跳棋比赛。从给出的线索中,你能说出3个让人有所期待的选手名字、俱乐部及他们最后的排名吗?

1. 跳棋选手泰勒代表红狮队。
2. 在史蒂夫胜出比赛后,紧接着是沃尔顿胜出。
3. 在第三场比赛中胜出的选手姓汉克。
4. 比尔比来自五铃队的选手早胜出比赛。

		姓			俱乐部			排名		
		汉克	泰勒	沃尔顿	五铃队	红狮队	船星队	第一名	第二名	第三名
名	比尔									
	玛丽									
	史蒂夫									
	第一名									
	第二名									
	第三名									
	五铃队									
	红狮队									
	船星队									

046 古卷轴

伦敦大都会博物馆在最近的展览中新展出了4个古卷轴。从以下所给出的线索中,你能分别写出这4个卷轴中的语言类别、分别属于哪种形式,以及发现它们的考古学家的名字吗?

1. 雀瓦教授发现的卷轴是用古巴比伦文撰写的。
2. 卷轴D是用最早的拉丁文字撰写的。
3. 卷轴A是一份衣物清单,它不是被布卢斯教授发现的。
4. 迪格博士发现的卷轴B,不是起源于亚述。
5. 古埃及卷轴是用象形文字撰写的,不是那部带有色情色彩的情书。
6. 夏瓦博士发现的那本小寺庙官员的日记被展出在类似于一个商人账本的卷轴旁。

语言:亚述语,古巴比伦文,拉丁文,埃及语
形式:账本,日记,衣物清单,情书
发现者:布卢斯教授,迪格博士,夏瓦博士,雀瓦教授

047 演艺人员

阳光灿烂的夏日，4个演艺者在大街上展现他们的才艺。从所给的线索中，你能判断出在1～4位置中的演艺者的名字以及他们的职业吗？

名：哈利，内森，莎拉，泰萨
姓：克罗葳，帕吉，罗宾斯，西帕罗
职业：手风琴师，吉他手，变戏法者，街边艺术家

1. 沿着大道往东走，在遇到弹着吉他唱歌的人之前你一定先遇到哈利，并且这两个人不在街道的同一边。
2. 泰萨不是1号位置的演艺者，他不姓克罗葳。莎拉·帕吉不是吉他手。
3. 变戏法者在街道中处于偶数的位置。
4. 西帕罗在街边艺术家的西南面。
5. 在2号位置的内森不弹吉他。

048 戴黑帽子的家伙

红石西野镇治安长官的办公室墙上挂着4张图片，他们是臭名昭著的黑帽子火车盗窃团伙的成员。从以下所给的线索中，你能说出他们各自的姓名和绰号吗？

1. 赫伯特的图片和"男人"麦克隆水平相邻。
2. 图片A是雅各布，而图片C上的不是西尔维斯特·加夹德。
3. 姓沃尔夫的照片和绰号"小马"的照片水平相邻。
4. 在图片D上的丘吉曼的绰号不是"强盗"。

名：赫伯特，雅各布，马修斯，西尔维斯特
姓：丘吉曼，加夹得，麦克隆，沃尔夫
绰号："强盗""男人""小马""里欧"

049 剧院座位

一次演出中，某剧院前3排中间的4个座位都满了，从以下所给的线索中，你能将座位和座位上的人正确对上号吗？

1. 彼特坐在安吉拉的正后面，也是在亨利的左前方。

2. 尼娜在 B 排的 12 号座。

3. 每排4个座位上均有2男2女。

4. 玛克辛和罗伯特在同一排，但要比罗伯特靠右边2个位置。

5. 坐在查尔斯后面的是朱蒂，朱蒂的丈夫文森特坐在她的隔壁右手边上。

6. 托尼、珍妮特、莉迪亚3个分别在不同的排，莉迪亚的左边（紧靠）是个男性。

姓名：安吉拉（女），查尔斯（男），亨利（男），珍妮特（女），朱蒂（女），莉迪亚（女），玛克辛（女），尼娜（女），彼特（男），罗伯特（男），托尼（男），文森特（男）

A排：10　11　12　13

B排：10　11　12　13

C排：10　11　12　13

050　狮子座的人

我们知道有8个人都是狮子座的。从以下所给的线索中，你能找出各日期出生的人的全名吗？

1. 查尔斯的生日要比菲什晚3天。

2. 某女性的生日是8月4号。

3. 安格斯的生日在布尔之后，但不是7月31号。

4. 内奥米的生日要比斯盖尔斯早一天，比阿彻晚一天，阿彻是男的，但3人都不是出生在同一年。

5. 安妮在每年的8月2号庆祝她的生日。

6. 克雷布是8月1号生的，拉姆不是7月30号生的。

7. 斯图尔特·沃特斯的生日和波利不是同一月，波利的生日在巴兹尔之后，而巴兹尔的生日是个偶数日。

名：安格斯（男），安妮（女），巴兹尔（女），查尔斯（男），内奥米（女），波利（女），斯图尔特（男），威尔玛（女）

姓：阿彻，布尔，克雷布，菲什，基德，拉姆，斯盖尔斯，沃特斯

日期	名	姓
7月28日		
7月29日		
7月30日		
7月31日		
8月1日		
8月2日		
8月3日		
8月4日		

051 黑猩猩

在西非举行的一次动物学会议上,专家们正在就一项饲养稀有黑猩猩的计划进行讨论,下图展示了去年下半年出生的 5 只小猩猩。根据下面的线索,你能填出每只小猩猩的名字、出生月份及其母亲的名字吗?

名字:贝拉,格洛里亚,里欧,珀西,罗莫娜
出生月份:7, 8, 9, 10, 11
母亲:爱瑞克,格雷特,克拉雷,马琳,丽贝卡

1. 1 号黑猩猩比 5 号黑猩猩至少大 1 个月,它们两个都不叫罗莫娜,也都不是格雷特的后代,而罗莫娜、格雷特的后代都不是在 7 月出生。

2. 里欧比它右边的格洛里亚小,它们两个都比里欧左边的雌猩猩晚出生,这个雌猩猩的母亲叫克拉雷。

3. 贝拉比左边的黑猩猩晚出生 1 个月,这只黑猩猩的母亲叫爱瑞克。

4. 马琳比丽贝卡晚 1 个月生产,丽贝卡的后代紧挨着马琳的后代并在其右边。

052 找出皇后

这是一场考验耐心的游戏,图中所示的 9 张扑克牌就是这场游戏的道具。从以下给出的线索中,你能准确地指出这 9 张牌各自的牌值和花色吗?

牌:3, 4, 5, 7, 8, 10, 杰克(J牌),皇后(Q牌),国王(K牌)
花色:梅花,方块,红桃,黑桃

1. 9 张牌里,只有一种花色出现过 3 次,而在图中的排列,没有哪一列或行的花色是完全相同的。

2. 皇后紧靠在"7"的右边,梅花的上面。

3. "8"紧靠在黑桃的下面。

4. 杰克紧靠在一张红桃的左边。

5. 图中中央那张牌是红桃 10。

6. 图中有一排的第一张是梅花 5。

7. 9号牌是一张方块。

8. 国王紧靠在"4"的左边，它们的花色不一样。"4"和3号牌的花色是一样的。

9. 6号牌和"8"为不同花色，而2号牌和7号牌为相同的花色。

053 摇滚乐队

5个年轻人准备组建摇滚乐队。通过下面的信息，你能否说出这5个人的名字、乐队的名字、乐队的第一首歌和乐队的音乐风格？

1. 史蒂夫的乐队叫红色莱姆，但是他们录制的不是前卫摇滚风格的《黑匣子》。

2. 内克乐队的歌——《突然》不属于歌德摇滚或另类摇滚风格。

3. 布鲁斯的乐队不叫空旷的礼拜。梅根的乐队也不叫空旷的礼拜，同时她也不是前卫摇滚风格。

5. 贝拉松是一个情绪摇滚风格的乐队名字，但是他们的歌不叫《朱丽叶》。

6. 莱泽开始组建一个独立摇滚风格的乐队。

7. 雷尔的乐队在录制一首名为《毁灭世界》的歌，这首歌的曲风不属于情绪摇滚。

8. 有一个乐队叫倾斜。有一首歌叫《帆布悲剧》。

054 飞行训练

某年，有个学校的5个男孩被选去进行飞行训练，但是最后没有一个人成为飞行员，因为他们在训练过程中不能顽强地坚持下去。根据所给的信息，你能否说出这几个男孩的名字、他们被派往训练的学校、他们的昵称以及他们没有完成训练任务的原因？

1. 被人叫作水塘的人去了温切斯特大学，他既不是雷奥纳多也不是贾斯汀。

2. 去西鲁斯伯里大学的总是不能瞄准，他不是亚当，亚当的昵称是海雀。

3. 去海洛大学的那个人不会驾驶。

4. 塞巴斯蒂安被叫作生姜，他的枪法好极了。

5. 詹姆士和塞巴斯蒂安都不会发生起飞错误。

6. 被叫作烤面包的人去的地方不是伊顿大学。

7. 雷奥纳多在演习时总是表现不好，他的绰号不叫没脑子。

8. 有一个人总是不能准确降落。

9. 有一个人去了拉格比大学。

055 生病

5个小孩生病了。根据所给的信息，请你说出他们的名字、他们得的什么病、他们睡衣的颜色以及他们得到了什么作为安慰。

1. 穿红色睡衣的小孩得到了一本书。

2. 得了麻疹的小孩（不是贝利叶也不是弗兰克）得到了一个玩具。

3. 艾丽斯得了腮腺炎。另外一个小孩（穿着绿色睡衣）有朋友来看望。

4. 弗兰克穿着橘色的睡衣，他得的不是扁桃体炎。

5. 里伊得了猩红热，他穿的睡衣不是绿色的。

6. 得了水痘的小孩没有得到冰激凌。

7. 穿蓝色睡衣的不是罗宾，也不是里伊。

8. 有一个小孩穿着黄色睡衣。

9. 有一个小孩得到了果冻。

056 在沙坑里

在操场的一个角落里有一个沙坑，4位母亲站在沙坑的四周(A，B，C，D)，看着自己的孩子在沙坑里（1，2，3，4）玩耍。根据下面的信息，你能分别说出这8个人的名字，并给他们配对吗？

1. 站在C位置上的不是汉纳，她的儿子站在顺时针方向上爱德华的旁边。

2. 卡纳在4号位置上，而他的母亲不在B位置。

3. 詹妮的孩子在3号位置。

4. 丹尼尔是莎拉的儿子，他在逆时针方向上的雷切尔儿子的旁边，而雷切尔站在D位置。

5. 没有一个孩子在沙堆里的位置与各自母亲的位置相对应。

057 运输

5个司机将不同的货物送往不同的地点。根据下面的信息，你能否说出这5个司机的名字、运输的货物、运往的城市、用的是哪种车？

1. 床单不是用卡车运输的。
2. 面包车开往巴林群岛。
3. 大卫·海塞尔弗的专辑是用有篷货车运输的，但司机不是扎弗尔也不是勒瑞切尔。
4. 奥玛运输的是DVD，但不是运往利雅得。
5. 运往大马士革的车司机不是布切斯，也不是奥玛。

6. 用救护车运往利雅得的货物，不是面粉（运面粉的车是由艾拉丁开的）。

7. 扎弗尔的车开往开罗，但是车里装的不是棉花。

8. 有一种货物是运往麦地那的。

9. 有一种货物是用小汽车运的。

058 摄影师

5个摄影师去国外拍摄他们最喜欢的事物。根据所给的信息，请你说出这5个摄影师的名字、他们最喜欢拍摄的对象、他们在哪个城市，以及他们到现在为止拍了多少张照片。

1. 麦古米在汉诺威。

2. 在柏林的摄影师（不是尤瑞）拍了18张照片。

3. 艾耶姆最喜欢拍花，他拍的照片比在达姆施塔特的摄影师多1张。

4. 其中有一个人拍了15张教堂的照片。

5. 喜欢拍动物的摄影师不是麦古米，他所在的城市名字是由两个字组成的。

6. 在慕尼黑的摄影师喜欢拍房屋。

7. 尤凯克拍了17张照片，但不是关于陌生人的。

8. 其中有一个人拍了14张照片，一个人拍了16张。

9. 有一个人在纽伦堡。

10. 有一个摄影师叫阿瑞萨。

059 管事儿的撒克逊人

传说很久以前某国的几个村子是由撒克逊人管理的。根据下面的信息，请你分别说出这几个撒克逊人的名字、他们来自哪里、他们管理哪个村子，以及他们分别被称作什么。

1. 西温林的外号不是"大胆"，他来自艾塞克斯。

2. 奥发被称作"野兽"，他不是来自麦西亚。

3. 来自怀斯的撒克逊人管理着弗瑞弗德村。他不是奥发，也不是艾伯特。

4. 艾利和西温林的外号都不是"伟大"。

5. 管理查德林顿的撒克逊人被人称作"公正"。

6. 来自苏塞克斯的人不管理卡斯西顿。

7. 有一个人被人称作"革命"。

8. 有一个人管理阿斯恩沃村。

060 "多产的果树林"

很多英国的居民都很享受英国国民健康保险制度，他们甚至开始叫它"多产的果树林"。此时就有3位居民住院，昨晚他们的邻居刚来拜访过。从以下给出的线索中，你能推断出住院者是谁、住在几号病房、来探望的是哪对与之相邻的夫妇及每对夫妇住的房子编号吗？

1. 住在26号房子的那对夫妇探望了克劳普先生。

2. 菲尔夫人是39号病房的病人。

3. 多赫尔蒂家房子的编号数目比去53号病房探望的夫妇家的大。53号病房住的不是唐纳斯夫人。

4. 萨克森比夫妇探望的是住在47号病房的女士。

061　马·博斯科姆斯公寓

威廉姆斯先生、巴尼特先生和爱德华兹先生都寄宿在马·博斯科姆斯公寓。他们当中，一个是面包师，一个是出租车司机，还有一个是司炉工，你要把他们一一对应。下面的线索可以给你帮助：

1. 威廉姆斯先生和巴尼特先生每天晚上都下棋。
2. 巴尼特先生和爱德华兹先生一起去打棒球。
3. 出租车司机喜欢收集硬币，司炉工带过兵，而面包师则喜欢集邮。
4. 出租车司机从来没看过棒球比赛。
5. 爱德华兹先生从来没听说过集邮。

062　足球评论员

作为欧洲青年足球锦标赛报道的一部分，阿尔比恩电视台专门从节目《两个半场比赛》的足球评论员中抽调了几位，这些评论员将分别陪同 4 支英国球队中的一支，现场讲解球队的首场比赛。从以下所给的线索中，请你推断出：是什么资历使他们成为足球评论员的？他们所陪同的球队是哪支以及各球队分别要去哪个国家？

1. 杰克爵士将随北爱尔兰队去国外。
2. 默西塞德郡联合队曾经的经营者将去比利时。
3. 伴随英格兰队的评论员现在挪威，他不是阿里·贝尔。
4. 曾是谢母司队守门员的足球评论员现在在威尔士队；而作为前足球记者的评论员虽然从来没有踢过球，但对足球了如指掌，他伴随的不是苏格兰队。
5. 佩里·奎恩将随一支英国球队去俄罗斯，参加和俄罗斯青年队的比赛，不过他从来没进过球。

	前守门员	前经营者	前足球先锋	前足球记者	英格兰队	北爱尔兰队	苏格兰队	威尔士队	比利时	匈牙利	挪威	俄罗斯
阿里·贝尔												
多·恩蒙												
杰克爵士												
佩里·奎恩												
比利时												
匈牙利												
挪威												
俄罗斯												
英格兰队												
北爱尔兰队												
苏格兰队												
威尔士队												

姓名	资历	球队	赛场

063　笔名

"羽毛书"以出版侦探小说闻名。上个月他们就推出了5本由新作者写的侦探小说。这5位作者有以下几个共同点：每个人都有一份成功的事业，都选择其工作所在地区的刑事调查人员作为他（或她）塑造的侦探英雄形象。从以下给出的线索中，你能推断出每位作者的另一个职业是什么、各自的居住地和作品中侦探的名字吗？

1.其中一位作者是一家酒店老板，但他不居住在苏塞克斯东部地区。埃德蒙·格林不是在威尔士格温内思郡一个小镇工作的兽医。

2. 朱丽叶·李尔家在什罗普郡。

3. 农场经营者斯图亚特·文恩不是创作出贝克探长的那位作者,而创作出贝克探长的那位作者也未从事过任何形式如承办酒席等服务行业的工作。

4. 朱丽叶·李尔塑造的英雄,确切地说是女英雄,叫撒切尔警官。思尔文探长的构想者没有经营过酒吧或咖啡店。

5. 现实生活中是位警察的那个作者没有居住在什罗普郡,他塑造的侦探叫法罗斯。

6. 其中一位作者在苏格兰的泰赛德地区从事酒店生意。

	咖啡店主	农场经营者	警察	酒店老板	兽医	苏塞克斯东部	多塞特地区	格温内思郡	什罗普郡	泰赛德地区	贝克探长	法罗斯探长	奎恩探长	思尔文探长	撒切尔警官
阿米莉娅·科尔															
埃德蒙·格林															
朱丽叶·李尔															
内文·坡															
斯图亚特·文恩															
贝克探长															
法罗斯探长															
奎恩探长															
思尔文探长															
撒切尔警官															
苏塞克斯东部															
多塞特地区															
格温内思郡															
什罗普郡															
泰赛德地区															

名字	职业	地区	侦探

064 困惑

哪一项不是箱子相同3个面的视图?

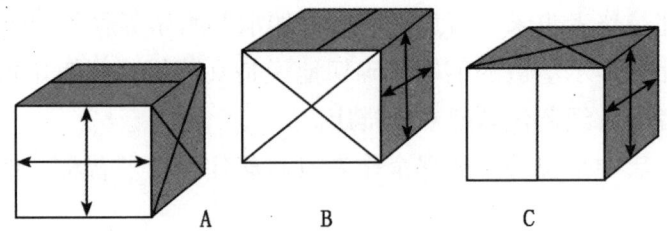

065 找出异己

在下边4个字母中,哪个与其余3个差别最大呢?

AZFN

066 破损的宝塔

年久失修的宝塔,裂缝多多,其中有2块碎片形状是一模一样的,是哪2块碎片?

067　找袜子

图中7只袜子随便地摆放着，请你仔细地观察一下，放在最下面的是几号袜子呢？

068　找不同

在下边12张脸谱中，你能看出哪幅与众不同呢？

069　残缺的迷宫

下图是一张残缺了的迷宫图。为使迷宫图能走得通，请你在A，B，C中选出合适的迷宫残缺图补上，并试着走出这个迷宫。

070　巧穿数字

右边是由数字组成的迷宫图，如何从进口处走到出口处？

071　捉老鼠

猫逮住白鼠还是黑鼠？

072　封口

羊栏里有36个出口，但只要封住其中一个出口，羊就根本无法跑出去，应封住哪个出口？

073 最牢固的门

看下图，A，B，C，D是4扇木制门框，哪一扇门框的结构最牢呢？为什么？

074 南瓜脸

下边哪两个图形完全相同？

075 分开链条

在收拾一盒链子时，珠宝匠发现了如图所示的3根相连的链条，并决定把这链条分开。经过观察，珠宝匠找到了只需打开1根链子就能分开整个链条的方法。你找出来了吗？

076 规律

下图中哪一项不符合排列规律？

077 翻身

请你把下图中左边的火柴图按箭头所指的方向翻一个身，它会变成选项中哪一个？

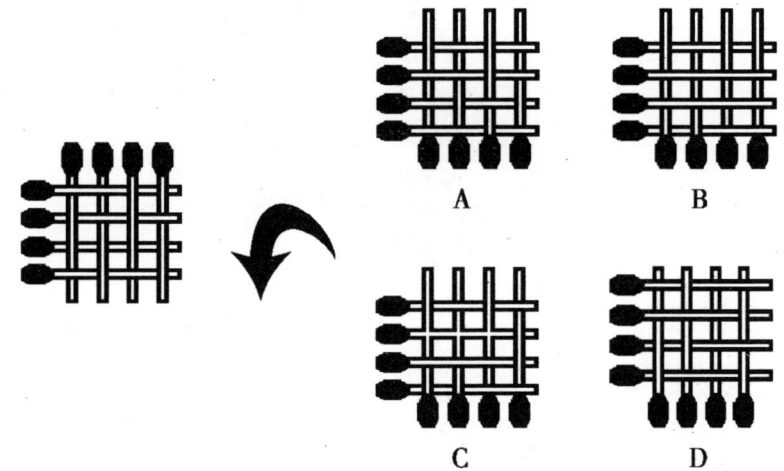

078 帽子的颜色

有3顶白帽子和2顶黑帽子。让甲、乙、丙3人同向列成一队，然后分别给他们各戴上一顶白帽子。即丙可以看到乙、甲，乙可以看到甲，甲则看不到乙、丙。如下图。他们3人中，谁可以正确推导出自己头上所戴帽子的颜色？

079 美丽的正方体

有一个正方体的每一个面都有美丽的图案装饰着,下图是这个正方体拆开后的各面的图案构成,那么在下面的几个选项中,哪一个不是这个正方体的立体面?

080 看一看

一个正四面体是由4个等边三角形组成的立体图形,有点儿像金字塔。每一个面都可以被涂上与其他面不同的颜色,在5个选项中,有4项是同一四面体从不同顶点的俯视图,一项不是。你能找出是哪一项吗?

081 一刀两断

右图的图中有4个圈,把其中的1个圈剪开,其他的3个圈就会全部分开,想一下,看看剪哪个圈,才会使其余的3个圈全部分开。

082 残缺的纸杯

一个斜切的纸杯，其侧面展开图是什么样的呢？

从此处展开

083 工作服

3位在高街区不同商店工作的女店员都需要穿工作服上班。从以下所给的线索中，你能推断出每个店员所在的商店名称、商店的类型以及她们工作服的颜色吗？

1.艾米·贝尔在半岛商店工作，它不是一家面包店。
2.埃德娜·福克斯每天都穿黄色的工作服上班。
3.斯蒂德商店的女店员都穿蓝色的工作服。
4.科拉·迪在一家药店工作。

	半岛商店	梅森商店	斯蒂德商店	面包店	药店	零售店	蓝色	粉红色	黄色
艾米·贝尔									
科拉·迪									
埃德娜·福克斯									
蓝色									
粉红色									
黄色									
面包店									
药店									
零售店									

084 莫斯科"摩尔"

现在的莫斯科摩尔是一种鸡尾酒的名字。图中所示是4位年轻女性（均为高级密探）于1960年在苏联首都莫斯科KGB俱乐部聚会的情形，她们被称为"摩尔"，是英国Z特务部门在苏联的卧底。从以下所给的线索中，你能找出她们在莫斯科用的名字、她们的真名以及她们的编号吗？

1.在莫斯科被称为伊丽娜·雷茨克沃的人在克斯汀·麦克莫斯的左边某个位置，她俩都不是Z12密探。

2.密探Z4在图中位于她的两个同伴之间。

3.帕姬·罗宾逊位于图中D位置，她的编号要比C位置上的数字小。

4.圣布里奇特·凯丽在莫斯科的名字叫路得米勒·恩格罗拉，在叶丽娜·幼娜娃的右边某个位置。

5.曼范伊·碧温的编号不是Z7。

假名：伊丽娜·雷茨克沃、叶丽娜·幼娜娃、路得米勒·恩格罗拉、马里那·克兹拉娃
真名：曼范伊·碧温、克斯汀·麦克莫斯、圣布里奇特·凯丽、帕姬·罗宾逊
编号：Z9、Z4、Z12、Z7

085 势单力薄的警察们

4个警察在执行一项镇压示威游行的任务，他们试图用警戒线隔离人群。在行动后期每个人的身体都受到了的伤害，那种折磨让他们难以忍受。根据下面的信息，你能分辨出1～4号警官并说出他们所受到的伤害吗？

1.时刻紧绷的神经使2号警官的肩膀都麻木了，这个让他感觉很不舒服。

2.内卫尔的鼻子痒得厉害，但他不能去抓，因为卡弗的左手紧紧抓着他的右手。

3.图片上这群势单力薄的警察中，布特比亚瑟更靠左边，艾尔莫特站在格瑞的右面，中间隔了一个位置。

4.斯图尔特·杜琼和有鸡眼的警官之间隔了一个人。

名：亚瑟，格瑞，内卫尔，斯图尔特
姓：布特，卡弗，艾尔莫特，杜琼
问题：鸡眼，肩膀麻木，发痒的鼻子，肿胀的脚

086 英格兰的旗舰

1805年10月21日，罗德·纳尔逊在战役中不幸受伤，他在特拉法尔战役中战胜了法国舰队。他的旗舰的名字由16个字母组成，根据下面的信息，你能在每个小方框中填出正确的字母吗？

1.任何两个水平、垂直或对角线方向上的相邻字母都不同。

2.V在R下面的第二个方框内，并在C的左边第二个方框内。

3.L不在A2位置，也不在最后一行。

4.其中一个A在D3位置上，但没有一个R在D4位置上。

5.A4和C2中的字母相同，紧邻在它们下面的方框内的字母都是元音字母。

6.G在I所在行的上面一行。

7.O就在T上面的那个位置，在Y下面一行的某个位置，而Y在与O不同的一列的顶端。

要填的16个字母：A，A，A，C，F，G，I，L，O，R，R，R，T，T，V，Y

087 特殊数字

圆中的哪个数是特殊的？

第二章

递推法

088 图形识别

依据图形变化规律找出第四幅图形。

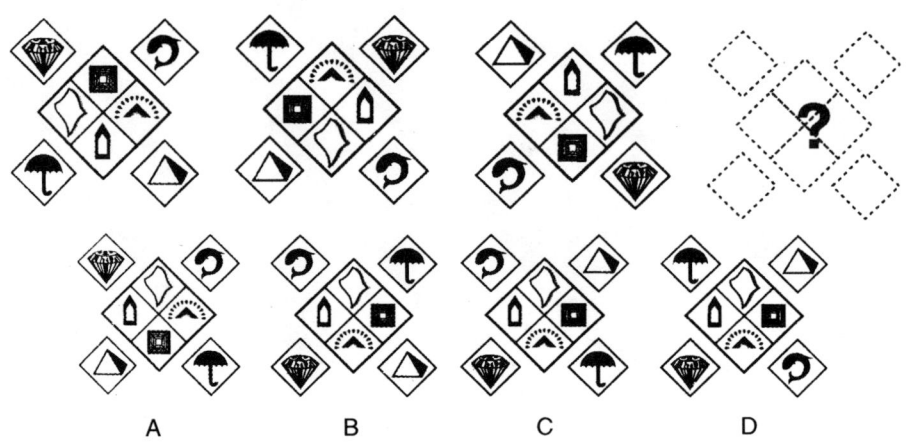

089 黑点方格

空缺处应该放入 A ~ F 项中的哪一个?

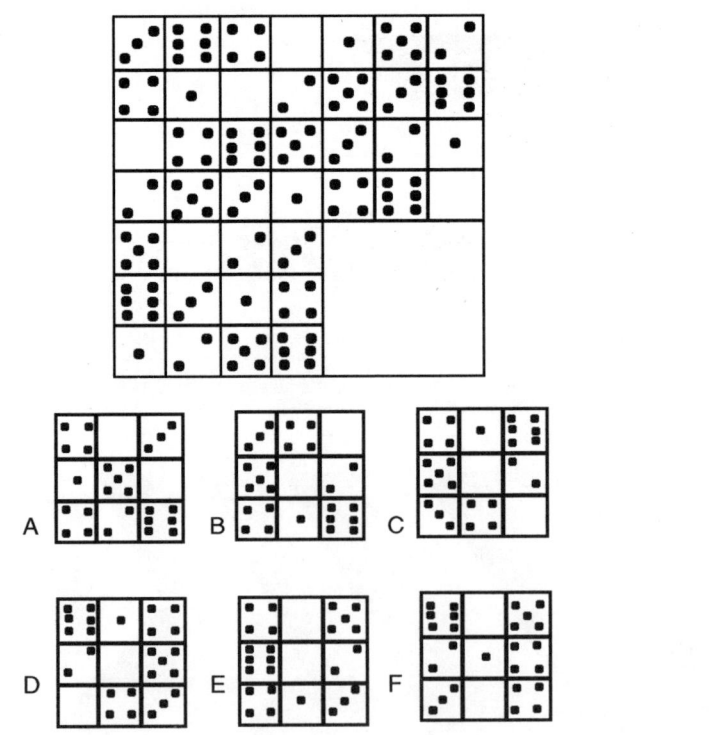

090 拼凑瓷砖

问号处应是 A，B，C，D 中的哪一块瓷砖？

091 组合转换

观察图形，找出变化规律，选出转换后的图形。

092　女主人的难题

故事发生在1902年7月10日加利福尼亚的帕尔玛斯。下图中的尤沙拉·亚伯克拉斯特是位社会名流，她来自纽约的切维格伦，她此时在时髦的帕姆克利夫酒店宴请其他的度假者。席间，她与大家共同分享了有趣的思维游戏以及她世界各地朋友的故事。那么，你能否解决这位女主人的难题吗？

比那佛尔邦的女君主那天对我说，你们美国人对思维游戏是如此的喜欢，那么，请你看看这个思维游戏：在S，H，O，N，I，X顺序之后应该是哪个字母呢？为什么？

093　递进的数字

西德尼很迷恋思维游戏，因为会学到许多东西。请你试试，看能否在他从当地的糖果商店回来之前把这个题解答出来。

西比尔，我知道你很喜欢思维游戏，所以我一听到这个新的大难题，就飞奔过来了。这是一个递进的题。下面序列后的数字是什么：1，2，6，24，120，720，…？

很好，西德尼，很感谢你一有思维游戏就首先想到我，但是如果我解答出来的话，我希望你会为我买一盒糖果！

094 猜数字

很久以前,有个先生叫霍华德·迪斯丁,他是一个乐器制作商。图中的他正在击鼓召唤大家来参加一个数字竞赛。在今年的乐器集会上,为了增加大家的兴趣,他把题印在了鼓膜上。那么,你知道数字串里的下一个数字是什么吗?

095 天平配平

前两组天平是平衡的。为了使第三个天平也平衡,应当再加上什么图案呢?

096 神谕古文石

这块儿"神谕古文石"是在冰岛的胡萨威克发现的,它曾经吸引很多考古学家前来研究,直到有个上学的小男孩告诉他们那不过是个赝品而已,考古学家们才恍然大悟,原来上面描述的正是一个著名的思维游戏,凿在石头上的是9个秘密字母。图中的第六个字母(即中间那行第三个字母)故意没有完成。这个游戏就是要猜出来那个字母是什么。而你只有先确定其他字母所代表的事物,才能把那个字母猜出来。

提示:所有字母都有一个共性。

097 第七洞的成绩

桑迪·班克尔是闲时乡村俱乐部的高尔夫专家,那天他在高尔夫球场的表现不稳定,前6洞的成绩看起来就像在过山车,起伏很大。有趣的是,他的相邻两洞的成绩呈现出一定的规律性。那么,你能否计算出桑迪第七洞的成绩吗?

洞	1	2	3	4	5	6	7	8	9	TOTAL
草皮断片	4	5	5	6	3	4	5			
桑迪·班克尔	12	9	3	6	3	1				

098 数字模式

解决这个思维游戏,完全依靠的是你在金字塔方面的能力。图中三角形内的数字遵循某种模式排列,如果你能够发现这种模式,那么,你就可以找出三角形中5个问号所代表的数字。你要在沙漏中的沙子全部落在下面之前找出答案。

099 面积

这是一个很巧妙的几何题。右图中有2个正方形,小正方形的边长为3厘米,大正方形的边长为4厘米,大正方形的左上角正好位于小正方形的中心点X,大正方形绕X点旋转直到它的顶边与线段AC相交于B点。那么,你能否根据以上的提示信息计算出阴影部分的面积呢?(AB = 1厘米)

100 最佳数字

问号处的数值是多少?

0324924831   3591300652

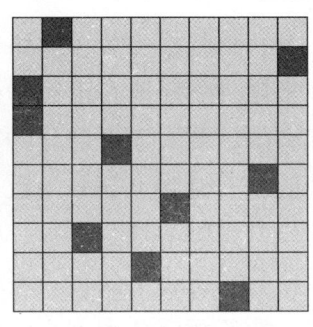

?

101 葛鲁丘的难题

葛鲁丘看上去没心情加入我们的俱乐部，问题是他是否可以解决下面那个入口的题。他所要做的就是计算出最后那个数字是什么。

"任何一家想要接受我的思维游戏俱乐部都是我不会加入的俱乐部！"

102 格拉斯哥谜题

有8个圆圈，其中7个圆圈上面依次标着字母G，L，A，S，G，O，W，连起来读作"格拉斯哥"，这是苏格兰西南部一个城市的名字。

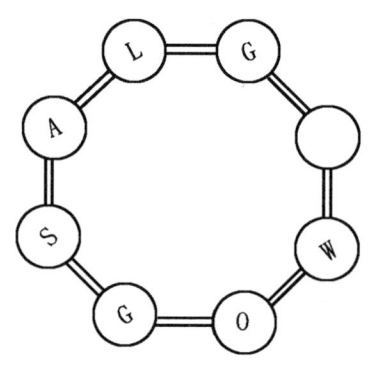

按照现在的排列，这个地名是按逆时针方向拼读的。解题的要求是，每次移动一个字母，使GLASGOW这个地名最后可以按照正确的方向（顺时针方向）拼读。移动字母的规则是：如果旁边有一个圆圈空着，可以走一步；可以跳过一个字母走到它旁边的空圆圈里去。这样，按照L，S，O，G，A，G，W，A，G，S，O，S，W，A，G，S，O 的顺序移动字母，就可以达到目的。但一共要走17步。你能少走几步来实现上述目标吗？

103 还原多米诺

一套包括（0，0）到（7，7）所有数字组合的多米诺骨牌竖放在下边的格子中，每张骨牌上的上部分的数要大于下部分的数。格子上面的数是这一列的所有骨牌上部分的数，格子下面的数是这一列的所有骨牌下部分的数。格子左边的数是与之相对应横行的骨牌上的数。所有给出的数都是打乱了顺序，按照数字从大到小的顺序重新排列的。原来多米诺骨牌的顺序是怎样的？

104　千禧年

第二个千禧年时人们用一个特殊的"千禧年幻方"思维游戏庆祝了一下。这个幻方里的数字无论在水平方向、垂直方向还是对角线上相加的结果都是2000。现在，我们已经为你填出了其中的4个数字，而剩下的12个范围在492到503之间的三位数要由你来填。你能解答这道题吗？

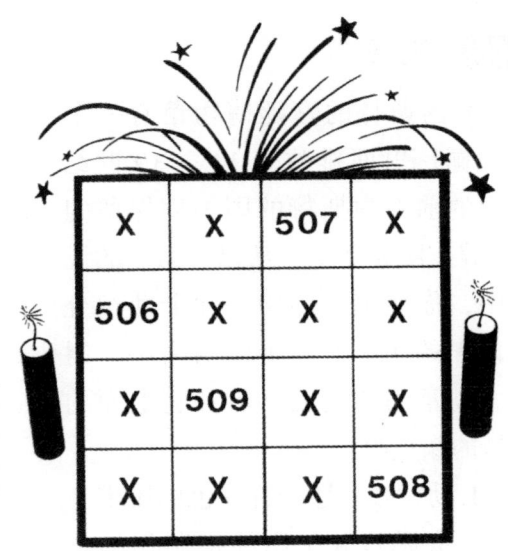

105　四人车组

英国电视台正在录制一部反映鸟类生活的纪录片。根据下面的线索，你能说出车中每个人的全名和他们的身份吗？

1. 瓦内萨·鲁特坐在录音师的斜对面。
2. 坐在D位置的鸟类学专家不姓温。
3. 姓贝瑞的摄像师不叫艾玛，而植物学家不在C位置上。
4. 盖伊不姓福特。

名：艾玛，盖伊，罗伊，瓦内萨
姓：贝瑞，福特，鲁特，温
身份：植物学家，摄像师，鸟类学专家，录音师

106 勋章

乔内斯特的宫廷博物馆有一个陈列橱,里面排放着14~19世纪中期的前乔内斯特的国王们保留的4个骑士团大勋章。从以下给出的线索中,你能填出图中的4个勋章分别代表的4个勋爵士团的名字、制造大勋章用的金属材料和它上面的绶带的颜色吗?

勋爵士团:赖班恩王子,圣爱克赞讷,伊斯特埃尔,铁拳
勋章的材料:青铜,金,铁,银
绶带的颜色:蓝色,绿色,紫色,白色

A　　B　　C　　D

1. 勋章C上悬挂着绿色的绶带。
2. 大勋章A是用纯银制作的。
3. 为14世纪乔内斯特王位的继承人命名的赖班恩王子勋爵士团的勋章有一个紫色的绶带。
4. 铁拳勋爵士团的勋章,顾名思义是铁制的大勋章,上面烙印着代表性图案:握紧的拳头。展示在有蓝色绶带的勋章旁边。
5. 青铜制的勋章紧靠在由纯金制造的勋章的右边,金制勋章不是伊斯特埃尔勋爵士团的代表。

107 腼腆的获奖者

在农业展览会上,4位养羊的农场主被分配到编号为1~4的圈栏,来让他们展示各自的羊群。从以下给出的线索中,你能推断出各农场主分配到的圈栏的编号、农场的名称和得到的名次吗?

农场主:克罗普,普劳曼,提艾泽尔,海吉斯
农场:高原牧场,格兰其牧场,曼普格鲁牧场,布鲁克菲尔得牧场

1. 来自格兰其牧场的人获得的名次比克罗普获得的名次高1名。克罗普位于1号围栏。
2. 第2名农场主被分到了4号圈栏。它们不是来自布鲁克菲尔得牧场。
3. 2号圈栏的羊来自高原牧场,它们得到的名次比普劳曼得的要高。
4. 此次比赛,提艾泽尔是第3名的农场主。

108 没人在家

这周没有牛奶或报纸送到彭姆布雷庭院来,而且每家每户都关着灯,因为6个公寓的居住者都因不同的原因离开了家。从以下给出的线索中,你能确定图中是谁住在哪个公寓里、因什么原因而不在家的吗?

居住者:布洛克先生,伯恩斯先生,戴克斯先生,格蕾小姐,里弗斯夫人,沃特斯小姐

原因:住院,在新西兰,谈生意,商业旅行,度假,陪女儿

1. 同一楼层相邻的两户户主的性别没有一个是相同的。

2. 在女儿手术后陪着女儿的那个人住在近期要住院的人的左边。

3. 两个楼层之间有很好的隔音效果,但是隔壁房间则不尽如人意。当戴克斯先生的超强音乐打扰到他邻居格蕾小姐时,她还是非常和善的,而她现在去了新西兰。里弗斯夫人右手边的邻居去度假了。

4. 6号公寓里住着一位女士。

5. 沃特斯小姐右边的隔壁邻居去商业旅行了,而她跟布洛克先生则隔了个楼层。

6. 伯恩斯先生不在家的理由跟工作没有关联,他也没有跟女儿在一起。格蕾小姐没有参加商业会谈。

109 测量

世纪之交时,哈姆雷在伦敦的商店销售各种各样的思维游戏盒子。盒子里有白、绿、红3种不同颜色的罐子。绿色罐子的容量比红色罐子多3升,而白色罐子的容量则比绿色罐子多4升。现在的问题是用这3个罐子来准确量出2升的水。那么,你如何只倒9次就可以把水量出来呢?

110 数字区

在下边的每个格子里填上数字 1 ~ 9，使得每一横行、每一竖行，以及每个 3×3 的小方框中这 9 个数字分别出现一次，并且使每个虚线隔出的区域里的数字之和等于该区域右上角给出的数。

111 帐篷

下面的方格代表一片林地。其中一些格子里面是草，其他的里面是树（已标出）。在长草的一些格子里放上帐篷，使得每一棵树在垂直或水平方向有一个帐篷与它相邻，而一个帐篷可以与多棵树相邻。所有的帐篷之间不能在垂直、水平，或者斜向上相邻。方格外面的数字分别表示该行或者该列帐篷的总数。请问这些帐篷分布在哪些格子里？

112 阴影

将下表中的一些圆圈涂成阴影，使得任一横行或者任一竖行中，同一个数字只能出现一次。所有涂成阴影的圆圈之间不能在垂直或水平方向上相邻，并且不能将没有涂成阴影的圆圈分成几组——也就是说，没有涂成阴影的圆圈必须横向或纵向相连成一个分支状。应该将哪些圆圈涂成阴影？

113 赛马

在1903年的夏天，豪赌的赌客们在海洋酒店正忙着为下轮比赛的马匹下注。在第6站比赛里，这6匹马在长200米的赛道上赛跑，最后的结果显示在下图的揭示牌上。一位十分喜爱马匹思维游戏的改良者发现一个有趣的题：如果将上面各栏中的数字改变位置，那么就可以使每一行、每一列中从1~6这6个数字只出现一次，从而形成一个数字幻方。你能在10分钟内解决问题吗？

亚特兰大市——第六站比赛						
马匹	第一站	第二站	第三站	第四站	第五站	第六站
八号	6	2	3	5	4	1
干草燃烧炉	3	6	1	4	5	2
慢速启动	5	1	6	2	4	3
不走运	5	6	1	2	3	4
四背	4	1	3	6	2	5
倒数第一	2	5	3	1	4	6

114 图形组合

仔细观察下边4幅图形，依据图形规律，从A-D中选出适合的第五幅图形。

115 图形四等分

将下图分为大小和形状均相同的四等份。

116 哪个不相关

下面哪个图与其他的图不相关？

117 填数字

根据规律，填数字完成下面谜题。

118 黑色还是白色

依照下图的逻辑，说说Z应该是黑色还是白色？

119 图形转换

依据第一组图形的转换规律，一项。

120 缺少的时针

表盘中缺少的时针应指向哪儿?

121 类同变化

从A到B的变化，类同于从C到哪一项的变化?

122 回忆填图

仔细观察第一组图，然后将图遮住，从ABCD中选出第二组图中缺失的图形。

123 补充图案

仔细观察下面的图形,选择合适的答案将空白补上。

124 规律推图

仔细观察下面4幅图形,从A,B,C,D选项中选出规律相同的第五幅图形。

125 图形选择

观察第一组图形,依据规律选出第二组图形中缺少的图形。

126 搬运雪块

这2个人以同样的速度搬运同样大小的雪块，逻辑上来说，谁会第一个完成呢？

127 对应

哪个选项和图中D1相对应？

128 有趣的脸谱

A，B，C 3个选项中，哪个可以接续右图序列？

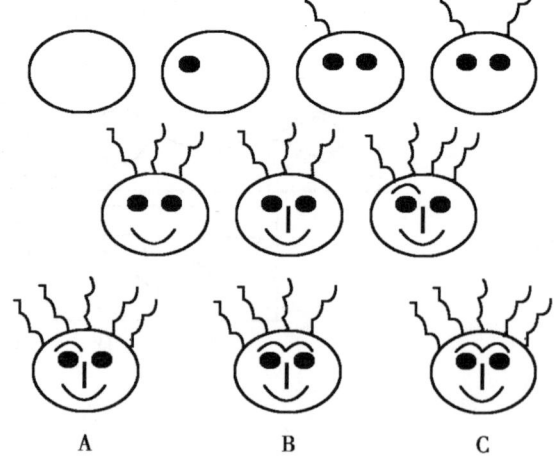

129 查缺补漏

你能找出图中的规律,并把缺掉的部分补上吗?

130 数字代码

题目中的问号可以用什么数字代替?

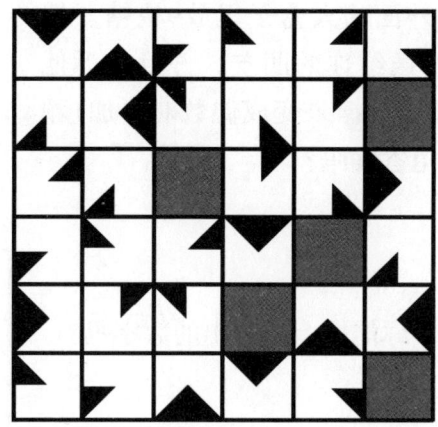

131 推测符号

如图所示,将○、△、×符号填入25个空格中,每格一个。问号处格应该是什么符号?

○	×	△	○	○
△	×	△	×	×
×	○	○	△	△
○	△	×	○	○
?	×	○	△	×

132 中国盒

用4个盒子一盒套一盒做成1个中国盒。里面的3个盒子里各放4块糖，外面的大盒子里放9块糖。把这个盒子作为生日礼物送给你的朋友，并且告诉他（她）必须使每个盒子里的糖果变成偶数对再加1颗之后才可以吃糖。你知道答案吗？

133 数字矩阵

观察右边这个矩阵。你能填上未给出的数字吗？

1	1	1	1
1	3	5	7
1	5	13	25
1	7	25	?

134 补充表格

仔细看表格，然后说出表格中的问号该填什么数。

2	9	6	24
6	7	5	47
5	6	3	33
3	7	5	?

135 战舰（1）

这道题是按照一个古老的战舰游戏设计的，你的任务是找出表格中的船。方格中已填入了几个代表海或某种船的局部的图案，而紧靠行和列边上的数字表示这行或这列被占的方格总数。船和船之间可以水平或垂直停靠，但是任何两艘船或船的某个部分都不可以在水平、垂直和对角方向上相邻或重叠。

1艘飞行器载体：
2艘战舰：
3艘巡洋舰：
4艘驱逐舰：

136　寻找骨牌（1）

一副标准形式的骨牌已经展开，为了清楚起见，它使用数字而非点数来表示。你能用你尖锐的笔尖和灵活的脑瓜，把每个骨牌都画出来吗？右边的格子将对你非常有帮助。

0	3	0	3	6	4	6	2
5	5	0	5	4	5	5	0
6	2	0	4	2	3	4	1
1	2	2	4	4	3	1	3
1	1	0	6	5	3	3	1
1	3	6	6	6	2	2	5
2	1	4	0	4	0	6	5

137　战舰（2）

这道题是按照一个古老的战舰游戏设计的，你的任务是找出表格中的船。方格中已填入了几个代表海或某种船的局部的图案，而紧靠行和列边上的数字表示这行或这列被占的方格总数。船和船之间可以水平或垂直停靠，但是任何两艘船或船的某个部分都不可以在水平、垂直和对角方向上相邻或重叠。

138 战舰（3）

这道题是按照一个古老的战舰游戏设计的，你的任务是找出表格中的船。方格中已填入了几个代表海或某种船的局部的图案，而紧靠行和列边上的数字表示这行或这列被占的方格总数。船和船之间可以水平或垂直停靠，但是任何两艘船或船的某个部分都不可以在水平、垂直和对角方向上相邻或重叠。

139 寻找骨牌（2）

一副标准的骨牌已经摆出，为了表达清楚，我们使用数字替代圆点。你能运用锋利的笔和敏锐的头脑，标出每张骨牌的位置吗？每找到一张牌就把它去掉，你会发现右边的表格对你很有帮助。

140 战舰（4）

这道题是按照一个古老的战舰游戏设计的，你的任务是找出表格中的船。方格中已填入了几个代表海或某种船的局部的图案，而紧靠行和列边上的数字表示这行或这列被占的方格总数。船和船之间可以水平或垂直停靠，但是任何两艘船或船的某个部分都不可以在水平、垂直和对角方向上相邻或重叠。

141 寻找骨牌（3）

一副标准形式的骨牌已经展开，为了清楚起见，它使用数字而非点数来表示。你能用你尖锐的笔尖和灵活的脑瓜，把每个骨牌都找出来吗？你会发现右边的格子对你非常有帮助。

142 战舰（5）

这道题是按照一个古老的战舰游戏设计的，你的任务是找出表格中的船。方格中已填入了几个代表海或某种船的局部的图案，而紧靠行和列边上的数字表示这行或这列被占的方格总数。船和船之间可以水平或垂直停靠，但是任何两艘船或船的某个部分都不可以在水平、垂直和对角方向上相邻或重叠。

143 战舰（6）

这道题是按照一个古老的战舰游戏设计的，你的任务是找出表格中的船。方格中已填入了几个代表海或某种船的局部的图案，而紧靠行和列边上的数字表示这行或这列被占的方格总数。船和船之间可以水平或垂直停靠，但是任何两艘船或船的某个部分都不可以在水平、垂直和对角方向上相邻或重叠。

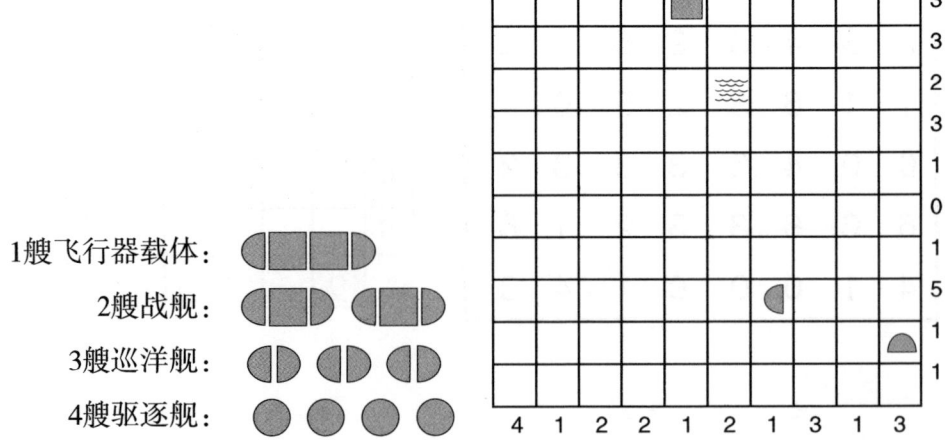

144 寻找骨牌（4）

一副标准形式的骨牌已经展开，为了清楚起见，它使用数字而非点数来表示。你能用你尖锐的笔尖和灵活的脑瓜，把每个骨牌都找出来吗？你会发现右侧的格子对你非常有帮助。

2	3	2	1	6	6	0	5
3	6	6	2	2	4	5	1
3	4	3	2	6	0	1	1
3	5	5	0	1	3	4	5
0	0	0	1	3	1	4	6
4	4	2	5	2	4	0	6
4	6	5	5	0	2	1	3

145 战舰（7）

这道题是按照一个古老的战舰游戏设计的，你的任务是找出表格中的船。方格中已填入了几个代表海或某种船的局部的图案，而紧靠行和列边上的数字表示这行或这列被占的方格总数。船和船之间可以水平或垂直停靠，但是任何两艘船或船的某个部分都不可以在水平、垂直和对角方向上相邻或重叠。

146 寻找骨牌（5）

一副标准形式的骨牌已经展开，为了清楚起见，它使用数字而非点数来表示。你能用你尖锐的笔尖和灵活的脑瓜把每个骨牌都找出来吗？你会发现右边的格子对你非常有帮助。

0	5	2	2	5	4	6	5
3	6	2	2	4	4	4	1
3	6	1	2	3	4	6	1
0	1	4	3	0	2	2	1
3	5	3	0	3	1	5	6
6	4	0	3	6	0	4	1
1	6	0	0	2	5	5	5

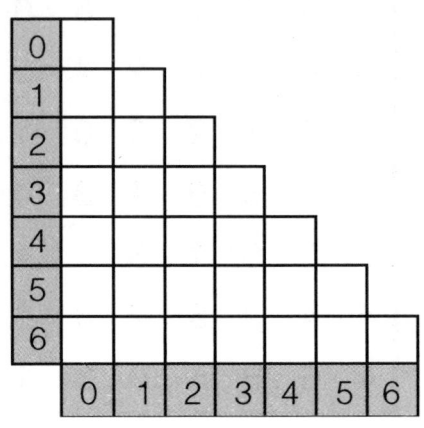

147 思考帽

沃里克·博斯特伯教授是博斯特伯电子思考帽的发明者，现在退休的他接受了枫树林中学计算机俱乐部的挑战。他带上自己这顶著名的思考帽，试图在强大的计算机之前把这道题解答出来。那么，你能计算出下面的数字串中第四个数是什么吗？

| 5 | 11 | 23 | ? | 95 | 191 |

148 方格寻宝

在表格的每一行、每一列中，隐藏了若干珠宝，表格边的数字揭示其数量。此外，在某些方格中标记了箭头的符号，意思是：在箭头的方向藏有珠宝，数量可能不只一个。换句话说：每个箭头所指处，至少能找到一个珠宝。请在表格中标出你认为有珠宝的表格，看你能找到多少个？

149 战舰（8）

这道题是按照一个古老的战舰游戏设计的，你的任务是找出表格中的船。方格中已填入了几个代表海或某种船的局部的图案，而紧靠行和列边上的数字表示这行或这列被占的方格总数。船和船之间可以水平或垂直停靠，但是任何两艘船或船的某个部分都不可以在水平、垂直和对角方向上相邻或重叠。

150 战舰（9）

这道题是按照一个古老的战舰游戏设计的，你的任务是找出表格中的船。方格中已填入了几个代表海或某种船的局部的图案，而紧靠行和列边上的数字表示这行或这列被占的方格总数。船和船之间可以水平或垂直停靠，但是任何两艘船或船的某个部分都不可以在水平、垂直和对角方向上相邻或重叠。

151 战舰（10）

这道题是按照一个古老的战舰游戏设计的，你的任务是找出表格中的船。方格中已填入了几个代表海或某种船的局部的图案，而紧靠行和列边上的数字表示这行或这列被占的方格总数。船和船之间可以水平或垂直停靠，但是任何两艘船或船的某个部分都不可以在水平、垂直和对角方向上相邻或重叠。

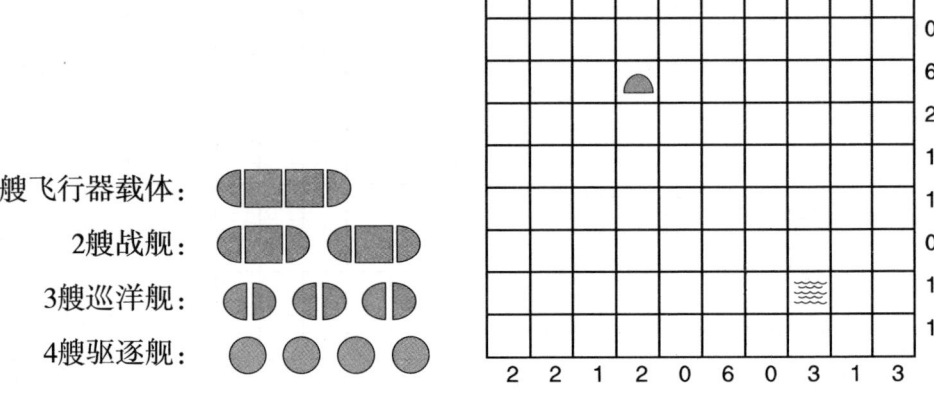

152 寻找骨牌（6）

一副标准形式的骨牌已经展开，为了清楚起见，它使用数字而非点数。你能用你尖锐的笔尖和灵活的脑瓜，把每个骨牌都画出来吗？下边这些格子将对你非常有帮助。

1	4	2	1	1	6	0	2
3	6	2	1	1	6	6	5
4	3	2	5	3	3	3	4
0	1	4	2	4	4	6	1
3	5	0	4	2	5	3	0
1	5	5	6	5	0	0	0
3	2	5	6	0	4	6	2

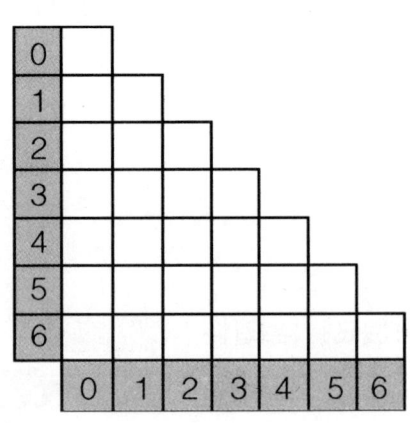

153 寻找骨牌（7）

一副标准形式的骨牌已经展开，为了清楚起见，它使用数字而非点数来表示。你能用你尖锐的笔尖和灵活的脑瓜，你能把每个骨牌都找出来吗?你会发现右边的格子对你非常有帮助。

2	0	6	6	3	6	2	1
1	0	6	3	4	3	3	6
5	1	1	1	3	6	0	0
1	2	5	2	2	5	5	1
2	0	5	2	5	4	5	4
4	6	6	4	0	1	0	4
0	3	3	3	5	2	4	4

154 战舰（11）

这道题是按照一个古老的战舰游戏设计的，你的任务是找出表格中的船。方格中已填入了几个代表海或某种船的局部的图案，而紧靠行和列边上的数字表示这行或这列被占的方格总数。船和船之间可以水平或垂直停靠，但是任何两艘船或船的某个部分都不可以在水平、垂直和对角方向上相邻或重叠。

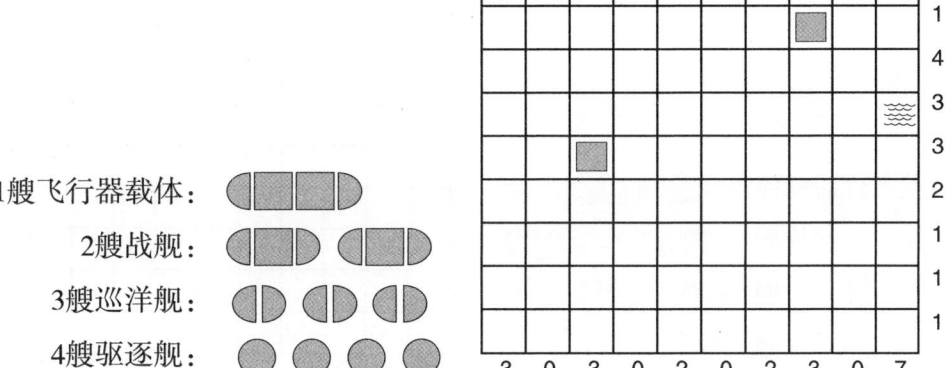

155 寻找骨牌（8）

一副标准形式的骨牌已经展开，为了清楚起见，它使用数字而非点数来表示。你能用你尖锐的笔尖和灵活的脑瓜，把每个骨牌都找出来吗？你会发现右面的格子对你非常有帮助。

0	2	2	4	4	4	4
2	5	2	3	1	1	6	6
6	3	6	3	3	5	3	5
3	0	6	3	5	2	5	6
2	1	6	4	0	5	5	4
2	0	0	0	6	5	1	4
1	0	3	1	1	2	1	0

156 战舰（12）

这道题是按照一个古老的战舰游戏设计的，你的任务是找出表格中的船。方格中已填入了几个代表海或某种船的局部的图案，而紧靠行和列边上的数字表示这行或这列被占的方格总数。船和船之间可以水平或垂直停靠，但是任何两艘船或船的某个部分都不可以在水平、垂直和对角方向上相邻或重叠。

1艘飞行器载体：
2艘战舰：
3艘巡洋舰：
4艘驱逐舰：

157 书上的绳子

你可以用这个思维游戏为难你的朋友们。把一根绳子在一本厚重的书（约1000～1500克）上系一圈，然后将绳子的一端固定在门把手上，并使书悬挂在距地面30厘米的地方。你抓住书下面的绳子，然后对你的朋友们说，你可以随意把书上面或者下面的绳子拽断。这时，他们一定会大吃一惊的。那么，你知道这个神奇的戏法是如何实现的吗？

158 古董

有一天，古董商加尔文·克莱克特伯尔买了一个铸铁的喷水龙头：上面是一支鳄鱼，嘴里吞着一条鱼。他为这件绝妙的艺术品支付了90%的账面价值。第二天，一个收藏家看见后，说愿意支付高出账面价值25%的费用将其买下。加尔文毫不犹豫地答应了，这样，他就从这笔交易中赚了105元。那么，你能否根据这些实际情况推算出这件诱人的古玩的账面价值吗？

159 风铃

这个风铃重 144 克（假设绳子和棒子的重量为 0）。
你能计算出每个装饰物的重量吗？

160 报酬

在很多年以前的棒球联赛赛场上，有这样一个做法，选手在参加完每场比赛之后都会得到报酬。而在早上的不多的时间里则会进行很多纸牌游戏，场面十分火爆。其中有一场有关来自海湾秃鹰队的 4 名选手的游戏。在一场棒球比赛中，这 4 个人——马尔文、哈维、布鲁斯以及罗洛要分享 233 元。比赛结束了，马尔文分得的钱比哈维多 20 元，比布鲁斯多 53 元，比罗洛多 71 元。请问这 4 名选手在那天早晨分别获得多少钱？

161 小甜饼

小阿里阿德涅现在很烦。今天早些时候,她收到妈妈亲手做的一包新鲜小甜饼。正当她打开礼物时,她的 4 个朋友就到了,她们提醒阿里阿德涅以前她们带的小甜饼也曾和她分享过,现在也该她反过来回赠她们了。她不情愿地把其中的一半和半个甜饼分给了她的朋友劳拉;然后把剩下的一半甜饼和半个甜饼分给了梅尔瓦;接着,她又把剩下的一半甜饼和半个甜饼分给了罗伦;最后,她把盒子里剩下的一半甜饼和半个甜饼分给了玛戈特。这样,可怜的阿里阿德涅就把盒子里的甜饼都分了出去,她真是伤心极了。

你能否计算出盒子里原来有多少小甜饼吗?顺便说一下,阿里阿德涅绝对没有把盒子里的甜饼切成或者掰成两半。

162 布兰德魔宫

我们现在所处的位置就是新牛津街上的布兰德魔宫,这个宫殿在维多利亚时期是个大型商场,这里也是著名的思维游戏大师霍夫曼教授经常到访的地方。我们和他约定下午 1 点在这里见面。那么,我们进去吧。

"你好,霍夫曼教授。我们来得很准时。您今天有没有新的思维游戏跟我们分享呢?"

"那是当然的!先坐下,那么,就试试这个 3 份遗产的思维游戏吧。一位绅士临死前留下遗嘱,要将自己的遗产分给自己的 3 个仆人。会客室的那个仆人跟随主人的时间是女佣人的3倍，而厨师跟随主人的时间又是会客室那个仆人的两倍。遗产是按照跟随主人的时间来分配的。总共分出了7000元。那么，每个人各分得了多少遗产呢？"

163　葡萄酒

这个思维游戏为老巴克斯所独创。你若想参加他的派对，你就必须计算出这两个酒桶中各有多少酒。这两个酒桶分别贴有字母A和B，而A桶的酒比B桶的酒多。

首先，将A桶中的酒倒入B桶，倒入的酒量与B桶的酒相等。然后，将B桶中的酒倒回A桶，倒入的酒与A桶中现有的酒相等。最后，再将A桶中的酒倒回B桶，倒入的酒与B桶中现有的酒相等。

这个时候，两个桶内都有48升的葡萄酒。那么，两个酒桶原来各有多少葡萄酒呢？

164　分钱

这是个真实的故事！是克莱夫亲口告诉我的。故事是这样的，有个叫弗西斯的年轻人在寻找基奇纳大部队时迷失了方向。在饥肠辘辘之际，他碰到了两个当地的小伙子正准备吃午餐，一个人有3块烤面包，另一个人有5块。如果弗西斯肯掏钱吃他们的面包的话，他们愿意与他共享食物。当然，他只能说愿意，这样，3个人一起把8块面包吃完了；然后，弗西斯付给他们8枚硬币。最后，他终于和大部队会合了。

但这两个小伙子却为了钱打成一团。拿3块面包的那个人想把钱平分，但是另外那个人却认为他应该得到自己份额的5枚硬币。这样，问题成为一个难题。那么，你应该如何分配这些钱才能不失公平呢？

165 照相

爷爷汤森年轻时曾买过一个新款的柯达相机作为自己的圣诞礼物。这个相机配有彩虹光圈和快门，里面的胶卷容量也很大。当他把所有的亲戚都叫过来时，他发现如果给每个人照 4 张照片的话，他需要 2 卷胶卷，因为他所需照的相片数比一卷胶卷多 4 张；然而，如果给每个人照 3 张照片的话，一卷胶卷将会剩下 12 张。那么，爷爷需要为多少亲戚朋友照相呢？一卷胶卷可以照出多少张照片呢？

改进型的可折叠式柯达相机，价钱从 400 元到 800 元不等。

本相机背后采用双面缝合技术，相机前部可抬高。

166 磨面

对于安格斯的讨价还价，你不能怪他。然而，他的确遇到了麻烦。如果在伊恩扣除 10% 之后要正好带回 100 千克的玉米面，他应该带来多少玉米呢？

注：假设磨面的过程当中没有浪费。

"伊恩，如果把我带来玉米的 5% 作为你磨面的报酬，你觉得怎么样呢？"

"你是不是疯了，安格斯？我要的是你所带玉米的 10%，这你应该很清楚！"

167 巧克力糖

很多年以前，3个旅行者在黑眼睛客栈的同一张桌子上用餐。吃完饭后，他们点了一盘巧克力糖，并打算平分。可是，巧克力糖还没上来他们就都睡着了。第一个人醒来时看见了糖，于是把他那份吃了，接着又睡着了。第二个人不久也醒了，也把认为属于他自己的那份糖吃了，然后很快又睡着了。最后，第三个人醒来发现了糖，把认为属于自己的那份吃了，然后也进入梦乡。

他们在鼾声中度过了那一夜。第二天，服务员将盛有糖的碟子收走了，这时桌上剩下8块糖。那么，你知道桌子上原来有多少块巧克力糖吗？

168 赛车

著名的佛塔纳兄弟是单轮脚踏车赛的冠军，他们总是在4个长为 $\frac{1}{3}$ 千米的圆形轨道上进行赛前练习。兄弟4人从中午开始每人沿着一个轨道进行骑车练习，他们各自的速度分别为每小时6千米、9千米、12千米以及15千米。直到他们第4次在圆圈中央相遇时才停下来。那么，他们需要骑多长时间呢？

巴里　　伯特　　哈利　　拉里

169 硬币计数器

下图是安装在一个银行的克赖顿硬币计数器。特莱梅尼先生正在用一袋子硬币检测它,这个袋子里装了 50 枚硬币,且面值分别为 1 元,5 角,1 角,5 分。经计算后,这些硬币总共 20 元。那么,袋子里每种硬币各有多少枚呢?

170 单轮脚踏车

年轻的奥斯汀·泰特科勒每个星期天都会去姑妈家和姑妈共进晚餐(17:00)。奥斯汀住在利佛格罗夫,而他的姑妈住在市中心。教堂的茶叙时间(12:00)一过奥斯汀就马上动身出发。很久以前他就知道如果按每小时 15 千米的速度骑车,那么他会在晚餐开始前一个小时到。但是,如果以每小时 10 千米的速度骑,那么他会迟到一个小时。

如果奥斯汀想在晚餐时间正好到的话,他应该骑多快呢?他家和姑妈家相距多远呢?

171 "陷阱"游戏

这是一个伟大的"陷阱"思维游戏。在桌子上放4个矩形硬纸板,然后请几个朋友来重新将它们排列,使它们拼成一个完整的正方形,下图的数字表明了各自的尺寸数。当他们屡次失败后,你再得意地告诉他们你可以向他们展示这个过程。当然,你在看答案部分之前,要先自己尝试一下。

172 午餐托盘

上高中的时候,"大块头"马修斯·莫兰在学习之余赚的钱都是通过把其他学生在午餐之后的托盘拿回厨房挣来的。一个托盘他收5分钱,他因一次能拿许多托盘而名噪一时。有一天,他两趟一共拿了99个托盘。当我问他每趟拿了多少个托盘时,他回答说:"第一趟所拿托盘的2/3等于第二趟托盘的4/5。"现在,你知道他每趟拿了多少个托盘了吗?

173 滚轮船

著名的查普曼滚轮船建于1895年，这艘船通过转动两边的巨大滚轮在水中行驶，而滚轮则都是由电气机车在轨道上运行提供动力的。船在服役的第一年往返于亚马孙河上的两个港口，从A港口顺流而下，它的行驶速度可以达到20千米/小时，到达B港口后，等旅客上船并装载邮件，它开始返回上游的A港口。返航时，它的行驶

速度只能达到15千米/小时，就是说相同的距离船要多走5个小时。那么，你能计算出A港口距离B港口有多远吗？

174 聚餐

每到星期五的中午，大家都会在撒玛利亚极品俱乐部聚餐，每次到了结账的时候，本森哥俩总是借口因为公事离开。弗雷德里克让鸡汤浇了一身的那天，他们剩下的这几个人平摊了80元的账。他们在场的人每次都是平分花销，为了弥补本森哥俩的账，他们每个人必须多支付2元。那么，你知道原来有多少人在聚餐吗？

我算看透了！这一次，本森这对孪生兄弟又像往常一样，一到平摊钱的时候就溜走了。如今，我被秋葵鸡汤浇了一身。这个俱乐部以后再也见不到弗雷德里克·海克勒了！

175 小费

"迈克，分摊午餐小费时，你把我骗了！"帕特抱怨说。

"为什么，我还以为你很大方呢，帕特！"迈克回答说，显得十分无辜。

事情是这样的：午餐后，当他们分摊小费时，帕特给迈克的钱与迈克已经有的钱数相同。迈克说："这太多了！"然后又还给帕特一些钱，这些钱与帕特所剩下的钱数相同。帕特说："别，这也多了。"

然后也还给迈克一些钱，这些钱与迈克现在所剩下的钱数相同。帕特现在一分钱也没留下，而迈克共得到80元。那么，他们在开始交换之前各自有多少钱？

176 下注

贝特萨罗特教授把比赛的胜者限定在3匹马：斯威·贝利，赔率4：1；杨特·萨拉，赔率3：1；桑德·胡弗斯，赔率2：1。教授想计算出应该给每一匹马下注多少钱，这样不论哪一匹马获胜他都可以赢13元。

比如，如果给每匹马下注5元，当斯威·贝利获胜时，他可以在它身上赢20元，而在另外两匹马身上输10元。请你试试，看能否在比赛开始之前解决教授的这个难题。

177 魔力壶

这道题是关于维多利亚时期著名的艺术家——魔术大师帕兹林·普兰德加斯特和他会说话的茶壶的。普兰德加斯特是如何使茶壶说话虽然不得而知，但是可以看出这是口技。然而，最重要的是它说的问题。那么，你能否解决下面茶壶提出的问题呢？

有个农夫带了两笼子的动物去市场。一个笼子装着兔子，而另一个笼子则装着野鸡。当别人问他每个笼子各装了多少时，他回答说："两个笼子里的动物一共有35个脑袋、94只脚。"根据这个，你应该可以回答你的问题了！

178 玻璃杯中的樱桃

我们用4根冰激凌棒做一个带柄的高玻璃杯。杯中涂色的圆圈是一个多汁的樱桃。你要把樱桃从杯子里拿出来，但是只能移动其中的2根木棒的位置。你不能移动樱桃，而且必须保证杯子的形状不变。

179　邮票

这是一个很好的"邮票难题"。下图有 6 张来自世界各国的不同邮票,问题是如何将这些邮票摆成一个十字形。但是,要保证十字架的每条线都有 4 张邮票。

提示:1 张邮票可以同时在十字架的 2 条线上。

180　杯垫

按照图中的样子在桌子上放 6 个圆形的饮料杯垫。这几个杯垫必须相互紧挨。现在,你必须把它们重新排列,形成一个"完整的"圆,但是你只能移动其中的 3 个杯垫,并且每个杯垫只能移动一次。

181 燕子李三

燕子李三从贪官 A 家偷了钱以后，挨家挨户送，最后到 B 家。他走的是一条道，并只走一遍，不走第二遍（有走不通的路），而且一家不漏。他是按照什么样的路线走过去的呢？

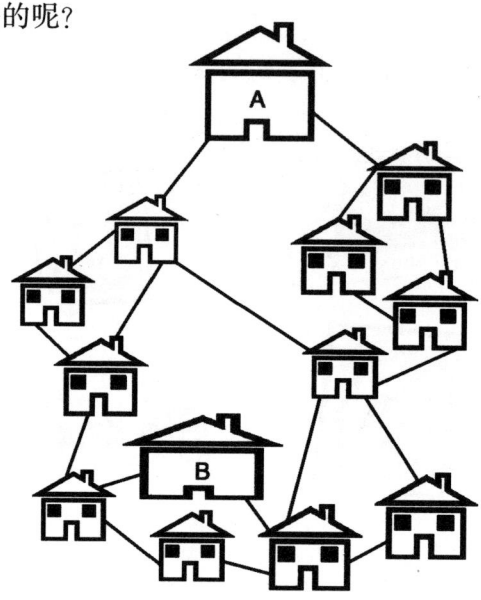

182 游戏天才

比利·索尔皮是一位思维游戏天才，他正在面对一个巨大的挑战。在台上表演时，他经常解答观众提出的题。最近，一家思维游戏俱乐部的老板十分肯定地认为比利不可能在 3 分钟之内把这个幻方题解答出来，并且他答应如果比利成功的话，他将为比利所热衷的慈善事业捐献 1 万元。在这个题中，比利需要将格子内的数字重新排列，使每行、每列中的数字不能重复出现两次；同时，两条对角线上的数字也不能重复出现两次。如果排列正确的话，那么每行、每列中的数字相加的总和为 10。比利真的在 3 分钟之内把这个难题解答出来了，那么，你呢？

第四章

作图法

183 检查路线

这艘飞船正从月球飞回地球。下图所示的就是前进舱指挥舰板的平面图。伯肯舰长每个小时都会巡视飞船。他将检查从 A 到 M 的每一个走廊，而且只检查一次。但是，通过外走廊 N 的次数不限。同时，进入 4 个指挥中心（1号、2号、3号和4号）的次数也不受限制。最后，他总是在 1 号指挥中心结束他的检查。请你把舰长的检查路线展示出来（起点可以从任一指挥中心开始）。

184 电池

埃尔默·拉泽罗是电池城的主人，这个电池城位于威斯康星州的拉辛市。他举办了一场比赛，也就是图中的两个人所提到的比赛。他在陈列室的地上将 36 块儿电池摆成了一个正方形，并答应提供给任何一个答对的人一次为期两周的费用全免的新泽西州海洋树林之旅。但是要求如下：参加比赛的人必须从上面拿走 6 块儿电池，使剩下的每行电池不论在水平方向还是垂直方向都保持偶数。威拉德好像找到了解决办法。

快收拾东西，米尔德里德，我们很快就会在去海洋树林的路上！

185　雪橇

下次当你外出滑雪时，如果你想在温暖的临时营地赢得一块儿热巧克力的话，这里有一个万全之策。跟你的朋友打赌，说他们不可能把6个滑雪橇组成8个完整的三角形。如果你没有外出滑雪，你也可以用汽水吸管来完成。

186　管状面包

这是一个有关螺旋状的思维游戏。奥拉夫刚刚从烤箱里取出热腾腾的"深红色种子面包"，他的这种管状面包非常有名。当他的顾客走过来时，他就问他们："如果我拿刀子从任意地方将面包切开，那么，我最多可以把它分成多少份呢？"你知道答案吗？

187 斯芬克司画像

回顾历史，我们会找到世界上第一个伟大的思维游戏大师——斯塔姆尤莫斯特二世。他创作了全新的题，名叫"斯芬克司第二个思维游戏"，并用它来为难他的朝臣。答题人必须将下图中抽象的斯芬克司画像分成形状相同的4部分。同时，这4部分必须与原图形状相同。你知道怎么分吗？

188 砖墙

有一天，矮胖人邓布迪先生叫来一个泥瓦匠，让他在自己的花园里盖两面砖墙。两面墙的高度以及长度都相等（图中 ab 墙的长度和 cd 墙相等）。泥瓦匠说对 cd 墙的花费要大一些，因为它位于一座山上，所以需要的建筑材料会多一些。

"胡说八道，"邓布迪先生说，"它才用不了那么多呢，盖这面墙你绝对不会用太多的砖和灰泥！"

那么，你认为他们谁对谁错呢？

189 连线的风筝

欢迎读者朋友来解答比夫的这个获奖思维游戏。

迈克,这是我新做的思维游戏风筝,漂亮吧!这个题要求你把风筝用一笔连续画出来,线条不能在任何地方交叉。我花了一晚上的时间才把这个风筝做好的,我明天准备把它带到学校组织的思维游戏大赛上。

190 兔子难题

直线 AA 上有 3 只兔子,直线 CC 上也有 3 只兔子,直线 BB 上有 2 只兔子。有多少条直线上有 3 只兔子?有多少条直线上有 2 只兔子?如果拿走 3 只兔子,将余下的 6 只兔子排成 3 排,且每排有 3 只兔子,该怎么排列?

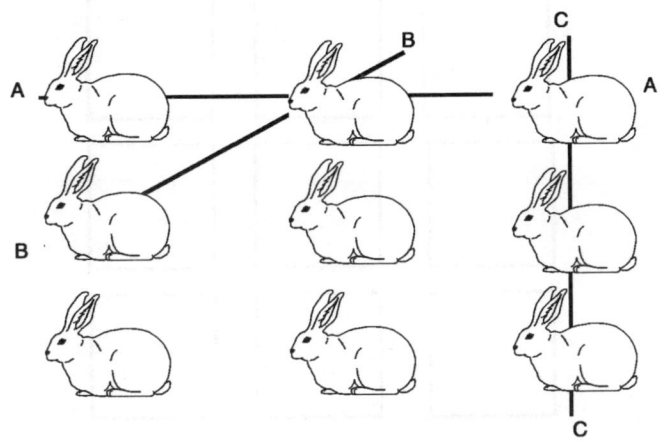

191 学生会委员

在某校新当选的校学生会的7名委员中,有1个是大连人,2个北方人,1个福州人,2个特长生,3个贫困生。假设上述介绍涉及了该学生会中的所有委员,则以下各项关于该学生会的断定与题干相矛盾的是:

A.两个特长生都是贫困生。
B.贫困生不都是南方人。
C.特长生都是南方人。

192 变大的正方形

在图中,有相同大小的正方形纸9个,全部排列成一个大正方形。现在想再加一枚小正方形纸片,以便和原先的9张一同做出一个更大的正方形。纸张可视需要自由裁剪,只是不能有多出来或重叠的部分。你准备怎样做呢?

193 神奇的风筝

要做这个游戏,你得先画一个风筝。然后画一条线把风筝连接起来,但是必须一步完成(即用一条线连续画出)。线与线之间不能交叉,也不能重复出现。你必须从线团开始画,然后到风筝的正中央结束。

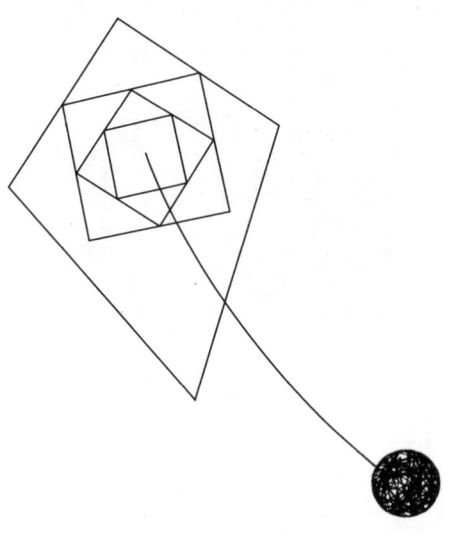

194 圆点

按下图的样子,在纸上画一个方格,分成16个正方形,然后在每一个正方形的中间点一个圆点。现在解答题:请设法画出6条直线,要求经过每一个正方形中的圆点,但是在画的过程中铅笔不可以从纸上抬起。下面有个小提示:其中有2个圆点要经过2次;而且,第一笔要从这个方格外面开始。

195 跳房子

下面是 19 世纪年轻人在消磨时间时所玩的跳房子游戏。在跳房子游戏中其中有一种是"难题型"的跳房子游戏。这个题要求你用一笔把这个跳房子的轮廓画出来，但前提是笔不离纸、线不重叠。同时，任何部分也不可以重复。在你还没有尝试之前，请不要跳到答案部分查看结果。

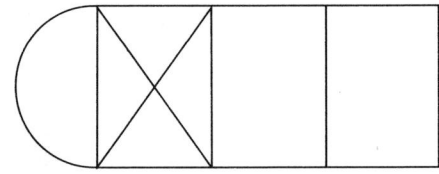

196 字母连线

这个题虽然很古老，但是很有趣。在下面的格子上有 5 对圆点，分别标着 A 至 E 这几个字母。请将各对字母相连：A 与 A，B 与 B，C 与 C，D 与 D，E 与 E。你必须沿着格子上的直线连线，彼此路线不能相交或者重叠。现在，这个难道就交给你负责了。

197 死亡三角

我们看到的是杂技团的芬顿·凯奇奥尔,他正在表演自己的拿手好戏——死亡三角,芬顿对这些像剃须刀一样锋利的钢碎片毫无惧色。这些碎片和他在表演中所使用的其他小道具一样都是源自一个著名的思维游戏。如果你把这5个三角形中的任意一个切成两半,那么,就可以把这6个三角形拼成一个完整的正方形。你愿不愿意试一试这个游戏呢?

198 长方形

古特罗克斯先生正在琢磨一个著名的长方形思维游戏。下图均匀地分布着12个黑色圆点,它们之间有间隔。如果利用任意4个圆点作为长方形的顶点,那么,你能否计算出有多少个长方形呢?记住,正方形也看作是长方形。

199 从 A 到 Z

各位思维游戏爱好者们,现在我们来处理一个很难的题。

这个正方形格子每边都有 6 个小方格,其中,有 4 个 A 字母以及 4 个 Z 字母。现在,要将这个格子剪切成 4 块儿,每一块儿的大小和形状都必须一样,同时,每一块都得包括一个 A 字母以及一个 Z 字母。剪的时候,一定要沿着方格线。

200 潜水艇拦截网

在世纪之交,为了抵御新式潜水艇,这个潜水艇拦截网便应运而生。但是,相应的抵抗措施也随之出现,法国人甘默尼特先生发明了著名的潜水服。现在,你要穿上这个潜水服把下图的这个网由上而下剪成两部分,但是要用最少的次数。在你剪的过程中,不可以把网的节点剪断。请你找出最佳位置并开始剪。

201 最佳路线

古老的阿斯伯里·帕克电车路线共有 12 站，由 17 条 1 千米的铁轨相连接。巴顿·科鲁尔是铁轨的巡视员，他每天都要检查这 17 条铁轨。检查的时候，他总是不只一次路过某些铁轨。那么，你能否为巴顿设计出最佳的检查路线，使他每天在巡视时走最少的路程呢？

202 动物园

沃尔特·斯奈尔特拉普是当地动物园里的公园管理员，他在为一群动物划分界线时遇到了麻烦，可以说都怪狮子不安分守己。斯奈尔特拉普把 9 只动物混合圈在一个正方形围栏里。可是，没过多久，狮子开始咬骆驼，而大象却把狮子踩了，这让大家很是不悦。于是，斯奈尔特拉普决定把每只动物分别圈在各自的围栏里。他只在大围栏里建了两个围栏就把所有的动物各自分开了。你知道他是如何修建围栏的吗？

203 猴子的路线

你能否为那只拿着小罐的猴子找出最短的路线，使它从每个窗户处收到钱呢？这只猴子必须从下图的位置出发，并且最后停在主人的肩膀上。

204 鱼

在世界上的机械思维游戏当中，持续时间最长的莫过于七巧板。它已经持续了大约 100 年。

下图是一个长方形的七巧板，在它的上面是一条东方好斗鱼的轮廓。这个游戏就是要把这 7 块儿七巧板重新排列成鱼的形状。你能否展示这个过程呢？你不能大意，因为它看似简单实则很难。

205 木匠活儿

有一天,老木匠海勒姆·鲍尔皮尼在木场把所有人都给难住了。他拿出来一块儿不规则的胶合板,然后向工厂工人提出了挑战,看谁能把它切成3块并把它们拼成一个边长为1米的正方形。

206 神奇的"Z"

那个埃及的奇迹制造家——乔德·赫拉比正准备表演神奇的"Z"。他在大家的面前,把这个图形劈成了3块,然后使它们在空中旋转后返回,并拼成了一个完整的正方形。那么,你知道这3块如何重组才能拼成一个正方形吗?

207 教授的难题

道廷奇教授去年参加了国际思维游戏竞赛，图中的他正在寻找解答问题的良策。教授断定答案中的直线不会在任何地方相交。为了验证，教授在这里用一笔将图形画了出来。请你试试，但是你既不能使直线相交也不能在画的过程当中把铅笔从纸上抬起。同时，你不可以把纸任意折叠。

208 平分果园

已过世的著名农学家法莫尔·布朗曾留下话，他要把他的财产平分给自己的4个儿子。他特别指明：他那个种有12颗珍贵果树的果园应分成大小、形状相同的4份，每份包括3棵树。那么，4个儿子应该如何按照父亲的遗愿用栅栏将果园隔开呢？

209 火柴棍游戏

爱德在海运湾工作，每天他都与老板玩赌火柴棍的游戏，一旦他赢了，就会从老板那里得到报酬。上周，他按下图中的样子摆出了24根火柴棍，与老板赌上了。火柴围成了9个正方形，所要做的就是移走其中的8根火柴，使其成为3个正方形。

210　高尔夫球座

纳尔达·尼伯里克是闲暇时刻乡村俱乐部业余组女子冠军，为人十分傲慢。在酒馆时，她被安德鲁·麦克戴维特的一个著名的第 19 洞赌注给难住了，使她在比赛当中受到了影响。当时，麦克戴维特跟纳尔达赌一套新的铁头球杆，他说她不可能将 24 个高尔夫球座拼成 4 个完整的正方形。那么，你能在开球之前帮她击败麦克戴维特吗？

211　国际思维游戏大赛

时间：20 世纪 20 年代；事件：国际思维游戏大赛；地点：后湾区波士顿名流花园内威尼斯风格的宫殿。图中有 3 名思维游戏鉴赏家，他们在思考大厅中央地板上的题：如何用 6 条直线将 16 个黑圆圈连接起来，而且，每个圆圈不能同时出现在 2 条直线上。

212 最近的点

我有10个朋友住在同一条街上，如图所示。现在我想在这条街上找出某个地点，使这一点到10个朋友家的距离最近。请问这个点应该在哪里呢？

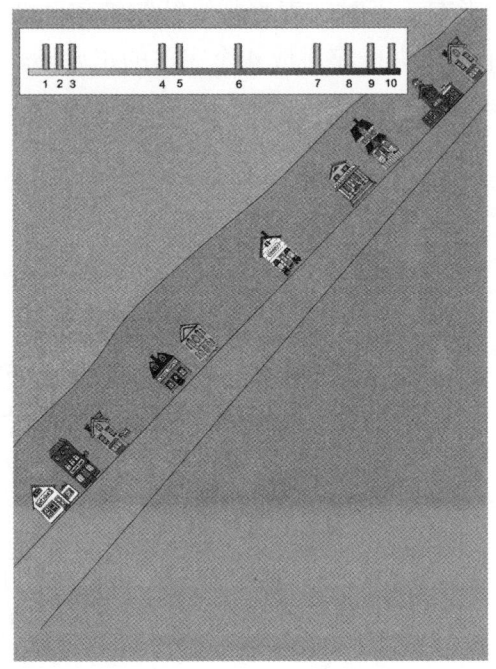

213 奇怪的电梯

一栋19层的大厦，只安装了一部奇怪的电梯，上面只有"上楼"和"下楼"两个按钮。"上楼"按钮可以把乘梯者带上8个楼层（如果上面不够8个楼层则原地不动），"下楼"的按钮可以把乘梯者带下11个楼层（如果下面不够11个楼层则原地不动）。用这样的电梯能够走遍所有的楼层吗？

从1楼开始，你需要按多少次按钮才能走完所有的楼层呢？你走完这些楼层的顺序又是什么呢？

214 企鹅回家

不横过这些道路,你能让企鹅都回到它们自己的家吗?每个企鹅所走的路不交叉,企鹅的家在其对应的数字上,如企鹅1的家就在数字1所在的地方。

215 谁点了牛排

4个好朋友前往一家西餐厅用餐,他们选了个圆桌,依A,B,C,D的顺序坐下,并在看过菜单之后,彼此接续点了主菜、汤及饮料。

在主菜方面,李先生点了一份鸡排,连先生点了一份羊排,而坐在B的人则点了一份猪排。

点汤方面,萧先生及坐在B处的人都点了玉米浓

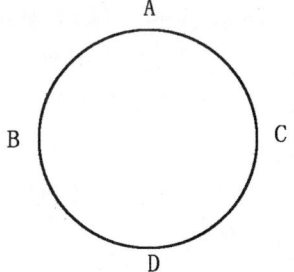

汤,李先生点了洋葱汤,另一人则点了罗宋汤。至于饮料方面,萧先生点了热红茶,李先生和连先生点了冰咖啡,而另一个人则点了果汁。

当大伙儿点完之后,这才发现:邻座的人都点了不一样的东西。如果李先生是坐在 A 的位置,试问,坐在哪里的先生点了牛排?

216 琴弦上的纸片

如图所示,一根吉他弦两端分别固定在 1 和 7 两处,从 1~7 每两点之间的距离相等。在 4,5,6 处分别放上 3 个折叠的小纸片。用手捏住琴弦的 3 处,然后拨动 2 处。纸片会有什么反应?

217 弹孔

按照过去的西部观念,卡特尔·凯特称得上是位高人。她使用 6 发装左轮手枪的本领堪称传奇,这里我们看到的是她如何打赌取胜的。她说她可以在扭转头的同时往墙上射 12 颗子弹,这 12 个弹孔排列成 7 行,每行 4 个弹孔;当然,某些弹孔将同时存在于多个行列。钢琴师萨姆一点儿也不担心。那么,你认为弹孔在墙上是如何排列的呢?

218 缝制地毯

阿布杜是个地毯商,现在他遇到了一个大麻烦。他必须得在太阳落山之前把一个边长为10米的正方形地毯交给一位十分富裕的客户。他在仓库里找出一个长12米宽9米的地毯,他打算用这个地毯来做客户所要的地毯。可是,当他展开这个地毯时,发现有人在中间剪掉了一块,被剪掉的部分长8米宽1米。然而,老练的阿布杜却很快想出一个办法,他把剩下的地毯剪成了两块,然后再缝在一起,这样便做出一整块边长为10米的正方形地毯。那么,他是怎么做的呢?

219 不规则房地产

西德尼是当地房地产的内行,这次,他又把自己圈在了一个角里。他买了一处不规则的地产,现在他想把它分割成8块儿尺寸、形状相同的建筑用地。那么,你能否告诉他应该把分界线布置在地产的哪些地方,以便他把这些精选品展示给可能的买家呢?

220 婚礼

这两个人很显然是一对情侣。这位年轻的女士问她的未婚夫星期几结婚。他的话不多，又说得含糊不清。那么，你能确定他想在星期几结婚吗？

"那个日子的后天是'今天'的昨天，那个日子的前天是'今天'的明天，这两个'今天'距离那个日子的天数相等，我们就在那个日子结婚。"

221 剪正方形

图中的这位先生正设法找出那幅画可以剪成的最少正方形个数。如果沿着所有直线剪，那么可以剪成169个正方形，这是最多的正方形。这幅画可以剪成，比如，一个6×6的正方形（即36个小正方形）、一个4×4的正方形（即16个小正方形），或者一个2×2的正方形（即4个小正方形）。相同尺寸的正方形可以重复出现，但是所有的正方形的尺寸不能都相同。

提示：在我们的答案中，不同尺寸正方形的个数少于20。

222　肖像画

女士们、先生们，约翰是莎士比亚风格的画猿高手，也是出色的肖像画家。他的吟游诗人画像很受欢迎。这个神奇的画是约翰一笔画下来的，线条无一重叠。你能做到吗？

223　切蛋糕

要求把这个顶上和四周都有糖霜装饰的蛋糕分成 5 块体积相等，并且有等量糖霜的小蛋糕。该怎么切？

如果蛋糕上没有糖霜或装饰，这个问题就可以用简单的 4 条平行线解决，但是现在问题有点儿麻烦，因为那样做将会使 2 块蛋糕上有较多的糖霜。

224 老鼠迪克

老鼠迪克要怎样才能吃到奶酪呢？

225 谁先到达

如图所示，从甲点到乙点中间隔着一个小草坪，草坪的两边有两条小路。小明和小军同时从甲点出发，小明从左侧小路走，小军从右侧小路走，相同的速度下，谁先到达乙点？

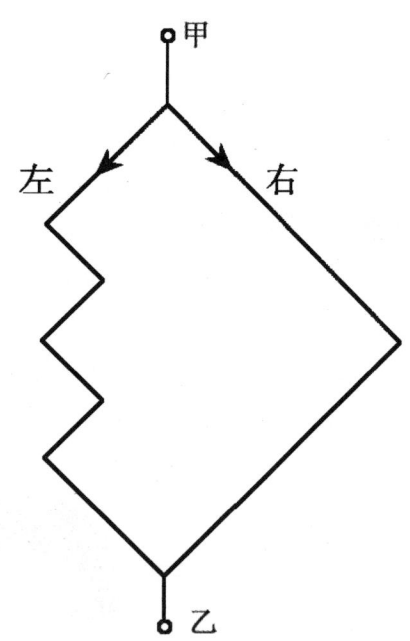

226 男生还是女生

一个班有90个人排成一队去植物园。他们的排列顺序是这样的：男、女、男、男、男、女、男、男、男、女、男、男、男、女、男、男、男、女……那么，最后一个学生是男还是女呢？

227 几个正方形

如图所示的16点能围成几个正方形？

228 双胞离体

将下面5种图形分别分成形状、大小都相同的双胞图形。

229 不向左转

吉姆和汤米在一条马路上走着，眼见前面的马路就要向左拐弯了，汤米便考吉姆说："你能不往左转，就把这条马路走完吗？"吉姆笑道："这还不容易？"说罢，便快步向转弯处走去。没多一会，他果然没有向左转弯，就走完了这条向左转弯的路。你知道他是怎么做到的呢？

230 只剩一点

有17个如图中所画的点。从任何一点画一条比点粗的直线连接其他的点，最后应可让每一个点至少都能与另一点连接起来。但是，某人做这项工作，虽然连接了所有的点，最后却还是剩下一点。有这种可能吗？

231 视图

下图是一个立方体从三个方向看的视图效果，请问黑面的对面是什么样子的？

232 条条大道通罗马

小张、小李、小龙、小王的家在不同的地方，同时他们在不同的地方上班，请大家为他们分别设计一条能回到家又不相互交错的路线。

233 油漆窗户

右图是一个商店的窗户，它的高和宽都是2米。这个商店的油漆工想把它的一半面积漆成蓝色，而同时要留出一个无漆的正方形。那么，他是怎么做的呢？

234 太妃糖

莫尔博斯太太代售各种好吃的东西，也包括糖果。近来，她的生意肯定不错。下面她为你准备的是一个有关糖果的题——如果你想免费品尝太妃糖，你需要把21块儿糖排成9条直线，每条直线上有5块儿。当然，每块儿糖不只在一条直线上。

235 应聘

珀西瓦尔·彭布罗克丢掉了自己的高薪工作，他想再找一个也不过是小菜一碟。但是，他应聘的金融投资公司却给了他一个措手不及。公司给他出了一个能力测试题，而他没有通过！他们给了他4个正方形和8个三角形，他的任务是在5分钟之内把它们拼成1个正方形。那么，你能否通过金融公司的这个测试呢？

236 十字架（1）

斯皮尔牧师又一次在教堂遇到麻烦。昨天晚上，狂风暴雨袭来，狂风将教堂尖塔上的十字架刮倒在地，并将它摔成了5块儿。教堂司事温斯洛宣称他知道如何将它们重新拼在一起使十字架重现天日。各部分已经全部展现在下图之中。那么，你能帮助牧师和教堂司事了解其中的神秘之处吗？

237 馅饼

火鸡节（即感恩节）过后便没有比馅饼思维游戏更好的游戏了。这个题实在是太古老了，许多年前，在第一个感恩节上，布拉德福总督可能在享用甜点的时候玩过这个游戏。你要判断的是：如果在馅饼上切4下，那么，最多可以切成多少大小不同的块呢？

238 书法

行走满天下，羽翼丰满时！这是20世纪的一位自由速记员——内尔·库克的座右铭。库克女士随时做好记录任何听写任务的准备，为了磨炼自己的书写技巧，她每天都会进行她自己十分熟练的练习。其中就包括用一笔连续画出图中所示的4个完整的圆圈，而且它们不会在任何地方交叉。手法稳健、思维敏锐是解决这个书法思维游戏所必需的条件。

239   镜子

想象这3个房间的墙上(包括地板和房顶)都铺满了镜子。房间里一片漆黑。某个人在最上面的房间里划了一根火柴。那么，右边房间里抽烟斗的人能看到火柴燃烧的映像吗？

240   曲线连数

你能够把下边1~18用曲线从头到尾连接起来吗？曲线之间不能相交。

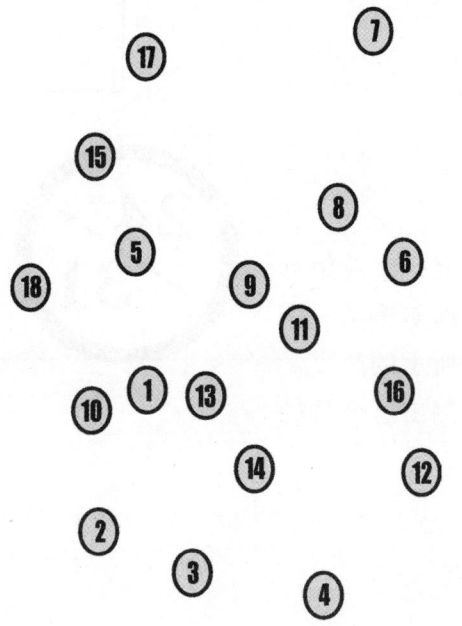

241 拉直的绳子

如果这两只狗向着相反的方向拉这根绳子，绳子将会被拉直。

问拉直后的绳子上面有没有结，如果有的话，有几个？

242 重叠的长方形

将3个相同的长方形（长宽比例为2∶1）叠加在一起，边线最多将会出现多少个交叉？（提示：根据1个交叉必须由2条线组成，长方形的角不算在内。下图是示例，并不是最大交叉数。）

243 未来时光

一位将军在战场上，拿着望远镜观察远处的房屋，偶尔看见一家墙壁上的挂历有如图所示的黑字。根据这些字能不能推测出这个月的1号是星期几？

244 面积有多大

在一个正三角形中内接一个圆,圆内又内接一个正三角形。

请问:外面的大三角形和里面的小三角形的面积比是多少?

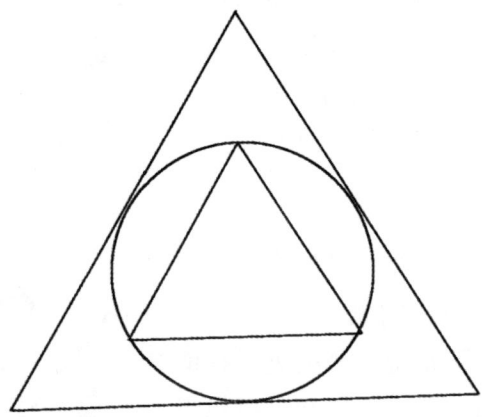

245 考试的结果

有A,B,C,D,E5个人参加考试,都考了相同的五门课。老师评完考卷后,有如下结果(成绩按1,2,3,4,5分评):

1. 5个人的总分各不相同,而且在同一门考试中,也没有相同分数的人。但无论是谁,都有一门课程成绩是5人中最好的。

2. 按得分总名次排列,A为第一名,其余依次为B,C,E,D。

3. A总分为18分,B比A少2分。

4. A历史最好,B语文最好,但B的地理和英语均为第三名。

5. C的地理为第一,数学为第二,历史为第三。

6. D的数学为第一,英语为第二。关于E的得分情况,老师什么也没有说。

这5个人的各科成绩各是多少?总分又各是多少?

246 拼汉字

想象一下,5根横排的火柴和3根竖排的火柴能拼几个汉字?

247　各走各门

一个院子里住了3户人家。这3户人家的关系简直坏透了，不只是互不说话，而且谁也不想看到谁。他们想各走各的门，也就是像图上所画的那样，A走A门、B走B门、C走C门。为了避免相遇，他们走的道也不能交叉，那么，他们该怎样走法才好呢？

248　保守的丈夫

河岸上有3对夫妇，他们都要渡河，可是只有一条能乘2个人的小船。而且，这3个男人都很保守，他们不希望自己的妻子在他本人不在的情况下和别的男人在一起。请想想，用什么办法把他们都渡过去。当然，船得他（她）们自己划。因此每次渡过河都要有人划回原处，直至全渡过去为止。

249　放不下的榻榻米

一个日本人在买榻榻米（日本人铺房间的一种草垫子，尺寸大小一般和中国的单人凉席差不多）之前，量了一下房间地面尺寸，正好是铺7张榻榻米的面积（见右图，两方格铺一整张榻榻米）。可是，当他买回来后却发现7张榻榻米在他的房间里怎么也铺不下。你知道其中原因吗？

250　移动汽车

如图，这是一座汽车库，实线表示墙，虚线表示车位的划分，车可以自由移动。如果要将车对调一下，即1和5对调，2和6对调……每格只能进一辆车，但如果是空的，车移动几格都行。该怎样移动呢？

251 聪明的家丁

如图所示,这是一座从正上方俯视时呈正方形的城堡,堡主在每面都派了3个家丁日夜巡逻,自己在堡内每天都通过四面的窗口视察一下,看他们是否忠于职守。这差使如此辛苦,12个家丁叫苦不迭。他们想了一个办法,既节省了人力,又让堡主视察时看到的仍是每面3人。他们是怎样做的?

252 戒指放盒里

一只盒子上面放着一枚钻石戒指,你能否在一分钟内把它放到盒内去?

253 十字变方

图中所示的一张十字标志图,若让你另剪一刀,并把它拼成一个正方形,应该怎么做?

254 巧做十字标

将左边的木板做成一个十字标志,应该怎样做呢?

255 设计桌面

下图是一块边角料,小花想把它做成一张方形桌面,请你帮她设计一下,怎样剪拼,才能完成呢?

256 圆圈

如果你想找出一个圆圈的中心点,那么你只需要一支铅笔以及一张比这个圆圈大的正方形纸板。如何操作呢?这个做起来要比看起来简单!你有5分钟的时间寻找解决方法。

257 警察

在世纪之交，奥拉夫·安德森成为一名小城市的警察。他的任务是巡逻这个城市的6个正方形街区。作为一个尽职尽责的警察，他希望在巡逻时找出一条可以一次把所有街区都巡视完的路线。答案中已经给出了他所制定的路线,我们认为那可能是最好的路线。但是，或许也有一条更便捷的路线，所以在查看答案之前请你来试一试。

258 钉子

这个游戏来自一位老木匠。你必须重新排列这6根钉子，并使它们彼此相接触。这个看似简单，但是要注意：也许你在放弃之前就已经"结束"自己的尝试了。

259　神奇的三角形

昨晚的作业中有一道几何难题。要求是从左图中去掉4条短线，这样，只剩下5个三角形。你如何解决这个问题呢？

260　古董商

亚历克斯·莫卡托是无新古董市场的所有者。上个月他出乎意料地在思维游戏大会上获胜，而他现在正在兴致勃勃地浏览这一新闻。他向比赛的裁判员提出挑战，看谁能把他带来的17件古董分4行放在地上，而且每行都有5件古董。那么，你能否完成那些著名裁判员专家都无法完成的任务吗？

261　神庙

公元前1480年，埃及斯塔姆尤莫斯特神庙刚刚建成。在神庙入口旁边的雕刻是最早有记载的思维游戏。问题是要将这个有20条边的图形切成4块儿，而且每一块儿的大小形状都相同，同时，这4部分可以拼成一个完整的正方形。

262 铜锣

这名罗马士兵不幸落入敌人手中。如果他无法解开这个铜锣的秘密，那么，他将成为太阳神的祭品。你能在铜锣上直切两下，把它分成至少5块儿吗？但是，在切第二下时，不可以把一块儿放在另一块儿上。

263 欢乐谷

在离开北极之前，圣诞老人停下来制定到城镇——欢乐谷的飞行计划。欢乐谷共有64个家庭,它们的分布位置如上页图所示。每个家庭都在他的计划名单上。圣诞老人想从塔克家开始,到维卡家结束。在这个过程中,他的前进路线需要保持直线,按照水平或者垂直方向在家与家之间飞行；但是,不能原路返回或者重复走过的路线。那么,你能否只用21条直线就可以帮圣诞老人把飞行计划画出来呢？

264 直线

巴罗·威盖特退休后便搬到了山区，他确信他的电视天线大得足够可以接收到他喜欢看的节目。那么，你能否用一笔将这个天线画出来？前提是直线不能在任意点交叉或者与已画直线重复。

265 十字架（2）

古代巫师梅林为你准备了一个有趣的问题。布置5行圆点，每行各有5个。现在，设法用一笔将圆点连成一个希腊十字架。完成的时候，十字架的外面应该有8个圆点，而里面则有5个圆点（十字架的架臂长度都相等）。

266 胶合板

海勒姆·鲍尔皮尼不仅是当地最好的杂务工人，而且也是一个思维游戏业余爱好者，他的作品都是自己通过切割创作的。梅尔是他忠实的助手，他买了一块儿胶合板，下面有3个正方形的洞。梅尔向海勒姆提出挑战：把它切成两块儿，并使它们正好可以拼成一个没有洞的矩形。那么，你认为海勒姆会从哪里下手呢？

267 喂狗的硬饼干

我们的小狗杰姬约了它的几个朋友参加狗食饼干思维游戏派对。像往常一样,它的朋友仍在问题解答出来之前把组成思维游戏的饼干全部吃掉。派对中的问题如图所示,要求你在铅笔不离开纸的前提下用4条直线将这9块儿饼干连起来,你能做到吗?

268 电车

古老的阿斯伯里·帕克电车路线共有12站,由17条1千米的铁轨相连接。巴顿·科鲁尔是铁轨的巡视员,他每天都要检查这17条铁轨。检查的时候,他总是不只一次路过某些铁轨。那么,你能否为巴顿设计出最佳的检查路线,使他每天在巡视时走最少的路程呢?

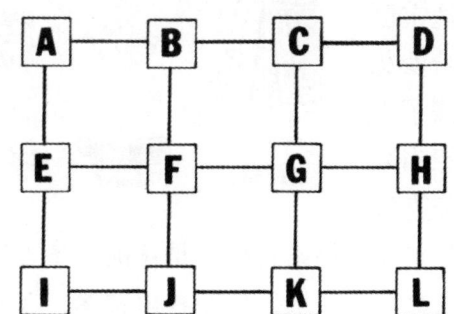

269 雕刻品

"米利森特,你说你的花园里的那个雕刻品其实是一个很不错的思维游戏。那么,它所隐藏的题是什么呢?"

"珀西,那个题最早是由奥利弗·维尔德莱特设计的。这个题要求你找出奥利佛应该在哪里焊接3根铁条才能使它们经过雕刻品上的所有方格。希望你在下午茶之前把答案想出来!"

270 时钟

那天虽然没有下雨，但是雨却浇在善良的斯皮尔牧师的心里。他不但失去了教堂尖塔上的十字架，而且时钟的表面也被飞来的树枝撞成4块儿。当他检查损坏的钟表时，他发现了一件不同寻常的事情。每块儿碎片上的罗马数字相加的结果都是20。那么，你知道时钟表面是如何断裂以致发生了这样的事情吗？

271 皇冠

这里我们看到的是一位城堡的护卫，他的任务是保护英王的皇冠。这个坚强的小伙子注视这些世界瑰宝已经好几个小时了。当哈罗德注视这个装有12个镶嵌了宝石的箱子时，他突然想出来一道题，即能否用5条直线将这12个皇冠全部连起来呢？每条直线都是从前一条直线的末端开始。10分钟之后，哈罗德就找出了答案。如果你也能找出答案，我们将授予你"思维游戏王子"的称号！

272 房产规划

西德尼是当地的一个建筑商，他把一块长方形的土地分成了8块儿建筑用地，并打算在每块儿地上建造一间房子。按他的计划，每一块儿土地的大小、形状都要一样。西德尼遇到的问题是有人把每块儿地上的边界碑偷走了，而且房产规划图也丢失了。他在猜测是谁做了如此卑鄙的事情。那么，你能帮助西德尼重新划定各块儿土地的边界线吗（下图中的H表示每间房子所在的位置）？

第五章

计算法

273 瓢虫

蝴蝶表演结束了,接下来桑蒂尼将带来精彩的瓢虫表演,这一有史以来最伟大的表演将展示昆虫如何准确前进的。在3分钟之内,将7只瓢虫排成一行,这样,它们外壳上的字母就会有很多的排列方式。那么,你能否判断出共有多少种排列方式呢?

274 数学表达式

普里西拉·孙珊女士就是那位出色的代课教师,她又来检测你们的数学才能了。

"同学们,现在注意了!黑板上的这个题是不正确的。但是,如果你在等式左边的某些数字中间添加两个减号(—)和一个加号(+),就可以得出一个正确的数学表达式,并且可以使结果等于100。你们要在这堂课结束之前把符号放在正确的位置。"

123456789 = 100
添加两个减号(—)
添加一个加号(+)

275 射击

慈善盛宴正在举行，巴尼·布朗德巴斯想在长廊上进行的射击比赛中赢得奖品。射击 3 次需要支付 10 元；如果击倒的 3 只鸟上的数字相加正好等于 50，那么，你将赢得 1 只喂饱了的短吻鳄。但是，巴尼却把钱输光了。那么，你有没有兴趣试试呢？

276 心算

潘奇在思考这个题时想把它清楚地表达出来。他必须在心里把从 1 到 100 的数字加起来，但是，他尝试了 10 分钟就宣布放弃，他抱怨说自己总是忘记前面加的那些数字。然而，潘奇却不知道有一个简单的方法可以让他快速解答这个题。那么，你知道这个方法是什么吗？

277 漂流速度

以斯拉·沃尔顿是湍流船队的船长，哈比·贝克维尔正搭乘他的船前往自己的新业务地区。船刚刚离开码头，哈比就睡着了。当船航行了1千米时，哈比的帽子被吹到了水里，并开始向下游漂去，而船却继续向上游前进。当哈比醒来发现自己的帽子不见时，已过了5分钟，他马上让以斯拉调转船头往下游走。他们最终找到了帽子，而帽子那时则刚刚到达他们原来出发的地方。无论上游还是下游，船航行的速度保持不变。那么，你能否根据这些信息计算出河流的漂流速度呢？

278 教授的难题

弗朗昆教授的学生都知道只要他们用粉笔在他研究室窗户外的墙上写一个有趣的问题，教授就会陷入其中并因此忘记自己的课。这会儿他正思考如何将5个4和一个加号重新排列使它们相加的结果等于55。但是，如果你想出来的话，请不要告诉教授，因为他的学生会让告密者难堪的。

279　五行打油诗

有种思维游戏叫作五行打油诗。人们总是对这种类型的思维游戏充满期待。下面我们就来看看其中的一个，这个题要求读者把一个只包括 1 和 3 的 8 个数重新排列，使它们最后组成的数学表达式的结果等于 100 万。那么，你准备好笔和纸了吗？

以前有一个卡斯蒂利亚人，
他虽然十分鲁莽，
但他却能把一个十分富有的西西里岛人赌赢了。
他可以把一个包含 1 和 3 的 8 个数轻而易举地排列，
并使它们的结果等于 100 万！

280　计算闯关

A 为 B 设计了一道游戏题，如右图所示。要求是由出发点开始，经过每一关时，从＋、－、×、÷中选一个符号，对相邻的两个数字进行运算，使到达目的地时，答案恰好是 1。B 想了半天，也不知道该怎么前进。你知道该怎样过关吗？

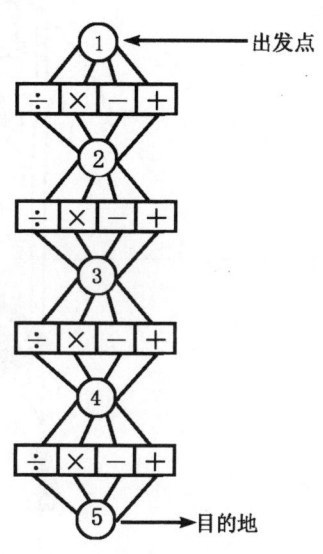

281 保险箱

在犯罪记录上,没有哪个贼比纳库克拉斯·哈里伯顿更卑鄙。当他到别人家里行窃时,他会毫不犹豫地去偷孩子们的存钱罐。看着他在下图中的样子,就知道他肯定是历史上最矮的小偷了。他撬开保险箱偷走了 125 枚硬币,一共有 70 元。其中没有 1 角的硬币。那么,你能否判断出他偷走的是哪些硬币,而每枚硬币的面值又是多少吗?

282 开商店

哈丽和桃瑞斯正在做开商店游戏。哈丽花了 3.1 元从桃瑞斯那里买了 3 罐草莓酱和 4 罐桃酱。那么,你能根据上面说的情况计算出每罐草莓酱和每罐桃酱的价钱吗?

283 车厢

小时候，爸爸给我买了一列玩具火车作为我的生日礼物。除了火车配备的车厢之外，他又花了20元买了另外20个车厢。乘客车厢每个4元，货物车厢每个0.5元，煤炭车厢每个0.25元。那么，你能否计算出这几种类型的车厢各有几个？

284 面袋

当塞·科恩克利伯核对自己的补给品时，他在面布袋上发现了一些有趣的东西。面布袋每3个放在一层，共有9个布袋，上面分别标有从1到9这几个数字。在第一层和第三层，都是一个布袋与另外两个布袋分开放；而中间那层的3个布袋则被放在一起。如果他将第一层上单个布袋的数字（7）乘以与之相邻的两个布袋的数字（28），得到196，也就是中间3个布袋上的数字。然而，如果他将第三层的单个布袋的数字（5）与之相邻的两个布袋的数字（34）相乘，则得到170。

塞于是想出来一道题：你能否尽可能少地移动布袋，使得上、下两层上的每一对布袋上的数字与各自单个布袋上的数字相乘的结果都等于中间3个布袋上的数字呢？

285 灵长类动物

现在是动物园的午餐时间，我们在灵长类动物的观看亭所听到的叫声是它们在抢香蕉的声音。管理员每天都会分给这 100 只灵长类动物 100 个香蕉。每只大猩猩有 3 个香蕉，每只猿有 2 个香蕉，而狐猴因为最小，只有半个香蕉。

你能否根据上面所给出的信息计算出动物园里的大猩猩、猿、狐猴各有多少只？

286 幻方游戏

这位绅士正在解答一道设有奖项的幻方思维游戏。要解决这道题，需要将所有方格内的 X 换成数字，并使每一列、每一行以及两条对角线的数字相加的和都等于 34。使用 1 到 16 之间的数字；同时，每个数字只能使用一次。

287 航行

巨轮出现在蒸汽运用的鼎盛时期，而纽约港便成了它们的停泊地。一天，有 3 艘轮船驶出纽约湾海峡并驶向英国的朴次茅斯。第一艘轮船 12 天后从朴次茅斯返回，第二艘轮船用了 16 天完成了航行，而第三艘轮船用了 20 天才回到纽约港。因为轮船在港内的恢复时间是 12 个小时，所以轮船抵港的日期就是它们返航的日期。那么，需要多少天这 3 艘轮船才能再次同一天驶出纽约港，同时，在这期间每一艘轮船将会航行多少次？

288 交叉的圆圈

在解答这个题之前，你也许会发现自己在"看圆圈"。下图是 7 个相互交叉的圆圈，也就有 14 个有限区域。现在，请你把图中的字母用数字代替，这样在图中就只剩下从 1 到 14 的数字。同时，要使每一个圆圈内的数字相加的和等于 21。

289 进球数

下面我们看到的是库申斯·哈利布尔顿即将打进制胜一球,他随后获得了1903年曼哈顿花式台球锦标赛的冠军。5轮之后,他用球杆打进了100个球。而每轮他都要比前一轮多打进6个球。那么,你能否计算出他5轮中的各轮进球数吗?

莱克斯福德,谁把第7个球打进横袋谁就获胜!

290 数学题

普里西拉·孙珊女士今天是我们的代课老师,可得当心啊。

"同学们,我上次站在这里已是好几个星期之前了,这样吧,我给大家出一道题。大家需要把黑板上的这8个数字分成两组,每组各有4个数字,将每组的4个数字排列组合成2个数并相加,而两组相加后的结果必须一致。谁能把这个题解答出来呢?"

291 年度思维游戏大赛

如果你能答出来，那么，你也是英雄。

292 神秘的正方形

让我们抽时间来解决另一个有趣而又神秘的正方形思维游戏吧。你所要做的就是将下图中正方形里的数字重新排列，使每个水平方向、垂直方向以及对角线上的数字相加的结果为33。希望你用大约5分钟的时间把答案推测出来。

293 对角线间的角度

教授现在陷入了困境。他忘记了下图中题的答案，离上课只剩下 5 分钟了！线段 BD 和 GD 已经画在虚构的立方体的两个面上。两条线段相交于 D 点。那么，你能否帮教授计算出这两条对角线之间的角度呢？

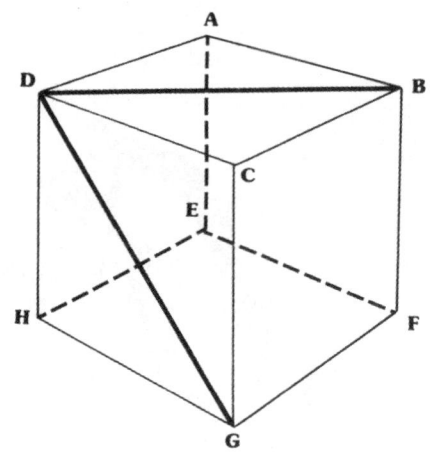

294 蜘蛛网

有一个雕像存放在格力姆斯力城堡的阴暗凹室里。凹室的部分入口被一张巨大的蜘蛛网挡住了，拱状的网的弧正好是圆周长的 $\frac{1}{4}$，长 20 厘米。那么，你能根据这些实际情况计算出蜘蛛网遮盖部分的面积是多少平方厘米吗？

阴影面积
弧

295 财宝

戴佛尔·邓肯在一艘失事船里检查时,找到了一个保险库,而就在那一天,他赚了大钱。他先提出来 4 袋钱,里面各有 60 枚、30 枚、20 枚和 10 枚金币。当他数完剩下 2 个袋子里的钱时,他发现这 6 个袋子金币的个数形成一个特殊的递进关系。那么,你能否根据这个情况计算出第五袋和第六袋里的金币个数呢?

296 还原公式

在城堡里长大的孩子不只会格斗和打仗,他们也会做相当数量的学校作业。这里我们看到的是令人尊敬的兄长正在让这些孩子解答一个数字替换题。在这个乘法算式里,有些数字已经被星号所代替。那么,请你试试,看能否把这个算式还原回来。

297　加法题

这里我们看到的是查理·秦,他是一位著名的杂耍大师,他此刻正在解决由某位观众提出的一个加法题。查理必须将图中 5 个三位数中的 6 个数位上的数字删去并使删除后的数相加的结果等于 1111(当一个数位上的数字被删去后,这个数位的数字用零代替)。查理可以在 30 秒内把问题解决。那么,你呢?

298　盒子的重量

你想听听哈肯布什先生回来时巴斯卡姆还记着哪些吗?同时,你能否计算出每一个盒子的重量呢?

好的,先生!等哈肯布什先生一回来我就转告他。盒子 1 和 2 的总重量是 12 千克,盒子 2 和 3 的重量是 $13\frac{1}{2}$ 千克,盒子 3 和 4 的总重量是 $11\frac{1}{2}$ 千克,盒子 4 和 5 的总重量是 8 千克,同时,盒子 1, 3, 5 的总重量是 16 千克。您让他计算出每一个盒子的重量,然后再打电话告诉您。别担心,先生!我已经把它们全部详细记在脑子里了!

299 南瓜先生的难题

对那些在万圣节前夕迷信的人来说,这是一个很好的思维游戏。南瓜先生给你13个3,你怎样把这些数排列成一个等式并使结果等于100?

今天晚上够黑的,天上还有蝙蝠。这些不吉利的数字会让你害怕的!嘻、嘻、嘻!

300 新式计算机

很好,亨利教授,我当然希望您的新式计算机能帮我一把。我的学生认为我无能,因为他们觉得我无法解答他们认为是很简单的题。他们向我提出了挑战,让我找出最小的那个数:如果被2,3,4,5或者6除,余数总是1;如果被7除,那么就不会有余数。您能帮帮我吗?

当然了,我亲爱的朋友!我只需要把你这个问题的参数输进去,瞧,我们的答案打印出来了!现在有结果了!这个数字就是……

301 啤酒

很显然,这是发生在巴伐利亚的婚姻生活片段。但是,下面的对话中又出现一个有趣的问题。假如奥托没有跟他在一起,那么布伦希尔德自己喝光一桶啤酒要用多长时间呢?

302 数独格

在下面的空白格子里填上1~9这9个数字,使得横向或纵向上没有被深色格子截断的一条空白格子里的数字之和等于它左边的数字(横向)或上面的数字(纵向)。在同一条没有被截断的格子里每个数字只能使用一次。应该怎样填呢?

303 五角星游戏

19世纪初的表演者当然有五花八门的表演。但是，他那个极瘦的助手看起来却对他的能力表示怀疑。下图的毕达哥拉斯之星思维游戏要求玩家把圆圈中的数字重新排列，使五角星内任意一条线上的4个数字相加的结果等于24。那么，你准备怎么排列呢？

304 谁先越过终点

比赛路线从起跑线到老橡树长14米，所以，整个比赛路线的总长度就是28米。蚱蜢一下能跳3米，而小青蛙一下只能跳2米。蚱蜢每跳3次，青蛙可以跳5次，它们谁会首先越过终点线获胜呢？

305 排列奇数

诺贝尔沃尔佛教授人如其名（他的名字意思为火箭发射器），5分钟后，伊克曼这对孪生兄弟将"升空"，教授会用独一无二的方法表达对笨蛋的不悦。汉斯和费德尔的惊慌失措都因下面的问题而起：将一个五位数的奇数重新排列，使其数位上数字相加的结果等于20，相同的奇数可以重新使用。你也有5分钟的时间解答这个问题。

不许转身！我已经给了你们两个傻瓜5分钟的时间将这个简单问题的正确答案写在黑板上！我可以再多给你们5秒钟！

306 点菜语言

欢迎参加新泽西州布卢姆菲尔德镇的美味晚宴。哈里特经济餐馆点菜时所使用的语言十分有趣，我们把字母编成了思维游戏。你在解答这个题时，要将所有的字母用数字来替换，相同的字母用相同的数字替换。而替换之后，你会将她所点的东西变成一个正确的数学表达式。

ONE ON THE CITY

307 平均速度

麦德·曼·莫里提是早期的驾车兜风狂。下图中的他正从老秃山的山顶往下狂奔，崎岖的山路十分危险，幸好他的车很结实，他从自己在乎特维利的家里出来之后以每小时 10 千米的速度从老秃山的一侧爬上去，然后又以每小时 20 千米的速度从山的另一侧下来。如果这时莫里提再折回到乎特维利，那么他往返旅行的平均速度是多少呢？

308 古老的思维游戏

墨尔本教授正在思考一个古老的思维游戏，这个题是他的一个学生带到课堂上的。这个题是这样说的：将 12 个数字放在下图的 12 个圆圈内，要求是外圈的数字相加的结果必须是内圈数字相加结果的 2 倍，而内圈的 4 个数字必须是连续的数字。

309 牲畜

听完这 3 个马匹交易者所说的话，你应该有足够的信息计算出他们各自有多少牲畜。

苏巴克说："埃比尼泽，我用 6 头猪换你 1 匹马。这样，你的牲畜就是我的两倍。"

押沙龙说："等等，苏巴克，我用 14 只绵羊换你 1 匹马。这样，你的牲畜就是我的 3 倍。"

埃比尼泽说："我有个更好的主意，押沙龙，我用 4 头母牛换你 1 匹马。这样，你的牲畜就是我的 6 倍。"

310 房顶上的数

你能找出房顶处所缺的数值为多少吗？门窗上的那些数字只能使用 1 次，并且不能颠倒。

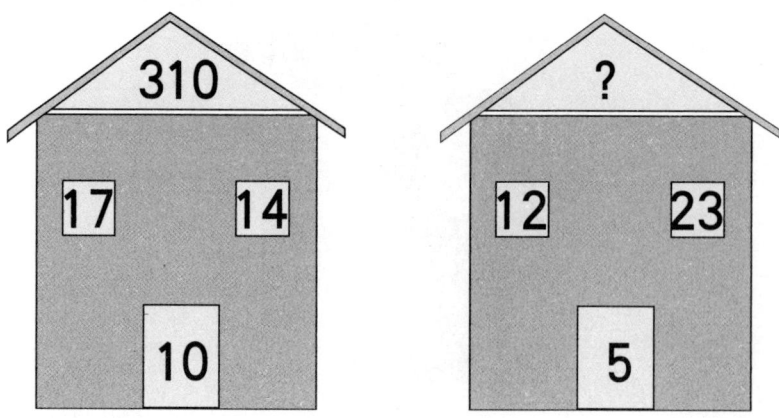

311 最后的格子

动动脑筋，最后那一格中需要填上什么数字？

4	1	6	2
16	10	20	6
3	9	11	4

12	8	3	0
7	10	17	6
4	2	17	6

3	8	1	7
13	14	6	13
6	6	3	1

9	11	2	5
9	14	4	8
4	3	4	?

312 阴影面积

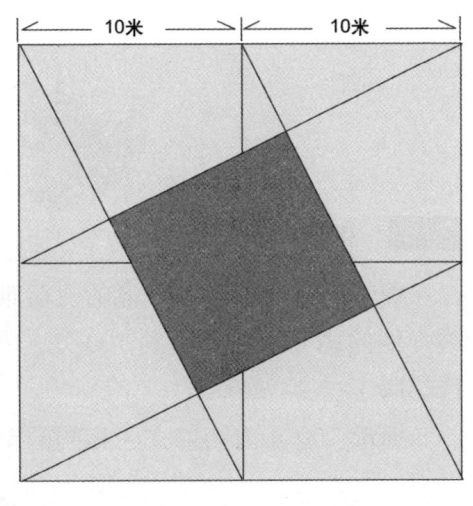

从绕地球轨道运行的人造卫星上可以看到任何种类的事物。例如，间谍卫星上配备有功能强大的镜头，足以"读取"到地球上汽车牌照上的数字。而其他类型的人造卫星则可以"看透"地球表面。所获取的这些影像能为人类的研究工作带来帮助——其中有些影像被用于那些已在滚滚黄沙中埋葬千年的失落文明的探索工作。

在这个问题中，我们将利用人造卫星来俯瞰一块土地进行调查。这块土地基本上呈正方形，边长为20米。假设将每一条边的中点都作为标记，把整块土地分割成9块大小、形状各不相同的土地。你能算出中间正方形阴影部分的面积是多少吗？注意：不要得意得太早，先告诉你，答案可不等于100平方米哦！

313 切割立方体

任何立方体的表面积都等于立方体6个面单面面积相加的总和。例如，下边这块立方体干酪每一面的边长都是2厘米。因此，每一面的表面积就等于2厘米×2厘米，即4平方厘米。由于总共有6个面，因此这个立方体的表面积就是24平方厘米。

现在，挑战来了。要求你将这个立方体切成若干块，使得切割后的形体的表面积之和等于原来这个2×2立方体表面积的2倍，需要几刀就切几刀。

314 蜂群

蜂群总数的一半的平方根飞去了一丛茉莉花中,8/9 的蜂群也紧跟着飞去了;只有 2 只蜜蜂留下来。

你能说出整个蜂群里,一共有多少只蜜蜂吗?

315 射箭

费尔图克曾就一道古老的射箭难题向罗宾汉挑战。他把 6 支箭射在靶子上,这样他的总分就刚好达到 100 分。看样子,费尔图克好像知道答案而且可以摘得奖牌了。

提示:有 4 支箭射在了相同的靶环上。

316 真实年龄

你能帮助罗杰猜出马奇的真实年龄吗?

317 三角形组

你能否将数字1~12填入多边形的12个三角形中,使得多边形中的6行(由5个三角形组成的三角形组)中,每行(每组)的和均为33?

318 巨型鱼

图中的渔夫上岸后肯定会把这个刻骨铭心的故事告诉给他的朋友们。好像他的祈祷真的应验了，那个庞然大物从他身边经过。那条鱼有多大呢？据他猜测，这条巨型鱼的头有60米长，它的尾巴是身体长度的一半与头的长度的总和，而它的身体又是整个长度的一半。那么，这个深水动物各部分的长度该如何计算呢？

319 游戏者

这个游戏者的运气并不总是很好。但是，他的问题也没什么不好。欢迎读者朋友积极解答这个题。

我找不到答案。你说这个难题要求把3个1、3个3、3个5、3个7这12个数字组成6个数字，使它们相加的结果等于20。这是个愚蠢的问题，没人愿意花时间把它想出来。现在，何不编一个好点儿的"找词语"题呢？

戈弗雷·丹尼尔！我为什么不是会计呢？

320 伪钞

私人侦探——"帽子"哈利·哈伯森又被称为伞人，右图中的他曾经在 19 世纪 90 年代破获纽约最大的一个造假集团。当记者问他在房子里发现了多少伪钞时，他回答：

"为了清算，我们把造假太太印制的全部伪钞堆放在桌上。我们发现 5 元的伪钞数量是 1 元伪钞的 10 倍，而 50 元的伪钞数量是 10 元伪钞的 2 倍，一共有伪钞 1500 元。那么，现在，请你根据上面的信息作出判断，各种面值的伪钞分别有多少？"

321 对角线路径

在 10×14 长方形中，对角线穿过了几个小正方形？

你可以概括这个问题，并且总结出对于任何长方形都成立的规则吗？

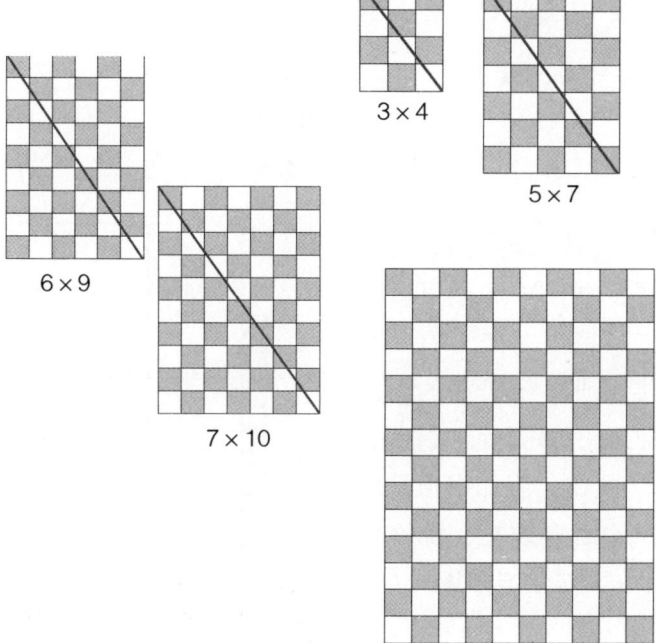

3×4

5×7

6×9

7×10

322 巧妙连线

请你沿着图中的格子线，把圆圈中的数字两个两个地连起来，使两者之和为10。注意：连接线之间不能交叉或重复。

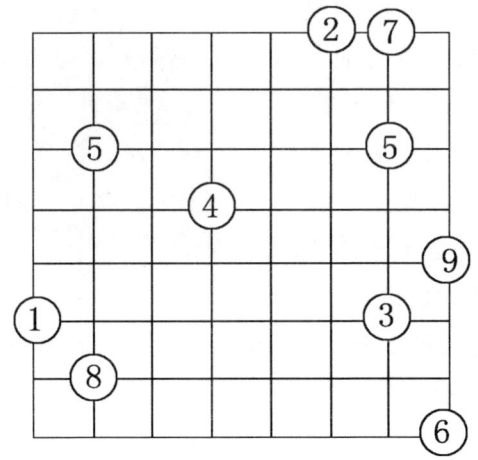

323 数字和密码

下面是数字和相应密码的对应表。你能确定它们之间的关系并找出最后一行的数字是什么吗？

数字	密码
589	521
724	386
1346	9764
?	485

324 书蛀虫

"贪婪的书蛀虫"游戏很早就有了，而且非常有意思。书架上有一套思维游戏书，共3册。每册书的封面和封底各厚0.2厘米；不算封面和封底，每册书厚2厘米。现在，假如书虫从第一册的第一页开始沿直线吃，那么，到第三册的最后一页需要走多远？

325 几何

这是一个很好看的几何思维游戏，而且要比想象的简单。右图中，圆圈的中心点是O，∠AOC是90°，线段AB与线段OD线平行，线段OC长12厘米，线段CD长2厘米。你要做的是计算线段AC的长度。

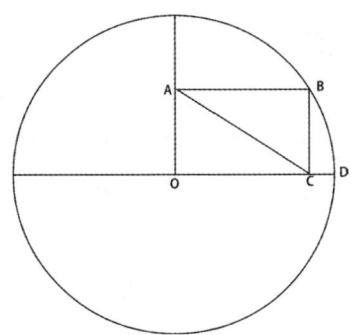

326 细长玻璃杯

图中有两个细长玻璃杯。大玻璃杯的杯口直径和杯身高度正好是小玻璃杯的2倍。现在要做的就是把小玻璃杯当作度量器将大玻璃杯装满水。先把小玻璃杯装满水，然后把水倒进大玻璃杯。那么，我们需要多少次才能把大玻璃杯装满水？

327 自行车

这个故事发生在自行车刚刚出现的时候。一天，有2名年轻的骑车人，贝蒂和纳丁·帕克斯特准备骑车到20千米外的乡村看望姑妈。当走过4千米的时候，贝蒂的自行车出了问题，她不得不把车子用链子拴在树上。由于很着急，她们决定继续尽快向前走。她们有2种选择：要么2人都步行；要么1个人步行，1个人骑车。她们都能以每小时4千米的速度步行或者以每小时8千米的速度骑车前进。她们决定制定一个计划，即在把步行保持在最短的距离的情况下，利用最短的时间同时到达姑妈家。那么，他们是如何安排步行和骑车的呢？

328 钱包

有一天，威拉德·古特罗克斯先生急匆匆地跑进警察局，大喊自己的钱包被盗了。

"现在要镇静，古特罗克斯先生，"安德森警察说，"有人刚刚交还了一个钱包，也许是你丢的，你能把里面的东西描述一下吗？"

"好的，"威拉德回答说，"里面有一张菲尔兹的照片以及电话卡。哦，对了，还有320元，共8张钞票，而且没有10元的钞票。"

"完全吻合，古特罗克斯先生。给，这是你的钱包。"

那么，你知道他钱包里有哪8张钞票相加之后正好是320元吗？

329 卖车

啊，达芙妮，今天我终于把那辆破车卖掉了。原来我标价1100元，可没有人感兴趣，于是我把价钱降到880元，还是没有人感兴趣，我又把价钱下调到704元。最后，出于绝望，我再一次降价。今天一早，奥维尔·威尼萨普把它买走了。那么，你能猜出他花了多少钱吗？

330 加法

熊爸爸好像被它在佩尔特维利报上看到的一个思维游戏难住了。趁它还没有被烦透，我们来看看这个思维游戏吧：

下面所示的一行数字相加之后正好等于45。那么，你能否在将其中一个加号改为乘号，使这行数字相加的值变成100呢？

"嗯……1＋2＋3＋4＋5＋6＋7＋8＋9＝45"

331 机器人

世界上的许多超现实的梦想都源自这个机器人思维游戏。图中的机器人的不同部位已经用从1到12这几个数字标注。由于某种奇怪的原因，他无法离开这个超自然的行星，除非他身上的数字可以以7种不同的方式重新排列，并使各行各列相加的结果都是26。其中包括水平的两行数字、垂直的两行数字、4个中间的数字、胳膊上的4个数字以及脖子和腿上的4个数字。你知道怎样让他离开吗？

332 4个5

解决这个题只需将右图奖状里的4个5重新排列，使排列后的总数值为56。怎么办？

333 握手

圣诞老人学校又迎来了毕业典礼。今年，8名圣诞老人已经做好准备到城市商场履行职责。当他们离开之前，每个圣诞老人都要彼此握手。那么，他们会握手多少次呢？

334 护身符

下图是有名的赌徒威灵顿·曼尼拜格斯的护身符。但不幸的是印刷工把数字排在错误的位置，以至于它失灵了。如果要恢复它的威力，必须把1至9这9个数字重新排列，使每个边上的4个数字相加的结果等于17（三角形角上的数字同时算在相邻的两个边上）。你知道该怎样排列吗？

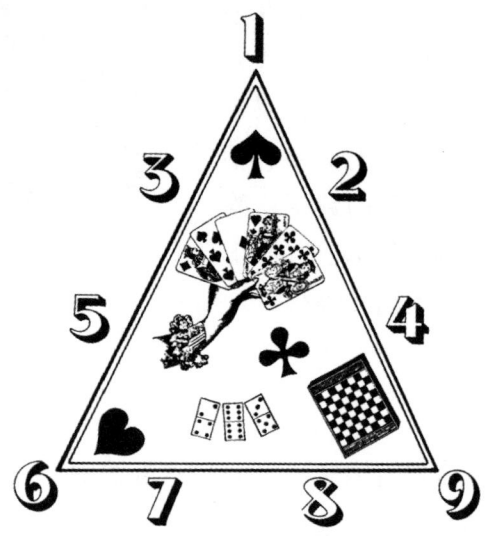

335 破解密码算式

这是一道算式，数字被人用英文密码隐藏了。隐藏了的英文字母是个奇特的式子。请你运用聪明的智慧来想出算式到底是怎样的。

$$\frac{\text{VEXATIBN}}{\text{V}} = \text{EEEEEEEE}$$

336 剩余的页数

共计100页的书，其中的第20～25页脱落了，请问剩下的书还有多少页呢？

337 动物

这是一个有关管理员的游戏，它来自非洲的肯尼亚。有个管理员决定计算一下公园里的狮子和鸵鸟的数量。出于某种原因，他是通过计算这些动物的头和腿的数目来统计动物数量的。最后，他算出一共有35个头和78条腿。那么，你知道公园里分别有多少狮子和鸵鸟吗？

338 长角的蜥蜴

伯沙撒是我们镇上的自然博物馆从某个地方得到的一只长角蜥蜴，它十分神奇。工作人员特意把它放在爬行动物观赏大厅新建的一个圆形有顶的窝里。刚放下，伯沙撒就马上开始考察它的新领地了。从门口开始，它向北爬行了4米到达圆的边缘，然后，它急忙转身向东爬行了3米，这时它又到达了围栏边。那么，你能否根据这些信息计算出它这个窝的直径吗？

339 数字

让我们来看看你是否有资格在润滑油补给站获得这份免费赠品。你所要做的就是将图中数学表达式里的字母用数字代替，相同的数字必须代替相同的字母。竞赛的时限是1个小时。祝你好运！

解决了这个题，你就可以在汽车销售站免费获得润滑油！

340 铁圈枪

铁圈枪游戏以前曾经是最棒的娱乐方式之一，同时，这个游戏也花不了多少钱。这里我们看到的是奈德·索尔索特赢得的又一场比赛，对手是她的妹妹和威姆威尔勒家的男孩子们。奈德将25个铁圈打进靶槽里，且每个靶槽均有得分，一共得到500分。共有4个靶槽，每个槽内的分值分别为10，20，50，100。那么，你能否算出奈德在每个靶槽内打进的铁圈数吗？

341 排列数字

这纯粹是一道数字题。你能将图表中的17个数字重新排列，使排列之后的每一条直线上的数字相加之和都等于55吗？

342 天文

威拉德·斯达芬德在观看自己最新的发现。他发现太阳系中的6个恒星是在3个重叠的轨道上旋转的，他在它们会聚在一点产生超新星之前很快给它们起了名字。威拉德把这几个恒星从1到6标上号，这样就组成一个恒星思维游戏。那么，你能否重新给这几个恒星标号，使每个轨道上的4个恒星相加的和是14呢？

343 三明治

"卡米拉，那些三明治还没有做好吗？现在做了几个？最后一个四人组正在打第18个果岭。作为锦标赛的东道主，我的声誉要保不住了！"

"诺伯特，你要有耐心。你要是一开始帮我做芦笋三明治的话，1个小时之前我就做完了。你要是想知道我要做多少个三明治的话，我可以给你一个提示。如果用三明治的总数除以2，3，4，5或者6，你会发现所有的余数都一样；但是，如果除以11的话，将不会有余数。你要找出符合以上条件的那个最小值。现在他们来了，开始把菝葜倒进去。"

344 靶子

世纪之交的家庭娱乐节目给我们带来一个有趣的思维游戏。亚历山大和他的妹妹西比拉在靶子上打出了相同的环数，他们一共得到了96分。那么，你知道这些箭射在哪些环上吗？

345 打赌（1）

读者朋友也要在15秒内计算出结果。

346 竞赛之后

347 失落的数字

仔细思考，请将竖式中失落的数字找回来。

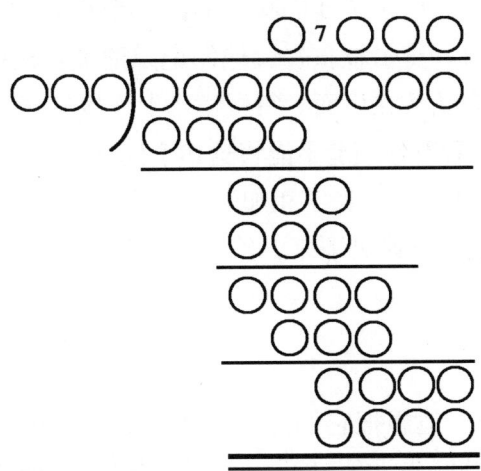

348 亚当和夏娃

亚当从别人那里收到一封信。可是，我们发现这封关于夏娃的信却给我们留下一个很大的难题。那么，你能否用相同的数字代替相同的字母最后得出一个正确的数学表达式吗？

$$\frac{EVE}{DID} = .TALKTALKTALKTALKTALKTALK\ldots$$

"朋友，你不会没听见吧！"

第五章 计算法

349 号角民谣口琴

卡斯卡特家的孩子们最喜欢的一个玩具就是号角民谣口琴,这19个孩子每人都有一个录音筒,里面记录了他们睡觉前的一个小故事,他们把录下的声音保存在专门的记录盒内。莫尔叔叔告诉他们记录槽被12根横木连接起来,外部有6根,另外6根作为辐条放在里面。每根横木上连接3个槽。"我给你们出一个思维游戏,"他说,"看看你们能不能将这19个标有数字的记录筒进行排列,使排列之后任意一根横木上的3个数字相加的结果等于23。"

欢迎读者朋友把记录盒拷贝下来,然后与莫尔叔叔一起玩。

350 链子

一个人有6条链子,他想把它们连成一条有29个节的链子。他去问铁匠这个需要花费多少钱。铁匠告诉他打开一个环要花1元,而要把它焊接在一起则要花5角。请问,铁匠做这条链子最少要花多少钱?

第六章

分析法

351 图形变身

如果 A 变身为 B，那么 C 应变身为哪个呢？

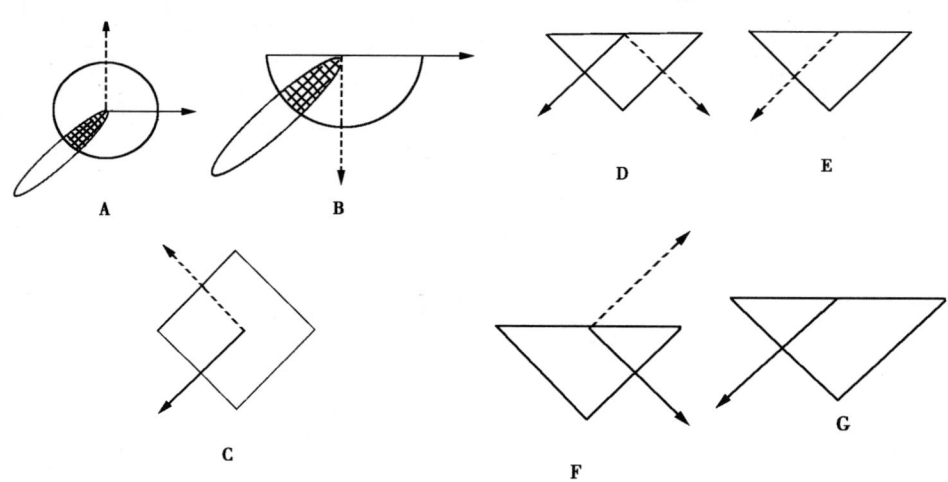

352 机车

在考伦喀斯特铁路展览馆里有 3 辆曾经服役于大盎格鲁人车站的机车。根据下面的信息，你能说出每辆机车的名字、颜色、各自所属的类型以及制造时间吗？

1. 顾名思义，沃克斯·阿比属于阿比类发动机。
2. 外面被漆成深红色和白色的亚历山大曾被应用于制造机载导弹，而亚历山大不是越野类发动机。
3. 罗德·桑兹不是那辆制造于 1942 年外表为橄榄绿的机车。
4. 越野类型的机车直到 1909 年还没有被设计出来。

	类型								
名字	阿比	商务车	越野车	深红/白色	橄榄绿	猩红/黄色	1909年	1926年	1942年
亚历山大									
罗德·桑兹									
沃克斯·阿比									
1909年									
1926年									
1942年									
深红/白色									
橄榄绿									
猩红/黄色									

353 洗车工

为了赚些外快，比尔和他的两个朋友约定每个人清洗一辆邻居的车。根据下面的信息，你能找出他们各自为谁洗车、车的品牌及颜色吗？

1. 比尔清洗一辆红色的车，但不是福特车。
2. 派恩先生的车是蓝色的。
3. 在他们所洗的几辆车中有一辆是黄色的普乔特。
4. 罗里清洗了斯蒂尔先生的车。

354 在购物中心工作

3位年轻的女性刚刚到新世纪购物中心的几个店面打工。根据所给的线索，你能找出雇佣她们的商店的名字、类型，以及她们各自开始工作的具体时间吗？

1. 和在面包店工作的女孩相比，安·贝尔稍晚一些找到工作，那家面包店不叫罗帕。

2. 艾玛·发不是8月份开始在万斯店工作。

3. 卡罗尔·戴不在零售店工作。

4. 其中一个女孩不是从9月份开始在赫尔拜的化学药品店工作。

355 不同颜色的马

3个女孩各自拥有一匹不同颜色的小马。从所给出的线索中，你能说出每个女孩的全名和她们各自的马的名字、颜色吗？

1. 贝琳达的褐色小马不叫维纳斯。
2. 姓郝克斯的那个女孩有一匹黑色小马。
3. 灰色小马的名字叫邦妮。
4. 费利西蒂姓威瑟斯。

356 长长的工龄

昨天，如同往常所有的工作日一样，3位女士在大学食堂的服务台上工作。从以下给出的线索中，你能推断出她们的名字、年龄、工龄和每个人的职责吗？

1. 那位54岁的女士工作的时间没有内尔长。
2. 提供主菜的那位女士今年有56岁了。
3. 洛蒂已经有18年的工作经验，她的工作不是分配饮料。
4. 布里奇特的职责是提供餐后甜点。

357 婚礼

3个兄弟在教堂和他们的新娘举行了婚礼。从以下给出的线索中，你能分别说出三对新人的名字和他们举行婚礼的教堂吗？

1. 在圣三教堂结婚的那对不包括罗德尼或黛安娜，他们两个不是一对。
2. 威廉跟贝尔弗莱结婚了。
3. 琼的婚礼在圣约翰教堂举行。
4. 梅格的新婚丈夫不是肖恩，肖恩妻子结婚前不姓希尔斯。

358 课程研究

那什利浦高中二班的学生分别要进行一项研究。从给出的线索中，你能推断出3个学生的全名、所选的主题和得到的评分吗？

1. 哈里特不姓布兰得弗德，她的作业得了个 A⁻。
2. 选内战主题的女孩得分比海伦·罗伯茨高。
3. 克伦威尔是姓埃文斯的那个女孩的研究对象。

359 快乐家庭

住得很近的3对夫妇各有不同数目的孩子。从所给出的线索中，你能将每对丈夫和妻子对应起来，并推断出他们的姓名和他们拥有的孩子数目吗？

1. 比尔和他的妻子拥有的孩子人数比贝尔家少。
2. 艾伦的孩子比朱蒂多。
3. 迪波拉·维克斯不是瑞克的妻子。
4. 梅格是3个孩子的母亲，她不姓皮尔森。

		妻子			姓					
		迪波拉	朱蒂	梅格	贝尔	皮尔森	维克斯	2	3	4
丈夫	艾伦									
	比尔									
	瑞克									
	2									
	3									
	4									
姓	贝尔									
	皮尔森									
	维克斯									

360 十字路口

假设拿破仑正站在十字路口。一天晚上，一个十字路口的路标被供给马车破坏了。拿破仑军中没有人能把路标放好并使它指向正确的方向。拿破仑沉思片刻之后，发布了命令并把路标放回到了原处。但是，拿破仑以前不曾到过这个十字路口，那么，他是如何做到的呢？

361 卡车

这个故事发生在很多年前。当时,有名卡车司机在警察举旗示意下停下来,警察要检查卡车是否超载。当司机把车开到量重器上后,他从驾驶室跳下来,然后拿起一根木棍敲打卡车的一边。一个旁观者不解地问他为什么要这样做。

"是这样,"他回答,"我的卡车里装了 2000 千克的金丝雀。我很清楚,卡车会超载,但是,如果我使鸟在车里飞起来的话,那么秤上就无法显示它们的重量了。"

请问,司机说得对吗?如果车内的鸟保持飞的状态,那么卡车的重量真的会比鸟栖止于卡车上时的重量小吗?

362 瓶子和钥匙

这是一份充满魅力的魔术杂志的封面,封面上有一个十分迷人的古老思维游戏。在一根绳子的一端系一个钥匙,然后使绳子的另一端从瓶塞钻的洞内穿过并系好。接着,把钥匙放到瓶子里,并且把瓶颈上的瓶塞固定。如果你愿意接受挑战的话,你就得把钥匙从绳子上取下来,但是你不能接触瓶塞、绳子、瓶子或者瓶子所在的桌子。

363 双关语

迈克和他的朋友们正在思维游戏俱乐部的图书馆里研究一个问题。我们也来试试，看能不能给他们帮上忙。

364 渡河

渡过小河唯一的办法就是小心翼翼地踩着一块块石头，一旦踩错了石头，就会掉进河里。从 A 开始，每一排只能踩一块石头，你会沿着什么顺序走呢？

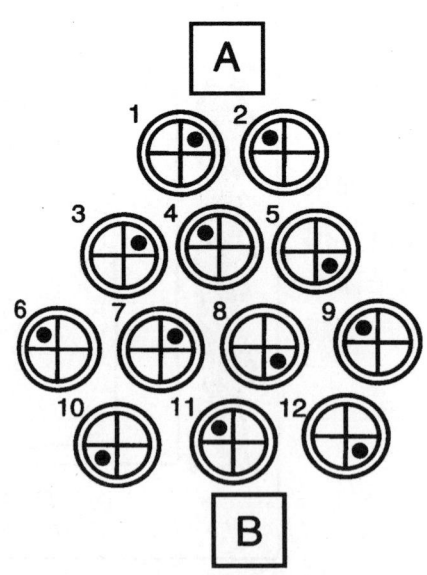

365 寄出的信件

根据所给出的线索,你能说出位置 1 ~ 4 上的女士的姓名和她们要寄出的信件的数目吗?

1. 埃德娜和鲍克丝夫人是离邮筒最近的人;前者寄出的信件数比后者少。
2. 1 号和 2 号女士寄出的信件数与 3 号和 4 号女士寄出的信件数一样多。
3. 克拉丽斯·弗兰克斯所处位置的编号,比邮筒对面寄出 3 封信的那个女人小。
4. 博比不是斯坦布夫人,她不在 3 号位置。
5. 只有一个女人所处的位置编号和她要寄的信件数是相同的。

名:博比,克拉丽斯,埃德娜,吉马
姓:鲍克丝,弗兰克斯,梅勒,斯坦布
信件数:2,3,4,5

366 柜台交易

有两位顾客正在一家化学用品商店买东西。从以下所给的线索中,你能正确地说出售货员和顾客的姓名、顾客各自所买的东西以及找零的数目吗?

1. 杰姬参与的买卖中需要找零 17 便士,而沃茨夫人不是。
2. 朱莉娅是由一个叫蒂娜的售货员接待的,但她不是买洗发水的奥利弗夫人。
3. 图中的 2 号售货员不是莱斯利,而莱斯利不姓里德。
4. 阿尔叟小姐卖出的不是阿司匹林。
5. 2 号售货员给 4 号顾客找零 29 便士。

名:杰姬,朱莉娅,莱斯利,蒂娜
姓:阿尔叟,奥利弗,里德,沃茨
商品:洗发水,阿司匹林
找零:17 便士,29 便士

367 春天到了

某个小村庄的学校里,4个男孩正坐在长椅1,2,3,4的位置上上自然科学课,在这堂课中,每位同学都要把前段时间注意到或做过的事情告诉老师和同学。从以下所给的线索中,你能辨别出这4个人并推断出他们各自在这堂课中所说的事件吗?

1. 从你的方向看过去,那个看到翠鸟的男孩就坐在汤米的右边,他们中间没有间隔。

2. 听到今年第一声布谷鸟叫的是一个姓史密斯的小伙子。

3. 从你的方向看过去,比利坐在埃里克左边的某个位置上,其中普劳曼是埃里克的姓。

4. 图中位置3上坐着亚瑟同学。

5. 位置2的男孩告诉了大家周末他和父亲玩鳟鱼的事,他不姓波特。

名:亚瑟,比利,埃里克,汤米
姓:诺米,普劳曼,波特,史密斯
事件:听到布谷鸟叫,看到山楂开花,看到翠鸟,玩鳟鱼

368 业余赛马

图中向我们展示了业余赛马骑师的一场点对点比赛,其中一场的照片展示在田径运动会的宣传卡片上。从以下所给出的线索中,你能说出每匹马的名字以及各骑师的姓名吗?

1. 第二名的马名叫艾塞克斯女孩。

2. 海员赛姆不是第四名,它的骑师姓克里福特,但不叫约翰。

3. 蓝色白兰地的骑师,他的姓要比萨利的姓少一个字。

4. 麦克·阿彻骑的马紧跟在西帕龙的后面,西帕龙不是理查德的马。

马的名字:蓝色白兰地,艾塞克斯女孩,海员赛姆,西帕龙
骑师的名字:埃玛,约翰,麦克,萨利
骑师的姓:阿彻,克里福特,匹高特,理查德

369 扮演马恩的 4 个演员

马恩是 20 世纪最伟大的人物之一，最近，不列颠电视台将上演休·马恩的自传，电视台的新闻办公室公布了分别扮演马恩各个时期的 4 个演员的照片。从以下所给出的线索中，你能说出 4 个演员的名字以及所扮演的时期吗？

名：安东尼，约翰，朱利叶斯，理查德
姓：哈姆雷特，李尔王，曼彻特，温特斯
时期：孩童，青少年，士兵，晚年

1. C 饰演孩童时代的马恩，他不姓曼彻特。

2. 安东尼·李尔王不饰演晚年的马恩，马恩在晚年时期已经成为哲学家。

3. 理查德紧贴在哈姆雷特的左边，哈姆雷特饰演的是那个正谈论他伟大军事理想的马恩。

4. A 是朱利叶斯。

370 五月皇后

考古学家最近在一个小村镇里挖掘出了一张关于五月皇后的名单，在 18 世纪早期，五月皇后连续 7 年被推选出来执政。从以下所给的线索中，你能说出 1721 ~ 1727 年分别推选出的五月皇后的全名是什么、她是谁的女儿吗？

1. 萨金特在教区长女儿之后两年、汉丽特之前两年成为五月皇后。

2. 布莱克是在 1723 年 5 月当选的。

3. 安·特伦特是偶数年份当选的五月皇后，她的父亲不是箍桶匠。

4. 安德鲁是在织工的女儿之前当选为五月皇后的，她不是比阿特丽斯。

5. 铁匠卢克·沃顿的女儿也是其中一位五月皇后，在沃里特之后当选，而且不是在 1725 年当选的。

6. 木匠的女儿苏珊娜是在索亚之前当选的五月皇后。

7. 米尔福德，在箍桶匠的女儿当选之后两年成为五月皇后，她的前任是旅馆主人的女儿，旅馆主人的女儿在玛丽当选的两年之后当选。

8. 教区长的女儿紧接在简之后当选为五月皇后。

名：安，比阿特丽斯，汉丽特，简，玛丽，苏珊娜，沃里特
姓：安德鲁，布莱克，米尔福德，萨金特，索亚，特伦特，沃顿
父亲：铁匠，木匠，箍桶匠，旅馆主人，教区长，茅屋匠，织工

371 年轻人出行

某一天，同一村庄的4个年轻人朝东、南、西、北4个方向出行。从以下所给的线索中，你能推断出他们各自走的方向、出行的方式以及出行原因吗？

1. 安布罗斯和那个骑摩托车去上高尔夫课的人走的方向刚好相反。

2. 其中一个年轻人所要去的游泳池在村庄的南面，而另外一个年轻人参加的拍卖会不是在村庄的西面举行。

3. 雷蒙德离开村庄后直接朝东走。

4. 欧内斯特出行的方向是那个坐巴士的年轻人出行方向逆时针转90°的方向。

5. 坐出租车出行的西尔威斯特没有朝北走。

姓名：安布罗斯，欧内斯特，雷蒙德，西尔威斯特
交通工具：巴士，小汽车，摩托车，出租车
出行原因：拍卖会，看牙医，上高尔夫课，游泳

372 交叉目的

上星期六，住在4个村庄的4位女士由于不同的原因，如图所示，同时朝着离家相反的交叉方向出发。从以下所给的线索中，你能指出这4个村庄的名字、4位女士的名字以及她们各自出行的原因吗？

1. 波利是去见一位朋友。

2. 耐特泊村的居民出去遛狗。

3. 村庄4的名字为克兰菲尔德。

4. 西尔维亚住的村庄靠近参加婚礼的人住的村庄，并在这个村庄的逆时针方向。

5. 丹尼斯去了波利顿村，它位于举行婚礼的利恩村的东面。

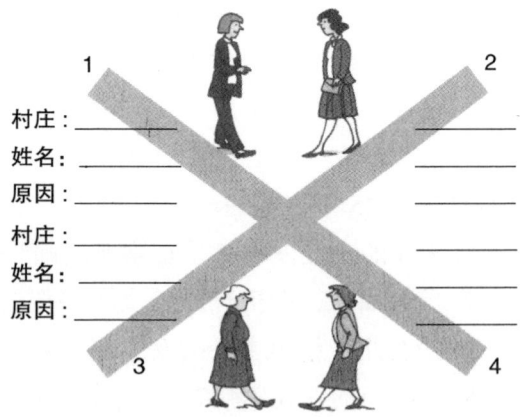

村庄：克兰菲尔德村，利恩村，耐特泊村，波利顿村
名字：丹尼斯，玛克辛，波利，西尔维亚
原因：参加婚礼，遛狗，见朋友，看望母亲

373 可爱的熊

我妹妹在她梳妆台的镜子上摆放了4张照片,这4张照片展示的是她去年去动物园时所看到的熊。从所给的线索中,你能说出这4只熊的名字、种类以及各个动物园的名字吗?

1. 布鲁马的照片来自它生活的天鹅湖动物园。
2. A照片上的熊叫帕丁顿,它不来自秘鲁。
3. 格林斯顿动物园的灰熊的照片在一张正方形的明信片上。
4. 眼镜熊的照片在鲁珀特的右边,鲁珀特熊不穿裤子。
5. 泰迪的照片紧靠来自布赖特邦动物园那只熊的左边,后者不是东方太阳熊。

熊名:布鲁马,帕丁顿,鲁珀特,泰迪
种类:灰熊,极地熊,眼镜熊,东方太阳熊
动物园:布赖特邦,格林斯顿,诺斯丘斯特,天鹅湖

熊名:_____ _____ _____ _____
种类:_____ _____ _____ _____
动物园:_____ _____ _____ _____

374 下一个出场者

乡村板球队正在比赛,有4位替补选手正坐在替补席上整装待发。从以下给出的线索中,你能说出这4位选手的名字、赛号以及每个人在球队中的位置吗?

姓名:艾伦,乔希,尼克,帕迪
赛号:6,7,8,9
位置:万能,快投,旋转投手,守门员

1. 6号是万能选手,准备下一个出场,他坐的位置紧靠帕迪右侧。
2. 尼克是乡村队的守门员。
3. 旋转投手的位置不是7号。
4. 图中C位置被乔希占了。
5. 选手A将在艾伦之后出场。
6. 坐在长凳B位置的选手是9号。

姓名:_____ _____ _____ _____
赛号:_____ _____ _____ _____
位置:_____ _____ _____ _____

375 囚室

图中的Ⅰ，Ⅱ，Ⅲ，Ⅳ分别代表了4个囚室，你能依据线索说出被囚禁者以及他或她父亲的名字等细节吗？

被囚禁者：阿姆雷特王子，沃而夫王子，卡萨得公主，吉尼斯公主
国王：阿弗兰，恩巴，西福利亚，尤里
王国：卡里得罗，尤里天，马兰格丽亚，欧高连

被囚禁者：_____
国王：_____
王国：_____

被囚禁者：_____
国王：_____
王国：_____

1. 在房间Ⅰ里的是国王尤里的孩子。

2. 禁闭阿弗兰国王唯一的孩子的房间，是尤里天的郡主所在房子的逆时针方向上的第一间，后者的房子在沃而夫王子的对面。

3. 禁闭欧高连统治者孩子的房间，是国王西福利亚的孩子所在房间逆时针方向上的第一间。

4. 勇敢的阿姆雷特王子，在美丽的吉尼斯公主所在房间顺时针方向的第一个房间，即马兰格丽亚国王的小孩所在房间逆时针方向的下一间。

5. 卡萨得公主在一位优秀王子的对面，前者的父亲统治的不是卡里得罗。卡里得罗也不是国王恩巴的统治地。

376 多面体环

8个正八面体可以组成1个多面体的环，如图1所示。
请问其他的几种正多面体用同样的方法能否组成这样的多面体环？

图1

正四面体　　正六面体（立方体）　　正八面体

正二十面体　　正十二面体

377 签名售书

伦敦展览中心举办的签名售书会上，6位作者（分别位于1,3,4,6,7,10号签售点）正在为读者签名。根据下面的线索，你能推断出每名作家的姓名及每个人是签售哪本书吗？

作者：拜伦·布克（男），大卫·爱迪生（男），卡尔·卢瑟（男），曼迪·诺布尔（女），保罗·帕内尔（男），坦尼娅·斯瓦（女）

著作：《自己动手做》，《英式烹调术》，《乘车向导》，《超级适合》，《业余占星家》，《城市园艺》

1. 离大卫·爱迪生的书摊最近的是拜伦·布克的书摊，它就在大卫的右边，而其中一位女作家在大卫的左边。

2. 坦尼娅·斯瓦不是在3号摊签售，《乘车向导》一书是在3号摊的右边签售，而《超级适合》的作者曾经是一名运动员，他的签售摊位在3号摊的右边的某个地方。

3. 靠电视节目成名的一位厨师签售《英式烹调术》一书，他紧挨在卡尔·卢瑟的右边，而卡尔又紧挨在拜伦·布克的右边。

4. 《城市园艺》一书的签售书摊号码与曼迪·诺布尔的书摊号码相差2，并且曼迪写的不是《超级适合》。

5. 《自己动手做》一书的作者是拜伦·布克。

378 牛奶送错了

送奶工出去度假了，他的亲戚瓦利早上替他去送奶，结果把某街道中的1,3,5,7号人家的牛奶送错了，从所给的线索中，你能说出这4户人家分别住的是谁、他们本该收到的和实际收到的牛奶瓶数吗？

家庭：布雷特，克孜，汀斯戴尔，劳莱斯
定购：1, 2, 3, 4
收到：1, 2, 3, 4

家庭：_____
定购：_____
收到：_____

1. 那天早上布雷特一家定购了4瓶牛奶。

2. 1号人家收到的要比劳莱斯定购的牛奶瓶数少一瓶，劳莱斯一家那天收到的不是2瓶牛奶。

3. 克孜太太那天早上发现门口放着3瓶牛奶，她和汀斯戴尔家中间隔了一户人家，克孜每天要的牛奶比汀斯戴尔家多。

4. 瓦利在5号人家门口只留了一瓶牛奶。

5. 7号人家应该收到2瓶牛奶。

379 别尔的行程

别尔·来格斯是英国摄政时期最活跃的英雄之一，有一次他去拜访4个熟人，并在熟人那里都过了夜。从以下所给的线索中，你能说出别尔的每个熟人的名字和他们各自房子的名字以及相邻两地间的距离吗？

距离（英里）:20，22，25，28
房子：考克斯可布，福卜利会馆，斯沃克屋，丹得宫
主人：别尔·里格林，别尔·笑特，别尔·斯决，别尔·温蒂后

1. 待在温蒂后家里过夜是在去了福卜利会馆之后，接着他需要骑马22英里到达下一个目的地。

2. 考克斯可布是别尔·笑特的房子。

3. 别尔·来格斯去丹得宫骑了25英里，在那过夜之后他接着去拜访别尔·里格林。

4. 最短的马程是去别尔·斯决的房子，它不是斯沃克屋。

380 巫婆和猫

中世纪时期的一个小乡村里，4个巫婆分别霸占了村里的4幢别墅。根据下面的线索，你能说出每幢别墅中巫婆的名字、年龄以及巫婆的猫的名字吗？

巫婆：格里泽尔达，马乔里，罗赞娜，塔比瑟
年龄：71，75，80，86
猫：凯特，尼克，颇里安娜，托比

1. 马乔里住在那个86岁的老巫婆的东面，这个巫婆有只猫叫颇里安娜。

2. 罗赞娜刚过80岁。

3. 凯特的主人住在村里池塘后面的 2 号别墅里，她总是用诡异、甚至可以说是邪恶的眼神从她密室的窗口向外窥视。

4. 3 号别墅的主人 75 岁，她的猫不叫托比。

5. 人们把塔比瑟的那只老猫叫作尼克。

6. 和格里泽尔达住得最近的巫婆已经 71 岁了。

381　女英雄希拉

女英雄希拉·戈尔踏入了巫师的城堡，来到了地下室，那里有 4 扇门，每一扇门后面都有一座金雕像以及一个致命陷阱。根据下面的信息，你能说出每扇门的颜色、门后是什么雕像以及所隐藏的陷阱吗？

门的颜色：蓝色，绿色，红色，黄色
雕像：跳舞女孩，鹰，狮子，战士
陷阱：石头陷阱，断头台，地板陷阱，绊网陷阱

颜色：＿＿＿＿
雕像：＿＿＿＿
陷阱：＿＿＿＿

1. 一扇门后面的雕像是一只鹰和一个绊网陷阱，一旦触发此陷阱，房间就会陷入一片火海。

2. 红门后面的那个陷阱会在人毫不察觉时扔下一块一吨重的大石头，其逆时针方向上挨着的那扇门后面是一个跳舞女孩像，但这扇门不是绿色的。

3. 与实物一样大小的金狮子像在 2 号门后面。

4. 3 号门不是黄色的，黄门后面有一个战士金像，一旦你走进去，就会直接走到一个断头台上。

382　改变形象的染发

4 位女士在美发沙龙内坐成一排等着染头发。根据下面的信息，你能说出每位顾客的名字、现在的头发颜色以及各自想染的颜色吗？

1. 莫利右边的女士头发是棕色的。

名字：多莉，霍莉，莫利，颇莉
现在的头发颜色：棕色，金黄色，灰色，红色
想染的颜色：赤褐色，黑色，白色，红色

2. 一位女士想把头发染成白色，另一位现在的头发是金黄色，霍莉坐在她们两人之间。

3. 坐在1号位置上的女士的头发是红色的。

4. 颇莉坐在想把头发染成黑色的女士旁边，而多莉坐在偶数位置上。

5. 灰头发的妇女想把她的头发染成赤褐色，她不在3号椅子上。

383 帕劳旅馆之外

在一个明媚的夏日，4位老绅士坐在班吉斯·格林镇帕劳旅馆外的长凳上，享受着啤酒，回忆着往事。根据下面的信息，你能推断出图中每位老人的名字、年龄以及在那段让他们念念不忘的美好时光中从事什么工作吗？

1. 乔·可比大约做了50年的牧场主人，在少女农场上照顾牧群。

2. 现年74岁的退休邮递员坐在他的老朋友珀西·奎因的左边。

3. 坐在C位置上喝酒的那位是罗恩·斯诺，D位置上的老人的年龄已经超过72岁了。

4. 现年76岁的来恩·摩尔在75岁后的生活很充实，没有虚度光阴，他不是班吉斯·格林镇上给马钉掌或者照看那些笨拙马匹的老马医。

5. 坐在B位置上喝酒的人不是那位过去经常帮助别人维修拖拉机和农场设备的前任机修工。

名字：乔·可比，来恩·摩尔，珀西·奎因，罗恩·斯诺
年龄：72，74，76，78
过去的工作：牧场主人，马医，机修工，邮递员

384 杰克和吉尔

无论杰克和吉尔去哪里或者做什么，他们都喜欢为自己找些借口，比如为了取一桶水而爬上山。根据下面的信息，你能说出星期一到星期四他们从小屋出发所走的方向、目的地以及去每个地方的原因吗？

1. 在沿 2 号方向前进的第二天他们爬了山，说是为了打水。

2. 星期四他们去了草地，对昏昏欲睡的小男孩布鲁也视而不见。

3. 他们说朝 4 号方向前进是去清理茶匙。

4. 他们为星期三的旅行找的借口是去喂猫，那天他们走的不是 1 号方向。

5. 他们为去河边找的借口不是割卷心菜。

日期：星期一，星期二，星期三，星期四
位置：河边，草地，树林，山上
活动：割卷心菜，清理茶匙，喂猫，取水

日期：＿＿＿   4   1   ＿＿＿
位置：＿＿＿   ＿＿＿
活动：＿＿＿   ＿＿＿

日期：＿＿＿   3   2   ＿＿＿
位置：＿＿＿   ＿＿＿
活动：＿＿＿   ＿＿＿

北 / 西 东 / 南

385 曼诺托 1 号

右图展示了太空船曼诺托 1 号控制舱中的 4 名工作人员的位置。根据下面的线索，你能找出每名成员的名字、军衔以及在曼诺托 1 号中做何种工作吗？

1. 弗朗茨·格鲁纳工程师坐在陆军少校的对面。

2. A 位置上的军官是罕克·吉米斯，他不是军医。

3. 空军上校在 B 位置上。

4. 萨姆·罗伊斯的顺时针方向上是尤瑞·赞洛夫。

5. 坐在 C 位置上的宇航员不是海军司令官。

名字：弗朗茨·格鲁纳，罕克·吉米斯，萨姆·罗伊斯，尤瑞·赞洛夫

军衔：空军上校，陆军少校，海军司令官，海军上尉

工作：宇航员，工程师，军医，飞行员

386 谁的房子

始建于 17 世纪的别墅风格别具特色。根据下面的线索，你能分别说出 1～4 号每栋别墅的名字、建造时间，以及现在主人的名字吗？

1. 佛乔别墅现在属于丽贝卡·德雷克，2 号房产在该栋别墅之后建造。

2. 巴兹尔·布立维特拥有的别墅沿顺时针方向与狗和鸭建筑相邻，而后者至今仍然是一家酒吧。

3. 詹姆士·皮卡德那栋始建于 1685 年的别墅不是曼纳小屋。

4. 在最东面的不是建于 1708 年的瑞克特立建筑。

5. 最晚建造的那所房子不是史密塞斯上校的财产。

房子：狗和鸭建筑，佛乔别墅，曼纳小屋，瑞克特立建筑
时间：1610，1685，1708，1770
主人：巴兹尔·布立维特，史密塞斯上校，詹姆士·皮卡德，丽贝卡·德雷克

387 神像

英国著名的考古学家琼斯在南美考古时，发现了一尊公元前 700 年的四面神像。根据下面的线索，你能填出神像上每个面的动物面孔、所代表的神，以及在莱曼尼特克文化中掌管的领域吗？

1. 神像的一面是南美洲的一种水怪，它的名字叫乌卡特克斯赖特。或许你听说过，那是一种大型啮齿动物。

2. 以美洲虎为面孔的神像在叫爱克斯卡克斯特的神像的反面，后者是莱曼尼特克的战神。

3. D 面上的神像拥有水蟒的面孔。

4. 神像的 A 面代表莱曼尼特克的气候神，B 面的面孔不代表他们的爱神，这两个神都不叫奥克特拉克斯特。

5. 事业神不叫埃克斯特里卡特尔，与事

面孔：水蟒，蝙蝠，水怪，美洲虎
名字：埃克斯特里卡特尔，爱克斯卡克斯特，奥克特拉克斯特，乌卡特克斯赖特
所管领域：事业，爱情，战争，气候

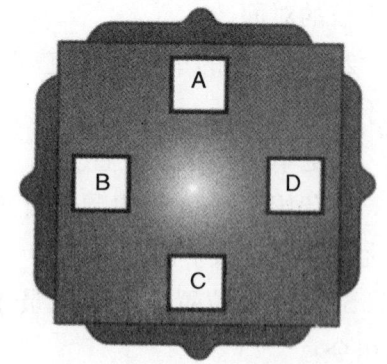

业神在逆时针方向上相邻的那尊神像是以一只特别丑陋的蝙蝠为面孔。

388 新来的人

泰克斐尔德·圣·安德鲁是萨福克郡上一个有趣的镇,它的居民非常保守——他们始终认为几年前搬来的退休的伦敦人是"新来的人"。从以下给出的线索中,你能推断出这些"新来的人"来自伦敦哪里、在镇里住了多久、现在的家在哪里吗?

	前住址						现住址		
	柏特斯	艾林特	帕丁顿	8年	11年	16年	牧场	罗斯村	怀特盖茨村
艾伦·布拉德利									
梅维斯·诺顿									
沃尔特·杨									
牧场									
罗斯村									
怀特盖茨村									
8年									
11年									
16年									

1. 住在牧场的沃尔特·杨,不是那个以前在艾林特居住和工作的伦敦人。

2. 以前家在帕丁顿火车站后面的那个人,居住在泰克斐尔德·圣·安德鲁的时间比艾伦·布拉德利的要长。

3. 怀特盖茨村的那个"新来的人"居住时间已经超过8年了。

4. 其中一个"新来的人"已经在罗斯村住了16年了。

389 退货

百货商店里,有4位不满意的顾客排队等在退货柜台边。从以下给出的线索中,你能将图中每位女士的全名和所要退的货填写出来吗?

名:马里恩,希拉,卡罗尔,希瑟
姓:特威德,普里斯,克拉普,夏普
退货:剪草机,烤箱,牛仔裤,手提箱

1. 希拉·普里斯不是那位排在第三位、并要求退一条牛仔裤的女士。

2. 想退有问题的烤箱的那位女士不是夏普夫人。

3. 马里恩退的是一个一点儿都不能旋转的旋转式剪草机。

4. 希瑟排在第四位,她不是克拉普夫人。

5. 特威德夫人排在第一位。

第六章 分析法 | 181

390 租车

在出租车公司外面的停车场停着5辆顾客预订的车。从以下给出的线索中，你能说出每辆车的品牌、颜色和它的位置数吗？

1. 罗孚停在位置5。
2. 红色汽车停在福特旁边，福特不是停在位置4。
3. 菲亚特是黄色的，在位置3的车是白色的。
4. 中间3辆车的生产商名字都不是5个字母的。
5. 丰田不是停在位置2，棕色汽车在丰田的相邻位置，且停在其左面。

颜色：棕色，绿色，红色，白色，黄色
牌子：罗孚，菲亚特，丰田，福特，沃尔沃

391 书报亭

位于巴黎塞纳河左岸的公开市场里有4家书亭，4位顾客正在向各家书亭购买不同种类的书。从以下给出的线索中，你能说出书亭主人的名字、在1~4号书亭购书的顾客的名字以及他们买的是什么书吗？

1. 威廉正在买书的那个书亭在波莱特经营的书亭的西边某个位置、卖字典的书亭的东边。
2. 乔·埃尔刚买了诗集，但不是从艾兰恩那里买来的。
3. 小说是在3号书亭购得的。
4. 雅克的顾客是阿曼裕。
5. 传记是在玛丽安的书亭购得的，她的书亭在斯尔温买书的那个书亭的西边。

亭主：艾兰恩，雅克，玛丽安，波莱特
顾客：阿曼裕，乔·埃尔，斯尔温，威廉
书：传记，字典，小说，诗集

392 小镇

有 10 个距离很近的小镇，从以下给出的线索中，你能把每个镇名都写出来吗？

1. 亚克斯雷镇在科尔布雷杰镇的北方某处，在布赖圣特恩镇的西南方，而且其在地图上标示的是一个偶数。
2. 波特菲尔得镇在勒索普镇的东北方。
3. 德利威尔镇比欧德马克科特镇位置更偏南。
4. 图上标号 3 的是肯思费尔德镇。
5. 摩德维尔镇在威格比镇的西边。威格比镇在另外一个镇的正北方向。

镇名：布赖圣特恩镇，科尔布雷杰镇，德利威尔镇，肯思费尔德镇，勒索普镇，摩德维尔镇，欧德马科特镇，波特菲尔得镇，威格比镇，亚克斯雷镇

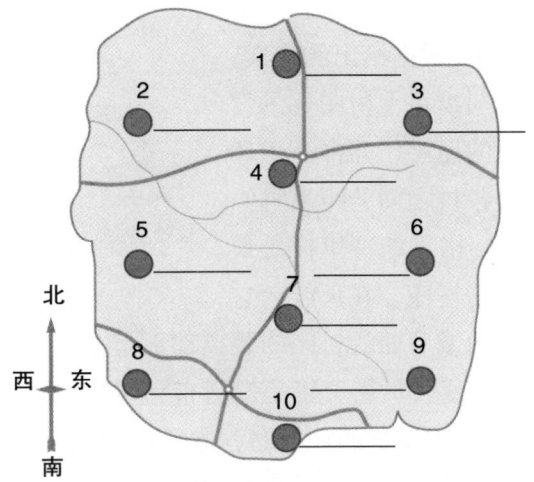

393 美好记忆

爱丽丝经常翻阅她那些老照片，那是她以前去度假时拍的 3 组照片。从以下给出的线索中，你能推断出照片分别是在哪里拍的、爱丽丝是乘坐什么交通工具、在什么时候去的吗？

1. 长途汽车旅行的月份比 1971 年那次旅行的月份小。
2. 爱丽丝在科茨沃尔德开着小汽车观光，但不是在 8 月份去的。
3. 爱丽丝曾去英国的湖泊地区度假，坐的不是火车。时间上则在 5 月份的假期之后。

	1986年	1971年	1974年	康沃尔	科茨沃尔德	英国的湖泊地区	小汽车	长途汽车	火车
5月份									
6月份									
8月份									
小汽车						
长途汽车						
火车						
康沃尔			
科茨沃尔德			
英国的湖泊地区			

394 环行线路

一条环行路线连着4个村庄，它的起始点即右图中标1的地方。开车的4位驾驶员分别住在4个村庄里。根据给出的线索，你能叫出每个村庄住的驾驶员的名字，并推算出环线上各村之间的距离吗？

村庄：提姆布利，格里斯特里，桑德莱比，托维尔
驾驶员：阿诺德，德莫特，吉姆，罗莉
距离：4千米，5千米，6千米，7千米

1. 格里斯特里村是最北边的村庄，在环线上它与前面或后面的村庄的距离都不是7千米。

2. 驾驶员德莫特是提姆布利村的住户。提姆布利村不是最东面的村庄。

3. 6千米长的那段路程起始在桑德莱比村，阿诺德不住在那里。

4. 环行车在5千米长的那段路上是朝往西南的方向开的，起始自罗莉住的村庄。

395 修理店的汽车

汽车修理店停着4辆汽车，其中汽油泵旁边有2辆汽车，另外2辆在使用其他设备。从下面所给的线索中，你能说出司机的名字、每辆车的颜色和品牌吗？

司机：阿尔玛，杰拉尔丁，哈森，蒂莫西
颜色：深蓝色，绿色，灰色，浅蓝色
品牌：宝马，美洲豹，流浪者，丰田

1. 灰色美洲豹比哈森的汽车停得更靠右边。

2. 蒂莫西驾驶的汽车不是蓝色的。

3. 阿尔玛的汽车不是宝马，它也不停在2个汽油泵的前面。丰田汽车停在了汽油泵的前面，但它不是绿色的。

4. 4号汽车是深蓝色的，但它不是流浪者牌。

396 遍地开花

小镇教堂举行了一年一度的花节，其中4个成员准备的展览受到好评，她们在图中所示1~4的位置。从以下给出的线索中，你能说出4位女士的名字、她们的职业和她们的展览的主打颜色吗？

1. 夏洛特的黄色鲜花展览比由牙科接待员筹备的展览位置更靠东北。
2. 在圣餐桌上的展览不是由小镇的蔬菜水果商设计的。
3. 卢斯的花被放在南耳堂展示。
4. 艾里斯的工作是健康访问员，她展示的基本颜色不是粉红色。
5. 蓝色花展是一位家庭主妇展示的。

名字：夏洛特，艾里斯，米兰达，卢斯
职业：牙科接待员，蔬菜水果商，健康访问员，家庭主妇
颜色：蓝色，粉红色，白色，黄色

397 博物馆的展品

在20世纪初期，苏塞克斯的百里香小镇有一位喜爱考古的乡绅，他把几样在他的土地上发现的东西赠给了附近的一家博物馆。现在摆在展台上的东西是其中的4件。从以下给出的线索中，你能推断出每件东西是在哪个世纪制造的、在哪年赠给博物馆的吗？

艺术品：银胸针，银匙，银剑，银酒杯
制造日期：9世纪，10世纪，11世纪，12世纪
赠送日期：1912年，1929年，1936年，1948年

1. 那件银匙不是产自9世纪。物品C不是在1936年赠送给博物馆的。

2. 在1948年，乡绅去世的前一年，他将出产于12世纪的一件人工制品捐献给博物馆。那时乡绅89岁。

3. 物品B是一枚银胸针，它不是第一件赠送给博物馆的艺术品。

4. 那把剑紧靠在大概出产于10世纪的东西的右边。

5. 银酒杯的制造时间紧靠在1912年赠出物的制造时间之前。两者在展示橱上相邻排在一起。

398 偶然所得

某天，3个少年在不同地点各捡到了一枚硬币。从以下给出的线索中，你能说出每个人的年龄、硬币的面值和捡到它的地点吗？

1. 韦斯利捡到的硬币面值比在公园捡到的那个要大，在公园捡到硬币的人年纪比韦斯利大。

2. 阿曼达捡到了一枚面值为20便士的硬币，但不是在停车场捡到的。

3. 6岁小孩是在人行道上捡到那枚硬币的。

399 盾形徽章

4位世袭的贵族拥有如图所示的盾形徽章。从以下给出的线索中，你能说出字母编号为A，B，C，D的盾形徽章的所有者及每个徽章上的图案和颜色吗？

领主：伯特伦领主，莱弗赛奇领主，曼伦德领主，莱可汉姆领主
图案：鹰，狮子，牡鹿，火鸡
颜色：蓝，绿，红，黄

1. 莱可汉姆领主的盾形徽章以火鸡图案为特征，用以见证自己某位祖先在对抗异教徒的宗教战争中

的英勇行为。这个火鸡图案的徽章排在蓝色徽章的左边。

2. 黄色的盾形徽章在描刻有鹰的徽章的右边。鹰徽章是在代表伯特伦领主徽章的邻旁。

3. 狮子不是曼伦德领主徽章上的图案。

4. 盾形徽章 C 的背景颜色是绿色。

5. 盾形徽章 A 的图纹是莱弗赛奇领主的外衣徽章。

400　宠物

4 个毗邻而居的家庭各自拥有一条不同品种的狗。从以下给出的线索中，你能说出编号 17～23 的房子住户和每家宠物的品种和名字吗？

1. 阿尔萨斯犬住在萨姆的隔壁人家，萨姆是利德家的狗。

2. 17 号的住户的宠物是一只拳师犬。

家庭：波尼家，可勒家，肯内尔家，利德家
品种：阿尔萨斯犬，拳师犬，吉娃娃狗，约克夏小猎犬
狗名：迪克，弗雷迪，马克斯，萨姆

3. 克勒家有一只吉娃娃狗。

4. 弗雷迪住的房子是 21 号。

5. 19 号的那户人家不姓肯内尔。

6. 马克斯是一只约克夏小猎犬。

401　罗希的玫瑰花结

在一年一度的障碍马术赛上，罗希·兰姆斯勃特和她的马再次在比赛中获胜。5 年里她已经赢了 4 次。每次比赛她都骑着不同的马上场。从以下给出的线索中，你能说出她所骑的马的名字、比赛地点和比赛年份吗？

小型马的名字："花花公子"，"小鬼"，"爵士"，"斯玛特"
比赛地点：切尔特娱乐中心，梅尔弗德公园，斯特克农场，提伊山
年份：1996，1998，1999，2001

1. 在 1998 年罗希获胜之前，她骑着"爵士"赢得了象征胜利的玫瑰花结。这两场比赛都不是在切尔特娱乐中心举行的。

2. 在切尔特娱乐中心的那次比赛，是在她骑着"小鬼"赢了比赛的两年之后举行的，并且罗希赢得的不是 D 玫瑰花结。有关"小鬼"的玫瑰花结紧靠在来自切尔特娱乐中心的那次比赛的玫瑰花结的左边。

3. 罗希骑着"花花公子"赢得的玫瑰花结在骑着"斯玛特"赢的玫瑰花结的右边某个位置。

4. 罗希在梅尔弗德公园的那场比赛赢的玫瑰花结紧靠在她最近一次比赛中赢的花结的右边。

5. 罗希在 1996 年赢的玫瑰花结紧靠在斯特克农场那场比赛中赢得的玫瑰花结的左边。

402 加油

4 个开车的人同时到加油站加油，并在付油钱的同时都在店里买了东西。从以下给出的线索中，你能叫出每位驾驶员的名字、他或她开的车的品牌和所买的东西吗？

1. 彼得和标致车车主站在同一组加油泵的对面。那个车主买了一袋糖果。
2. 买杂志的那个车主不是萨利，开的也不是沃克斯豪尔车。
3. 伯特在 5 号泵加油。
4. 买报纸的车主在 3 号泵加油。
5. 在 2 号泵加油的女士没有买书，福特车的主人也没买书。开福特车的不是尤妮斯。

驾驶员：伯特，尤妮斯，彼得，萨利
车：福特，标致，丰田，沃克斯豪尔
买的东西：书，杂志，报纸，糖果

驾驶员：_____   _____
车：_____   _____
买的东西：_____   _____

驾驶员：_____   _____
车：_____   _____
买的东西：_____   _____

403 迟到

我一位年长的朋友艾丽丝曾经在一个礼拜里预约了 3 次出租车，但每次车都迟到。从以下给出的线索中，你能推断出她是在哪天预订的、车分别迟到了多少分钟和她要去的目的地吗？

1. 预订在上午 9：20 的出租车迟到的时间少于 15 分钟。此次预约是在预订在上午 11：15 那次之后。

2. 星期四艾丽丝去她的皮肤科医生那里，等车不是等了 10 分钟。

3. 她去中心公园时，出租车迟到了 5 分钟。

4. 去医院时预约了下午 2：40 的车，那天不是星期五。

404 遮住眼睛

4 个小女孩在生日派对上玩"遮住眼睛"的游戏。从以下给出的线索中，你能推断出 4 个女孩的名字以及她们所戴帽子的颜色吗？

1. 杰西卡在派对上戴着粉红色的帽子。

2. 爱莉尔在戴着黄色帽子的女孩的右边。

3. 戴着绿色礼帽的曼尼斯在莎拉左边的某个地方。

4. 3 号女孩戴着白色帽子，她不姓修斯。

5. 路易丝紧靠在肯特的左边或右边。

名：爱莉尔，杰西卡，路易丝，莎拉
姓：巴塞特，休斯，肯特，曼尼斯
帽子：绿色，粉红色，白色，黄色

名：＿＿＿＿
姓：＿＿＿＿
帽子颜色：＿＿＿＿

405 雕像交易

20年前,当加尔文·克莱克特伯尔刚开始经营他的古董店时,他总是很骄傲地把这两尊小雕像摆放在橱窗的前面。就在上个星期,它们还放在那里。而在两天之内,他先把第一个雕像以198元卖掉,赚了10%,然后又把第二个雕像以198元卖掉,这次赔了10%。那么,加尔文在这两个雕像交易中是赚了还是赔了?

406 卖小鸡

艾米和贝茜是邻居,她们每天都去集市上卖小鸡。贝茜每天卖30只,两只卖1元,回家时她可以卖15元;艾米每天也卖30只,3只卖1元,一共可以卖10元。有一天,艾米生病了,于是她请贝茜帮她卖小鸡。贝茜带了60只小鸡去了集市,并以5只2元的价钱卖。当她回家时,她一共卖了24元。因此,这个要比两人分别卖所赚的钱少了1元。那么,为什么会少1元呢?是贝茜拿走了吗?

407 密码

在世纪之初,那个放在大厅内的存有贵重物品的保险箱被采取了严密的保护措施。右图中的这个保险箱的主人是泰门尼·奥谢,他虽然十分富有,可记性却不怎么好。他这辈子总是记不住自己保险箱上的由3个数字组成的密码。但是,他却可以利用贴在保险箱上的线索提醒自己:

"第一个数字乘以 3 所得结果中的数字都是 1；第二个数字乘以 6 所得结果中的数字都是 2；第三个数字乘以 9 所得结果中的数字都是 3。"如果下图中的保险箱窃贼上过学的话，他们很可能会将这些线索转变成现金。那么，你能将这几个数字依次呈现吗？

408 提起火柴

这是一个验证移动的思维游戏。做这个游戏时，你需要准备 4 根火柴。按照下图的样子，将其中的 3 根火柴摆成一个金字塔形状。接着，把第 4 根交给你的"受害者"。你来挑战他，看谁能只凭借第 4 根火柴就可以把那 3 根竖直放置的火柴提起来并且在保持金字塔形状的情况下把它们抬起来拿到屋子的对面并放在另一张桌子上面。

五金器具店的几个好朋友整个下午都在研究这个题。

409 浴缸

威拉德·沃兹沃斯教授居住在马·巴斯卡姆的寄宿公寓里。二楼浴室有一个维多利亚燃气式浴缸，而他观察到了一些有关它的事情：如果打开凉水的水龙头，浴缸放满水需要 6 分 40 秒；如果打开热水的水龙头，放满水需要 8 分钟；如果拔掉塞子，放完水需要 13 分 20 秒。

现在，威拉德的题是：如果拿开塞子，并同时打开热水和凉水的水龙头，那么，将浴缸放满水需要多长时间呢？

410 泰迪玩具熊

下图中的 3 个女人在最近的教堂节日期间共同投资经营一家泰迪玩具熊店。在开业的当天上午,她们先将相同数量的玩具以 10 元出售;下午的时候,她们更改了玩具熊的数量,但仍以 10 元出售。有趣的是,一天结束的时候,她们虽然卖了不同数量的玩具熊,但是赚的钱数却相同。那么,你能知道这是怎么回事吗?

411 岔轨

当彼得·库珀造出他那个著名的火车"大拇指汤姆"时,美国只有 13 千米的铁路。在巴尔的摩附近有一个岔轨,它经常引起混乱。在下面的图中,T 表示火车头,A 和 B 是岔轨上的两节车厢,C 处只能容纳一个车厢或者火车头。你的任务是利用最少的步数将车厢 A 和车厢 B 交换位置,并最终使火车头位于最初的位置。

412 钟

为了把你难住,牧师斯皮尔在做最后一次尝试。牧师为自己的教堂买了一口新钟,不知为何,他叫多朗格·基德来帮忙。这口钟的重量和基德的体重相同。当基德开始拽绳子时,令人吃惊的事情发生了。那么,请你猜猜看:

1. 如果基德保持原地不动,钟会不会升上去呢?
2. 如果钟保持原地不动,基德会不会升上去呢?
3. 基德和钟会不会一起升上去呢?

413 孩子的年龄

以前过圣诞节是多么美好!妈妈和孩子们围在圣诞树周围,爸爸在他喜爱的椅子上打盹儿,而对其中的3个孩子来说,这一天不同寻常,因为圣诞节是他们的生日。我们来看看你能否判断出他们的年龄。今天巴顿的年龄是温德尔和苏珊年龄相加的总和。去年圣诞节时,温德尔的年龄是苏珊的2倍。如果从现在算,那么两年后,巴顿的年龄将是苏珊的2倍。

那么,你能否在火鸡和菜肴摆在桌子上之前猜出他们的年龄呢?

414 跨栏

欢迎参加"跨栏迷宫"大赛。为了完成比赛，选手必须找出最短的路线并且跨过偶数数量的跨栏。同时，所跨栏上的数字相加必须是最大值。下图中每个正方形盒子各代表一个跨栏。

415 隧道

弗瑞德是廉价小说中的英雄，他现在急需你的帮助！弗瑞德和他的朋友们抓住了一伙火车打劫者，现在他必须解救午后乘车的旅客。他想打信号使刚刚从死人隧道中出来的火车停下，但是距离太远。正好，有辆日常客车正从隧道另一端的入口进入，它的行驶速度是75千米/小时，隧道长0.5千米，火车需要6秒钟才能完全进入隧道。如果弗瑞德以最快的速度跑，他到达隧道的出口需要27秒的时间。那么，要使火车司机在看到信号后停车，他是否足够快呢？

416　纺织女

5个女人经常聚在一起编织。根据所给的信息，你能否说出她们的名字、她们分别织的是什么、她们喜欢喝什么，以及喜欢吃什么？

1. 丽丝喜欢黄油饼干，但是不喜欢喝汤。
2. 正在织披肩的女人喜欢喝橙汁。
3. 喜欢吃生姜饼干的女人正在织毛衣；她不是凯伊，也不是尼斯萨。
4. 正在织围巾的女人喜欢喝汤。但她不是格瑞特，格瑞特喜欢吃消化饼。
5. 凯伊喜欢喝水，她不喜欢吃朱古力饼干。
6. 喜欢吃果酱饼干的女人正在织的不是袜子。
7. 喜欢喝咖啡的既不是艾达，也不是丽丝。
8. 有一个女人喜欢喝茶。
9. 有一个女人正在织围裙。

417 母亲节

就要到母亲节了。根据所给的信息，你能否说出每位母亲将会从她的儿子那里收到什么颜色的什么花？

1. 安特尼特会收到蓝色的花。
2. 乔治准备送给母亲黄色的花，但不是菊花。
3. 塞宾不是蒂第尔的母亲，她收到的花不是红色的。
4. 罗恩特准备给母亲买玫瑰，但既不是粉色也不是白色的。
5. 玛克西是华森特的母亲，她不会收到红色的兰花。
6. 蒂第尔的母亲不是多米尼克。
7. 艾丝泰勒会收到康乃馨，但不是粉色的。
8. 有一位母亲会收到百合花。

第七章

假设法

418 碑铭

斯皮尔牧师在去做晚祷的路上碰到了图中的墓碑。而碑铭中的某些东西让他很烦恼。他思考了一会儿发现里面有个错误。那么，你能否找出牧师发现的那个错误呢？

419 一样的小马

下边方框内的哪一个图形与给定的图形完全相同？

420 最适合

图中标注问号的地方应该填上一列数字，从下列选项中选出合适的填上去。

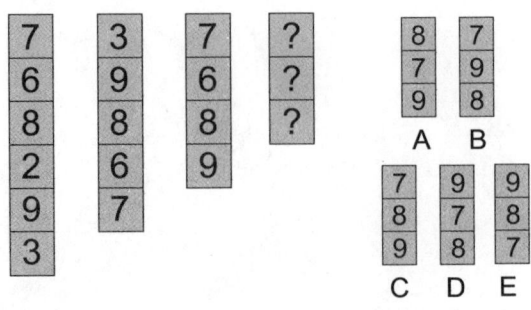

421　商业调查

从表面上看，可以说西尔威斯特的调查结果越来越让人担心了。我们先不说芥末账目的出入。火山芥末公司委托他们调查有多少人喜欢辛辣的芥末、有多少人喜欢清淡的芥末。下面是他们呈交的报告：

接受调查的人数 ……………300 人
喜欢辛辣芥末的人数 …………234 人
喜欢清淡芥末的人数 …………213 人
既喜欢辛辣芥末又喜欢清淡芥末的
　人数 ………………144 人
从来不使用芥末的人数 …………0 人

西尔威斯特的调查

当火山芥末公司认真研究这份报告之后，公司十分生气并立刻解除与西尔威斯特调查公司的合作关系，原因是总数计算不正确。那么，你能否找出报告中的错误呢？

422　隐藏的图形

下面的表格被分成了多个不同的图形，每个图形的中心都有一颗星星，而且所有这些图形都是中心对称的—旋转180°图形保持不变。这些图形分别是什么样的？

423 小丑

有3个小丑，约翰、迪克和罗杰，他们每个人在冬季都扮演两个不同的工作。这6个工作分别是：卡车司机、作家、喇叭手、高尔夫球手、计算机技术员和理发师。请根据以下6条线索确定这3个小丑各自的工作。

1. 卡车司机喜欢高尔夫球手的妹妹。
2. 喇叭手和计算机技术员在和约翰骑马。
3. 卡车司机嘲笑喇叭手脚大。
4. 迪克从计算机技术员那里收到一盒巧克力。
5. 高尔夫球手从作家那里买了一辆二手汽车。
6. 罗杰吃比萨饼比迪克和高尔夫球手都要快。

424 玩具

有一天，加尔文·克莱克特伯尔碰到了一些铁制的机械玩具收藏品，他因此大花了一笔。其中，包括自动倾卸卡车、蒸汽挖土机以及农用拖拉机，我们把他的发现编成了一个题。他买了下面4堆玩具：

第一堆有1辆拖拉机、3辆挖土机以及7辆卡车，它们花了140元。

第二堆有1辆拖拉机、4辆挖土机以及10辆卡车，它们花了170元。

第三堆有10辆拖拉机、15辆挖土机以及25辆卡车。

第四堆有1辆拖拉机、1辆挖土机以及1辆卡车。

问题就是计算出加尔文为第三堆和第四堆玩具花了多少钱。

425 卡兰德手表

克兰西三兄弟是纽约市古老的熨斗大楼里最出色的清洁工,为了对他们的准时表示感谢,业主们送给他们每人一块卡兰德手表。但是,麻烦也随之而来。布莱恩那块表很准时,巴里那块表每天都慢 1 分钟,而帕特里克的表则每天都快 1 分钟。如果兄弟三人在收到手表的那天中午同时把手表调到准确时间并且此后不再调整手表的话,那么这 3 块手表需要过多少天才能再次在中午显示正确时间呢?

426 考古

霍金斯和皮特里这两位刚毅的考古学家又挖掘出一个古代文物。我们来听听他们说了什么:

"皮特里,我们终于发现了举世闻名的'斯芬克司思维游戏'墓碑,它都有 3500 年的历史了!"

"我们?什么意思?"皮特里语无伦次地说,"别把我也扯进去!我不相信造金字塔的思维游戏大师会把它写下来!"

这个墓碑当然是假的,但是这个思维游戏的确很好。看看你能不能在他们向别人打听之前把它解答出来。

427 埋伏地点

8个士兵必须埋伏在森林中,并且他们每个人都不能看到其他的人。

如图,每个人都可以埋伏在网格中的白色小圆处,通过夜视镜只能看到横向、竖向或斜向直线上的东西。

请你在图中把这8个士兵的埋伏地点标出来。

428 猜纸牌

右图的迈克·米勒、琳达·凯恩和比夫·本宁顿正在思维游戏俱乐部的游戏室里玩。迈克刚刚把扑克牌正面朝下放好,现在他向他们挑战,让他们找出这些扑克牌的数值。欢迎读者朋友一起玩(为了表达清楚,假设读者看到的线索与扑克相一致)。

这4张正面朝下的扑克是黑、红、梅、方4种扑克,它们的数字是A、K、Q、J。下面有5条线索,它们会帮你确定每张扑克:
1. 扑克A在黑桃的右边。
2. 方块在扑克Q的左边。
3. 梅花在扑克Q的右边。
4. 红桃在扑克J的左边。
5. 黑桃在扑克J的右边。

429 左撇子，右撇子

一个班级里的学生有左撇子、右撇子，还有既不是左撇子也不是右撇子的学生。在这道题目里，我们把那些既不是左撇子也不是右撇子的学生看作既是左撇子又是右撇子。

班上 1/7 的左撇子同时也是右撇子，而 1/9 的右撇子同时也是左撇子。

问班上是不是有一半以上的人都是右撇子？

430 选票

当尼德斯沃斯先生为格拉德汉德尔定做新衣服时，你可以计算一下这4位候选人各获得了多少张选票吗？

431 假币

一共有 8 个金币,其中 1 个是假币。其余的 7 个重量都相等,只有假币比其他的都要轻。

请问用天平最少几步能够把假币找出来?称重量的时候只能使用这 8 个金币,不能使用其他砝码。

432 黄金产权

这几个人是如何完成他们父亲的遗愿的呢?

"爸爸说如果他有什么不测,我们就可以平分他的黄金产权!"
"那个简单。产权所在地就是一块正方形的地!"
"等等!爸爸还说每块儿地必须与其他 3 块地分别接壤!"
"还得记住,爸爸说土地必须是真正的边界接壤,土地在角落处的接壤是不算数的。"

433 红白筹码

在 20 世纪 20 年代,有许多令人愉快的书,它们价钱虽然很低,但却能带来无限的乐趣。一本 5 角的副本就可以让你学到有关魔术、思维游戏、国际象棋以及拳击的知识。这里就有一个从这些书当中找出来的有趣的题。

在一大张纸上画出 10 个表格(如下图所示)。然后,把 4 个白色扑克筹码和 4 个黑色扑克筹码放在前 8 个方格内,按照图中的样子,将各颜色的筹码交替放置。现在,要把筹码变成下图的顺序，在这个过程当中，每一次要将相邻的两个筹码移动到 2 个空方格内。而你只能通过 4 步来完成。

434 煮鸡蛋

艾伯特是一个很有名的男管家，从未引起争论的他这次又成功了。他连续两年因设计烹饪决赛的思维游戏而获得尊重。他的问题是，"如果你只有 2 个沙漏——一个 11 分钟的、一个 7 分钟的，那么你如何把鸡蛋煮 15 分钟呢？"他因此得到长时间的热烈掌声并获得一瓶香槟酒。读者朋友欢迎你们加入这个宴会，并把这个题解答出来。

435 假砝码

你爸爸凯恩教授给我们出的这道思维游戏真的很不错。我们必须从这 9 个铅制砝码当中找出哪个是假的。其中的 8 个砝码每个重 300 克，而第 9 个砝码只有 $280\frac{3}{4}$ 克！

是啊，迈克，而我们在找那个假砝码时只能用这个称。如果我们一次称 2 个，问题就简单了，我们就可以找到那个假砝码。但是，爸爸说我们只能称 2 次。现在该发挥你过人的直觉了！

436 水下答题人

这是娱乐节目历史上最奇特的表演。广告中的尼莫教授和水下答题人米兰达环游过北美洲和欧洲,他们还解答了那里的观众提出的每一个思维游戏。米兰达面对的只有问题,她别无选择,要么快速找到答案要么面临溺水而亡的危险。你能帮她弄清楚拜罗斯夫人现在的年龄吗?

不是,米兰达,她的年龄不是38岁。你得再加把劲儿。记住,5年前拜罗斯夫人的年龄是她女儿塞西莉的5倍。可是现在,她的年龄只是塞西莉的3倍。拜罗斯夫人现在多大呢?

是38岁吗?

437 古董车

事情发生在1948年,斯威夫特·阿姆特维斯特正在跟慕洛格先生通电话,他可真会给人出难题。那么,当他与慕洛格先生通话时,你能否从他的话语中判断出每辆古董车各自的年龄呢?

你好,慕洛格先生,我是阿姆特维斯特,我正在萨姆以前的汽车市场。刚刚收到4辆轻型轿车,我就马上想到了你……它们有多少年的历史呢?艾塞克斯轿车比第二旧的林肯敞篷车年长4年,后者又比第三旧的杜森伯格汽车年长4年,而再后者又比最新的考特812型汽车年长4年,同时,考特汽车的年龄是艾塞克斯轿车的一半。那么,慕洛格先生,你在听吗?

438 城镇

在如图所示的地图中，A，B，C，D，E，F分别代表6个城镇。C在A的南边、E的东南边，B在F的西南边、E的西北边。

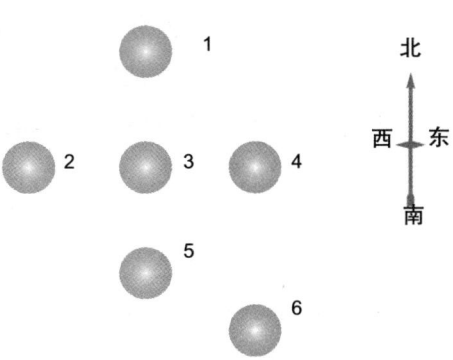

1. 图中标注1处的是哪个城镇？
2. 哪个城镇位于最西边？
3. 哪个城镇位于A的西南边？
4. 哪个城镇位于D的北边？
5. 图中标注6处的是哪个城镇？

439 狂欢大转盘

狂欢小丑英勒斯说得很对。这个老板是个非常迷信的人，他总是把1到11这几个数字写在转盘上并使每条线上的3个数字相加后等于18。那么，你能否把这些数字正确填写吗？

"老板好像真的快疯了。他们把数字放错地方了！"

440 硬币置换

罗索姆·乔治虽然努力解题但仍无法得到答案,我们来帮帮他吧。将2枚1分硬币放在1号和2号位置,然后把2枚1角硬币放在8号和10号位置。我们只能通过18步把这4枚硬币交换位置。在移动硬币时,要遵循下面的规则:你一次可以将一枚硬币移动到任意一条直线上的任何一个带数字的圆圈之内;相同的硬币不能在某条直线上移动2次;不允许1分硬币和

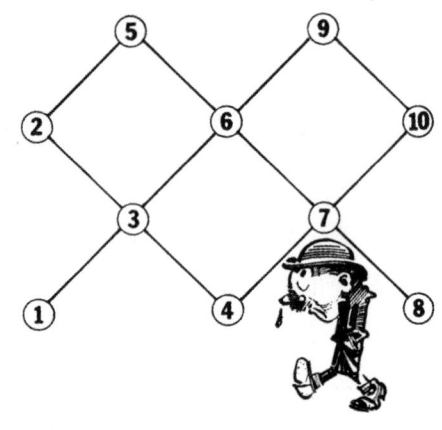

1角硬币同时停止在同一条直线上。你有15分钟的时间来解答这个题。

441 牌点

这是为数不多的多米诺骨牌思维游戏中的一个,而且你完全可以把它做出来。下图是4个空白的多米诺骨牌。你要做的就是按照下面的规则将18个点放在多米诺骨牌上:

4个多米诺骨牌的上半部分点的总个数等于下半部分的个数。同时,第一个多米诺骨牌上的点数要等于最后一个牌的2倍。另外2个中的一个只有一个点,而另一个则有2个点(上下两部分各有一个)。有3个多米诺骨牌的上半部分的点数相同,有两个多米诺骨牌的下半部分的点数相同。

这听起来让人很迷惑,但是,我赌你用不了15分钟就可以解答这个题。

442 铁皮

时间要回到 1776 年，约克人蒂莫西是波士顿最好的铁匠。每次他做完一件酒杯，都会去路南边的布拉迪·马林·格罗格商店为这家店的老板解决高难度的思维游戏。长凳边放着一大块儿铁皮，蒂莫西把它切成 5 小块儿后组成了一个正方形。那么，你能推断出他是如何做到的吗？

443 蜂箱

下图中的蜜蜂正在设法将蜂箱中从 1 到 14 这几个数字重新排列。它们要使相邻的两个蜂房内的数字彼此不连续；同时，排列完之后，任意一个数字都不能与可以整除它的数字相邻（数字 1 排除在外）。

444 热狗

你们好,孩子们,这次我给你们带来另外一个莫尔博斯难题。我已经把13根热狗摆成了一只面朝西的狗。那么,你们能不能只移动其中的两根热狗使这只狗面朝东呢?那只狗的尾巴要保持向上翘。它的眼睛是1枚硬币,你可以自由移动。谁先做到谁就会得到涂了芥末酱的莫尔博斯热狗!

445 玻璃杯难题

威灵顿·曼尼拜格斯是赌场中的名家,他身后就是一道"玻璃杯"难题。现在,将一根火柴支撑在两个颠倒的玻璃杯的中间部位。威灵顿打赌说他即使将其中的一个玻璃杯拿走也可以使那根火柴悬在空中。你只能拿桌子上的第二根火柴与那根火柴接触。那么,谁对他的这个赌感兴趣呢?

446 换位置

这纯粹是一个"换位置"的题。将3个白色的棋子分别放在1、2、3号位,3个黑色棋子分别放在10、11、12号位。你只能通过22步将它们的位置互换。每个颜色的棋子轮流沿着直线从一个圆圈移动到另一个圆圈。任何一个棋子都不可以放在对方棋子下一步可以移动到的圆圈内;每一个棋子只能在它所在的圆圈内停留一次。

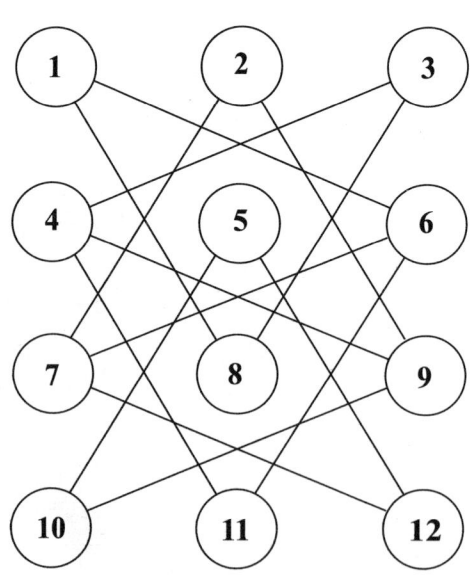

447 筹码

下次如果你碰到纸牌游戏并为此提心吊胆时，不妨用这个题使你紧张的神经放松下来。按照下图的样子，画一个有 16 个方格的棋盘，然后，将 10 个扑克筹码放在棋盘上的 10 个方格内。你的任务是将它们分布在最多行列内，并使每行的筹码个数为偶数。你可以将这些筹码水平、垂直或者沿斜线分布在行列之内。

448 标志牌

"波普，你说得不对！那个标志牌才是思维游戏呢！你的任务就是把它解答出来，即把标志牌上所有的相同字母用相同的数字来代替。如果正确完成的话，那么你会得出一个正确的数学表达式。你试试，看能不能在我们到达海滩之前把它解答出来！"

449 棋盘上的硬币

在右图的棋盘上将 3 枚 5 角硬币放在 1、2、3 号方格内，然后将 3 枚 1 角硬币放在 5、6、7 号方格内，接着再将它们的位置互换。在这个过程中，你可以将硬币移动到与之相邻的空格内或将其从与之相邻的硬币上跳到后面的空格内，你可以沿水平或者垂直方向移动。请设法在 15 步之内将硬币相互交换位置。

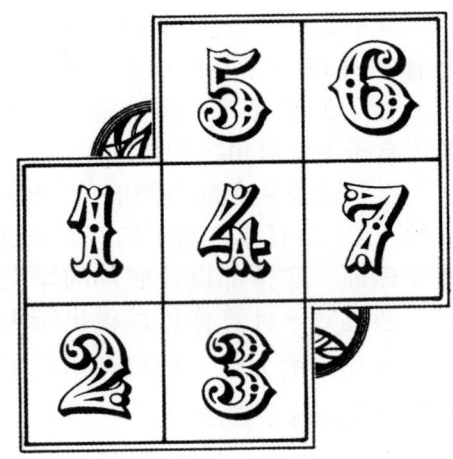

450 撞球

波齐兹·普兰德加斯特是闲暇时刻台球社团的经理,他总是千方百计地赚取顾客的钱。他将 8 个撞球排成一条直线,一个彩色目标球和一个白色主球交替放置。他打赌说你在 4 步之内不可能使直线上的 4 个白色球移动到左边、使 4 个花球移动到右边。每次移动时,你必须将任意相邻的两个球移动到直线上的其他位置。那么,让我们看看你能否在波齐兹连续将所有的球都打入袋中之前把这个难题解答出来。

451 可可豆盒

在这个甜味题当中,你遇到的是一个密封的贝克早餐可可豆盒,里面装满了可可豆。另外,还有一把 15 厘米长的尺子。那么,你能否在不打开盒子的情况下,测量盒子内部的尺寸并计算出盒子主要对角线的长度呢?

比如这条从底部右侧前角(B)到顶部左侧后角(A)的直线,盒子内有 4 条这样的直线。盒子侧面、底顶部以及底部的厚度可以忽略不计。通过数学计算你可以得出结果,但是有一个更为简单的方法,即只利用尺子直接测量,我们要找出这个方法。

我们已经将体积因素排除在外,因为它们并不是找出这个方法的关键所在。那么,你能否找到这个题的解答方法吗?

452 硬币游戏

许多移动硬币的思维游戏都可以使人愉快,而这就是其中之一。你要用 5 步将图 1 的 H 变成图 2 的 O 形,每一步都要使一枚硬币在不打乱其他硬币位置的情况下移动一次。当这枚硬币移动到新位置后,它必须与另外 2 枚硬币相接触。

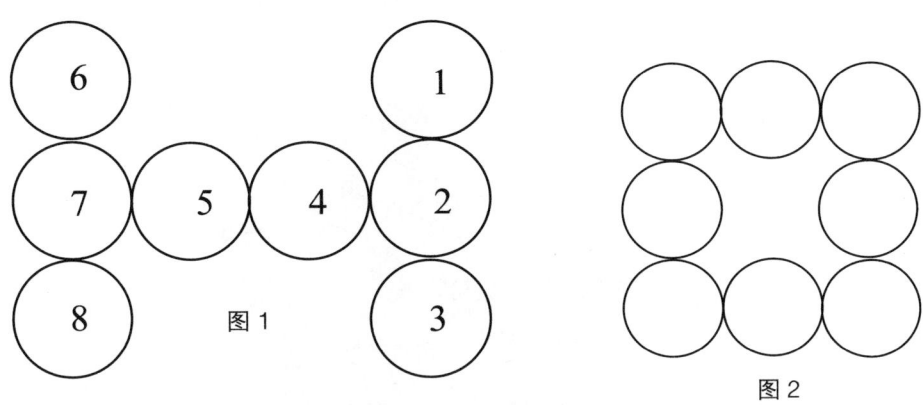

图 1

图 2

453 盐和胡椒粉

格温多林又一次看到她的老板在玩这个把戏。赫伯特很喜欢用这个游戏,它总是令朋友很吃惊。他先在桌子上放一些盐,然后在盐上撒一些胡椒粉。接着,他让客人把胡椒粉从盐里分离出去,但是不能接触盐或胡椒粉。尽管这个听起来好像是不可能的,但是聪明的赫伯特很快就把胡椒粉分离出来。你能发现其中的奥妙吗?

454 扑克牌点

这次,我们的英雄智穷力竭了,我们来帮帮他吧。题是这样说的:从一副牌中挑出4张5,然后,把它们正面放在桌上,你如何使20个牌点只显示出16个。你有10分钟的时间来解答这个题。

455 蜘蛛的路线

你不能被这个问题难倒。下图的玻璃圆柱体高4厘米、周长为6厘米。圆柱体外面有一只蜘蛛,距离圆柱底部1厘米;里面有一只苍蝇,距离圆柱顶部1厘米。蜘蛛看到苍蝇后,找出了到圆柱最近的路线,然后猛扑向苍蝇。那么,蜘蛛的行走路线是什么?同时,它走的路程有几厘米呢?

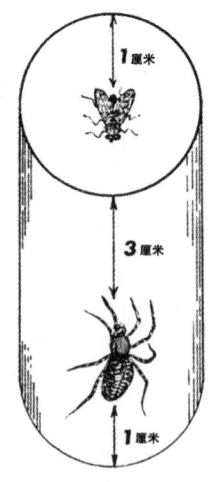

456 寄钱

"请多寄些钱过来。"这个大学生已经把钱花完了,他在向家要——而他的请求只有当他的爸爸解读之后才能得到回复。信中的每一个字母代表一个数位上的数字——数字是从 0 到 9,其中的一些数字被重复使用。那么,这个大三学生想要多少钱呢?

457 逃出高塔

很多年以前,格力姆斯力城堡的高塔顶内关押着 3 个人:一个老国王、他的儿子以及女儿,他们的体重分别是 97.5 千克、52.5 千克以及 45 千克。他们与地面唯一的交流工具就是一根绳子,绳子绕在滑轮上,绳子两端各系着一个篮子。一个篮子落地时,另一个篮子刚好到他们窗户的对面。如果一个篮子比另一个篮子重,那么很自然,重的那个篮子就会下降;但是,如果两边的重量差超过 7.5 千克,那么它在下降时就会很危险,因为速度太快的话,哪个犯人都无法控制,他们只能在这个塔里找到一颗重量为 37.5 千克的炮弹。如果他们想逃走,那么,他们应该怎么做呢?

458 滑行路线

一个男孩为了考验自己的滑冰技巧，滑完所有的白色方块共走了 17 条直线（有些方块重复，但最多只在某处方块上重复了 4 次），没有经过任何黑色方块。请你画出他的滑行路线，起点是黑点，终点在右下角。

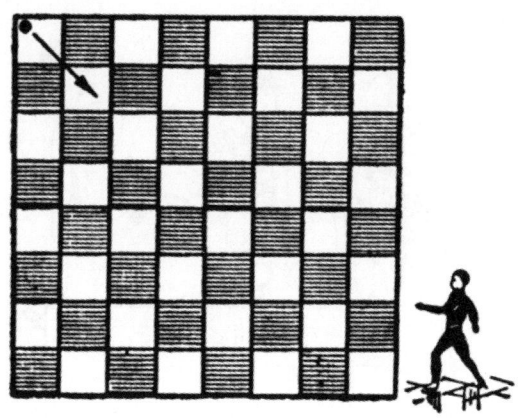

459 烈酒

在禁酒时期，斯威夫特·奥布莱恩是芝加哥北部最聪明的烈酒走私者。现在我们看到斯威夫特正把班尼最好的 20 箱烈酒送到他选出的 4 个客户那里。他是这样分配的：

汉拉迪的酒吧获得的酒比荷兰人的咖啡厅多 2 箱。
埃德娜的海德威酒吧比萨尔的酒吧少了 6 箱。
萨尔的酒吧比汉拉迪的酒吧多 2 箱。
荷兰人的咖啡厅比埃德娜的海德威酒吧多 2 箱。
那么，这几个酒吧各自获得几箱酒呢？

460 打赌（2）

"这副扑克牌的确冷酷无情，而你也没有胜算，我想你此刻心情很不好。但是，这个赌你用不着去怀疑，就看你手头的钱能不能多起来！"

一个好的赌注很难找，但是如果对方从来没见过下面这个赌的话，那么它就是必打的赌。把一副扑克分成两堆，确保其中一堆扑克全是红色，另一堆扑克全是黑色。然后，把这两堆扑克放在一起，彻底进行洗牌，最后把整副扑克牌放好。接下来，你宣布说你将一次从顶部拿走 2 张牌，并打赌：如果这 2 张扑克牌的颜色相同，你要输 2 元；如果这 2 张扑克的颜色不一样，那么，你要赢 1 元。

如果打这个赌，那么，这副扑克在每次玩完之后你至少会赚多少钱呢？

461 吹翻书

第一个学者："亨利·德朗普斯所著的《自然力奇术解密》的未删节版本上说如果你吸足气就完全可以把很重的物体吹倒（比如，他举了魔术师派尼蒂的例子：这位魔术师在一本字典的顶部放了一大本书，然后只用了几口气就把两本书都吹翻了）。"

第二个学者："他肯定不只是用气吹的，也许他还用了托盘呢！"

那么，你能帮这两位学者找出这个秘密的奥妙所在吗？

462 牙签游戏

463 奇怪的装饰品

"罗莎琳德,那边塔顶上的奇怪装饰品究竟是从哪里弄来的呢?"

"怎么了,这个结构由18根棍子焊接而成,里面有9个三角形。有一个关于它的思维游戏,如果去掉其中的3根,那么可以剩下7个三角形。如果你能完成的话,我就让你在明天格斗的时候带着我的手帕。"

那么,你能不能帮这个年轻人完成呢?

464 圣诞老人

这个很棒的思维游戏你可以等到下次圣诞派对时再使用。下图的正方形里有 2 个圣诞老人，把这个正方形打印 12 份，然后交给你的客人。告诉他们这个圣诞老人思维游戏要求把这个正方形切成 4 份，然后把它们重新拼成 2 个独立的正方形，而且每个正方形里各包括一个完整的圣诞老人。你能解决这个问题吗？

465 海马

6 只顽皮的海马排成队玩起一个小游戏。前面 3 只海马的尾巴是浅色的，而后面 3 只的尾巴则是深色的，它们要做的是用 10 步来互换位置。海马可以向前或者向后移动，它可以移到与之相邻的位置，只要那个位置是空的；它也可以从另外一只或者两只海马旁边经过，游到一个空位置上。当它们互换位置之后，原来前 3 个位置上应该是 3 只深色尾巴的海马，而后面 3 个位置上则应该是 3 只浅色尾巴的海马；同时，第 7 个位置应该是空的。

466 作弊

图中我们看到的是火车纸牌作弊老手——"牌王"爱丽丝·艾夫斯，她把一个来自东方的花花公子的钱赢光了。当这个受骗者对老输钱感到厌倦时，爱丽丝又跟他打了一个机会均等的赌：她拿出 13 张扑克并把它们摆成一个圆圈放在桌上，然后说她可以在"围着玫瑰丛绕圈子"游戏中击败他。在游戏时，每个人轮流从圆圈中按顺序拿走一张或者两张扑克牌，谁拿到最后一张扑克牌谁就获胜。那么，爱丽丝在这个所谓机会均等的游戏中采取了什么制胜战略呢？

467 为难人的扑克牌

在"为难人的扑克牌"当中，玩家对对方解答扑克难题的能力下注。佐伊用从1到9这9张方块牌在桌上摆成了一个扑克三角形，她让萨比拉把这几张扑克牌重新排列，使组成三角形的三个边上的任意4张扑克相加的结果都等于23，三角形三个角上的每张扑克牌同时出现在两个边上。那么，你能解答这道题吗？

468 长袜里的玩具

现在，大家可以发现我们今年为孩子们准备了两种尺寸的长袜。一种是"我很棒"，另一种是"我非常棒"！哦，我的天哪！我注意到一个思维游戏。那只大的长袜里的玩具数和小的长袜里一样，都是由相同的数字组成的。同时，两个数的差是两个数相加的和的1/11。

那么，每只长袜里各有多少个玩具呢？

469 纽扣图形

在世纪之交，没有哪个纽扣店能比巴顿的纽扣店好。下图是他们的快递货车，它正在运货的途中。尽管车已经过去了，很明显，货车一个侧面上的纽扣图形可以编成一个思维游戏。10个纽扣排成3行、每行有4个纽扣（其中，一行在水平方向、两行在垂直方向）。现在你要将2个纽扣移到新的位置使纽扣排成4行、每行有4个纽扣。看看你能不能在10分钟之内快速解答这个题。

470 抢劫计划

威尔休斯·威利既是臭名昭著的保险箱窃贼，也是最吝啬的骗子。为了省钱，他买了一叠打折建筑平面图，他不打算让人看出来他将抢劫商店的哪间房子。售货员告诉他整个建筑是个正方形，主室的门朝外，商店平面图被分成了6个正方形房间，4个小房间的门都通向主室，第5个小房间里有一个保险箱。另外，售货员还说他要完成平面图，所要做的就是在下图所示的平面图内的正方形上画4条直线。那么，直线应该怎么画呢？

471 跳棋

看看你能不能跨过这个思维游戏并取得胜利。拿出一个小棋盘（如图所示），然后，在每一个标有数字的正方形内放一个棋子。现在的问题是：从9号正方形开始，将棋盘上其他棋子都拿走，只剩下一个；而剩下的那个棋子最后要回到从9号正方形最初跳到的地方。你可以沿任意方向（斜向、上下，或者对角线）将一个棋子从另一个棋子上跳过,所有被跳过的棋子就要从棋盘上拿走。但是,棋子在跳过去之后必须落在空的正方形内。你可以用一个棋子连续跳,连续跳跃被看作是一步。你能只用4步就把这个题解答出来吗?

472　合理安排

当施工人员将3座房子盖好之后,他们遇到了十分麻烦的建筑法规。现在要将水、煤气和地下电线通到每座房子,但是施工人员被告知任何一条线路都不能从其他线路的下面、中间以及上面穿过。其中一个施工人员想了一个星期才想出来不触犯法规可以把任务完成的办法。那么,他是如何摆脱城市建设中的困境的呢?

水厂　　煤气公司　　电厂

473　冰激凌棒

这个思维游戏一定会吸引大家的注意。你所需要的就是36个冰激凌棒以及足够的耐心。按照下图的样子将冰激凌棒摆好,这样,里面就有13个小正方形。现在,从中拿走8个冰激凌棒使最后只剩下6个正方形。

474 玩具火车

有8个老式莱昂内尔玩具火车头和车厢，我们用6节铁轨将它们连接起来，这样就给大家献上一个有趣的转移车厢思维游戏。首先，在1号和3号车厢上各放1枚1角硬币，然后，在6号和8号车厢上各放1枚5角硬币。现在要使硬币交换位置，一次只能在铁轨上移动1枚硬币。任意2枚硬币不能同时出现在同一个车厢上，并且你只能用16步解决这个思维游戏。

475 线轴

那是1902年的圣诞节，巴塞洛缪家的孩子们把家按照富兰克林杂货店的样子布置好了。既有做游戏用的钱，也有出售的商品，他们的头顶上还有送款机。内维尔负责找零钱，而巴斯卡姆在接待他的妹妹弗勒莱特。那个时候，8元钱可以买很多东西。那么，你知道她在上面的交易中每种线轴各买了多少吗？

我们现在来看看。虽然我只能花8元，但我想我可以买到一批颜色各异的细线。给我几个价值2角的蓝色线轴，10倍于蓝色线轴的价值1角的红色线轴，用剩下的钱买价值5角的绿色线轴，请快点儿啊，我的马车并排停在路边呢！

476 黄金之城五角星

下图中的巫师来自另一个时代,他正准备解答那个著名的"黄金之城五角星"思维游戏。这个题要求将硬币放在任意一个标有数字的圆圈内然后将它沿着其中的一条线跳过下一个圆圈,最后放在接下来的一个空圆圈内;依此类推,直到从1号到9号圆圈内都放有硬币。

477 法拉比奥手表比赛

要解决这个令人难以置信的法拉比奥手表比赛,你要做的就是将六边形手表面上从1到12这几个数字重新排列,使每个边上的3个数字相加的结果等于22。如果解答出来的人不只一个,那么法拉比奥兄弟将会宣布"结束营业大减价"。

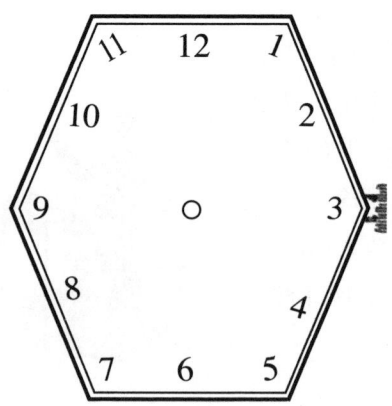

478 假设

所有的物质实体都可以再分,而任何可以再分的东西都是不完美的。因而,灵魂并非物质实体。以下哪项是使上文结论成立的假设?

A.所有可以再分的东西都是物质实体。
B.没有任何不完美的东西是不可再分的(所有完美的东西是不可再分的)。
C.灵魂是可分的。
D.灵魂是完美的。

479 堆积(1)

下面的砖堆并不是孩子们玩耍时随意堆砌的,而是暗示了右边空白砖堆的最终结果,和其他砖堆一样,空白的一堆内有6块砖,每块上标有字母A,B,C,D,E,F中的一个,且各不相同。砖堆下面的数字告诉你两个信息:

1.每堆内符合以下条件的砖对数:这堆中相邻的砖对在结果中仍相邻且顺序相同。

2.每堆内符合以下条件的砖对数:这堆中相邻的砖对在结果中仍相邻,但顺序颠倒。

如:

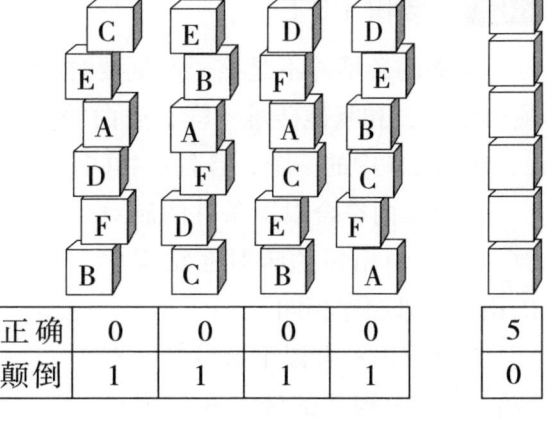

一堆内如有AC,结果堆内包含相同的相邻的两块砖,若A在C上面,就在该堆下面的"正确"栏内标1,相反,如果结果堆内相邻两块砖中C在A上面,就在相应的"颠倒"栏内标1,根据所给信息,你能标出结果堆上面的字母序列吗?

480 堆积(2)

下面的砖堆并不是孩子们玩耍时随意堆砌的,而是暗示了右边空白砖堆的最终结果,和其他砖堆一样,空白的一堆内有6块砖,每块上标有字母A,B,C,D,E,F中的一个,且各不相同。砖堆下面的数字告诉你两个信息:

1.每堆内符合以下条件的砖对数：这堆中相邻的砖对在结果中仍相邻且顺序相同。

2.每堆内符合以下条件的砖对数：这堆中相邻的砖对在结果中仍相邻，但顺序颠倒。

如：

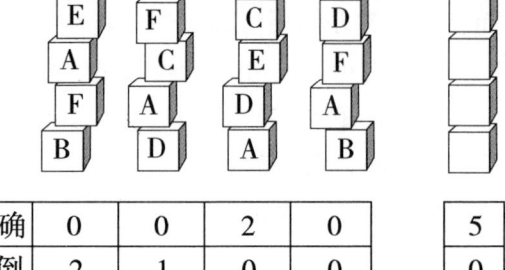

| 正确 | 0 | 0 | 2 | 0 | 5 |
| 颠倒 | 2 | 1 | 0 | 0 | 0 |

一堆内如有AC，结果堆内包含相同的相邻的两块砖，若A在C上面，就在该堆下面的"正确"栏内标1，相反，如果结果堆内相邻两块砖中C在A上面，就在相应的"颠倒"栏内标1，根据所给信息，你能标出结果堆上面的字母序列吗？

481 堆积（3）

下面的砖堆并不是孩子们玩耍时随意堆砌的，而是暗示了右边空白砖堆的最终结果，和其他砖堆一样，空白的一堆内有6块砖，每块上标有字母A，B，C，D，E，F中的一个，且各不相同。砖堆下面的数字告诉你两个信息：

1.每堆内符合以下条件的砖对数：这堆中相邻的砖对在结果中仍相邻，且顺序相同。

2.每堆内符合以下条件的砖对数：这堆中相邻的砖对在结果中仍相邻，但顺序颠倒。

如：

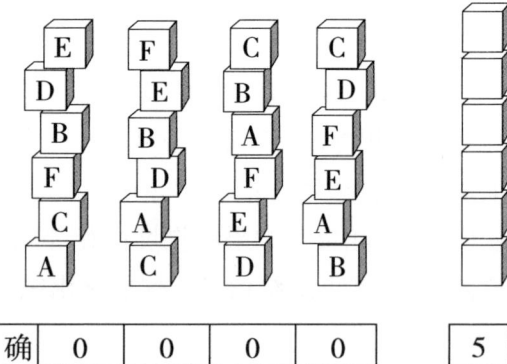

| 正确 | 0 | 0 | 0 | 0 | 5 |
| 颠倒 | 2 | 2 | 0 | 1 | 0 |

一堆内如有AC，结果堆内包含相同的相邻的两块砖，若A在C上面，就在该堆下面的"正确"栏内标1，相反，如果结果堆内相邻两块砖中C在A上面，就在相应的"颠倒"栏内标1，根据所给信息，你能标出结果堆上面的字母序列吗？

482　堆积（4）

下面的砖堆并不是孩子们玩耍时随意堆砌的，而是暗示了右边空白砖堆的最终结果，和其他砖堆一样，空白的一堆内有6块砖，每块上标有字母A，B，C，D，E，F中的一个，且各不相同。砖堆下面的数字告诉你两个信息：

1.每堆内符合以下条件的砖对数：这堆中相邻的砖对在结果中仍相邻，且顺序相同。

2.每堆内符合以下条件的砖对数：这堆中相邻的砖对在结果中仍相邻，但顺序颠倒。

如：

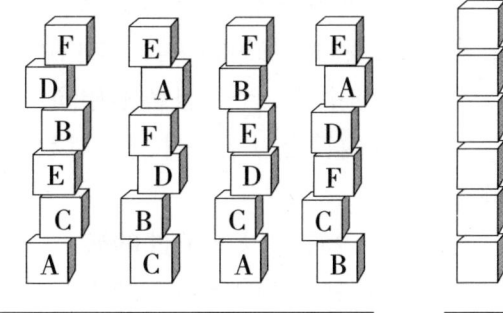

正确	1	0	0	0	5
颠倒	0	0	2	0	0

一堆内如有AC，结果堆内包含相同的相邻的两块砖，若A在C上面，就在该堆下面的"正确"栏内标1，相反，如果结果堆内相邻两块砖中C在A上面，就在相应的"颠倒"栏内标1，根据所给信息，你能标出结果堆上面的字母序列吗？

483　堆积（5）

下面的砖堆并不是孩子们玩耍时随意堆砌的，而是暗示了右边空白砖堆的最终结果，和其他砖堆一样，空白的一堆内有6块砖，每块上标有字母A，B，C，D，E，F中的一个，且各不相同。砖堆下面的数字告诉你两个信息：

1.每堆内符合以下条件的砖对数：这堆中相邻的砖对在结果中仍相邻，且顺序相同。

2.每堆内符合以下条件的砖对数：这堆中相邻的砖对在结果中仍相邻，但顺序颠倒。

如：

正确	0	2	1	0	5
颠倒	1	0	0	0	0

一堆内如有AC，结果堆内包含相同的相邻的两块砖，若A在C上面，就在该堆下面的"正确"栏内标1，相反，如果结果堆内相邻两块砖中C在A上面，就在相应的"颠倒"栏内标1，根据所给信息，你能标出结果堆上面的字母序列吗？

484 堆积（6）

下面的砖堆并不是孩子们玩耍时随意堆砌的，而是暗示了右边空白砖堆的最终结果，和其他砖堆一样，空白的一堆内有6块砖，每块上标有字母A，B，C，D，E，F中的一个，且各不相同。砖堆下面的数字告诉你两个信息：

1.每堆内符合以下条件的砖对数：这堆中相邻的砖对在结果中仍相邻，且顺序相同。

2.每堆内符合以下条件的砖对数：这堆中相邻的砖对在结果中仍相邻，但顺序颠倒。

如：

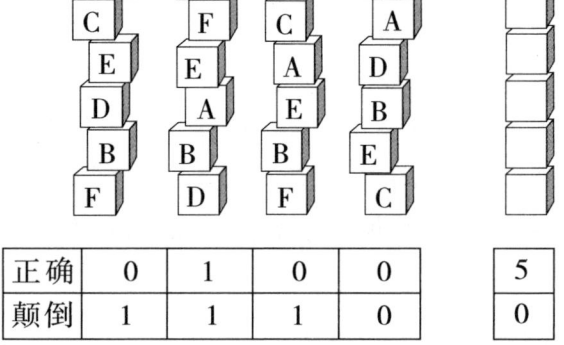

一堆内如有AC，结果堆内包含相同的相邻的两块砖，若A在C上面，就在该堆下面的"正确"栏内标1，相反，如果结果堆内相邻两块砖中C在A上面，就在相应的"颠倒"栏内标1，根据所给的信息，你能标出结果堆上面的字母序列吗？

正确	0	1	0	0	5
颠倒	1	1	1	0	0

485 堆积（7）

下面的砖堆并不是孩子们玩耍时随意堆砌的，而是暗示了右边空白砖堆的最终结果，和其他砖堆一样，空白的一堆内有6块砖，每块上标有字母A，B，C，D，E，F中的一个，且各不相同。砖堆下面的数字告诉你两个信息：

1.每堆内符合以下条件的砖对数：这堆中相邻的砖对在结果中仍相邻，且顺序相同。

2.每堆内符合以下条件的砖对数：这堆中相邻的砖对在结果中仍相邻，但顺序颠倒。

如：

一堆内如有AC，结果堆内包含相同的相邻的两块砖，若A在C上面，就在该堆下面的"正确"栏内标1，相反，如果结果堆内相邻两块砖中C在A上面，就在相应的"颠倒"栏内标1，根据所给的信息，你能标出结果堆上面的字母序列吗？

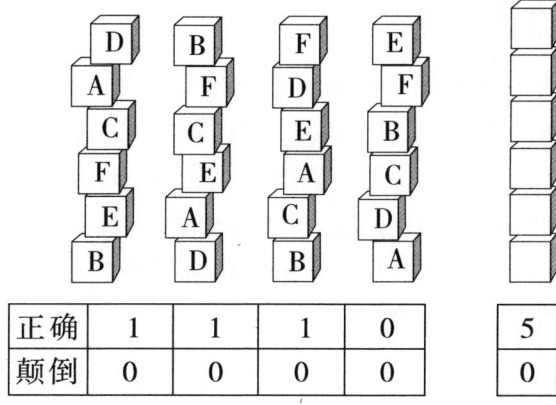

正确	1	1	1	0		5
颠倒	0	0	0	0		0

486　堆积（8）

下面的砖堆并不是孩子们玩耍时随意堆砌的，而是暗示了右边空白砖堆的最终结果，和其他砖堆一样，空白的一堆内有6块砖，每块上标有字母A，B，C，D，E，F中的一个，且各不相同。砖堆下面的数字告诉你两个信息：

1.每堆内符合以下条件的砖对数：这堆中相邻的砖对在结果中仍相邻，且顺序相同。

2.每堆内符合以下条件的砖对数：这堆中相邻的砖对在结果中仍相邻，但顺序颠倒。

如：

一堆内如有AC，结果堆内包含相同的相邻的两块砖，若A在C上面，就在该堆下面的"正确"栏内标1，相反，如果结果堆内相邻两块砖中C在A上面，就在相应的"颠倒"栏内标1，根据所给的信息，你能标出结果堆上面的字母序列吗？

正确	0	1	0	1		5
颠倒	0	0	3	0		0

487　朗姆酒

传说很久以前，有两个好朋友——比利·伯恩斯和派斯特·皮耶，他们在布奇特·奥布拉德烈酒商店大吵起来。好像是比利拿来一个5升的空桶，他让派斯特往里面倒4升最好的朗姆酒，但是商店只有一个旧的3升锡铅合金的小罐，无论比利和派斯特怎么试，他们都无法用上文中的这两个容器从朗姆酒桶里正好量出4升酒。他们屡屡受挫使他们大打出手。如果你当时在场的话，你能否解决他们之间的问题呢？

488　挽救熊猫的方法

为了挽救濒临灭绝的大熊猫，一种有效的方法是把它们都捕获到动物园进行人工饲养和繁殖。以下哪项为真，最能对上述结论提出质疑？

A.近5年在全世界各动物园中出生的熊猫总数是9只，而在野生自然环境中出生的熊猫的数字，不可能准确地获得。

B.只有在熊猫生活的自然环境中，才有它们足够吃的嫩竹，而嫩竹几乎是熊猫的唯一食物。

C.动物学家警告，对野生动物的人工饲养将会改变它们的某些遗传特性。

D.提出上述观点的是一个动物园主，他的动议带有明显的商业动机。

489　犯罪嫌疑人

某珠宝店被盗，警方已发现如下线索：（1）甲、乙、丙3人中至少有一个人是犯罪嫌疑人。（2）如果甲是犯罪嫌疑人，则乙一定是同案犯。（3）盗窃发生时，乙正在咖啡店喝咖啡。谁是嫌疑人呢？

A.甲是犯罪嫌疑人。

B.甲、乙都是犯罪嫌疑人。

C.甲、乙、丙都是犯罪嫌疑人。

D.丙是犯罪嫌疑人。

第八章

推理法

490 他绝不是自杀

探长被人发现在自己办公室内自杀,他所用的是自己的佩枪。到现场调查的探员,在佩枪上发现了探长的指纹。探长平时习惯用右手握枪,自杀时用的也是右手。因此,现场调查的探员推断他是自杀无疑。但探长的好友卡特却认为探长性格坚强,不可能自杀。他经过观察、分析后,提出有力证据,证明探长是被人谋杀。

请你细心观察下图,你能指出卡特提出的证据是什么吗?

491 栅栏

地主查普曼准备在自己房子外边的路上围一个新栅栏。这段路长99米,每对栅栏柱相隔3米,柱子之间有3个横杆。西姆斯拿来33根栅栏柱、99根横杆以及99米长的围栅栏用的铁丝,但他却不能完全围成栅栏。那么,西姆斯错在哪里了呢?

492 名字

一天，尼德尔瓦勒先生骑自行车外出时碰到了一个老朋友。

"打上次见到你，现在都好几年了。"他说。

"是啊，"他的朋友回答说，"自从上次我们在缅甸见面之后，我就结婚了，我和我的爱人都在仰光工作。你肯定不认识，这是我们的小女儿。"

"好漂亮的孩子，"尼德尔瓦勒先生回答说，"你叫什么名字？"

"谢谢您，先生，我和我妈妈同名。"

"哦，是吗，你和埃莉诺长得真像。这也是我很喜欢的一个名字。"尼德尔瓦勒先生回答说。

那么，尼德尔瓦勒先生是如何知道这个小女孩的名字是埃莉诺的呢？

493 感染病毒的计算机

我们这台著名的游戏计算机好像感染某种黑客病毒了。程序应该使计算机在水平方向、垂直方向以及对角线的数字相加结果为6。可是，却出现了图中的现象。那么，你能否重新排列显示屏上的数字使这个幻方显示正确呢？

494 绳管道

一条管道坐落于一段奇特的绳圈的中央。假设从开放的两端拉动这条绳子，那么这条绳子究竟是会和管道彻底分离，还是会和管道连在一起呢？

495 相同符号

你能在以下立方体中找到含有相同符号的两个面吗？

496 抢劫

当布莱克·巴特第十三次袭击丹佛公共马车时,他实在是不走运。唯一的现金是他在一个推销员的旅行包里发现的,这些硬币总计5元。而这5元正好是由丹佛铸币厂铸造的100枚硬币组成。那么,你能否判断出各种硬币的面值以及包内各种硬币的个数吗?

497 遗嘱

这份遗嘱是易斯特维奇伯爵在几个世纪之前留下的,内容十分生动。那么,你能否从中推断出他想要给自己的后人留下什么东西吗?

致我挚爱的家人,他们为此已经等待了很长时间,现将以下东西留给后人:
一个人对什么爱得胜过自己的生命,
而恨得却胜过死亡或者致命的斗争。
这个东西可以满足人的欲望,
它是穷人所有的、却是富人所求的,
它是守财奴所想花费的、却是挥霍者所保留的,
然而,所有人都要把它带进自己的坟墓。

498　置换棋子

这个思维游戏需要准备黑、白棋子各 4 个，然后放在棋盘上（如图所示）。你所面临的挑战是要用 10 步将这 8 个棋子交换位置。

游戏规则很简单，即：黑棋向下移动，白棋向上移动。所有的棋子要么向前移动到空格内要么跳过一个或者两个棋子跳到空格内。你有 10 分钟的时间解答这个题。

499　顶针

托马斯·萨克利是顶针奇术的大师，他出了右面这个难题：把 7 个顶针放在右图星星中的 7 个点上，每一个顶针在放到一个点时应滑向对面另一个空点上。从如图所示的位置开始，顶针最后可以停在 X 点或者 Y 点。千万不要被这个题难住。

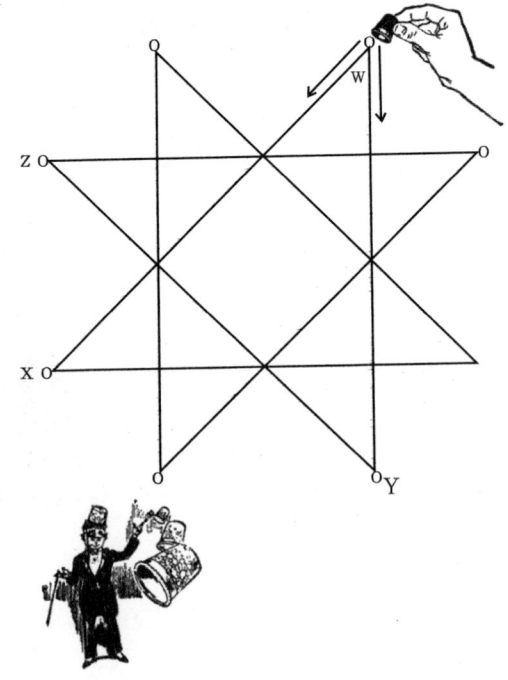

500　人物关系

下面这位先生很高兴,他对自己的新艺术品非常满意。但是,有一个大问题,这幅画上的人是谁呢? 同时,这位艺术鉴赏家和这幅杰作上的主人公之间是什么关系呢?

501　大厦

街道上的大厦从 1 开始按顺序编号,直到街尾,然后从对面街上的大厦开始往回继续编号,到编号为 1 的大厦对面结束。每栋大厦都与对面的大厦恰好相对。

若编号为 121 的大厦在编号为 294 的大厦对面,这条街两边共有多少栋大厦?

502 家庭关系

爷爷汤森曾经讲过这个故事。在他的一次生日宴会上，有 10 位家庭成员，此外还有许多客人。其中，有 1 个祖父和 1 个外祖父、1 个祖母和 1 个外祖母、3 个父亲和 3 个母亲、3 个儿子和 3 个女儿、1 个婆婆和 1 个岳母、1 个公公和 1 个岳父、1 个女婿、1 个儿媳、2 个弟兄、2 个姐妹。

那么，你能否判断出参加祖父生日宴会的家庭成员的家庭关系吗？

503 不同的路线

奥托·凡·斯普洛奇特是位怪才，在自行车的鼎盛时期，奥托是高飞自行车厂的首席工程师。每天早晨，奥托骑车从下图中 A 点出门到 B 点的自行车厂，奥托喜欢每天从不同的路线走。那么，你能否计算出在他家与工厂之间有多少不同的路线吗？他骑车总是先向上，再向右。

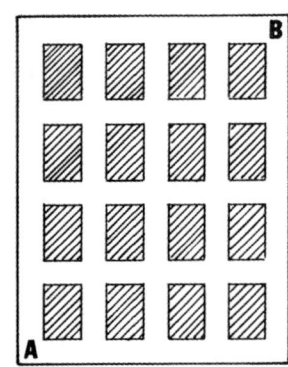

504 立方体

在把大立方体分成 27 个小立方体之前，先把它的 6 个面涂成灰色。然后，检测你自己能否回答出以下有关这 27 个小立方体的问题：

（1）这个大立方体的 3 个面上的灰色小立方体有多少？

（2）这个大立方体的 2 个面上的灰色小立方体有多少？

（3）这个大立方体的 1 个面上的灰色小立方体有多少？

（4）这个大立方体的无色小立方体有多少？

505 冬日受伤记

去滑雪的3个朋友不幸都摔了一跤，导致某个部位骨折。从以下给出的线索中，你能确定他们的名字、所去的旅游胜地和骨折部位吗？

1. 泊尔在法国滑雪。
2. 去澳大利亚的那位女子摔断了一条腿。
3. 斯塔布斯夫人选的度假地点不是瑞士，她也没有把手臂摔断。
4. 索尼亚摔断了她的锁骨，她不姓霍普。

506 纽扣

这是一道非常有趣的"替代类型"的思维游戏。进行这个游戏时，你只需要准备2个白色的纽扣、2个灰色的纽扣以及图中所示的游戏棋盘。现在，你必须把这些纽扣交换位置，但是只能移动8次。白色的纽扣要移到上边，而灰色的纽扣则移到下边。纽扣可以滑到邻近的空位置内。你也可以把一个纽扣从另一个纽扣上跳过去。但是，跳过去的位置上不能有其他的纽扣。

507 绳梯

一艘豪华巨轮于上周驶入纽约港，它的船体需要修理。一个绳梯从甲板放下，一直到达水面。绳梯的各条横档之间相距30厘米。当海水落潮时，水面上的横梯一共有50条横档。纽约港的水位每小时会上升15厘米。那么，你能否计算出6个小时过后当海水处于高潮时水面上的横档的个数吗？

508 扑克筹码

了不起的龚德尔斐魔镜可以看到一切、知道一切、可以说明一切……只要花25元买一张票。当他表演时，龚德尔斐在屏幕上展示了他在全世界搜集来的著名思维游戏题。图中所放映的正是恶名昭彰的、置人于困境的

拉斯维加斯扑克筹码。人们为了解答这道难题花费了许多钱。这个题是指将5个扑克筹码排成两行，其中一行有3个筹码，而另一行要有4个筹码。这个题最难的地方就是你只有60秒的时间来解决这个问题。

509 正方形木板

杂务工人海勒姆·鲍尔皮尼刚刚参加完木匠学院的聚会回来，而在聚会上他新创作的胶合板思维游戏把每个人都给难住了。他向大家展示了一块由5个大小相同的正方形组成的木板。首先，你要沿直线在木板上切两下，将它分成3块，然后，把这几块儿木板拼在一起组成一个正方形。那么，海勒姆是怎么做到的呢？

510 三位数

虽然你不是魔术师但同样可以解决这个题，而你的朋友们会认为你是魔术师。告诉他们，你可以向他们展示一个快速计算的思维游戏。除去扑克牌中所有"有脸"的牌（J、Q和K），并再拿出另外10张牌，将剩下的扑克牌每3张为一组放在桌子上。然后，对你的观众说，每一组的3张牌可以组成一个三位数，

并且它们都可以被 11 完全整除。你要以最快的速度将这些三位数排列出来。

我们的例子是数字 231,它正好是 11 的 21 倍。那么,这一壮举是如何完成的呢?

511　多米诺骨牌

当你下次坐下来玩多米诺游戏时,你就可以下一个不错的赌注。准备 7 个多米诺骨牌,然后把它们搭建成一个小塔(如图所示)。再拿一个骨牌放在塔的前面,你可以在塔不塌的情况下利用这个骨牌将 A 骨牌从塔上移开吗?除了用 B 骨牌之外,你不可以用其他东西接触塔。

512　魔术硬币

当你尝试一下这个游戏时,也许你会认为只有求助某种魔术才能把它解决。这里放了 5 枚魔术师使用的硬币,我们要使它们彼此相接触。如果你手头没有这种硬币,你也可以使用 1 角硬币。我们这只爱为难人的小兔子认为解决这个题最多用 10 分钟。

513 拿走硬币

克拉姆兹·卡拉汉是巴伐利亚花园餐厅里行走最快也是最邋遢的服务员，正是由于他快如飓风的步伐，他总是把客人的衣服弄脏。一天，一位愤慨的顾客只给了卡拉汉1角钱的小费，并说："你把我的衣服给毁了，我就给你1角钱的小费。但是，如果你能够在不接触桌子、盘子以及硬币的情况下把硬币拿开，我就赏你25元的小费。"然而，克拉姆兹却没能解决。那么，你呢？

514 绳索

图中的这位大师让大家完成他自己的"印度绳索戏法"。在他的平台上有一根普通的绳子，把这根绳子的两端分别放在两只手上，然后在绳子中间系一个结。但是，你在系结时不能使绳子的两端从手上松开。

515 拿走扑克牌

把一张扑克牌水平放在你的右手拇指上,然后,把一枚硬币(1元硬币或者5角硬币)放在牌上,使它们保持平衡。接下来的这个就很难了。请不要接触硬币把这张扑克牌拿走。如果你一次就可以完成,那么你将得到热烈的掌声。

516 移动钉子

年迈的查理·克罗斯卡特·卡拉威是当地木场的地方长官,他早上刮脸的时候遇到了一个麻烦。仓库里男孩子跟他打赌,说他不可能将下图构造中的4根钉子移到别的地方使原来的5个正方形变成6个。那么,你来试试,看能否把答案想出来。

517 圈地

地主默多克是附近很有声望的农场主,他极富绅士风度,同时,他也十分古怪。下图中的他正在研究平面图,他准备把他 9 头良种小母牛重新圈起来,他让手下的农夫必须用栅栏圈出 4 块地,每块地里要有奇数数量的母牛。那么,你知道农夫是如何解决这个问题的吗?

518 路径逻辑

运用你的逻辑推理能力,推导出符合以下条件的一条路径:从"开始"一直到"结束",这条路径可以沿水平也可以沿垂直方向。各行各列起始处的数字代表这行或这列所必须经过的格子数(如下图例)。

519 房间之谜

第二次世界大战期间，西班牙保持中立，马德里的一个旅馆经常有战争双方的间谍居住，而在那里，西班牙的一个便衣警官也会监视着他们。以下是1942年的某天晚上旅馆第1层的房间房客分布情况，你能说出各个房间被间谍占用的情况以及他们都分别为谁工作吗？

1. 英国M16特务的房间在加西亚先生的正对面，后者的房间号要比罗布斯先生的房间小2。

2. 6号房间的德国SD间谍不是罗佩兹。

3. 德国另一家间谍机关阿布威的间谍行动要非常小心，因为房间2，3，6的人都认识他。

4. 毛罗斯先生的房间号要比苏联GRU间谍的房间大2。

5. 法国SDECE间谍的房间位于鲁宾和美国OSS间谍的房间之间，美国OSS间谍的房间是三者中房间号最大的。

姓名：戴兹，加西亚，罗佩兹，毛罗斯，罗布斯，鲁宾
间谍机构：阿布威，GRU，M16，OSS，SD，SDECE

520 女运动员

5位年轻的运动员正在伦敦机场等出租车，她们都刚从国外回来。从所给的线索中，你能说出她们的姓名、分别从哪里回来以及都从事什么运动项目吗？

1. 从来没去过东京的凯特·肯德尔紧靠在滑冰者之后，并在刚从洛杉矶飞回来的女士之前。

2. 高尔夫球手紧跟在斯特拉·提兹之后。

3. 射手在图中3号位置，羽毛球手紧靠在刚从卡萨布兰卡回来的旅客之前。

4. 台球手在莫娜·洛甫特斯之前，中间隔了不只一个人，刚从东京飞回来的女士排在格丽尼斯·福特之后的某个位置。

姓名：黛安娜·埃尔金，格丽尼斯·福特，凯特·肯德尔，莫娜·洛甫特斯，斯特拉·提兹
离开地：布里斯班，卡萨布兰卡，洛杉矶，罗马，东京
运动项目：射击，羽毛球，高尔夫，滑冰，台球

5. 黛安娜·埃尔金不是队列中的第一位也不是最后一位。图中 1 号不是刚从罗马回来的，图中 2 号不是从东京回来的。

521 巴士停靠站

巴士停靠站已经被图中所示的 1～7 号双层巴士停满了，其中 1 号靠近入口处。从所给的线索中，你能说出每个司机的名字和这些车子的车牌号码吗？

1. 324 号巴士要比司机雷停靠的巴士远离入口 2 个位置，并且雷的牌号要比 324 号大。

2. 2 号和 7 号位置的车牌号末位都是奇数，但是首位数字不同。

3. 特里的巴士的车牌号是 361。

4. 图中 3 号位置的巴士不是戴夫驾驶的巴士，它的车牌号要比相邻的两辆巴士小。

5. 5 号位置的巴士车牌号是 340，车牌号为 286 的巴士没有停在图中 6 号位置。

6. 肯停靠的巴士刚好紧靠在车牌号为 253 的巴士左边。

7. 赖斯把双层巴士停在图中 4 号位置。

8. 埃迪把巴士停在罗宾的巴士左边某个位置，但不在它的旁边。

522 说谎的女孩

图中描述的 4 个女孩恐怕都是彻头彻尾的撒谎者。你要牢牢记住，她们所说的每一句话都是不正确的。你能根据所提供的线索说出图中各位置上女孩的真实年龄以及她们所拥有的宠物吗？

1. 詹妮说："大家好，我今年 9 岁，我坐的是第 4 个位置。"

2. 杰茜说："大家好，我坐在

我朋友的隔壁,我的朋友有一只猫。"

3. 杰迈玛说:"大家好,我坐在朱莉娅边上,她的宠物是龟,而另一个养猫的朋友今年9岁了。"

4. 朱莉娅说:"我的宠物是虎皮鹦鹉,今年8岁,坐在2号位置。"

5. 为了帮助你解题,我告诉你以下信息:位置3上的女孩今年10岁,杰茜的宠物是一条小狗,图中4号位置上的女孩的宠物是虎皮鹦鹉。

523 邮票的面值

在弗来特里刚刚发行了一套新邮票,下面就是其中4种不同面值的邮票。根据给出的线索,你能找出每张邮票的设计方案(包括它们的面值、边框及面值数字的颜色)吗?

1. 每张邮票中的数字5都不是棕色的。

2. 画有大教堂的那张邮票面值中有个0,它在有棕色边框邮票的右边。

3. 第四张邮票的面值中有个1,而第三张邮票上画的不是海湾。

图案:大教堂,海湾,山峰,瀑布
面值:10分,15分,25分,50分
颜色:蓝色,棕色,绿色,红色

4. 面值为15分的邮票在蓝色邮票的正上方或正下方。

5. 画有山峰的不是第一张邮票,它仅比有红色边框的邮票面值大。

524 与朋友相遇

汤米在路上先后遇到了4位朋友,他们每个人所吃的食物都不相同。因为那天天很冷,所以每个人穿的都是毛衣。根据下面的线索,你能按相遇的先后顺序说出每位朋友的名字、他们各自所穿毛衣的颜色以及他们正在吃什么食物吗?

1. 在汤米遇到穿蓝毛衣的凯文

名字:丹尼,凯文,刘易丝,西蒙
毛衣:米色,蓝色,绿色,红色
快餐:苹果,香蕉,巧克力派,棒棒糖

之前,他遇到了一位在吃棒棒糖的朋友。

2. 汤米遇到的第3位朋友穿着米色毛衣。

3. 在遇到穿绿毛衣的朋友之后,汤米遇到了正在吃香蕉的朋友,这个人不是西蒙。

4. 在遇到吃巧克力派的刘易丝之后,汤米碰到了穿红毛衣的小伙子,这个人不是丹尼。

525 出租车

4名妇女刚刚乘火车从北方到达国王十字站,她们将搭乘4辆出租车。根据下面的信息,你能认出1到4号出租车的司机和乘客的名字以及乘客上车时的站名吗?

司机:伯尼,克莱德,詹森,诺埃尔
乘客:安妮特,黛安娜,帕查,索菲
站名(按距离顺序,由远至近):约克角,多恩卡斯特,格兰瑟姆,皮特博芮

1. 詹森所载的那名女乘客乘火车所走的路程比黛安娜长,黛安娜坐的是詹森后面的那辆出租车。

2. 诺埃尔所载的乘客不是在皮特博芮上车。

3. 来自格兰瑟姆的那名妇女坐上了1号出租车,开车的司机不是伯尼,伯尼车上的乘客叫帕查。

4. 索菲是在多恩卡斯特上车。

5. 克莱德是4号出租车的司机。

526 电影制片厂

在好莱坞电影市场的鼎盛时期,会同时有4部电影在4个邻近的电影制片厂进行拍摄,这4个制片厂同属一家著名的电影公司。根据下面的信息,你能具体描述在每个制片厂拍摄的电影类型、导演以及美丽的女主角的名字吗?

电影类型:喜剧,警匪,言情,枪战
导演:奥尔弗·楞次,鲍里斯·旭茨,卡尔·卡马拉,沃尔多·特恩汉姆
女主角:多拉·贝尔,海伦·皮奇,拉娜·范姆帕,西尔维亚·斯敦汉姆

1.那部言情电影的制片厂位于由海伦·皮奇担任女主角的那部电影的制片厂的东面。

2.枪战电影的制片厂位于导演沃尔多·特恩汉姆所在的制片厂的北面。

3.西尔维亚·斯敦汉姆是导演卡尔·卡马拉所拍摄电影的主角。

4.拉娜·范姆帕在一部警匪片里担任女主角,其制片厂在奥尔弗·楞次导演所在制片厂的斜对面。

5.C制片厂拍摄的不是喜剧片。

527 刺绣展览

几位女性刺绣爱好者正在举行她们的作品展,下面4幅作品是其中的一部分。根据所给出的信息,你能说出每幅作品的具体信息(包括作品的主题以及作者的全名)吗?

主题:《河边》,《村舍花园》,《雪景》,《乡村客栈》
名:以斯帖,赫尔迈厄尼,萨利,伊冯
姓:凯维丝,福瑞木,尼得勒,斯瑞德

1.《雪景》在凯维丝夫人作品的斜对面。

2.伊冯为她的刺绣作品取名为《村舍花园》,而伊冯不姓福瑞木,福瑞木夫人的作品不在2号位置上。

3.赫尔迈厄尼的作品比《河边》挂的高。

4.萨利·斯瑞德的作品在《乡村客栈》斜对面,而后者的号码比2小。

5.以斯帖作品的号码比尼得勒夫人的小。

528 欢度国庆

在国庆这一天,4个住在法国相邻村庄的居民选择了不同的庆祝方式。根据下面的信息,你能分别说出每个村庄的名字、该村的居民以及他们的庆祝方式吗?

1.波科勒村举办了圣子埃特鲁米亚展览,该村与克里斯多佛的家乡相邻并在它的东面。

2.第2个村庄是丝特·多米尼克村。

3.丹尼斯住在第3个村庄,而村庄1不是以街道舞蹈为庆祝方式。

4. 住在墨维里村的安德烈不是那个花整晚的时间在电视前看庆祝活动的懒汉，这个懒汉也不是住在4号村庄。

5. 以烟花大会为庆祝方式的村庄比马丁的家乡更靠西面。

村庄：波科勒，格鲁丝莫，墨维里，丝特·多米尼克
居民：安德烈，克里斯多佛，丹尼斯，马丁
庆祝活动：街道舞蹈，烟花大会，圣子埃特鲁米亚展览，看电视

529 美好的火车旅行

在乘火车的旅行中，我从特洛斯坦特出发驶向哈格施姆，途中经过的4条河流各自有一座极富特色的桥。根据下面的线索，你能在地图上填出每座桥的名字、类型及其所跨河流的名字吗？

桥名：埃斯博格，斯杰普生德，托福汉姆，维斯吉格
河名：波罗特，科玛，戴斯尔，斯沃伦
桥的类型：拱桥，悬臂桥，吊桥，摆桥

1. 我们花费了90分钟跨过了托福汉姆桥，之后就来到了波罗特河上的吊桥。

2. 第二条河横穿斯杰普生德桥。

3. 横跨戴斯尔河的那座桥离哈格施姆的距离比大石拱桥离哈格施姆更近。

4. 我们在到达科玛河前，穿过了悬臂式建筑维斯吉格桥（因为它建在维斯吉格）。

5. 大摆桥在地图上的标示是偶数，每当有船只经过时它可以从中间开启。

530 沿下游方向

诺福克的洛特河是著名的波罗兹的一部分，4个勇敢的海员家庭把他们的船停在了几家不同旅店的停泊处。根据下面的信息，你能填出图表中每个家庭的名字、所拥有的船只名，以及所停泊的旅店名吗？

1. 费希尔的船停泊在挪亚方舟处，斯恩费希的停泊处在挪亚方舟处的左边。

2. 帕切尔号停在狗和鸭码头。

3. C位置上的旅店叫升起的太阳，停泊在那里的船不属于罗德尼家庭，也不是南尼斯号。

4. 在最右边的船属于凯斯一家。

家庭：德雷克，费希尔，凯斯，罗德尼
船名：罗特斯，南尼斯，帕切尔，斯恩费希
旅店：钓鱼者休息处，狗和鸭，挪亚方舟，升起的太阳

家庭：＿＿＿ ＿＿＿ ＿＿＿ ＿＿＿
船：＿＿＿ ＿＿＿ ＿＿＿ ＿＿＿
旅店：＿＿＿ ＿＿＿ ＿＿＿ ＿＿＿

531 穿过通道

在机动车道上的4辆汽车正要穿过通道。根据以下线索，你能说出1～4号每辆车的驾驶员姓名、车的颜色以及车牌号吗？

1. 黄车的车牌号是27，它在菲利普所开那辆车的前面。

2. 2号位置车的车牌号是15。

3. 曼纽尔的车在38号车的后面某个位置，38号车不在3号位置。

4. 汉斯的车紧跟在绿车后面。

5. 红车紧跟在安东尼奥的车后面。

司机：安东尼奥，汉斯，曼纽尔，菲利普
颜色：蓝色，绿色，红色，黄色
车牌号：9，15，27，38

532 叠纸牌

4个小朋友分别用不同颜色的纸牌成功地叠出了纸房子，但每个人叠的层数不同。从以下给出的线索中，你能叫出4个人的名字，并说出他们各自所用的纸牌背景颜色和分别叠了几层吗？

名字：安吉拉，夏洛特，罗斯，蒂娜
纸牌颜色：黑，蓝，绿，红
层数：4，5，6，7

名字：_____
牌：_____
层数：_____

1. 使用绿色纸牌的夏洛特，坐在叠到5层的那个朋友对面。
2. 座位2的那个女孩用纸牌叠到4层高。
3. 安吉拉用的不是黑色的纸牌。
4. 在座位3用蓝色纸牌的女孩，她叠的房子没有用红色纸牌的女孩叠的高。
5. 罗斯是最成功的建筑师，在坍塌之前，她叠到第7层。她不是坐在座位4。

533 票

4个人正在售票亭前排队买票。从以下给出的线索中，你能叫出4个人的名字，并说出他们各自买的是哪个晚上的票、坐在剧院的哪个位置吗？

名字：亨利，马克斯，珀西瓦尔，威洛比
时间：星期三，星期四，星期五，星期六
位置：正厅后排座位，包厢，剧院花楼，正厅前排座位

1. 要买星期六晚上包厢票的那个人排在珀西瓦尔后面。他看星期六晚上的演出来庆祝一个重要的周年纪念。
2. 马克斯紧排在买剧院花楼票的那个人前面，那张剧院花楼的票不是星期四演出的票。
3. 亨利排在队伍的第3个位子，在演出的上演日期上，他的票比正厅后排座位的票要早。
4. 威洛比买的是星期五晚上的票。

534 加薪要求

4个工会的代表正在开会协议向 W & S 公司提交一份增加工资要求的声明。从以下给出的线索中，你能推断出图中每个人的名字、所代表的工会，以及代表的成员人数吗？

1. 思德·塔克坐在 C 位置，他代表的成员人数不是 4 人。

2. 阿尔夫·巴特坐在来自 ABM 的那个代表的对面。ABM 有 6 个成员在 W & S 公司。

3. 有 7 个成员的工会不是 BBT。

4. 坐在 D 位置的人代表的是 BBMU。

5. UMBM 的雷·肖所代表的成员人数没有坐在 B 位置的人代表的多。

代表：阿尔夫·巴特，吉姆·诺克斯，雷·肖，思德·塔克
工会：ABM, BBT, BBMU, UMBM
成员数：3, 4, 6, 7

535 照片定输赢

最近一次在爱普斯高特的赛马比赛是根据照片上的差距定输赢的。从以下给出的线索中，你能说出每匹马的排名、它们的骑师和骑师所穿衣服的颜色吗？

1. "矶鹞"马的后面紧跟着卢克·格兰费尔骑的马。卢克·格兰费尔穿着黑蓝两色的衣服。

2. "国王兰赛姆"的骑师是马文·盖尔，他穿的衣服不是粉色和白色。

3. 科纳·欧博里恩的马比杰姬·摩兰恩的马的排名靠前。

4. 穿红色和橘黄色衣服的骑师和他的马排第 3 名。

马："蓝色闪电"，"布鲁克林"，"国王兰赛姆"，"矶鹞"
骑师：科纳·欧博里恩，杰姬·摩兰恩，卢克·格兰费尔，马文·盖尔
衣服颜色：黑色和蓝色，粉色和白色，红色和橘黄色，黄色和绿色

5. 裁判研究了拍下的照片，最后由于微小的领先，判定是名叫"布鲁克林"的马赢得了此次比赛。

536 溜冰

4位年轻的女士来到一个公园的湖上溜冰。从以下给出的线索中，你能确定图中4位溜冰者的名字和她们围巾的颜色吗？

名：杰姬，夏洛特，伯妮斯，路易丝
姓：特利尔，劳恩，海恩，肖特
围巾：蓝色，绿色，红色，黄色

1. 伯妮斯·海恩在戴黄色围巾的朋友的右边某处。

2. 叫肖特的溜冰者戴着红色的围巾。

3. 戴着绿色围巾的溜冰者在路易丝左边的某处。

4. 1号溜冰者戴的是蓝色围巾。

5. 杰姬不在2号位置，她也不姓劳恩。

537 服务窗口

下图向我们展示了一个繁忙的城市邮政局，分别有4位顾客在4个服务窗口前办理业务。从下述的线索中，你能说出今天在各个窗口上班的职员的名字、每个顾客的名字以及每位顾客办理的业务吗？

1. 艾莉斯正在提取她的养老金。

2. 某人正在办理公路收费执照，而亨利就站在此人左边第2个窗口处。亨利不在亚当的窗口前办理业务。

职员：亚当，大卫，路易斯，迈根
顾客：艾莉斯，丹尼尔，亨利，玛格丽特
业务：邮票集锦，养老金，挂号信，公路收费执照

3. 路易斯在3号窗口处工作。

4. 4号窗口前的顾客不是玛格丽特，此处的顾客正在购买一本邮票集锦。

5. 某人正在寄一封挂号信，

大卫就在此人的右边一个窗口工作。

538 学习走廊

在一条走廊上相邻的5个教室里，有不同人数的学生组成的5个班级，分别由5位教员授以不同的课程。从以下给出的线索中，你能说出班级、人数、正在上的科目及授课老师吗？

班级：1A，2B，3A，4A，5B
课程：英语，地理，历史，拉丁语，数学
老师：培根先生，伯尔先生，汉森太太，海恩斯先生，史宾克斯小姐
班级人数：26，28，29，30，32

| 教室1 | 教室2 | 教室3 | 教室4 | 教室5 |

1. 拉丁语课在教室4上，上这门课的班级比汉森太太教的班级高两个年级。

2. 正在教室5上课的是2B班，班级人数不是29人。上历史课的教室位于培根先生上课的那个教室的右边。有30个学生正专心致志地听培根先生讲课，这个班级比海恩斯先生带的班级高两个年级。

3. 由28个学生组成了5B班，他们所在的教室在数字上比课程表安排的史宾克斯小姐上英语课的教室大一个数字。

4. 4A班人数比1A班少，4A班上的是地理课。

5. 3A班的人数少于30，给他们上课的不是伯尔先生。

539 善于针织的母亲们

作为对那斯利浦高中100周年纪念庆典的捐赠，各有一个女儿在读的4位母亲共同织就了一幅挂毯，这幅挂毯有4个主题，每位母亲负责其中的一个。从以下给出的线索中，你能说出每个部分作品的主题，以及相对应的母亲和女儿的名字吗？

主题：物理教育，科学技术，艺术类，人文学科
母亲：海伦，米歇尔，索菲，坦尼娅
女儿：哈里特，梅勒妮，莎拉，崔纱

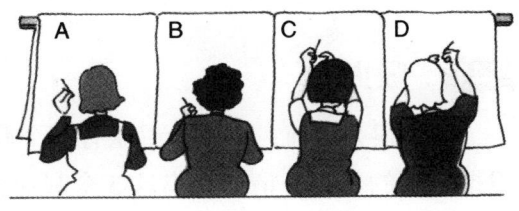

1. 没有一位母亲和她女儿的名字有相同的首字母。

2. 描绘艺术类的作品放在梅勒妮的母亲负责的那部分作品的左边。最有可

能负责描绘艺术类部分作品的母亲，她的名字在字母表顺序上排在其女儿的前面。

3. 米歇尔负责的那部分作品排在崔纱的母亲的右边某个位置，这两部分都不是关于物理教育方面的。而关于物理教育的那部分作品，它左边是海伦的作品，右边是哈里特的母亲的作品。

4. 莎拉的母亲和索菲都不负责科学技术部分的作品，负责这部分作品的母亲在最右边。

5. 阐述人文学科的作品在梅勒妮的母亲负责部分的左边某个位置；梅勒妮的母亲的作品不跟索菲负责的那部分作品相邻。

540 瓶塞

这是一个很好的瓶塞思维游戏，你可以在你下次葡萄酒品尝会上拿它来考考你的客人。接下来，我要请19世纪最好的思维游戏出题者——霍夫曼教授介绍这个题：

图1

图2

"准备2个葡萄酒瓶的瓶塞，然后按照图1的样子把它们夹在手上（即：每个瓶塞都横着放在拇指的分岔处）。现在，用右手的拇指和中指抓住左手上的瓶塞（两根手指抓住瓶塞的两端），与此同时，再用左手的拇指和中指抓住右手上的瓶塞，然后，把两个瓶塞分开。"

上面的操作听起来很简单，但是初学者在尝试的时候会出现图2的情况。而这正是这个题要避免的，必须将2个瓶塞自然地分开。

541 吸血鬼

传说很久以前，在罗马尼亚有5个非常凶残的吸血鬼，他们有特殊的偏好。根据下面的信息，请你写出这5个吸血鬼的姓名、头衔、所在的城市，以及最喜欢的食物。

1. 统治苏恰瓦的吸血鬼最喜欢吃有钱人，但他不是叫乔治的公爵。

2. 图尔达的伯爵不是杰诺斯也不是弗拉德。最喜欢吃罪犯的吸血鬼不是兰克也不是米哈斯。

3. 扎勒乌的吸血鬼最喜欢吃外国人。

4. 阿尼纳的吸血鬼不是男爵。

5. 米哈斯是侯爵，他不喜欢吃有钱人。

6. 杰诺斯喜欢吃老人，他不是王子。

7. 有一个吸血鬼最喜欢喝女人的血。

8. 有一个吸血鬼在纳波卡。

	王子	侯爵	公爵	伯爵	男爵	扎勒乌	图尔达	纳波卡	阿尼纳	苏恰瓦	女人	有钱人	外国人	老人	罪犯
乔治															
兰克															
杰诺斯															
米哈斯															
弗拉德															
罪犯															
老人															
外国人															
有钱人															
女人															
苏恰瓦															
阿尼纳															
纳波卡															
图尔达															
扎勒乌															

542　粮食

磨坊主蒂莫西念过一些书，他总是喜欢为难他的邻居。每到秋天，他都会在自己的磨坊出一个思维游戏并承诺给第一个回答出来的农夫免费磨 10 袋粮食。问题是：在下面的 10 袋粮食中，如何把 4 袋粮食放到别的位置使所有的粮食排成 5 行、每行各有 4 袋粮食。

543 航空公司

5家航空公司的业务范围都是欧洲的大城市，但是不同的价格所包含的服务差距是很大的。根据下面的信息，你能否说出这些航空公司的名称、各自的总部、飞往的城市，以及服务的主要问题？

1. Simplejet 公司的总部在荷兰或葡萄牙，飞往法兰克福或巴黎。

2. Herta 航空公司飞往巴塞罗那或布拉格。

3. 比利时航空公司要么就是食物很贵，要么就是不允许儿童乘坐。

4. 座位很狭窄的航空公司不是 BabyAir 就是 EFD，不是葡萄牙的就是比利时的航空公司。

5. 总是晚点的航空公司不是飞往布拉格就是法兰克福。

6. 飞往伦敦的航空公司不是儿童不能乘坐，就是每两天才飞一次。

7. Connor 航空公司飞往巴塞罗那或法兰克福，它的总部不是在葡萄牙就是在意大利，不是飞机晚点就是食物很贵。

8. EFD 航空公司飞往伦敦或法兰克福，不是座位很狭窄就是飞机晚点。

9. 有一家航空公司的总部在丹麦。

544 减肥

5个人因为不同的原因开始减肥。根据下面的信息，请你说出这5个人的名字、减肥所选择的运动、食疗方案，以及减肥的原因。

1. 斯坦尼斯勒没有选择游泳。

2. 路德米拉选择了网球，但是并不是为了做报告（为了做报告减肥的那个人选择了低卡路里疗法）。

3. 波瑞斯马上就要结婚了。

4. 选择了跑步的人也选择了低碳疗法，但她不是为了度假或者参加同学聚会。

5. 乐达卡没有选择游泳，她也不是为了做报告而减肥。

6. 选择骑自行车的人是听从了医生的建议开始减肥的，但是她没有选择低脂肪疗法。

7. 若斯蒂米尔选择了减食疗法，但不是为了度假。

8. 有人选择了低 GI 值疗法。

9. 有人选择了壁球。

545 结婚礼物

几个男人为他们的妻子买了结婚礼物。根据下面的信息，请你说出这几个男人的名字、他们的妻子分别是谁、他送她的礼物是什么、他们结婚多久了。

1. 蒂瑞斯和贝格特比买项链的那个男人结婚要早。

2. 恩格瑞德将收到一枚戒指。

3. 买耳环的男人已经结婚 16 年了，这个人不是沃尔克。

4. 米切尔买的是摄像机。

5. 罗兰德已经结婚 14 年了，但是他的妻子不是安妮特。

6. 卡罗蒂结婚 5 年了。

7. 贝特不会收到项链，也不会收到内衣，她的丈夫不是米切尔。

8. 其中有一对结婚 7 年了，有一对结婚 3 年了。

9. 有一个男人的名字叫库特。

546 乘坐出租

5 个女人在某城市坐出租车。根据下面的信息，请你分别说出她们的名字、她们要去哪里、去干什么，以及付了多少钱。

1. 泰娜比坐车去健身的女人付的车钱多。

2. 琳达和泰娜中有一个人去喝咖啡了，并且付的车钱比去见朋友的女人多5元。

3. 去中央公园的女人比去世纪中心车站的女人付的钱少，去车站的女人不是去购物的。

4. 要么是菲琳去苏豪公寓，泰娜去购物；要么是格斯去苏豪公寓，菲琳去购物。

5. 艾妮去了阳光屋，而且她比去喝咖啡的女人多付了5元的车钱。

6. 泰娜和琳达中有一个人去观光了，总共付了45元的车钱。

7. 有一个女人去自由岛了。

8. 这5个女人付的车钱分别是30元，35元，40元，45元和50元。

547 国外度假

5位女士去国外度假。根据所给的信息，请你说出她们的名字、她们去哪个国家、住在哪里，以及去那里是因为那里的什么。

1. 泰莎去毛里求斯或者印度尼西亚，为的是那里的商店或者沙滩。

2. 莫娜是为了当地的森林或者寺庙去度假的。

3. 在柬埔寨度假的女士住的既不是酒店也不是度假村。

4. 别墅是在印度尼西亚或柬埔寨，选择住别墅的不是艾德瑞就是罗梅。

5. 牧人小屋可能是在寺庙或者商店附近。

6. 要么就是酒店，要么就是旅馆有一个游泳池。

7. 杰娜要么去印度尼西亚，要么去

泰国；她可能是为了那里的森林，也可能是去那里的商店购物；她可能待在牧人小屋或者度假村。

8. 罗梅可能住在牧人小屋或者别墅里，她去度假是为了那里的游泳池或者商店。

9. 有一位女士去了马来西亚。

548 糖果店

一群小孩躲雨进了一家糖果店。根据所给的信息，你能否说出她们的名字、她们分别买了什么糖、买了几个，以及她们穿着什么颜色的雨衣？

1. 沃里穿着一件黑色雨衣。

2. 穿蓝色雨衣的小孩（不是古恩娜）买了12个糖。

3. 何瑞莎比穿黄色雨衣的小孩多买两个糖。

4. 有一个小孩买了6个棒棒糖。

5. 买甘草糖的不是沃里，也不是穿黄色或者白色雨衣的小孩。

6. 穿紫色雨衣的小孩买的是巧克力。

7. 比亚妮买了10个糖，但不是太妃糖。

8. 有一个小孩买了4个糖，另一个买了8个。

9. 有一个小孩叫若哥娜。

549 邻居

5个邻居喜欢待在自己家的院子里。根据所给的信息，你能否说出他们的名字、他们家的门牌号、他们家的大门的颜色，以及他们各自喜欢在院子里干什么？

1. 大卫家的门牌号比喜欢野餐的人家的大。

2. 绿色大门房子的门牌号比黄色大门房子的小，黄色大门房子的主人不喜欢打篮球。

3. 要么是沃尔特喜欢打篮球，约翰的房子大门是蓝色的；要么是大卫喜欢打篮球，沃尔特的房子大门是蓝色的。

4. 迈克的房子大门是红色的，他家的门牌号比喜欢看报纸的人（不是别克就是大卫）家的大。他家的门牌号也比喜欢洗车的人家的大。

5. 门牌号是 2305 的人喜欢晒太阳，这个人不是大卫就是别克。

6. 有一座房子的大门是白色的。

7. 所有的门牌号为 2302 到 2306。

550 戏剧表演

新镇总有精彩的业余戏剧表演。今年，"面团表演队"上演了《麦克白》。"业余戏剧队"没有表演《奥赛罗》，《奥赛罗》的票价最低。《朱利叶斯·凯撒》是3月份上演的作品，虽然它是新镇上演的最好的戏剧，但是票价并不是最贵的。"真正的莎士比亚"公司的戏剧是在"面团表演队"的作品上演之后上演的。根据这些信息，你能否找出这些表演队伍分别上演了什么作品、票价以及作品上演的月份？

551 失衡的天平

图1：天平是平衡的。天平左端是一个装满水的容器，而右端是一个重物。

图2：重物从天平的右端被移到左端，而且该重物完全浸入容器中的水

里面。

很明显现在左端要比右端重。

请问：为了继续保持天平的平衡，现在天平的右端应该放上多重的物体？

图 1

图 2

552 迷宫算式

从左上方的数字 7 出发，穿过迷宫并得出一个算式，使算式最后的得数仍然是 7。不可以连续经过同一排的 2 个数字或运算符号，也不可以两次经过同一条路线。

553 蜂窝

由 14 个小六边形组成了一个蜂窝状图形，每个小六边形都包含字母 A 到 N 中的一个，你能把各个字母按以下线索填进各个小六边形中吗？

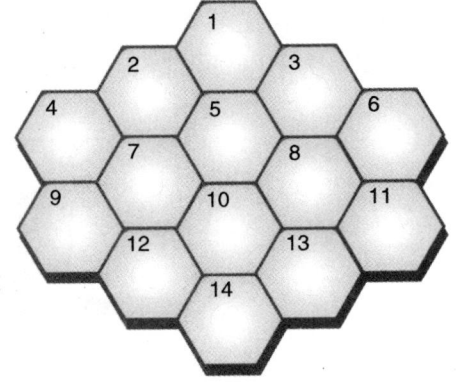

1. 字母 A 在 F 的右下角，且紧挨着 F，并在 M 的左上方。
2. 六边形 1 中的字母是字母表中前 5 个之一。
3. 字母 H 在 D 的右上方，这两个字母的周围均不包含元音字母。
4. N 和 I 在垂直线上，N 在较高的位置。
5. 六边形 7 中的是字母 K。
6. 六边形 9 中的字母在字母表中的位置要比它上方六边形 4 中的字母前 2 位。
7. 六边形 14 中的字母是个元音字母，在字母表中，它紧排在六边形 5 的字母的前面。
8. G 和 L 相邻，L 更靠右边。

554 派对

家庭生日派对在过去很流行。当然，他们会做很多游戏。这是旧时的一个有名的派对游戏。在桌子上放 12 个盘子，然后在每个盘子里放 1 枚硬币。接着，将一个盘子里的硬币拿走，按逆时针方向移动，并跳过 2 枚硬币，然后放在下一个只放 1 枚硬币的盘子里。重复这个动作，并按逆时针方向从任意一个只放 1 枚硬币的盘子开始游戏。你所跳过的 2 枚硬币是在 1 个盘子里还是在 2 个盘子里都无关紧要。移动 6 次之后，桌子上必须有 6 个空盘子以及 6 个各有 2 枚硬币的盘子。同时，在 6 次之后，你要回到你刚开始的盘子边。这个游戏的目的是找出绕行桌子的最少圈数。

555 直线和正方形

好像沃尔多·奎勒已经把那个著名的直线和正方形游戏解决了。这个题要求用最少的直线画一个图形,这个图形要有 100 个正方形。在下图中,你会找出 20 个正方形。如果你能解答这个题,那么你就有资格参加正方形比赛月。

556 "不可能"的纸张

这个看似不可能的纸张思维游戏只用一张纸就完成了。"内折边"是纸的一部分,它可以向前后移动,但是它并没有被剪掉也没有被粘住。内折边的面积正好与剪掉的两个部分的面积相等。尽管从图上看,这的确是不可能的,但是这个纸张思维游戏是如何完成的呢?

557 智慧之星

在古代埃及，每逢举行娱乐集会，人们总是在修建金字塔的闲暇时刻聚在一起做思维游戏。阿布辛贝神庙的祭司们把智慧之神斯塔姆尤莫斯特的巨大盾牌拿了出来，并把它放在拉美西斯二世雕像的对面。在这个六边形的盾牌上有 9 颗智慧之星。要想解答这个题，答题者必须在上面画出 9 条长度相同的直线并使每颗星单独享有自己的长方形。如果谁成功解答问题，那么他会受到埃及王室的邀请；但是如果失败，那么他将受邀参加鳄鱼赛跑。读者朋友们，你们有没有兴趣参加比试呢？

558 撒谎的肯特

肯特在圣诞之夜请他新结识的摩西小姐到一家旅店共进晚餐。摩西小姐聪明活泼，美丽动人，肯特十分爱慕。聊了一阵，肯特发现摩西小姐对自己不大感兴趣，不久两人就离开了旅店。心情沮丧的他在街上闲逛，遇见了名探罗克。

罗克问他为什么心情沮丧，独自一人在街上闲逛？肯特说了宴请摩西小姐的事。罗克问他在餐桌上同摩西小姐谈了些什么，肯特说："我向她讲了一个我亲历的惊险故事。那是去年圣诞节前一天的早上，我和海军上尉海尔丁一同赶往海军在北极的气象观测站执行一项特别任务。那是一项光荣的任务，许多人想去都争取不到的。但可惜的是，我们在执行任务的过程中，遇上了意外情况，海尔丁突然摔倒了，大腿骨折，伤势十分严重。我赶紧为他包扎骨折部位。10 分钟之后，更可怕的事情发生了，我们脚下的冰层开始松动了，冰块脱离北极，顺着水流向远方的大海漂去。我意识到这时我们处在生死关头，随时随地都有生命危险。特别是当时天气异常寒冷，滴水成冰，如不马上生火取暖，我们都会被冻死的，但是火柴用光了。于是我取出一个放大镜，又撕了几张纸片，放在一个铁盒子上，铁盒子里装了一些其他取暖物。我用放大镜将太阳光聚焦后点燃了纸片，再用点燃的纸片引燃其他取暖物。感谢上帝，火燃烧起来了，拯救了我们的生命。更幸运的是，4小时后我们被一艘经过的快艇救了起来。人人都说我临危不惧，危急关头采取了自救措施，是个了不起的英雄。"

罗克听后大笑起来："你说谎的本事太差了，摩西小姐没有对你嗤之以鼻，就已经够礼貌的了。"你知道肯特讲的海上遭遇有什么地方不对头吗？

559 取怀表

温斯探长接到报案。在一家旅馆里发现一具男尸，他火速赶到现场，死者是被人用枕头闷住窒息而死的。经调查死者是C公司的经理阿曼。据秘书反映，死者的表弟阿莱最近跟阿曼争吵了几次，今天下午阿曼可能又去见他了。温斯探长掏出怀表看了看，决定去找阿莱。他临走时顺手将怀表放在桌上，并对警卫耳语了几句，便离开了旅馆。

温斯探长见到阿莱，便问他知不知道阿曼被人谋杀的事。阿莱说："不知道，我好几天都没见到他了，今天刚从一个朋友家回来。"

"我知道你和此事无关，找你只是想了解一点儿情况。"温斯探长一边说着一边伸手去掏怀表，"糟糕，我的表忘在了案发现场，请你帮我拿一下并送到警局好吗？我现在要去找一个有疑点的人。"阿莱犹豫了片刻，答应了。

阿莱大模大样来到旅馆，一进房门就看见温斯探长，不由大吃一惊，刚想逃走，却被警卫牢牢抓住。

温斯探长站起身说："果然不出我所料，你就是凶手！"阿莱这才知道自己自投罗网了。经审讯，阿莱为继承遗产，将表哥阿曼杀害了。

温斯探长为什么说他就是凶手呢？

560 邮轮上的日本国旗

英国豪华邮轮"伊丽莎白"号首次远航日本。"伊丽莎白"号是传媒大亨威廉花了3000万英镑，向西班牙造船厂订购的。这艘超豪华邮轮长260英尺，有3层舱体和双层甲板，能够为80名贵宾提供舒适惬意的旅程。

威廉邀请了世界传媒集团的大亨们乘坐"伊丽莎白"号远航日本，去享受最新鲜的生鱼片和鲑鱼大餐，大亨们对这艘"游艇之王"赞不绝口。德国传媒集团的总裁加伯德甚至用嫉妒的口吻说，把全世界报纸的利润加起来，也只够造两艘"伊丽莎白"号。

威廉得意地笑了，同时他还告诉大家现在已经进入日本领海的航程。大亨们听说已经来到日本领海，纷纷挤上甲板，想看看这个岛国的面貌。可让他们失望的是，别说白雪皑皑的富士山，就连小片陆地都看不到。

既然没有什么特别的风景，大家又重新回到客厅，讨论起如何提高数字电视技术的枯燥问题。忽然，加伯德惊叫起来，他的公文包不见了！

人们一下子全都围拢过来，大家都知道公文包失踪对一个总裁来说意味着什么，那里面不但有大量现金、信用卡和空白支票，还有许多机密资料和信息，这些信息的价值是无法估量的。

威廉非常恼火，他找来船上所有的护卫，发誓要找出窃贼。经过仔细回忆，每个人都互相证明了自己刚才在甲板上。也就是说，偷走公文包的人只可能是船上的船员。

威廉立刻把船上的5名船员叫过来一一询问。船长说，刚才他在驾驶舱里一直没走开过，有录像带可以作证；技师说他一直在机械舱保养发动机，好让发动机能一直保持37节的速度，可是没人可以证明；电力工程师告诉威廉，他刚才在顶层甲板更换日本国旗，挂上去以后发现挂反了，于是重新挂了一次，有国旗可以作证；还有两名船员说他们在休息舱打牌，互相可以作证。

威廉听完，立刻指出了其中一个人在说谎，并且让他交出公文包。聪明的读者，你知道谁在说谎吗？

561 寻找放哨的人

在一个极冷的一月的夜晚，格里利巡警刚巡视到市里一家商店的门口时，一只猫突然从他身旁蹿过，进了一个胡同。格里利注意看那只猫时，发现柯林斯珠宝店橱窗里有手电筒的光线闪过。

格里利立即请求支援,一辆警车随后赶到。3个警官都拔出手枪,封锁了商店的前后门。但为时已晚,盗贼已经逃跑了。警官们发现展橱已被打开了一半,这就说明,有人报信给盗贼了。

"他们一定有放哨的。"格里利说。几秒钟后,他的判断得到了证实。警官们在珠宝店的地板上发现一部步话机,看来是盗贼丢掉的。"快!"格里利说,"刚才我看到有3个人在外面游荡,其中一定有那个放哨的……"

警察们迅速行动,搜查了10个街区,逮捕了3个在街上闲逛的人,格里利还能记住他们的样子。

"我正在等公交车。"第一个人拄着白手杖,戴着墨镜说道,"我是一个盲人,在柯林斯珠宝店隔壁做会计工作,今晚我工作到很晚,听到街上有动静,但我看不见。"

第二个人是一个妇女,她在夜晚的寒风中颤抖着对警官说道:"我的车坏了。我走出来找地方修车,你们可以检查我的车,现在还是坏的。"

第三个人是一个无家可归的酒鬼,他手中拿着喝了一半的威士忌酒瓶,瓶中的酒已经有部分结冰了。"我正想着自己的事情。"他含糊不清地说,"想找一个暖和的地方睡觉。"

"一个盲人,一个陷入困境的开车的人,一个酒鬼。"格里利对他的同事们低声说,"我知道是谁在替盗贼放哨了。就是那个酒鬼。"

格里利为什么说酒鬼是放哨的呢?

562 女教师之死

贝尼卡是一名女教师,她为人善良大方,别人有什么困难,她总是热情地帮助。在学校里,她深受学生和同事们的爱戴,年年被评选为先进。她有一个姐姐,要比贝尼卡大5岁,可是贝尼卡的爸爸总是说:"贝尼卡比她的姐姐更懂事呢!"

有一天早上,上课的时间已经过了,贝尼卡却没有到教室里来。学生们都觉得奇怪,这可是从来没有过的呀!他们去找教务主任,教务主任打电话到她的家里,电话没有人接。教务主任不放心,赶到贝尼卡的家里,拼命按门铃,却没有人来开门。

教务主任觉得有些不对劲,只好打电话给警察局。哈里警长接到电话,几分钟后就赶到了。他问清楚了情况,凑近房门,看了看门上的"猫眼",那是一个探视孔,房间里面的人可以通过"猫眼"看到外面的人,但是外面的人却看不到里面的人。

哈里警长又按了几次门铃,还是没有人开门。他叫来大楼管理员,打开了房门,这才发现贝尼卡穿着睡衣,倒在血泊中,胸口插了一把刀。根据检查,死亡的时间大约在昨天晚上8点钟。大楼管理员查看了记录,然后告诉哈里警长:"昨天晚上,先后有两个人来找贝尼卡,一个是7点50分来的,是她的姐姐;另一个是8点10分来的,是她的女同事玛莎,两个人都说,按门铃以后没有人开门,以为贝尼卡不在家,就离开了。"哈里警长思考了一会儿,对身边的警员说:"来访的两个人当中,有一个就是杀害贝尼卡的凶手!而这个人就是她姐姐!"

哈里警长为什么说她的姐姐就是凶手呢?

563 冰凉的灯泡

夏日的一个傍晚,侦探麦考小姐来到和她约好的朱莉家中吃晚饭。仆人先招呼她在客厅坐下,然后上楼去通报,不到一分钟,二楼突然传来惊叫声,接着,仆人慌张地出现在楼梯口,喊道:"不好了,朱莉小姐可能遇害了!"

麦考听罢,立即跑上去与仆人撞开书房的门,书房里没有开灯,月光透过窗户射了进来,书桌上放有一盏吊灯。

仆人对麦考说:"我刚才来敲门,没人应答,门从里面反锁着。我从锁孔往里一瞧,灯光下只见小姐趴在桌上一动不动。忽然,房中漆黑一片,我猜一定是凶手关了灯逃跑了。"

麦考用手摸了摸灯泡,发觉灯

泡是冰凉的，她迟疑了一下，打开灯，只见朱莉头部被人重击，死在书桌旁。

麦考问仆人："你从锁孔看时，书房的灯泡是亮着吗？"

仆人回答说："是的。"

"不！你在说谎，凶手就是你！"麦考说着给仆人戴上了手铐。

麦考怎么知道仆人就是凶手呢？

564 敲诈事件

希拉尔正在忙碌地处理文件，突然电话铃响了。是他夫人茉莉的哭救声，和一个陌生男子的声音：

"嗨，朋友，我图财不害命，只要你给我 10 万美元，我保证不伤害你夫人一根汗毛，过一会儿有个穿黄色风衣的人来找你，你就把钱交给他。如果你报警的话，可就见不到你夫人了——"说到这里电话就断了。

放下电话，希拉尔就来到了一家商店，先买了一只蓝色的小皮箱，然后就去银行取了 10 万美金，拎着回到了办公室。

过了一会儿，一位穿黄色风衣的人来到了办公室，见希拉尔把钱已准备好，便一边拎过箱子，一边说道："好的，先生，你很守信用。现在你需要做的就是安静地等待，不要报警，否则你的夫人就会没命。"

说完黄风衣便推门而去。

黄风衣一离开，希拉尔便急忙往家里打电话，可怎么也拨不通，于是，他先报了警，之后便赶到家里。

一进家门，他见惊魂未定的夫人正与先赶来的警官交谈，见他走了进来，一个警官便向他说道：

"你夫人已告诉我关于一个男子和你给那个人一只装钱的蓝色皮箱。现在，请你再详细讲一讲那个男子的外貌特征。"

希拉尔就详详细细地把事情的经过述说了一遍。

警察们走了之后，希拉尔和夫人一边喝酒一边谈论着刚刚发生的敲诈事件。

喝着喝着，希拉尔突然在座位上弹了起来，怒视着夫人说道：

"我明白了，真正的幕后操纵者是你，是你和那个绑匪串通好了来敲诈我！"

"这怎么可能？我是你的夫人呢！"

希拉尔当着夫人的面，说出了理由，他的夫人只好承认了犯罪事实。

希拉尔为什么认为他的夫人就是幕后指使者呢？

565 遗书

石原是一家株式会社的社长，由于出了交通事故，卧床多日后去世了，留下了一大笔遗产。按照法律的规定，他唯一的女儿庆子应该是合法继承人。

这天，刚刚送葬完毕，律师便叫过庆子，准备与其谈她父亲的遗产继承权问题。还未等他开口，石原的弟弟石井推门走了进来，说道：

"亲爱的侄女，亲爱的律师先生，我哥哥的遗产应该有我的一半！"

"什么，有你的一半！这是不可能的！"律师很坚定地说道。

"请你不要着急，我这里有我哥哥给我写的遗书。"石井一边说着，一边从兜里拿出了一个信封递给了律师。

律师接过信，从里面抽出了3张纸，他仔细一瞧，只见字迹非常潦草，但却可以看清楚信上的大致意思：

"生前多蒙弟弟照料，使我感激不尽，作为报答，现将我财产的一半馈赠给你。唯恐我女儿反对，故而立此遗言。"

律师看完信，想了想便问庆子："你看这信上的字迹是不是你父亲所写？"

庆子说道："父亲出了交通事故后，一直卧床不起，尤其是他不能翻身，胳膊吊着绷带，每天总是气喘吁吁地仰面躺在床上。所以我父亲能不能写字我根本不知道，这信上的字迹是不是父亲所写，我也不能确定！"

律师又问石井："你的这封遗书是石原什么时候写给你的呀？"

石井道："我哥哥有一天睁开眼睛，仰着面，用圆珠笔，歪歪扭扭地给我写了这封信，因为我哥哥是仰面拿笔，所以他写的信字迹七扭八歪。"

听到这，律师不禁笑道："好你个骗子，竟敢伪造遗书来欺骗自己的亲侄女，我看你就不要再说下去了！"

律师为什么说石井拿出的遗书是伪造的呢？

566 飞来的小偷

一天,日本的一位富翁在东京城外别墅里举行宴会,别墅里绿树成荫,百鸟齐鸣。客人们一边谈天说地,一边品尝着美味佳肴,一个个显得十分高兴。

可是扫兴的事情发生了。一位女宾在去洗手间洗手时,把钻石戒指放在外间靠窗的桌子上,等出来时,钻石戒指却不见了。

门是关着的,洗手间在3楼,也没有人来过,别墅中的仆人都忠实可靠,何况,失窃之前也没有一个仆人上过楼。再说窗子外面也没有梯子,难道小偷是从天上飞下来的?

大富翁为此事很生气,认为这事又一次丢了他的面子。因为在他的别墅里,已经第三次发生这样的事了,他非要查个水落石出不可,他拿起电话就准备报警。

这时,从宾客中走出一位名叫山田吉木的中年人,他是位动物学家。他听那位女宾讲了事情的经过,又听富翁讲了以前发生的两起失窃案件的经过,胸有成竹地说:"先生,你别报警,这件事让我来试试吧!"

山田吉木先生在别墅四周转了转,指着一棵大树上的喜鹊窝说:"派个人爬到树上,到喜鹊窝里查查看。"

一位机灵瘦小的仆人很快就爬上大树,他将手伸到喜鹊窝里一摸,大声叫道:"金耳环、钻石戒指、项链,都在这儿哪!"

"这是怎么回事?"富翁问道。

山田吉木说出了一番话,富翁方如梦初醒。

你知道山田吉木说了什么话吗?

567 柯南的解释

一天,某男爵的遗孀拜访柯南道尔,向他谈了一件令人难以置信的事:

"5年前,先夫不幸去世,我为他建造了一座墓。谁知道从那以后,每年冬天,墓石就会移动一些。前天,我请了一位巫师来召唤先夫的灵魂,可是没有任何反应。先生,我是多么希望能与先夫的灵魂对话啊!"

说着,她从手提包里取出一张

照片给柯南道尔看。这是男爵的墓地照片。在一块很大的台石上面,放着一块球形的大石头。"由于先夫生前爱玩高尔夫球,所以临终时曾嘱咐要给他造个像高尔夫球那样形状的墓。这张照片就是在墓建成之后拍的。球石正面还雕刻了十字架。现在,这个球石差不多移动了四分之一,十字架也一点儿一点儿地被埋在下面,都快看不见了。"

"球石仅仅是在冬天移动吗?"柯南道尔问。

"是的。这个地方的冬季特别冷。每年一到冬天,我就到法国南部的别墅去,春天再回来,并去先夫的墓地扫墓。这时,总是发现球石有些移动。我想,是不是先夫也想与我一起去避寒,要从墓石下面出来?"

柯南道尔请夫人带他去墓地看看。

在一堆略微高起的土丘上,墓地朝南而建,四周有高高的铁栅栏围住,闲人不能随便进入。在沉重的四方形台石上面,有一个直径80厘米的用大理石做成的球面,为了不使球面滑落,台石上挖了一个浅浅的坑,正好把球嵌在里面。浅坑里积有少量的水,周围长满苔藓。如果球石的移动是有人开玩笑,用杠杆来移动它,那在墓地和苔藓上该留有一道痕迹,可又一点儿痕迹也没有。如果有人不用杠杆而用手或身子去推球石,那凭一两个人的力气是根本推不动的。

柯南道尔摸了一下浅坑里的积水,沉思了片刻以后说:"夫人,墓石的移动是一种物理现象,与男爵的灵魂没有任何关系。"

你能解释柯南道尔所说的物理现象是怎么一回事吗?

568 幽灵的声音

英国大侦探洛奇一天来到法国度假,正当他在海滩上欣赏海景的时候,突然发现了一位奇怪的男子。只见他脸色苍白,坐在海边好像努力回忆着什么,脸上的表情恐惧而痛苦,仿佛回忆起了什么非常恐怖的事情。洛奇很奇怪,于是走到他身边坐下来问道:"朋友,有什么我可以帮助你的吗?"

这个男子好像被吓了一跳,他猛然往后一缩,浑身颤抖起来。

"我没有恶意,"洛奇连忙安慰他,"我只是想帮助你,有什么就告诉我吧。"

男子仔细看了看洛奇,结结巴巴地问:"你有胆量帮我吗?你相信我吗?我碰上了幽灵!"

"有这样的事情?"洛奇一下子来了兴趣,根据他的经验,所谓幽灵、鬼怪,其实都是人们自己想出来的。"我一点儿也不害怕,相反,我还是对付幽灵的好手！"洛奇大声说，"快告诉我，我一定可以帮你。"

男子听到这里，一把抓住洛奇的手："这件事情实在太可怕了！我是豪华客轮'拉夫伦茨'号上的一名大副，上个月在返航的路上，'拉夫伦茨'号撞上了暗礁，船底破了一个大洞，迅速下沉。当时正是深夜，我根本来不及通知所有旅客，只能带着靠近指挥室的10多名旅客撤离到救生艇上。"

"后来呢？"洛奇的思绪跟随他的叙述回到那个恐怖而漆黑的夜晚。事故、沉船、撤离，真是惊心动魄的经历。可是幽灵又是怎么回事呢？

"后来，我放下救生艇，决定回去再救一些人出来。"那名男子继续说道，"可当我再次返回甲板的时候，听到了龙骨断裂的可怕声响，海水铺天盖地漫过来，我只好转身跳下大海，拼命向前游。我知道，如果我不及时离开，就会被轮船下沉时带起的旋涡卷入海底！

"我最擅长仰游，我拼命游啊游啊。不知道游了多长时间，忽然听到了一声惊天动地的响声！那声音可怕极了。轰鸣混合着炸雷，简直就是幽灵的怒号！我连忙仰头一看，只见'拉夫伦茨'号从中间断开，火花四溅，发出了惊天动地的爆炸声。我被气浪震得晕了过去，后来被赶来救援的海岸巡逻队救起来。"

"这就是你说的幽灵的声音吗？"洛奇若有所思地问道，"可能只是你太过惊慌，听到了爆炸声而误认为幽灵的号叫呢？"

"是的，那是来自海底幽灵的号叫。"男子显然着急了，"你要帮我必须先相信我！我问过其他生还的人，他们都只听到一声爆炸，而我听到两声巨响！我没有记错，清清楚楚！"

洛奇沉思了一会儿，忽然笑了起来。他问道："当时其他生还者都在救生艇上，只有你不在，对不对？"

"是这样的。"男子疑惑地回答，"难道幽灵是来自海底的？"

洛奇大笑起来，他拍拍那名男子的肩膀："我看你是自己吓自己了，其实根本没有什么幽灵！"

"可是我明明听到了两声巨响！"那个男子坚持说。

"对，一点儿没错。"洛奇点头赞同。

"但是除了我以外的所有人只听到一次爆炸！"男子带着哭腔说。

"这也没错！"洛奇微笑着，"你们都没有听错！"

亲爱的读者，你能解开这个恐怖的幽灵之谜吗？

569　萨斯城的绑架案

在海滨小城萨斯，最近发生了一起性质极为恶劣的绑架案。

被绑架的是萨斯城著名演员多恩的小女儿琳达，今年刚满13岁，上小学5年级。星期一的早上，琳达的妈妈像往常一样，开车把她送到学校，简单叮嘱几句就离开了，可是晚上再去学校接琳达的时候，学校的老师告诉他，孩子已经被人接走了。

晚上，正当多恩一家人找小琳达快要找疯了的时候，一名自称是绑匪的人打来了电话，说琳达在他们手上。为了让多恩一家人相信他们的话，并确定小琳达还活着，他们还让小琳达和父亲通了话。绑匪提出要多恩一家支付30万英镑，并不许多恩报警。多恩一时慌了神儿，为了保证女儿的安全，他竟然真的没有向警察求助，而是按照绑匪的要求，自己去指定的地点交钱了。

本指望绑匪收到钱后就会放了小琳达，可绑匪见多恩真的没有报警，而且很快就把钱给送来了，不禁起了更大的贪心，不但没有把小琳达放回来，反而要求多恩一家人再拿30万英镑来才肯放人。

这样，多恩就不得不向警察求助了。警察接到多恩的报案后，立刻组成了破案小组，由多利警官全权负责。

为了尽快抓到凶手，同时确保小琳达的安全，警察局出动了大量的警力，对全城进行搜查，最后在郊外一家废弃仓库里，找到了非常虚弱的小琳达。被放出来的小琳达告诉警察，绑架她的是两名中年男子，他们本想跟琳达的父亲再要30万英镑以后，就逃之夭夭，可突然听到风声，说警察正在全城搜查他们，于是这两个人赶紧带上钱，往海上跑去了。

"不好，罪犯要从海上逃跑！"多利警官知道，离萨斯城不远的海域就是公海，罪犯一旦逃到公海上，警察就拿他们没有办法了，于是，多利警官立即一边带领人马向海外赶，一边调遣直升机前来增援。

这时，在海边，两名罪犯已经驾驶一艘汽艇跑出了一段距离。警察来到海边后，马上也找到一艘汽艇，两名便衣警察立即跳了上去，开始全速追赶罪犯，前来增援的直升机也赶到了，多利警长坐上直升机，在空中指挥。

警察的汽艇开得很快，眼看就要和罪犯齐头并进了，只要再快一点儿，就可以包抄到罪犯的前面。可是，公海已经在眼前，超过去拦截已经来不及了，这样的话，只有将罪犯当场击毙，可两位便衣警察身上并没有带枪，怎么办？警长多利决定，用直升机将罪犯所乘坐的汽艇击沉。

此时，已是晚上7点钟左右，天色已经黑了下来，从直升机上根本分辨不出哪艘快艇是自己人，哪艘是罪犯的，驾驶员正不知向哪艘快艇投弹才好，在这关键时刻，多利警长冷静地观察了海面上的两艘汽艇，然后果断地下令道："向左边的那艘开火！"

结果证明，多利警长的判断是对的，那么你知道多利警长是怎样分析出左边的那艘是罪犯的汽艇的吗？

570 过继

李铁桥是广东某县的知县，一天衙门口来了一位告状的老妇人，当差的衙役便把老妇人带到了堂上。

老妇人哭诉道："大人，我丈夫李福贵去世多年，没有留下儿子，现在我丈夫的哥哥李富友有两个儿子，为了占有我的家业，他想把他的小儿子过继给我，做合法继承人。大人啊，我的这个小侄子一向品行不端，经常用很恶毒的语言谩骂我，我实在不想让他做我的继子，于是，我就自己收养了一个别人家的孩子做继子。这下可惹怒了我丈夫的哥哥，他说什么也不同意让我收养别人家的孩子，并说不收养他的孩子，就让我这位小侄子气死我！大人呀！天下还有这样的哥哥、这样的侄子吗！请大人给我做主啊！"

李铁桥听罢，非常气愤，第二天便在公堂之上开始审理这桩案子。

李铁桥先把李富友叫到堂前，问道："李富友，你想把你儿子过继给你弟弟家，你是怎么考虑的？"

李富友理直气壮地说道："回禀大人，按照现行的法律，我应该过继给我弟弟家一个儿子，好让我弟弟续上香火。"

"你说的有些道理。"李铁桥肯定地说。旋即，他又叫来老妇人，让老妇人说说他不要这个侄子的道理。

老妇人回答道："回禀大人，照理说我应该让这个侄子成为继子，可是，这个孩子浪荡挥霍，来到我家必定会败坏家业。我已年老，怕是靠他不住，不如让我自己选择称心如意的人来继承家产。"

李铁桥大怒："公堂之上只能讲法律，不能徇人情，怎么能任你想怎么样就怎么样呢。"

他的话还没说完，李富友连忙跪下称谢，嘴里直说："大老爷真是办案公正啊！"而告状的老妇人却无奈地直摇头。

接着，李铁桥就让他们在过继状上签字画押，然后把李富友的儿子叫到跟前说："你父亲已经与你断绝关系，从今天起，你婶子就是你的母亲了，你赶快去拜认吧。这样一来名正言顺，免得以后再纠缠。"

李富友的小儿子立刻就向婶子跪下拜道："母亲大人，请受孩儿一拜！"

老妇人眼见着知县如此判案，侄儿又在眼前跪着，边哭边对李铁桥道："大人啊！要立这个不孝之子当我的儿子，这等于要我的命，我还不如死了好！"

听了他的话，知县李铁桥不禁哈哈大笑，笑后很快就断了案。

你知道知县李铁桥是如何断案的吗？

571 雨中的帐篷

一天中午，突然下了一场大雨。雨停后，一个人急急忙忙来到了警察局，向警长大山说道："不好了，派尼加油站的服务员被枪杀了。"

大山给他倒了一杯水，然后对他说："别着急，慢慢说。"

"当时我正把车开进派尼加油站，突然我听到了一声枪响，接着我看见有两个人从加油站里跑了出来，跳进了一辆周末旅游车飞快地开走了。我赶紧跑进屋里，一看加油站的一个男服务员已倒在血泊里。"这个人一边哆嗦着一边描述道。

警长大山听罢目击者的讲述，又问了一些旅游车和那两个人的外貌后，便带着几名警员开始搜寻嫌疑人。很快，他们在公路的路障南边找到了一辆被人遗弃的旅游车。

警长大山一看这辆旅游车，离派尼国家公园的正门只有几米远，便猜测罪犯一定是进了公园里。

在公园一处人工湖边，大山向第一个野营者沃伦问起他们来公园的时间。

留着一撮小胡子的沃伦说道："我和我弟弟是昨天晚上过来的。因为为了赶上鲑鱼迁徙的季节，从到这里开始，我们兄弟俩就在钓鱼。"

"你们两个下雨时也在钓鱼吗？"大山又问道。

"是的。"沃伦点点头回答道。

大山辞别了沃伦。又来到了第二对野营者阿尔的帐篷里。

阿尔说道："今天早上，我们支起帐篷，然后就出去了。天开始下雨时，我们找了个小山洞躲了好几个小时，我们什么都没看到。"

大山在听阿尔说话的时候，发现地上湿漉漉的，他不禁眉头一皱，但还是友好地走出了帐篷。

在停车场的一辆旅游车上，大山又找到了第三对野营者乔治和他的女朋友。

乔治说道："我知道我们不应该在这里。我们没有伤害任何人，芝加哥的一个朋友借给了我这辆车，所以驾照上不是我的名字，你们可以打电话到芝加哥去查……"

"不必了！"大山说道，"我已经知道谁在撒谎了！"

大山是如何判断的呢？

572　被杀的猫头鹰

夏季的一天下午，著名昆虫学家法布尔正在院子里观察蚂蚁的生活。巴罗警长走了进来。他摘下帽子擦着汗说："法布尔先生，你知道吗，格罗得先生把他那只心爱的猫头鹰杀了，并且剖开了腹部。"

"昨天晚上，格罗得先生家里来了一位巴黎客人，他叫巴塞德，也是位钱币收藏家，是来给格罗得先生鉴赏几枚日本古钱的。正当他们在书房互相谈论自己的珍藏品，相互鉴赏的时候，巴塞德发现带来的日本古钱丢了3枚。"警长接着说。

"是被人盗走了吧？"法布尔问道。

"不是的，书房里只有他们二人，肯定是格罗得先生偷的，巴塞德也是这么认为的。但追问格罗得时，格罗得却当场脱光了衣服，让巴塞德随便检查。当然没有搜到钱币，在书房内搜个遍也没有找到。"这位警长仿佛自己当时在场一样绘声绘色地说着，法布尔仍在埋头观察蚂蚁的队列。

"古钱被偷的时候，巴塞德没看见吗？"法布尔疑惑地说。

"没有，他正在用放大镜一个一个地欣赏着格罗得的收藏品，一点儿也没有察觉。不过，那期间格罗得一步也未离开自己的书房，更没开过窗户，所以，偷去的古钱不会藏到外面去。"警长肯定地说。

"那么，当时他在干什么？"法布尔接着问道。

"据说是在鸟笼前喂猫头鹰吃肉。"警长道。

"那古钱究竟有多大？"法布尔先生走到警长跟前坐了下来，看上去他对这桩案件也产生了兴趣。

"长3厘米，宽2厘米，共3枚。再能吃的猫头鹰，不可能把这种东西吃进肚里吧。但是，巴塞德总觉得猫头鹰可疑，一定是它吞了古钱，主张剖腹查看，而格罗得却反问，如果杀掉还找不到古钱又怎么办？能让猫头鹰再复活吗？"警长道。

"这可麻烦了。"法布尔若有所思地说。

"被他这么一说,倒使巴塞德为难了,当夜也没再说什么,上二楼客房休息了。谁知今天早晨一起床,格罗得就将那只猫头鹰杀掉并剖开了腹部。可是,连古钱的影子也没见到。"警长似乎也很沮丧。

"那么,是不是深夜里换了一只猫头鹰?"法布尔更觉疑惑问道。

"不,是同一只猫头鹰。巴塞德也很精明,临睡前,为了不被格罗得调包,他悄悄地在猫头鹰身上剪短了几根羽毛,并且在今天早晨对照检查过,认定了没错。"警长说。

"真是细心呀。"法布尔夸赞道。

"如果猫头鹰没有吞食,那么,3枚古钱到底会去哪儿呢?又不能认为在猫头鹰肚子里融化,真是不可思议。巴塞德也无可奈何,最终还是报了案。所以,刚才我去格罗得的住宅勘察时,也看到了猫头鹰的尸体。先生,你对这起案件是怎么想的?"警长问法布尔。

法布尔慢慢站起身来说:"是格罗得巧妙地藏了古钱。"

"可是他藏在哪里了呢?"警长疑惑地望着法布尔问道。

573 迷乱的时间

星期天傍晚,史密斯先生被人谋杀了。目击者告诉警方,他们在下午5点06分时听到了3声枪响,并且看到了凶手的背影,看起来像是一个中年男人。警方经过调查,确定了3个嫌疑人。有趣的是,他们都是球队教练,其中A先生和C先生是足球教练,而B先生是橄榄球教练。

这3位教练的球队,星期天下午都参加了3点整开始的球赛。A教练的球队是在离死者住所10分钟路程的体育场上争夺"法兰西杯";B教练的球队是在离史密斯先生家一个小时路程的球场上进行一场友谊赛;而C教练的球队是在离凶杀地点20分钟路程的体育场上参加冠军争夺赛。据了解,这3位教练在比赛结束之前都一直在赛场上指挥比赛,而且3场比赛都没有中断过。

在警察局里,3位教练回答了警

长的询问。当警长问他们各自的比赛结果时，A 教练回答说："我们和对手踢成了平局，1 比 1，最后不得不进行点球决胜负，还好我们赢了。"B 教练则叹了口气："我们打输了，比分是 6 比 15。"而 C 教练则满面喜色："3 比 1，我的球队最后夺得了冠军！"

警长听后，朝其中的一位教练冷冷一笑："请你留下来，我们再聊聊好吗？"经过审问，这位被扣留在警察局里的教练，正是枪杀史密斯先生的罪犯。你知道他是谁吗？

574 聪明的谍报员

秘密谍报员马克来到夏威夷度假。这天，他在下榻的宾馆洗澡，足足泡了20 分钟后，才拔掉澡盆的塞子，看着盆里的水位下降，在排水口处形成漩涡。漂浮在水面上的两根头发在漩涡里好像钟表的两个指针一样，呈顺时针旋转着被吸进下水道里。

从浴室出来，马克边用浴巾擦身，边喝着服务员送来的香槟酒，突然感到一阵头晕，随之就困倦起来。这时他才发觉香槟酒里放了麻醉药，但为时已晚，酒杯掉在地上，他也失去了知觉。不知睡了多长时间，马克猛地清醒过来，发觉自己被换上了睡衣躺在床上。床铺和房间的样子也完全变样了。他从床上跳下地找自己的衣服，也没有找到。

"我这是在哪里呀！"

写字台上放着一张纸，上面写着："我们的一个工作人员在贵国被捕，想用你来交换。现正在交涉之中，不久就会得到答复。望你耐心等待，不准走出房间。吃的、用的房间内一应俱全。"

马克立刻思索起来。最近，本国情报总部的确秘密逮捕了几个外国间谍。其中能与自己对等交换的只有两个人，一个是加拿大的，另一个是新西兰的。那么，自己现在是在加拿大呢，还是在新西兰？

房间和浴室一样都没有窗户，温度及湿度是空调控制的。他甚至无法分辨白天还是黑夜，就像置身于宇宙飞船的密封室里一样。

饭后，马克走进浴室，泡了好长时间，身体都泡得松软了。他拔掉塞子看着水位下降。他见一根头发在打着旋儿呈逆时针旋转着被吸进下水道。他突然想到了在夏威夷宾馆里洗澡的情景，情不自禁地嘀咕道："噢，明白了。"

请问：马克明白自己被监禁在什么地方了吗？证据是什么？

575 聪明的珍妮

珍妮姑娘现在浑身颤抖,眼前的那个女人好像是受通缉的维朗尼卡·科特!

这是在湖滨旅馆,珍妮姑娘乘电梯看见一对穿着入时的夫妇时吃了一惊。他俩虽然戴上大号的太阳镜,但那女人的嘴形和步态,让珍妮姑娘想起一部新上映的电影。电影里的那个女人叫维朗尼卡·科特,此刻,她正在被通缉,因为她和一次爆炸事件有牵连,在那次事件中有3人丧生。

珍妮姑娘走进自己的房间时,看见那对夫妇走进了隔壁房间。

珍妮想:"说不定,她并不是维朗尼卡·科持。假如没弄清事情,就请警察来打扰这对正在海滨好好度假的年轻人,真有点儿不忍心。不过,如果我能弄清楚他们在说什么,那倒可以给我提供一些线索。"

她贴近墙壁,但只能听到一些分辨不清的微弱声音。她把一个玻璃杯反扣在粉红色的墙纸上,结果仍然听不到什么。

她给服务台挂了个电话。

一会儿,科尔医生带着一个黑色的小提包走了进来。珍妮向他解释自己的疑虑和打算。那人耸了耸肩说:"可能不行吧。"

珍妮说:"这种办法也许行。事关重大,还是试试吧。"

她从科尔的提包里取出一个东西,用它贴着墙壁,想偷听隔壁房间的谈话内容。啊,听清了!

他们果真是科特夫妇,正在商量如何赶一趟飞往阿根廷的班机,以便脱离被逮捕的危险。

于是珍妮马上给警察局挂了电话。

当天晚上,电视新闻的头条消息是:科特夫妇在湖滨旅馆被捉拿归案。

你知道,聪明的珍妮从科尔的提包里拿出的是什么东西吗?

576 匿藏赃物的小箱子

夜晚,一个身手矫健的黑影趁门卫换岗的机会,溜进了一家民俗博物馆,盗走了大批的珍宝。

侦探阿密斯接受这个任务后,马不停蹄,迅速地把本市所有的珠宝店和古董店都调查了一遍,但一无所获,没有一点儿线索。

无奈,阿密斯找到了大名鼎鼎的探长斯密特向他请教。

"请问，假如你偷了东西，你会藏到珠宝店或者银行的保险箱里吗？"斯密特探长反问起来。

"哦，我当然不会。"阿密斯答道。

斯密特探长说："我说你不必费心了，不要到那些珠光宝气的地方去找，应到那些不起眼的地方走走。"

他们说着话来到了城边的贫民区。阿密斯一脸的疑惑："这里能找到破案的线索吗？"他表现在脸上，但嘴里没有说。

这时，有一个瘦弱的青年从身后鬼鬼祟祟地闪了出来。他低声问："先生，要古董吗？价格很便宜。"

"有一点儿兴趣。"斯密特探长漫不经心，"带我去看一看。"

只见那个青年犹豫一下，斯密特马上补充了一句："我是一个古董收藏家，要是我喜欢的话，我会全部买下来的。"

那人听说是个大客户，就不再犹豫，带着他们走过了一个狭小的胡同，来到一个不大的制箱厂。在这里还有一个青年，在他面前堆满了从 1～100 编上数字的小箱子。

等在这里的青年和带路人交谈了几句，就取出了笔算了起来，他写道："×××＋396＝824。"显然，第一个数字应该是 428，他打开 428 号箱子，取出了一只中世纪的精美金表。忽然，他看见了阿密斯腰间鼓着的像是短枪，吓得立刻把金表砸向阿密斯，转身就跑。阿密斯一躲，再去追也没有追上，就马上返回了。

斯密特探长立刻对带路人进行了审讯。

"我什么也不知道。"带路人看着威严的警察，"我是帮工的，拉一个客户给我 100 美元。"

"还有呢？"斯密特探长追问。

"我只知道东西放在 10 个箱子里，他说过这些箱子都有联系而且都是 400 多号的……"

"联系？"斯密特探长琢磨起来。接着，他发现一个有趣的现象：把 428 这个数字的不同数位换一换位置，就是 824，这就是说，其他的数字也有同样地规律！斯密特探长不用 1 分钟就找到了答案。

斯密特探长是怎样找到答案的呢？

577 被打翻的鱼缸

探险家沃尔，每到一个地方就会带那个地方的特色鱼回家。他家的客厅里摆放着各种形状的鱼缸，里面养着他从世界各地搜罗回来的鱼，他的家里简直称得上是一个鱼类博物馆了。

一天夜里，沃尔夫妇外出旅行，只留下一个佣人和两个女儿在家，知道了这种情况后，一个卖观赏鱼的家伙偷偷地溜进了沃尔的家。因为他对沃尔家的鱼已经觊觎很久了，所以他一进去首先将室内安装的防盗警报电线割断。

然而，他运气不佳，被起来上厕所的佣人发现，在黑暗中，他们发生了激烈的搏斗，不小心将很大的养热带鱼的鱼缸碰翻掉在地板上摔碎了。就在他将匕首刺进佣人的胸膛之时，他也摔倒在地，慌忙起身爬起来时，突然"啊！"地惨叫一声，全身抽搐当即死亡。

听到打斗声和惨叫声，两个女儿立即拨打电话报警。

警察勘查现场发现，电线被割断了，室内完全是停电状态。鱼缸里的恒温计也停了电，但是盗贼的死因却是触电死亡。

当刑警们迷惑不解之际，接到女儿电话的沃尔也急忙赶了回来，他一看现场，就指着湿漉漉地躺在地上死去的那条长长的奇形怪状的大鱼说："难怪呢，即使没电，盗贼也得被电死。这就叫多行不义必自毙！"你知道这是为什么吗？

578 博尔思岛上的抢劫案

一天，博尔思岛上的法庭开庭审理一起发生在岛上的抢劫案。法庭上的关键人物有3个：被告、原告和被告的辩护律师。

以下断定是可靠的线索：

（1）3人中，有一个是骑士，一个是无赖，一个是外来居民，但不知道每个人的对应身份；

（2）如果被告无罪，那么罪犯是被告的律师或者是原告；

（3）罪犯不是无赖。

在法庭上，3个人分别作了以下的陈述。

被告说："我是无辜的。"

被告的辩护律师说："我的委托人确实是无辜的。"

原告说："他们都在撒谎,被告是罪犯。"

这3个人的陈述确实是再自然不过了。法官经过认真考虑,发觉上述信息还不足以确定谁是罪犯,于是请来了当地有名的大侦探。

了解了全部有关信息后,大侦探决心把此案弄个水落石出,即不但要弄清谁是罪犯,还要弄清谁是骑士,谁是无赖,谁是外来居民。

重新开庭时,大侦探首先问原告:"你是这一抢劫案中的罪犯吗?"原告作了回答。大侦探考虑了一会儿,然后问被告:"原告是罪犯吗?"被告也做了回答。这时,大侦探对法官说:"我已经把事情都弄清楚了。"

想想看:谁是罪犯,谁是骑士、无赖和外来居民?在思考这个案件时,你面临的挑战看来比大侦探更大,因为,你并不知道大侦探向原告和被告提的两个问题的答案,而大侦探知道("博尔思"岛上的土著居民分为骑士和无赖两部分,骑士只讲真话,无赖只讲假话)。

579 口香糖艺术

"我早就知道有一天桑克会成为一个艺术家的,你们看,今天他终于在这里办了个人展览。"布鲁哈德正在给艾克斯警官介绍。此时神探博士也走进了梅森·贾斯博物馆。他们走进了名为"探索"的主展厅,这里展示了艺术家桑克的口香糖作品。

布鲁哈德说道:"我永远也忘不了在巴黎发现他的过程。当时我往后退了两步,正准备看清楚埃菲尔铁塔全貌时,脚下突然踩到了一块口香糖。我的鞋被粘到了人行道上,完全动弹不得。这块口香糖又大又黏,我用双手费了好大工夫才把鞋从路上拽了下来。就在这时我听到背后传来一个声音:'太棒了,先生,能把这块口香糖给我吗?'然后对方又告诉我他是如何搜集口香糖进行艺术创作的。"

布鲁哈德一边滔滔不绝地讲着,一边领着众人在展厅内参观。四周的墙上挂满了用各种颜色的口香糖制成的图画,展厅中央立着十几尊用大团口香糖完成的雕塑作品，每一尊作品都栩栩如生。

展厅里只有两件绘画作品是不属于这次主题展览的，而且也不是用口香糖制成的。这是两幅由加拿大著名艺术家亨利·费利克斯创作的大型油画，非常珍贵。

神探博士注意到在每幅画两侧共有6颗螺丝牢固地把画框固定在墙面上。然而尽管桑克的口香糖艺术品也价格不菲，但却没有一幅是用螺丝进行固定的。这让博士想起他的保险调查员朋友佛瑞德曾告诉过他，在梅森·贾斯博物馆里如果看到哪幅作品用螺丝进行固定，那么那一定是最珍贵的展品了。

就在这个时候展厅的灯突然熄灭了，人群中顿时传来女士们的尖叫声。然后在场的人都听到了3下奇怪的机器的转动声，接着是一片沉寂。又过了一会儿，灯重新亮起，大家赶快环顾四周，发现桑克的展品都原封未动，亨利·费利克斯的一幅作品却已经不见了踪影。

接着每个参观者都被要求留下来进行调查。据博物馆工作人员和其他参观者说，在熄灯期间和熄灯之后任何人都未曾离开过展厅。

艾克斯警官说道："我们发现楼内有两名工人，他们说熄灯的时候他们正在另一个房间。另外两人都有一把电钻，我们当时听到的有可能是电钻发出的声音，小偷一定是用电钻起掉了画框上的螺丝。"

布鲁哈德马上接道："看来这两个家伙中一定有一个是小偷！"他的语气不容置疑。

这时，一直沉默不语的博士说道："只怕未必！"

博士为什么这么说？

580 甜水和苦水

宋朝时，汴梁城里有两条水巷，一条巷里的水甜，一条巷里的水苦。人们都愿意食用甜水巷里的水，因而甜水巷被管理得很洁净。而苦水巷里的水，人们只用它来洗衣、浇菜。

一天晚上，汴梁城里一处民宅突然失火，风助火势，火借风威，不一会儿便映红了半面夜空。

刚刚上任开封府尹的包公，闻讯立即赶到失火现场，组织百姓们救火。

城里的许多老百姓也都拎着桶，端着盆，从四周赶来救火。人群中，有一个瘦猴子似的人问道："挑甜水还是挑苦水？"

"那还用说，挑苦水呗！"答话的人是一个黑脸汉子。

救火的人们听了瘦猴和黑脸汉子这一问一答，"呼"地朝苦水巷涌去。这下可糟了，苦水巷顿时被人流堵塞了，挑水的人进不去出不来。

包公见状心中一惊，忙把捕快头目叫到跟前，命令他道：

"快去告诉老百姓，就说是我的命令，让他们苦水、甜水一块儿挑！"

"苦水、甜水一块儿挑？"捕快头目疑惑地望着包公。

"快去传令！"包公忽然又想起什么，轻声说道，"你再把刚才那两个一问一答的人给我抓来。"

"抓他们干什么？"捕快头目更加疑惑了。

"还不快去！"包公有些动怒地瞪起了眼睛。

捕快头目只得带领几个捕快去了，他们传达了包公的命令，让老百姓苦水、甜水一起挑。很快，苦水巷的人流疏通了，大火被扑灭了。捕快头目又从救火的人群中把瘦猴和黑脸汉拽了出来，带到了包公面前。

包公厉声问道："大胆放火的贼人，还不知罪吗？"

瘦猴和黑脸汉"扑通"跪在地上，连呼饶命。

再一审问，两个人承认了大火就是他们放的。原来，自从包公当了开封府尹，城里的那些泼皮地赖都不敢胡作非为了，城里的治安大有好转。瘦猴和黑脸汉便串通了几个泼皮地赖，想整治一下包公。他们左思右想，最后想出了一条毒计，放火烧民宅。在这汴梁城真龙天子的眼皮底下闹事，好让皇上动怒，把包公的官罢掉。这样一来，他们在汴梁城里又可以为所欲为了。可是，包公果然名不虚传，断案如神，当即识破了他们的诡计，并把他们抓获正法。

包公怎样推断出瘦猴和黑脸大汉是放火犯的呢？

581 被偷的古书

福伦警长接到一个电话，对方在电话里气喘吁吁地说："报告警长，我是莱蒙德，我的家刚才……被盗窃了，快、快、来……"福伦警长在这个区工作了很久，对居民的情况都了如指掌。

福伦警长记得，莱蒙德是博物馆研究员，原来住在中央大街，那里是名人生活区，都是别墅群。后来，莱蒙德好像遇到了什么麻烦，经济上有些拮据，就把别墅卖了，搬进了附近的公寓楼，住房条件就差远了。不过，莱蒙德没有结婚，一个人住是绰绰有余了。

福伦警长赶到了莱蒙德的家，看到莱蒙德正等在门口。他们一起走进了楼下的客厅，莱蒙德哭丧着脸说："今天我提早回到家，发现门锁被打开了，推门进去，突然一个人冲了出来，他的手里拿了一本书，我想抓住他，可是他挣脱了我，逃到大街上，穿过马路就不见了，我没追上他，只好在门口电话亭打电话报警。"

福伦警长问："您检查过吗？家里还少了什么东西？"

莱蒙德说："我打完电话后，就守在这里保护现场，还没有进过房间呢！"

福伦警长奇怪地问："一本书值得您这么着急吗？"

莱蒙德说："警长先生，这本书可不是平常的书，它是世界仅存的孤本，价值20多万哪！我把它锁在楼上书房的书橱里，谁知道小偷太狡猾了，竟然带着工具，拆了书橱的门，偷走了这本最值钱的书！"

福伦警长上了楼，果然发现书橱的门锁被拆了下来，他问："这本古书您买了保险了么？"

莱蒙德有些紧张，说："买了……可是……"

福伦警长笑着说："您别演戏了，书是您自己偷了藏起来，想骗保险费吧？"

福伦警长根据什么判断出莱蒙德在撒谎？

582 火车上的嫌疑犯

"呜——"一辆火车风驰电掣般地行驶在西部的大地上。旅客们有的在睡觉，有的在看报，还有的在下棋，进行着各种各样的活动。

在这列火车的一节车厢里，有10个在全国各地分头作案的嫌疑犯，他们彼此互不认识。每个人分别有一个代号，即：1、2、3、4、5、6、7、8、9、10。按照大头目的指令，他们来到列车酒吧的车厢里秘密集会，按照代号的次序坐好，接受任务。

阿顿探长接到上级的密令，也早早地登上了这趟列车。他来到酒吧车厢里，果然发现有10个人正围在一张圆桌旁，探长眼睛很敏锐，他估计每个人的座号一定就是他们的代号。

很快,就餐的时间到了。嫌疑犯们开始用暗语对话。用餐后,就分成了4组向列车的前方和后方散去,圆桌旁仅剩下两个人坐着不动,继续就餐。这两个人的位置正好是面对面。

这时,菲里德探员走进来,对阿顿探长说:"根据情报提供的特征,这两个面对面坐着的人就是他们行动组的头儿。"

"好,我看时机已到,立即逮捕他们!"阿顿探长下令道。

立刻,两个头儿便被探长给逮捕了。

菲里德探员问:"你们的代号是多少?"

一人闭口不言,瞪着愤恨的目光;另一个人却挑战似的说道:"我只知道4组人中每组座位号数之和,等于我们其中一人的座位号。"

菲里德有些恼怒,阿顿探长却非常开心地说道:"你以为你很聪明吗!我现在已经知道你们的代号了!"

这两人的代号是多少呢?

583 厨房里的男人

温迪·普赖德在厨房里正忙着为一大家子人的聚会准备食物。而普赖德家的男人们则要准备好其他的事,然而,温迪已经被他们打扰了5次,说是要从厨房借一些东西(其实完全是为着"不正当"的目的,因为进了厨房,他们就可以顺道从橱柜里拿些温迪准备好的食物)。

从以下给出的线索中,你能说出每个走进厨房的人跟温迪是什么关系、他到厨房借了什么、吃了什么吗?

现在已知线索是:

(1)帕特里克走进厨房借了只碟子,结果是他吃掉了不少碟子里的东西。彼得没有借任何餐具。

(2)保罗不是这个辛劳的家庭主妇的11

岁大的小儿子,他吃了一些猪肉派以致完全破坏了它们在盘子里的对称性,那是温迪刚放上去的。

(3) 温迪的小儿子没有享用任何蛋糕,也不是那个以借勺子为名,想发掘橱窗里东西的人;那个拿了温迪最喜欢的煎锅去作装饰用窗帘的平衡物,同时吃了一个小蛋糕的人不是温迪的丈夫。

(4) 温迪的公公拿了一个她自制的腊肠卷,但他没有借温迪的刀。为切一段电缆线向温迪借刀的人没有吃奶酪卷。

(5) 温迪的大儿子借了一个玻璃制的碗用以混合石膏,那是受他令人信任的父亲的委托做一件"自己动手做"的工作。

(6) 佩里·普赖德是温迪的小叔子。

584 逃走的秘密

在到处是树林的爱尔兰高原上,有一幢19世纪末建造的一男爵的别墅。一天夜里,有个蒙面强盗潜入室内,把男爵夫妇用绳子捆绑起来关进厕所里,盗走了大量的珠宝。

按受调查这个案件的是布莱克,当他知道案发的前一天怪盗朗班在伦敦滞留的消息后,猜想一定是他作的案,便马上来到朗班下榻的伦敦饭店走访。

"朗班先生,上周六晚上去过爱尔兰高原的别墅吧?因为有人看见了,所以你想赖是赖不掉的。"布莱克说道。

"是的,是去过。出了什么事儿吗?"

"那天夜里男爵的别墅进去一个蒙面强盗,抢走了男爵夫人的珠宝后逃跑了。那个罪犯就是你吧?"

"胡说什么!事件到底是什么时候发生的?"朗班一本正经地反问道。

"罪犯盗走珠宝的时候,用绳子把男爵夫妇捆起来,不知为什么又把他们关进厕所里。事后男爵说是晚上9点零5分,他看了一眼卧室里的钟。"

"如果是9点零5分,我有当时不在作案现场的证明,我不是强盗。那天夜里我是在S车站乘21点16分的夜班车赶回伦敦的。从男爵的别墅到S车站无论如何10分钟是不够的。"

"噢!看来你对男爵的别墅很熟悉呀。"布莱克讽刺地说。

"去年赛马时应邀去住过一夜。"怪盗朗班强扮着笑脸说。

男爵的别墅离S车站有相当远的一段路,再近的路步行也得30分钟。因此,朗班从 S 车站乘坐 21 点 16 分发的夜班车如果属实，他不在作案现场的证明是成立的。

布莱克侦探已经去过 S 车站，让车站工作人员看过朗班的照片，证明他没有说谎。那天从 S 车站上车的旅客只有朗班一人，并且他也没有化装，车站工作人员及列车员都清楚地记得他。

"可是，朗班先生，10 分钟之内是有办法从别墅到 S 车站的。"布莱克侦探说。

"比如我是搭上一辆马车逃跑的——"

"不，对于你这个诡计多端的人来说，你绝对不会乘别人的马车。男爵的别墅里倒是有个马棚，并且还有一匹马，马棚外面还有一辆自行车。"

"接下来你会说我使用了这两种工具中的一种。如果那样，我就会把它扔到车站附近的什么地方。你找到那种工具了吗？"朗班理直气壮地反驳。

"不，男爵夫妇一个小时后挣脱了绳索，出厕所去查看四周情况时，看到马仍在马棚里，自行车也放在原处未动。可是，马棚的门从里面是推不开的，只有从外面推才能推开。所以，朗班先生，我已经清楚你搞的什么把戏。还是把偷去的珠宝老老实实地给我还回去，否则我要报警了。"布莱克威严地说。

请问，怪盗朗班用什么工具只花了 10 分钟就逃到了 S 车站的呢？

585 列车上的古董抢劫案

一天清晨，国外某城市博物馆馆长办公室里的电话铃声不停地响着。刚打开门的杰克馆长快步走到桌前，他拿起电话一听，是博物馆的文物管理员琼斯打来的。他在电话里慌乱地说："杰克馆长，不好了，出事啦！今天凌晨，我们遇到了车匪，您让我和罗蒙押运回来的 4 件馆藏古董都被劫走了！"

杰克馆长听罢，"啊——"地大叫了一声，便跌坐在椅子上。

要知道，这 4 件古董可是异常珍贵的历史文物呀，如果落到文物贩子的手里可就糟了！

杰克馆长问琼斯："你们现在在哪儿？"

琼斯说："我在火车站站台边的值班岗亭，罗蒙还在车厢里。"

"你们俩先别离开那儿，我马上和斯文森探长过去。"杰克馆长说道。

20 分钟后，杰克馆长和斯文森探长来到现场。琼斯将他俩带到了车厢里。罗蒙一脸沮丧，狼狈不堪地蜷缩在车厢一角。斯文森探长仔细查看了一遍车厢后,开始听琼斯和罗蒙讲述凌晨被劫的经过。

琼斯说:"列车还有大约两个小时就要到站时,我忽然听见有人轻轻地敲隔壁车厢的门,过了一会儿又来敲我们这个车厢的门,我便起身去开门。"

"难道你没有问清楚敲门的人是谁,就把门打开了吗?"斯文森探长问。

"当时,我和罗蒙都刚刚醒来,还有点儿迷迷糊糊。我以为是列车员,根本就没有想到是劫匪。"琼斯继续回忆道,"我一打开车厢门,就冲进来3个蒙面人,他们用枪逼住我们,接着将我们捆在一起,随后把那只装古董的箱子拎起来,关上车厢的门就跑了。"

"我们拼命用脚踢车厢门,直到火车放慢速度后准备进站时,才被人发现。"罗蒙在一旁插话说。

"怎么?劫匪逃走后,你们就没有叫喊吗?"斯文森追问道。

"我们当然叫喊求救了,可是,当时火车运行的声音太大了,没有人听见。"琼斯和罗蒙争先恐后地抢着说道。

"这个案子我已经破了。"斯文森对杰克馆长说,"你去把乘警叫来,就是他们俩和3个蒙面人串通一气,制造了这起列车抢劫案。"

琼斯和罗蒙大叫冤枉。可是,等斯文森说出一番话后,他俩便哑口无言了。

请问:斯文森探长发现了他俩的什么破绽,立刻推定他们是共同作案的?

586 周五劫案

神探博士将他的黄色大众甲壳虫汽车停进了路旁的服务区加油站,刚好看到两辆警车也闪着警报呼啸而至。博士走到店里点了一杯咖啡,这时从警车上走下两个人,原来是他的朋友瑞贝卡警官和朗姆警官。

打完招呼后,博士便在一旁静静地听报案人西德尼向两位警官描述整个抢车案的经过。

"我在街对面的银行工作,家却在40英里以外的地方。但我每个星期五领工资后都会来这个加油站加油,因为这里的油比别的地方便宜一些。"西德尼说道。

"然后发生了什么事?"瑞贝卡警官问。

"刚才我下车准备加油,我先到店里买了支法杰冰淇淋。我每次都会一边尝冰淇淋一边加油,甚至冬天也不例外。等我刚从店里出来,却看到有人把我的车开跑了!有人就在我眼皮底下把车给偷了!"西德尼越说越气愤。

朗姆警官看了看瑞贝卡警官，然后又看了看西德尼，问道："你是否看到了那个偷车的家伙？"

"看到了，我看到那家伙冲过那个十字路口，开上了向南的高速公路。我不知道他要去哪儿，也不知道他为什么朝南开。"

"我是问你是否看到他的样子？"朗姆警官继续问道。

"对，看到了。"

"他的身材相貌有什么特征？"

"跟你有点儿像。"

"身材高大？褐色头发？"

"对，是褐色头发。他坐在车内仍看上去很高。"西德尼慢慢说道。

"那你的车是什么样子？"

"跟那辆车很像。"西德尼用手指向博士的大众甲壳虫汽车，说："真的非常像，只不过我的已被偷了。"

"好吧，我马上呼叫前方路口注意拦截，"瑞贝卡警官一边走向巡逻车，一边说道："高速公路的下一个出口离这里大约有20英里，我们可以派人在半路把他截下来。"

博士走过来，坐到了巡逻车副驾驶的位置，瑞贝卡警官关上车门发动了引擎。这时博士突然微笑着对她说道："其实我们根本不必这么急追赶。"

为什么不必着急追赶？

587 照片的证明

星期天，警官佛兰西带着妻子和儿子到伦敦市内公园游玩。9点30分，晴朗的天空突然下起大雨。他们赶紧跑到亭子里去躲雨。雨停了的时候，他们正要继续游玩，手机铃响了。佛兰西拿起手机，里面响起了珍妮小姐的声音："佛兰西吗？思得利城38号发生了一起杀人案，局长让你赶快到现场。""好吧！"佛兰西放下手机，习惯性地看了看手表，时针正指向10点30分。

思得利城距伦敦20千米，佛兰西驱车到了现场，看到被害者是个68岁的老太太。法医告诉佛兰西，死者是上午10点钟被害的。

佛兰西检查了现场，但没有发现任何线索。佛兰西询问了死者的邻居，了解到死者早年就死了丈夫，膝下无子，孤身一人生活。虽然寂寞，但由于丈夫生前留下不少财产，不愁吃不愁穿，是这里的富裕人家，死者平时和大家没什么交往，只有一个侄儿，叫哈克，住在伦敦市内。

佛兰西马上回到警察局，打开了档案簿，查到"哈克"一栏，见上面写着：

"哈克，28岁，一家电器公司的推销员，没有犯罪史……"佛兰西看着死者侄儿的档案，便要女警官珍妮把哈克叫来。

一会儿，哈克来到警察局。佛兰西问："年轻人，你姑妈被人杀害了，你知道吗？"

"知道了，请警官为我姑妈报仇，早点儿破案。"哈克说着，显得十分伤心的样子。

佛兰西又问："凶杀案发生的时候你在什么地方？"哈克从外衣口袋里拿出一张照片递给佛兰西警官。佛兰西看到照片上的人站在阳光下显得很有精神。"凶杀案发生时，我正在伦敦市内公园游玩。这刚好是我在那时拍的照片，照片中纪念塔上的大钟正好10点整。"

"年轻人不要耍小聪明了。"佛兰西蔑视地说，"你就是凶手，你想用10点不在场的证据骗过警方，恰恰证明了你正是凶手。"

经过进一步审讯，果然是哈克为了占有姑妈的住宅和财产，蓄意制造了这起谋杀案。

你知道佛兰西是怎样识破哈克谎言的吗？

588 谁是贩毒者

警方在一次行动中抓获了两名贩毒集团的重要成员，一个叫道格，一个叫帕特尼。消息传到贩毒集团那里，毒贩们立刻改变了偷运的路线，缉毒工作只好重新找线索。

警方通过特殊渠道获悉，有一个毒贩子装扮成旅者转运毒品。于是警方派出了强大的侦查队伍，经过周密的侦查，最后把范围缩小到3个人身上，把他们带回警局之后，警长杰克对他们进行了审问。

第一个是个脾气暴躁的人，他一被带进来就大声吼道："我抗议，你们凭什么把我带来，我要上告！"

杰克平静地解释说："你别生气，我们是在例行公事。我只问你几个简单的问题，你到这儿找谁？"

"非得找人才可以来吗？我是来玩的！"

"你带了什么东西？"

"你们怎么这么麻烦，我出来当然要带一些生活必需品啦！"

"那么你知道道格、帕特尼吗？"

"谁知道他是个什么鬼东西！"

警长听了这些话，对他说："好了，你可以走了。"

第二个人进来了，他是个沉默寡言的人，问十句答一句。杰克只好安慰他："请不要顾虑太多，我们只是例行公事，有什么就说什么吧。"

"请让我离开这里，我从不和警察打交道。"

"那么，道格、帕特尼你知道吗？"

"不知道，让他赶快放我出去！"

"好的，马上就放你出去。"

第3个人很随和，也非常配合，他一再申明自己是个好公民。他不光认真回答了杰克的所有问题，并且非常理解地说："这种事我遇到多了，出了重要案子，你们当然不能轻易相信任何人。"

警长随口问："你去过很多地方吧？"

"是的，我喜欢旅游。"

"那你喜欢这里吗？"

"当然喜欢啦！这里的人很热情。"

"那么，道格、帕特尼你知道吗？"

"我根本不认识他们，这两个人从来没有听说过。"

"好了，先生，别演了，你就是毒贩子。"

警察是根据什么断定他是毒贩子的呢？

589 猫尾巴上的棉花团

一天上午，一幢大厦的管理员跌跌撞撞地跑进警察局报案。原来他到著名作家琼斯家门口收拾垃圾的时候，房里散发出一股难闻的煤气味。他连忙敲门，可是无论他把门敲得再响，里面还是一点儿声音也没有。

警探撬开房门后，只见琼斯倒在卧室地板上，满房间都是浓浓的煤气味。经过法医仔细鉴定，确认琼斯是煤气中毒身亡的，死亡时间是凌晨1～3点，琼斯身上没有伤痕，门窗也没有被撬过的痕迹。看来，这似乎是一场意外，煤气杀手又夺走了一条生命。

警察拿出记录本问道："昨天晚上有谁来找过琼斯吗？"

管理员回忆着说："一个男人——经常来的，好像是她的经纪人，在登记簿上登记的名字是劳伦斯。"

"哦？"警察连忙记录下这个人，既然他是唯一接触过死者的人，那么必然有重大嫌疑。

"这个劳伦斯先生应该不是凶手。"管理员接着说道。

"为什么呢？"警察问道。

管理员拿出登记簿翻给警察看："你看，他是晚上8点时来的，10点的时候离开的，琼斯小姐亲自送他下来，然后上楼去了。打那以后，就没人来过。"

这么说还真的不是他。警察也觉得管理员的分析是正确的，死者死亡的时间是凌晨，这个时候劳伦斯早就离开了。随后的调查也表明，劳伦斯从琼斯家离开后，就去参加一个朋友的通宵派对，很多人可以证明他整晚没有离开过。

"看！这是什么？"一个警察从沙发后面拖出来一样东西，大家围拢过去，发现是一只灰色的波斯猫。这只胖乎乎的宠物也由于煤气中毒，和它的主人一起死去了，可是奇怪的是，它的尾巴尖上绑着一个棉花团。

"煤气管这里有破洞！"又一个警察说，只见塑胶煤气管靠近地面的地方，有一个破裂的口子，似乎是被故意剪开的。

"奇怪了，这个琼斯小姐还真让人搞不懂。"一个警察说道，"好好一只猫，干什么绑个棉花团在尾巴上？而且如果煤气管有裂口应该早就发现了啊。"

警察们看着奇怪的裂口和那只倒霉的胖猫，认真地琢磨究竟是怎么回事。忽然，有个警察叫起来："我明白了，罪犯真聪明！快逮捕劳伦斯，他就是凶手！"

警察为什么说劳伦斯是凶手呢？

590 婚礼灾难

文森和苏菲在海港的教堂里举行了结婚仪式，然后顺路去码头，准备启程到国外度蜜月。这是闪电般的结婚，所以仪式上只有神父一个人在场，连旅行护照也是苏菲的旧姓，将就着用了。

码头上停泊着国际观光客轮，马上就要起航了。两人一上舷梯，两名身穿制服的二等水手正等在那里，微笑着接待了苏菲。丈夫文森似乎乘过几次这艘观光船，对船内的情况相当熟。他分开混杂的乘客，领着苏菲来到一间写着"B13

号"的客舱。两人终于安顿下来。

"苏菲,要是有什么贵重物品,还是寄存在司务长那儿安全。"

"拿着这2万美元,这是我的全部财产。"苏菲把这笔巨款交给丈夫,请他送到司务长那里保存。

可是,左等右等也不见丈夫回来。汽笛响了,船已驶出码头。苏菲到甲板上寻找丈夫,可怎么也找不见。她想也许是走岔了,就又返回来,却在船内迷了路,怎么也找不到B13号客舱。她不知所措,只好向路过的侍者打听。

"B13号室?没有这间不吉利号码的客舱呀。"侍者脸上显出诧异的神色答道。

"可我丈夫的确是以文森夫妇的名字预定的B13号客舱啊。我们刚刚把行李放在了那间客舱。"苏菲说。

她请侍者帮她查一下乘客登记簿,但房间预约手续是用苏菲的旧姓办的,是"B16号",而且,不知什么时候,有人已把她一个人的行李搬到了那间客舱。登记簿上并没有文森的名字。

更使苏菲吃惊的是,司务长说,没有人向他寄存过2万美元。

"我的丈夫到底跑到哪儿去了……"苏菲感到事情很不好。

正在这时,有两个有些眼熟的二等水手路过这里,他们就是上船时在舷梯上笑脸迎接过她的船员。苏菲想,大概他们会记得自己丈夫的事,就向他们询问。但船员的回答使苏菲更绝望。

"您是快开船时最后上船的乘客,所以我们印象很深。当时没别的乘客,我发誓只有您一个乘客。"船员回答说,看上去不像是在说谎。苏菲开始怀疑是否自己脑子出现了问题。

苏菲一直等到晚上,也不见丈夫的踪影。他竟然神不知鬼不觉地消失了。一夜没合眼的苏菲,第二天早晨被一个什么人用电话叫到甲板上,差一点儿被推到海里去。

你知道苏菲的丈夫文森到底是怎么失踪的吗?

591 引诱

战国时期，齐、楚、燕、韩、赵、魏等六国在一个名叫苏秦的人的游说下，联合起来，共同抗秦。六国国王都很信任苏秦，都封他为本国的宰相。

有一天，苏秦告别燕王，来到了齐国。齐王亲自出迎，并把他安置在一个守卫严密、风景秀丽的花园中。齐王几乎每天都要来花园中与苏秦商量军机大事。这一天，苏秦送走了齐王，吃过晚饭，独自一人来到后花园散步。他刚走过小桥，来到望月亭坐下，忽然从亭边一株桃树后面蹿出一个蒙面刺客，舞剑向他刺来。苏秦大惊失色，一面高呼救命，一面抓起身边的一根木棒企图抵挡。那刺客剑法纯熟，平时从不习武的苏秦哪是对手。只两三下，苏秦便被刺客一剑刺中，翻倒在地。刺客见状，便翻墙逃走了。等到守卫花园的兵士们赶来时，苏秦已奄奄一息了。

兵士们急忙把苏秦被刺的消息报知了齐王。齐王当即赶到花园，看望苏秦。

苏秦吃力地睁开眼睛，对齐王说："大王，臣死无憾，只是不能再帮助大王完成抗秦大业了……"

齐王忙安慰他说："本王要为你树碑立传，永示后代！"

"那样万万不可。"

"为什么？"

"我只有一个要求……"

"快说，不论什么事，本王都替你去办！"

"我要大王捉住刺客，替微臣报仇！"

"可是刺客已经逃走了。"

"我有一个办法可让他自投罗网。"

苏秦说出了自己的主意，齐王大吃一惊，刚要再问，苏秦脑袋一歪，咽下了最后一口气。

第二天，齐王亲自实施了苏秦的计划，果然很快就有一个人来到齐王的面前，神气十足地对齐王说道：

"启禀大王，是我见苏秦到齐国怀有二心，所以除掉了他。"

"这么说，是你刺死苏秦的了？"

"正是小人为民除奸。"

"好，那就请你把刺杀苏秦的经过讲给本王听听。"

刺客一听十分高兴，一口气儿把那天晚上刺杀苏秦的经过述说了一遍。齐王听刺客说的和苏秦临死前说的情况一样，便认定了此人是刺客无疑，于是高声喝道：

"来人哪，还不快与我绑了！"

"啊！大人……"刺客惊慌得叫喊起来。

齐王说道："苏秦不愧为天下名士，足智多谋。是他临死时给本王出的主意，这才抓住了你这真正的奸佞之徒！推出去，给我斩了，用他的头来祭奠爱臣苏秦的亡灵！"

刽子手立即将刺客斩首示众。

人们看见刺客伏法了，更加佩服苏秦的智谋。

那么，苏秦临死时给齐王出了什么主意，才使刺客自投罗网呢？

592　失窃的宝石

侦探波洛接到了朋友安德鲁打来的电话："请您务必来一趟，帮我找到那颗失窃的宝石！"

波洛来到安德鲁的家，被带到了一间密室。波洛扫了一眼，发现这间密室是圆形的，没有任何墙角。门左边有一个男仆，旁边是一张饮料桌，上面有 5 个加了冰的酒杯和两个瓶子。房间中央是一张小桌子，上面有一个空的首饰盒，宝石肯定原本就装在盒子里。门右边是史密斯夫人，她站在一幅雷诺阿的名画前面。然后是穆勒先生，他站在一幅毕加索的画前面。穆勒先生旁边是拉特先生，他正在看一幅伦勃朗的画。主人安德鲁就站在拉特身旁。房间里再没有其他任何东西了。

"波洛先生，"安德鲁先生说道，"我邀请了一些客人来看我的收藏品。一开始，我给他们看的是我好不容易才收集到的一颗名贵宝石，它原本就放在这个盒子里。后来，他们对我挂在墙上的画产生了兴趣，就站起来各自欣赏。

"他们现在的位置就是我发现宝石丢失的时候所站的位置。您看得出来，我们都背对着宝石。由于大家都沉浸在这些画中，没有人注意到别人的行动。可我一转过身，就发现宝石不见了。"

"安德鲁先生，那个男仆当时在干什么呢？"波洛问道。

"当时我叫他给客人们准备点儿喝的。他正在调酒，我听到他在往杯子里放冰块。我搜过他的身，他身上没有宝石。至于这些客人，我可不能搜他们的身，他们都是我的朋友。不过他们都没有离开过这个房间。"

波洛扫视了一下整个房间。房间里非常整洁，根本看不出有什么地方能够把宝石藏起来。他沉思了一阵，突然眼睛一亮，因为他知道该到什么地方去找宝石了。

你知道宝石藏在什么地方吗？

593 抢钱的破绽

一名女出纳员拎着一个空手提包向民警报案："我叫夏扬，是远华进出口公司的出纳员。上午9点钟，我去市农业银行取了10万元人民币放进手提包里，当我走到十字街口的时候，一个骑摩托车的歹徒，突然停在我身边，狠狠地打了我一拳，我头一晕，倒在了地上，当我醒来时，手提包里的10万元人民币不见了。"

听完夏扬的叙述，民警冷笑一声，说："小姐，你涉嫌作案，请跟我们到公安局去！"在公安局，夏扬不得不交代了她伙同男友作案的过程。请问：民警是根据什么断定夏扬作案的？

594 足球的破绽

大毒枭沙文连闯四国，马上就要将价值100万美元的海洛因带进毒品价格最高的美国了。他把毒品藏在一只新足球内，足球上有好几个世界著名球星的签名，看到这样的足球，谁还会贸然剖开足球检查呢？

然而，他在纽约机场遇到了反毒专家——警官波特。波特甚至没有掂一掂足球的分量，仅是看了看网兜里的足球，就说："先生，请你到毒品检查站来一趟，你的足球有问题。"沙文急坏了，大声说："球星签名的足球，有什么问题呀？"试问：波特是怎么说的呢？

595　血型辨凶手

这是个十分奇妙的案件。兄弟俩感情破裂，原因是为了争夺家产，见面也像仇人似的。一天，哥哥被发现死在街头，而弟弟从此后失踪。警方在现场侦查，发现了以下一些资料：死去的哥哥的血型是A型，而在他身上，还发现另外一些血液，是属于凶手的，则为AB型。

警方发现死者父亲的血是O型，母亲的血是AB型，但失踪的弟弟血型却不清楚。凭以上的资料，你认为失踪的弟弟会不会是凶手呢？

596　受过伤的死者

"死者的右手上个月被打断了，一直不能动弹。我们在他裤子的左兜里面发现了一包香烟，在右兜里面发现了一盒火柴。"探长听了手下的话说："那他肯定是被杀的。"

你知道这是为什么吗？

597　失窃的海洛因

一家综合医院里，深夜，罪犯潜入药房，从药品柜里盗走了一大瓶只贴着化学式标签的海洛因。当时因被保安人员发现，所以罪犯用匕首刺死保安人员后逃走了。经调查，找出两个嫌疑人：一个是刚来医院不久的实习医生；另一个是前几天才进医院的患者，是个青年农民。后者是在下地干活时遭到老虎袭击负伤住院的。作案现场的药品柜里摆着许多药瓶子，但罪犯只拿走了装着海洛因的瓶子。

试问，罪犯是谁呢？

598　是银圆还是红枣

商人外出，把一坛封口的银圆说成是红枣，托邻居保存。商人外出好几年没回来。一天，邻居打开坛子，把银银圆拿走了。

听说商人回来，邻居在坛子里装上新红枣，封口后还给商人。商人打开一看，呀，银圆变成了红枣，就问："坛子里的银圆呢？"邻居不承认，两人吵起来，一同去见县官。县官审问那邻居。邻居很有理："他把坛子交给我时说的是红枣呀！"县官仔细看了看红枣，把桌子一拍，要这邻居快把银圆交出来。这邻居大喊冤枉。县官摆出事实，他才低头认错。邻居乖乖地把一坛子银圆还给商人。

你说知道县官是凭什么判断的吗？

599 苹果

有了足够的时间和她的霍洛威阅读书架，就没有哪个题能把莫德·马里恩贝丽难倒。那么，你认为呢？

"农夫塞·科恩克利伯买了一筐苹果放在自己的厨房里，他的6个儿子排成行。筐里有6个苹果，可当他把苹果平分给他们之后，筐里还剩下1个苹果,他既没有切苹果也没有把苹果弄碎。那么，这是怎么回事呢？"
"真是不简单啊！怎么这么难应付！我会尽快把它解答出来！"

600 巧搬巨石

古时候，某城的城墙在雨中山脚崩塌，塌下来一块巨石挡在道当中。正巧，第二天，皇上要到城里的寺庙去上香，必须使道路畅通无阻。官员们四处寻找力工，要他们把石头搬走，但因下大雨，场地泥泞，石头怎么也搬不走。时间眼看就要到了，要是皇帝怪罪下来怎么办呢？

正在这时，有人想出了一个办法，解决了这个问题。你知道他们用什么办法解决了这个问题吗？

601　当水缸满溢

院子里有一口大缸，下雨的时候，水缸可以在2个小时内落满雨水。如果这天雨的大小并没有改变，只是雨是倾斜着落下来的，那么，要盛满这口缸需要的时间是长了还是短了？

602　网球

很多年以前，人们在闲暇时刻乡村俱乐部举行了一场盛大的泰迪·罗斯福混双网球锦标赛。一共有128对选手报名参加这项赛事。管理员撒迪厄斯·拉肯卡特熬了半宿才把赛程拟订出来。

那么，你知道在冠军产生之前会进行多少场混双比赛吗？

603　模具

塑料模具上有许多压痕，当你把图片倒置之后压痕会发生什么变化呢？

604 狡诈的走私犯

霍普是个国际走私犯，每年从加勒比海沿岸偷运大量钻石，从未落网。

根据海关侦查，6个月前他曾在海关露面，开一辆新出厂的黑色高级蓝鸟敞篷车，海关人员彻底搜查了汽车，发现他的3只行李箱都有伪装的夹层，3个夹层都分别藏有一个瓶子：一个装着砾岩层标本，另一个装着少量牡蛎壳，第三个装的则是玻璃屑。人们不明白他为什么挖空心思藏这些东西。更奇怪的是，他每月两次定期开着高级轿车经过海关，海关人员因抓不到证据，每次都不得不放他过去。

迷惑不解的海关总长找名探洛里帮助分析，洛里看着"砾岩层、牡蛎壳、玻璃屑"深思着。"这些东西有什么意义？"总长心急地问："他到底在走私什么东西？"洛里点燃烟斗，沉思良久，恍然大悟，笑着说："这个老滑头，你把他拘留起来好了。"

霍普到底在走私什么东西？

605 识破伪证

桥下浮起一个被淹死的女孩，对于这个女孩，周围的人一无所知。警察正为侦破这个案子一筹莫展，这时，有个男人划着小船急速地向桥驶过来。他向警察提供了这样的证词："刚才我向桥下划来时，亲眼看见这个女孩在桥上脱下帽子，随后跳下了河。"他满脸憨厚，语句真切，周围的人一下子全都相信了，纷纷议论起来。可是精明的警察一下子就识破了这个男人的谎言。

请问，警察是怎样判断出来的？

606 巨款仍在

已到暮年的北极探险家巴斯，过着独居生活。一天，他被暗杀在密室中，放在密室壁内保险柜里的40万美元被盗去。根据这里特有的防范措施，警方认定罪犯并没有将这笔巨款带出住宅，而是藏在宅内某处，等日后伺机取走，于是当局公告拍卖巴斯的私人财产，警长布里和刑事专家伯纳来到了探险家的庄园。博物厅里，拥挤的顾客正在注视着死者一生中5次去北极探险获得的纪念品——两只北极熊标本、1只企鹅标本、3只大龟标本，以及爱斯基摩人的各种服装、器皿和武器。警长预计罪犯会来，因为拍卖时间只有两天，但他担心警署人员不可能周密地注视到每个房间。伯纳说："很关键，罪犯肯定会到这个房间里来取某样东西。"

请问：罪犯究竟到这个房间里来取什么呢？

607 明察秋毫

市区的一家银店遭劫。营业员指控欧文是作案者："银店刚开门，欧文就闯进来了。当时我正背对着门，他用枪抵在我背上，命令我不准转过身来，并叫我把壁橱内的所有银器都递给他。我猜他把银器装进了手提包，他逃出店门时，我看见他提着包。"警长问："这么说，你一直是背对着罪犯的，他逃出店门时又背对着你，你怎么知道他就是欧文呢？"营业员说："我看见了他的影像。我们的银器总是擦得非常亮，在我递给他一个大水果碗时，我见到他映在碗上的头像。"在一旁静听的亨利探长："你别装了，你就是罪犯。"

探长为什么断定营业员是罪犯？

608 可疑旅客

某夜，马尼拉—北京航线的一架班机降落在北京首都机场。海关人员开始检查旅客们的行李。检查员小刘发现从飞机上下来的3个商人打扮的人神色可疑：他们带有一个背包、一个纸箱子和一个帆布箱。小刘查看了他们的护照，他们来京的目的是旅游。当天早上从泰国首都曼谷出发，经过菲律宾首都马尼拉，再经我国广州，然后飞抵北京。小刘拿着护照看了一会儿，便让来客打开箱子检查，果然在夹层里发现了毒品海洛因。

是什么引起了小刘的怀疑呢？

609 打破的水晶

波洛侦探的助手报告说："迈克被杀死了，凶手就是他的仆人，但是一直没有找到凶手用的凶器。地上的水晶碎片是凶手离开现场时不小心打破的。"

波洛说："不，他是故意打碎的。"

你知道凶手为什么这么做吗？

610 雪夜目击

杰克探长回到家里，电话铃响了，他拿起话筒，传来了一位警察的声音："喂，是探长吧，请你速来警察局。"半个小时之后，探长来到了警察局，径直走进警长办公室。警长神色忧郁地说："夜里11点，小门街发生了一起事故，也许是谋杀案。一个人从楼顶上栽了下来，有位现场目击者一口咬定死者是自己摔下来的，他周围没有一个人。"探长点点头，说："我们先去看看现场，见见那位证人。"一会儿，他们来到现场，目击者被找来了，探长请他再叙述一遍他见到的情景。目击者说："因为天下着大雪，我便在附近的一家餐馆里足足坐了两个半小时，当我离开时，正好是11点，大街上没有一个行人。我急忙跑进自己的车里，就在这时，我看到楼顶上站着一个人，他犹豫片刻，就跳了下来。"探长紧紧盯住目击者，语调冷冷地说："你不是同伙，就是凶手给了你一大笔钱让你说谎！"

目击者一听，顿时脸变得煞白。探长是怎样识破目击者的谎言的？

611 有毒的苹果

苏岩吃了苹果后中毒而亡。经医生验证，苹果上有剧毒。不过同时吃了另一半苹果的蒙菲却没事。这是怎么回事呢？

612 阿基米德的胜利

伟大的希腊数学家阿基米德富于想象力地将镜子用于许多创造发明中。根据古代著作，他最杰出的功绩就是在公元前214年罗马舰队围攻西西里岛城市叙拉古时，他用镜子将太阳光集中反射到罗马船只上并使其着火。

我们可能永远都无法得知阿基米德是否成功地用镜子保卫叙拉古免受侵略。仔细想想，他有可能办到这件事吗？

613 铅球落水

如图所示，水池的边上有一个铅球，这个铅球有可能直接掉到水池里，也有可能掉到水池中的汽船里。

问掉到水池里和掉到汽船里哪一种情况下水池的水面会上升得更高一些？

614 吞食蛇

这些饥饿的蛇正在互相吞食着对方。由于它们采用了这种怪异的进餐方式，它们所组成的圆环正在逐渐缩小。如果它们仍旧继续吞食对方的话，最后这个由蛇构成的圆环会出现什么情况呢？

615 轮子

这组轮子通过驱动带连在一起。如果左上角的轮子顺时针方向旋转，所有的轮子都能自由转动吗？

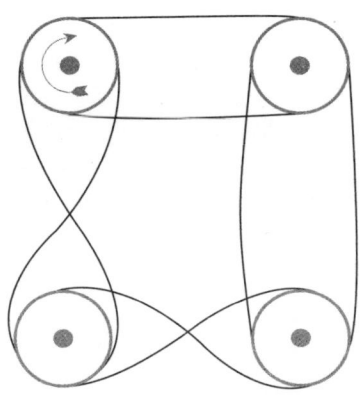

616　抓强盗

从前，有个十分聪明的孩子叫柯南。一次，他和父亲出门，住在一家旅店里。到了半夜的时候，有一个强盗手持钢刀闯进了他们的房间，并用刀逼迫柯南和他的父亲交出财物，否则就要对他们行凶。这时，打更的梆子声由远而近地传来，心虚的强盗就催促假装在找东西的柯南赶快交出财物。可柯南却告诉强盗，如果着急的话就必须允许自己点亮灯盏来找。于是，就在打更的梆子声在房间的门外响起的时候，柯南点亮了灯盏，并把父亲藏在枕头下面的钱交给了强盗。可就在这个时候，门外的更夫却突然大声地发出了"抓强盗"的喊叫声，很快，人们就冲进了房间，抓住了还来不及跑掉的强盗。你能想到柯南是怎样为走在门外的更夫做出屋里有强盗的暗示的吗？

617　寻找凶器

在女子大学体育馆的浴室里，一女大学生被害，全身一丝不挂，好像是被细绳一类的东西勒死的。然而，现场只有一条毛巾，没有发现绳子一类的东西。案发时，还有另一名女生一同在浴室洗澡，故她被视为嫌疑人。然而，这名女生是光着身子从浴室跑出来的，当时在门外的同班同学可以证明。刑警在现场没有发现可能用作凶器的绳子，觉得不可思议。无意中，他注意到了什么。"原来如此。"刑警马上找到了凶器。你知道凶器在哪儿吗？

第九章

判斷法

618 比比谁大

哪幅图的中间圆较大？

619 商业谈判

在一次商业谈判中，甲方总经理对乙方总经理说："根据以往贵公司履行合同的情况，有的产品不具备合同规定的要求，我公司蒙受了损失，希望以后不再出现类似的情况。"乙方总经理说："在履行合同中出现不符合要求的产品，按合同规定可以退回或要求赔偿，贵公司当时既不退回产品，又不要求赔偿，这究竟是怎么回事？"乙方总经理问句的实质是什么？

620 地牢奇事

有一天，一群绑匪绑架了一家公司的董事长，并把这位董事长一人关在地牢里。地牢的进口只有一处，而且周围彻夜有人防守，没有一点儿漏洞。可第二天一看，里边却多出一个男的。请问，这个男的是怎么进去的呢？

621 奇怪的线

在西天取经的路上，机灵的悟空常捉弄八戒。一次，他对八戒说："我在几秒钟内画出一条线，你要花几天才能走完，信不信？"八戒不信。悟空画出一条线，八戒果然走了好几天，才算走完。你知道这到底是怎么回事吗？

622 太空人

在一次宇宙旅行中，太空人来到了一个奇怪的星球，上面只有一种气体——氢气。由于光线太暗，太空人想点燃打火机照明，可有人阻止了他。如果他点燃打火机后,是带来光明还是引起爆炸?

623 奇特的算式

什么情况下7+8=3?

624 魔法变数

在不能折叠纸的前提下,若仅用一根线,将如图的罗马数字IX变成6,请问要怎么做?

625 五棵松

请你移动4根火柴,把它拼成5棵大小相同的松树。

626 半张唱片

小南说:"你那些爵士乐唱片还在吗?"小熊:"没有了。我已经把一半唱片和一张唱片的一半送给了小吴。然后我又把剩下的一半唱片和一张唱片的一半送给了小海。我现在只剩下一张唱片了,假如你能说出我原来有几张摇滚乐唱片,那么这一张就送你。"你知道小熊原来有几张唱片吗?

627 几人能脱险

一艘客轮触礁,只有一艘救援船,这艘船只能装下5个人,离这里最近的岛有4分钟的路程,20分钟后客轮就会沉掉,客轮上共有25人,到底多少人能生还呢?

628 青蛙爬井

一只青蛙掉进了一口18米深的井。每天白天它向上爬6米，晚上向下滑3米。按照这一速度，多少天它能爬出井口？

629 军队成员

下图展示了1644年克伦威尔·奥利弗领导的"护国军"中的4名成员，根据下面的线索，你能说出每名成员的姓名、兵种以及各自所穿制服的颜色吗？

1.伊齐基尔·费希尔所穿制服为灰色，不过上面布满了灰尘和泥浆，他紧挨在鼓手的右边。

2.一名配枪士兵穿着又破又脏的棕色制服，他和末底改·诺森之间隔着一个士兵。

3.1号士兵是个步兵，他不是法国人，而是英国人。

4.4号士兵是所罗门·特普林。

5.吉迪安·海力克所穿的上衣不是蓝色。

名字：伊齐基尔·费希尔，吉迪安·海力克，末底改·诺森，所罗门·特普林
兵种：鼓手，炮手，步兵，配枪士兵
制服颜色：蓝色，棕色，灰色，红色

630 装饰物

圣诞老人为你准备了一个了不起的圣诞节思维游戏。他先把装饰物固定在一条3米长的绳子的一端，然后将另一端系在一束槲寄生树枝的上面。

"我会给你两份圣诞礼物，"他说，"如果你可以将绳子从中间剪断使装饰物不会摔落在地。记住：一旦你剪断绳子，你就不能触摸绳子或者装饰物。"

那么，读者朋友，你会怎么剪呢？

631 印度方块

喜爱思维游戏的印度王子正在去往阿格拉的路上,那里将举行思维游戏大会。这头皇家大象身上的布印有一道题,而它就是由印度王子设计的。这个题需要你找出图画里大小正方形(最大的正方形边长为8厘米)的个数。在队伍出发前,你有5分钟的时间把这个问题解答出来。

632 啤酒搅拌器

沃尔夫冈的豪斯啤酒店里最聪明的服务员是阿达尔伯特孪生兄弟——艾克和迈克,除了端送啤酒和土豆,他们还用一些思维游戏招待喝酒的客人。右面这个啤酒搅拌器游戏展示的是一个由罗马数字组成的等式。这个等式是错误的,但是如果你只移动其中的一个搅拌器,将它放到另外一个地方,那么这个等式就是对的。请你试试,看能否成功过关。

633 狗窝

在右图中,我们的狗——杰姬在向她的朋友炫耀她的新家。我们用10根火柴杆把她家的轮廓拼了出来,她的朋友很喜欢她的新家,只是觉得它应该转90度,这样它就可以面对路这边了。那么,你能否将两根火柴移到别的位置使她的家面对路呢?

634 硬币

按照图中的样子在桌上放12枚硬币，6枚硬币正面朝上、6枚硬币背面朝上。注意，在这4行硬币当中，每行都同时包括正面硬币和背面硬币。现在，请移动其中的一枚硬币使水平方向的4行硬币或者全部是正面或者全部是背面。

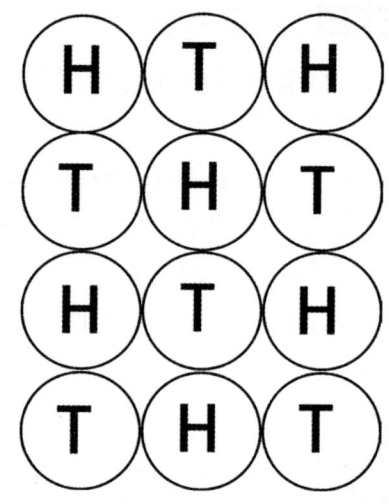

635 布料

巴顿·伯尔特遇到了麻烦，这家商店的布料商跟他打赌，说他不可能把任意一块儿正方形布剪成几块儿然后再把它们拼成3个小正方形。布料商说巴顿只需要在布料上剪两下就可以完成。最后，把2块儿碎布沿着一个边缝合就可以形成其中的一个正方形。

那么，你能为巴顿想出办法吗？

636 疯狂的科学家

你能在开会之前把这个题解答出来以帮助史密斯扭转他现在的不利局面吗?

"维克托,这个杂种就是克劳德·史密斯,昨天晚上使我在卡法斯大学全体教师面前蒙羞的人就是他。他不但怀疑我的理论,还公开跟我叫板,让我解答我身后黑板上用粉笔写的这个微不足道的数学题。要解答这个题,你要将上面的4个符号重新排列并使它们等于100。如果你愿意的话,你也可以填上或者删减符号。可是我到现在还没有把它解答出来,但是现在也不管了。用不了多久,史密斯就会成为我的生物骨骼收藏品中的一员。维克托,去把我的工具准备好,还有正事要做!"

637 银行业务

"恭喜你,斯本登勃洛先生。你已经通过申请获得贷款的所有资格。可是,我们还要最后检测你管理钱财的能力。国家银行的思维游戏第一人设计了下面的题。你必须将这6枚1角硬币放在格子里的点上,但是要保证水平方向、垂直方向或者对角线上的同一条直线上不能同时出现2枚硬币,你只有10分钟的时间解答这个题。"

638 拼图

下面3幅局部放大图分别来自原图的哪个部分？

639 地理名胜

这幅图中隐藏了一个非常著名的地理标志，你知道是什么吗？

640 找不同

下面两幅图有8处不同，你能全部找出来吗？

641 凸面镜

男孩看左边的凸面镜发现自己是上下颠倒的,然后将镜子翻转90°,即右边的凸面镜。这时候男孩看到的自己是什么样子的呢?

642 三维世界的剑

你怎样看才会觉得这幅图里的剑是三维的,且是垂直向外指出来的?

643 瀑布

仔细观察图片,瀑布能如图那样流动吗?

644 花瓶

图中的花瓶是不是悬浮在空中？

645 底片

对比同一座冰山的两张图片，有一张是照片，另一张是它的底片。你知道哪个是照片哪个是底片吗？

646 距离

两幢房子向远处延伸。线段AB与CD谁更长？

647 几个人？

你能找到多少个人？

648　最矮

这是1890年法国一则关于茶叶的广告。图中哪个中国人最矮？在测量之前，请大胆猜一猜。

649　巧分农庄

阿凡提周游世界，有一天来到一个村庄。一个地主对他说："都说你很聪明，我有一块地，你能把它分成大小相等、形状相同的两份，我就把地送给你。"聪明的阿凡提不慌不忙，用木棍划了一道线，地主傻了眼，只好履行诺言。阿凡提把地分给了最穷的两户人家。你知道阿凡提是怎么分的吗？

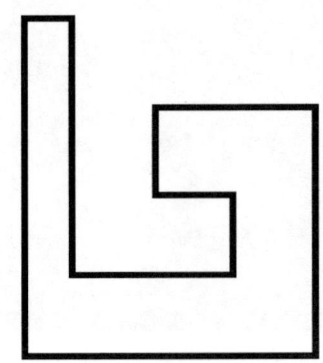

650 间谍之死

一个为刺探情报而潜入国境的出身罗马的双重间谍R，不知被谁杀死了。他临死前，用身上的血写了一个"X"。据分析这个"X"指的是杀死他的人，而杀死他的人为图中所示3个间谍中的一个。你知道是谁吗？

A间谍NW12号　　L间谍UP3号　　B间谍WY7号

651 四减四的结果

在算术里，4-4=0，是唯一答案。而在生活中，四减四的结果，却可以不等于0。例如，等于12。当然，这种减法不是算术意义的减法，而是在生活中更广泛意义上的一种减。你能想出个中缘由吗？

652 错觉

小景从自家的窗户缝里目击到邻居家发生的一起凶杀案。因为凶手通过窗户向外窥视了好几次，所以小景清楚地记住了他的长相。小景在向来调查的刑警描述时说凶手是一个细长脸的男人，而后去自首的罪犯却是圆脸，并非细长脸。难道小景看到的不是凶手吗？这里面有着什么样的玄机？

653 6+5=9

如图所示，有6根火柴棍，请问，再加上5根，你能将它变成9吗？

654　12顶帐篷

右面的12顶帐篷看上去各不相同，但是其中有2顶是相同的，是哪2顶呢？

655　出征

据说，古希腊哲学家泰勒斯曾经做过吕底亚王克劳苏部下的一名士兵。一次，吕底亚王率部出征，来到一条河边。由于河水较深且湍急，又没有桥梁与渡船，吕底亚王无可奈何地望河兴叹。正当吕底亚王无奈之际，泰勒斯献了一条计策，使大部队在一无桥梁、二无渡船的情况下，顺利地渡过了河。泰勒斯献了一条什么计策？

656　财主分田

从前有一位地主有4块土地，地上种有5种不同的庄稼，现在他要把土地平均分给4个儿子，为了公平他要把4块地分成形状一样并都种有这5种庄稼，他该怎么分配呢？

图1

图2

图3

图4

657 钟表不慢了

索妮家里的时钟一天慢一小时。有一天，索妮朋友看到这座时钟，他说："从现在起不会再慢了。"索妮在这段时间并没有去碰这座时钟，这是怎么一回事？

658 客轮

每天上午，有一艘客轮从甲地出发开往乙地，在同一时间，都会有属于同一个公司的一艘客轮从乙地开往甲地。客轮走一个单程需要7天7夜。请问：上午从甲地开出的客轮，将会遇到几艘从对面开过来且属于同一个公司的客轮？

659 得分

一场精彩的篮球赛刚刚结束，球迷们便议论纷纷：（1）选手们体力真棒，比赛中双方都没有换过人；（2）双方技术都很高，得分最多的一个队员独得30分，有3名队员得分不满20分，并且他们所得的分数各不相同；（3）客队的个人技术相当接近，得分最多的和最少的只差3分；（4）全场比赛中只有3名队员得分相同，都是22分，而且他们不在一个队；（5）主队的个人得分，正好是一组等差数列。请根据以上信息来推算这场球赛的具体结果。

660 卖水

有一个用大皮囊装着25升水的水商，行经沙漠时，碰到一位要买19升水的客人和一个要买12升水的客人。商人的水不够卖给二人，只能卖给某一方，而且他希望在这酷热的沙漠中，尽快结束交易。假设水商从皮囊中倒出1升的水需要10秒，那么他会卖给哪位客人呢？

661 实际损失

顾客拿了一张百元钞票到商店买了25元的商品，老板由于手头没有零钱，便拿这张百元钞票到朋友那里换了100元零钱，并找了顾客75元零钱。顾客拿着25元的商品和75元零钱走了。过了一会儿，朋友找到商店老板，说他刚才拿来换零钱的百元钞票是假钞。商店老板仔细一看，果然是假钞，只好又拿了一张真的百元钞票给朋友。你知道，在整个过程中，商店老板一共损失了多少财物吗？

注：商品以出售价格计算。

662 电话

某天早晨，3个女人都在同一时段打电话。从以下给出的线索中，你能说出打电话和接电话的人分别是谁吗？

1.伯妮斯在她母亲接完电话之后打了一个电话。

2.玛格丽特曾和艾莉森电话聊天。

3.劳拉是接到电话的一方。

4.女儿去接电话是在某人打电话给乔伊斯之后。

663 回到地球

"大不列颠"号航天飞机结束了它的火星之旅，要返回地球。飞机上一共有5个成员，其中包括1位飞行员和4位负责不同实验程序的科学家，他们已经在变速躺椅上做好了返回地球的准备。从以下所给的线索中，你能推断出在各个躺椅上成员的全名和他们的身份吗？

1.克可机长的名字不是萨姆，坐的是A躺椅，他不和其中一位宇航员相邻，这位宇航员不是官员姜根。

2.E躺椅上的宇航员是巴石，戴尔上校没占着躺椅B。

3.尼克·索乐是"大不列颠"号上年纪最大的成员。

4.在躺椅D上的成员是一个研究火星引力实验的物理学家。

5.多明克教授（船员中的两位女性之一），是一位化学家，但是从别人和她说话的方式你看不出来她是一位女性。

6.多克是一位生物学家，但如果飞机上有需要时，她也是飞机上的医疗官，她不是机长克尼森，也不在A躺椅上。

名：巴石，多克，尼克，萨姆，姜根
姓：戴尔，多明克，克尼森，克可，索乐
身份：宇航员，生物学家，化学家，物理学家，飞行员

664 排行榜

比较一下圣诞节时和赛季末足球联盟的排行榜，发现前8支球队还是原来的那8位，但其中只有一支球队的名次没变。从以下所给的线索中，你能填出圣诞节时和赛季末足球联盟前8位的排行榜吗？

1.贝林福特队到赛季末下降了2个名次，而罗克韦尔·汤队则上升了3个名次。

2.匹特威利队在圣诞节的时候是第2名，却以不尽如人意的第7名结束了本赛季。

3.克林汉姆队在圣诞节的名次紧靠在格兰地威尔之前，但后来两队的名次均有所提升，而克林汉姆队提升的更大一些，加大了两队的差距。

4.圣诞节时排第5名的那个队在最后的排行榜中不是第4。

5.米尔登队的球迷为他们队在本赛季获得第3名的好成绩而欢呼。这样在半赛季排名时，他们队的名次处在了罗克韦尔·汤队之前。

6.内德流浪者队的名次下降了，而福来什运动队在后半赛季迎来了好运。

7.圣诞节时第1名的球队在赛季末只得了第5名。

球队：贝林福特队，福来什运动队，格兰地威尔队，克林汉姆队，米尔登队，匹特威利队，罗克韦尔·汤队，内德流浪者队

665 填空（1）

要求每行每列上均有字母A，B，C，D，E，同时，在粗线条构成的图形里，也要有字母A，B，C，D，E。你能做到吗？

666 填空（2）

要求每行每列上均有字母A，B，C，D，E，并且每个字母最多出现一次。同时，要求在用粗线条隔开的图形里，也均有字母A，B，C，D，E，同样，每个字母最多只能出现一次。你能做到吗？

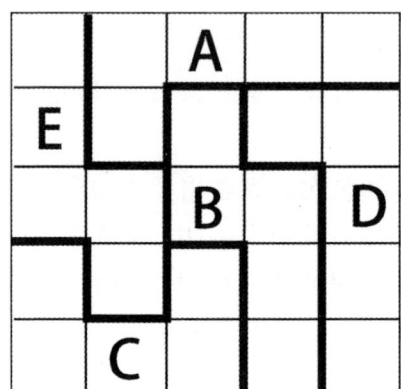

667 军官的来历

根据下面的信息，你能猜出每个军官的名字、所属部门以及他们分别来自美国的哪个州吗？

1. 美国水兵军官站在来自爱达荷州的军官的旁边，虽然不挨着陆军中尉阿尔迪丝，但也比离空军轰炸机的飞行员近。
2. 来自美国新墨西哥州的军事警察站在步兵的左边，普迪上尉的右边。
3. 沃德少校不是工兵军官，工兵军官站在来自缅因州的军官哈伦的右边，哈伦不是步兵或空军，而军事警察站在工兵军官和缅因州军官的左边某个位置。
4. 来自乔治亚州的德莱尼不是一名空军，他站在哈伦上尉的右边，来自堪萨斯州的普迪上尉比德莱尼上尉更靠左边。
5. 军官C的军衔比美国水兵军官的军衔大。

名字（按等级由低到高的顺序）：陆军中尉阿尔迪丝，德莱尼上尉，哈伦上尉，普迪上尉，沃德少校
部门：空军，工兵，步兵，水兵，军事警察
州：乔治亚州，爱达荷州，堪萨斯州，缅因州，新墨西哥州

668 填空（3）

要求每行每列上均有字母A，B，C，D，E，同时，在粗线条构成的图形里，也要有字母A，B，C，D，E。你能做到吗？

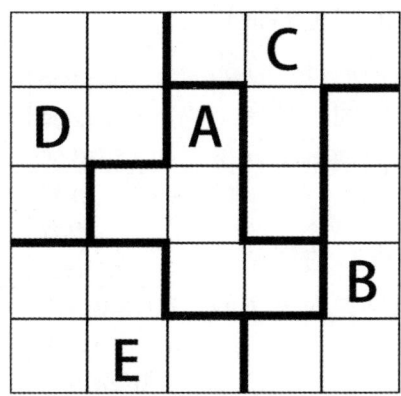

669 站岗的士兵

下面的图片展示了几名士兵。根据下面的信息，你能分辨出1到4号的士兵分别来自哪里以及他们的参军时间吗？

1. 来自大不列颠的密尼布司比4号位置上的士兵晚一年参军。

2. 在城墙上3号位置的斯堪达隆思比来自伊伯利亚半岛的士兵早参军。
3. 来自高卢的士兵参军很久了，但这个人不是阿格里普斯。
4. 来自罗马的士兵紧挨最晚参军的士兵并在其右边，但比纳斯德卡思靠左。

士兵：密尼布司，纳斯德卡思，斯堪达隆思，阿格里普斯
省：大不列颠，高卢，伊伯利亚半岛，罗马
参军年数：9年，10年，11年，12年

670 在国王桥上接客人

今天豪华轿车司机卡·艾弗将去伦敦的国王桥火车终点站3次，去接几个相当重要的乘客，并把他们带到卡莱尔旅馆。根据下面的信息，你能确定他每次去接客人的时间、站台、所接客人的名字以及他们都是来自哪里吗？

1. 林肯方向驶来的火车的到站站台号比艾弗要接的斯坦尼夫人下车的站台号大。

2. 德拉蒙德夫人所乘的火车将进入9号站台，艾弗上午10:00接站的站台号比下午3:00的小。

3. 来自北安普敦的火车将进入4号站台，但要等到中午。

4. 来自剑桥的乘客将在下午3:00到。

671 填空（4）

要求每行每列上均有字母A，B，C，D，E，同时，在粗线条构成的图形里，也要有字母A，B，C，D，E。你能做到吗？

672 跨栏比赛

右图展示的是一次跨栏比赛中冲刺阶段的前4匹马。根据下面的信息,你能说出每匹马的名字,并具体描述每匹马的主人吗?

1. "跳羚"还没有到达栅栏。
2. 安德鲁领先于赫多尔两个名次。
3. 在图片中,迪克兰·吉姆帕稍稍领先于处于跨栏阶段的"杰克"。
4. 海吉斯是那个正在跳栏的职业赛马师。
5. 加百利所骑的"跳过黑暗"在当时的比赛中稍稍落后于沃特的马。

马:"小瀑布","杰克","跳过黑暗","跳羚"
(主人)名:安德鲁,迪克兰,加百利,吉斯杰姆
(主人)姓:海吉斯,赫多尔,吉姆帕,沃特

673 填空(5)

要求每行每列上均有字母A,B,C,D,E,同时,在粗线条构成的图形里,也要有字母A,B,C,D,E。你能做到吗?

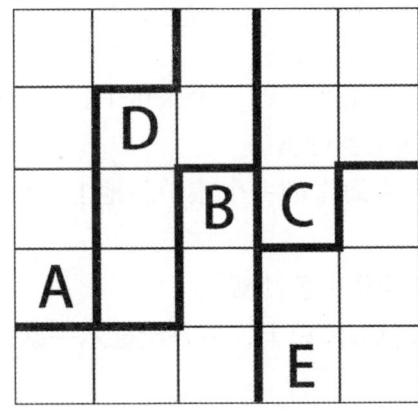

674 四人骑自行车

骑行俱乐部的成员制造了一些特别的自行车,它的一辆车上可以骑不多于4个人,它被用来为慈善机构牟利。在某个展示场合,4个人骑在这种自行车上,每个人扮演儿童故事书中的一个角色。从以下给出的线索中,你能说出每

个人的全名以及他或她所扮演的角色吗？

1."托德先生"紧靠在詹妮后面。
2.扮演"诺德"的不是斯普埃克斯，他在基思的前面某个位置。
3.骑在2号位置的人扮演"迈德·海特"。
4.贝尔穿成飞人"贝格尔斯"的样子。
5.戴夫在自行车的3号位置。

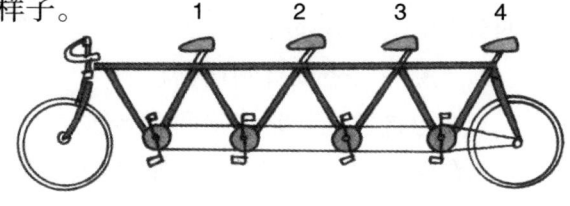

名：戴夫，詹妮，基思，莫尼卡
姓：贝尔，切诺，福克斯，斯普埃克斯
角色："贝格尔斯"，"迈德·海特"，"托德先生"，"诺德"

675 阳光中的海岛

这是一个小岛，它近来刚刚被开发成旅游中心，它由4个主要的市镇组成，分别坐落在沿海岸线编号为A，B，C，D的位置上。从所给的线索中，你能说出每一个市镇的名称、在那里旅游的是哪个家庭以及那里所提供的娱乐设施吗？

1.罗德斯一家人住在国王乡村的一个旅馆中，而游艇港湾镇沿着海岸线顺时针方向的下一站就是国王乡村镇。

2.莱斯特一家人住在东海岸的一个旅游胜地上，而巴瑞特一家人住在拥有宜人海滩的旅游胜地上。

3.西海岸的旅游胜地叫作白色沙滩。

4.卡西诺赌场位于蓝色海湾镇上，但是沃德尔一家人没有在这里旅游。

旅游胜地：蓝色海湾，国王乡村，纳尔逊镇，白色沙滩
家庭：巴瑞特，莱斯特，罗德斯，沃德尔
设施：卡西诺赌场，游艇港湾，宜人海滩，潜水中心

第十章

解析法

676 标签怎样用

狗妈妈生了9只狗宝宝。

9只狗宝宝长得都很相像，分不出哪只是哪只。

有10张带数字的标签，却只有1号到5号的5种。

那么，区别9只狗宝宝最少要用几种数字标签？

677 远近

右图中的黑点表示支点。如果将A点和B点移近，C点和D点会接近些还是离远些？

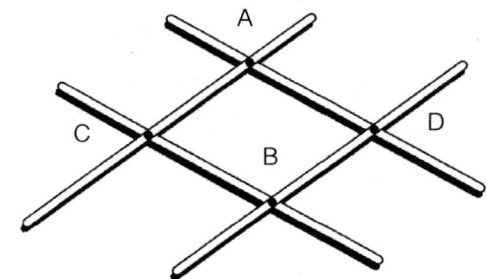

678 理发

在一个小镇上，只有两个理发师，他们各开有一个理发店。一天，有个外地人路过此地，想理个发，但他又不知道这两个理发师谁的技术好一些。于是他便走进第一个理发店，发现这个理发师的头发七长八短。于是他又走进第二个理发店，发现这个理发师的头发整整齐齐。

这个外地人最终选择了哪位理发师？

679 只动一点点

如图，请加上一支火柴棒，使等式成立。

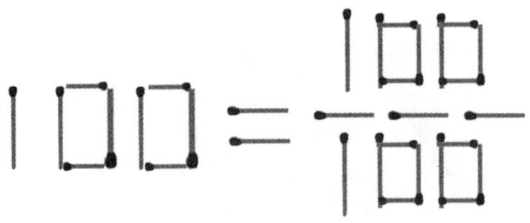

680 推理

这个游戏来自于澳大利亚,取两副扑克牌,一副扑克牌的背面是蓝色,而另一副是红色。然后,从扑克牌里挑选出 4 张,2 张面朝上而另外 2 张面朝下(如右页图所示)。现在,问题是:桌子上的每一张蓝色底面的扑克牌在其另一边都有一张K吗?

要解决这个难题,你可以将 2 张扑克牌翻过来。那么,你会翻哪 2 张扑克牌呢?

681 竞技比武大会

这个思维游戏的创作灵感来源于在新泽西州欧文顿的古老奥林匹克公园举行的竞技比武大会。将8枚硬币正面朝上放在下图中各圆圈内的动物上,然后,设法用 7 步使其中的7枚硬币背面朝上,每一步都要从正面朝上的那枚硬币开始计数。数出4枚硬币,并使第4枚硬币背面朝上。数硬币时,不用考虑硬币是正面还是背面。

682 错误

画右边这幅图的画家犯了一系列视觉的、概念的和逻辑的错误。你能把这些错误全部找出来吗?

683 板砖

要掉在砌砖工头上的砖有多重?假设它的重量是1千克再加上半块砖的重量。

684 通话

图中的两个小孩之间离得很远,而且他们中间还隔着一堵厚厚的墙。他们试着通过两根长长的管子来通话,如图所示。请问在哪种情况下他们能够通过管子听到对方讲话?

685 魔方

右图是一个魔方从两个方面看的视图效果，这个魔方的 6 个面上各写着 A ~ F 不同的字母，请问，C 的对面是哪个字母？

686 聪明的匪徒

一群匪徒在沙漠中遇到困难了，必须扔下一个，于是狡猾的头目命19名匪徒排成一行，说："因为食物、饮水不足，所以在天黑前，凡点到第七名的人可以留在车上，数到最后第七名的那个人就必须留在沙漠中。"说完头目自己站到第六名匪徒后面(图中倒置的火柴是头目)。有个聪明的匪徒负责点数，他想让其他弟兄离开沙漠而让头目留在沙漠中。那么，他该如何点数？

687 多点相连

用6条直线(一笔)将16个点连接起来，怎么连呢？

688 图形数字

请观察各图形与它下面数字间的关系，然后在问号处填上一个适当的数。

689 三只桶的称量

有一个商人用一个大桶装了12千克油到市场上去卖，恰巧市场上两个人分别带了5千克和9千克的两个小桶，但他们要买走6千克的油，而且一个买1千克，一个买5千克，这个商人要怎样称给他们呢？

690 两数之差

请大家在图中的8个圆圈里填上1～8这8个数字，规定由线段联系的两相邻圆圈中两数之差不能为1。例如，顶上一圈填了5，那么4与6都不能放在第二行的某圆圈内。

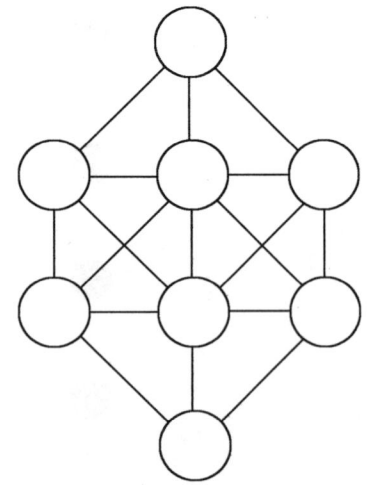

691 往返旅途

昨天，北切斯特的3个市民都去了市中心，他们来去都采用了不同的交通方式。从以下所给的线索中，你能说出这3个人的全名以及他们来回的交通方式吗？

1. 在市中心遭劫之后被警察带回家的受害者不是巴里·沃斯。

2. 姓扎吉的人不是坐巴士去市中心的。

3. 由于天下雨，范是坐计程车回来的。

4. 喜欢保持身材而步行的家伙是被救护车送回来的，因为他撞到了井栏石上。

5. 乔安妮不是那个骑新折叠自行车的人。

692 航海

在某个阳光灿烂的夏日午后，4艘游船在某海湾航行，位置如图，从以下所给的线索中，你能说出这4艘船的名字、航海员以及帆的颜色吗？

1. 海鸥在马尔科姆掌舵的船东南面，马尔科姆掌舵的船帆是白色的。

2. 燕鸥在图中处于奇数的位置，它的帆是灰蓝色的。

3. 有灰绿色帆的那艘船不是图中的4号。

4. 维克多的船处于3号位置。

5. 海雀的位置数要比有黄色帆的游船小，但比大卫掌舵的船位置数要大。

6. 埃德蒙的船叫三趾鸥。

船名：海鸥，三趾鸥，海雀，燕鸥
航海员：大卫，埃德蒙，马尔科姆，维克多
帆：灰蓝色，灰绿色，白色，黄色

693 戒指女人

洛蒂·吉姆斯本是一个不起眼的女演员，但是却因和很多有钱男人订过婚，关系破裂后得到他们价值连城的婚戒而扬名，从而成为名副其实的"戒指女人"。从以下所给的线索中，你能说出每个戒指里所用的宝石的类型、戒指的价值以及这些戒指分别是哪个男人给的吗？

宝石：＿＿＿ ＿＿＿ ＿＿＿ ＿＿＿
价值：＿＿＿ ＿＿＿ ＿＿＿ ＿＿＿
未婚夫：＿＿＿ ＿＿＿ ＿＿＿ ＿＿＿

1. 洛蒂从企业家雷伊那得到的钻戒就在价值10000英镑的戒指旁边。
2. 从电影导演马特·佩恩那得到的戒指要比那个硕大的红宝石戒指便宜。
3. 那个翡翠戒指价值不是15000英镑，它不是休·基恩给她的。
4. 戒指3花了她前未婚夫20000英镑。

宝石：钻石，翡翠，红宝石，蓝宝石
价值（英镑）：10000，15000，20000，25000
未婚夫：艾伦·杜克，休·基恩，马特·佩恩，雷伊·廷代尔

694 小猪储蓄罐

诺斯家的柜子上摆放着5个小猪储蓄罐。从以下所给的线索中，你能描述这几个小猪的详细情况——它们的颜色、名字以及各自的主人吗？

1. 蓝色的小猪不属于杰茜卡，它的主人比大卫大1岁。大卫拥有自己的小猪储蓄罐，大卫的小猪储蓄罐不是红色的，它的位置在蓝色小猪的右边，但相隔不只一只小猪。
2. 紧靠大卫小猪左边的绿色小猪的主人比大卫大2岁。
3. 卡米拉的小猪储蓄罐紧靠红色小猪的左边。卡米拉要比红色小猪的主人年纪大，但她不是5个小孩中最大的。
4. 黄色的小猪不是大卫的，它紧靠杰茜卡的小猪左边，它的主人要比图中B小猪的主人大1岁，但要比大卫小1岁。
5. 本比纯白色小猪的主人小1岁，但比卡蒂大1岁，卡蒂的小猪比本的小猪和白色小猪更靠左。

6.诺斯先生和夫人一直想让孩子们按年龄大小把他们各自的小猪从左到右排列,但都没有如愿。事实上,如果按他们的方案来看,目前没有一只小猪在它们应该在的位置上。

颜色:蓝,绿,红,白,黄
小孩名字:本,卡米拉,大卫,杰茜卡,卡蒂
小孩年龄:8,9,10,11,12

695 桥牌花色

4位桥牌选手各坐桌子一方,手中各有不同花色的一副牌。从以下给出的线索中,你能说出这4个人的名字以及他们握的是什么花色的牌吗?

1.理查德的牌颜色和拉夫的牌颜色一样,拉夫坐北边的位置。
2.玛蒂娜对家握的牌花色是红桃。
3.坐在西边的女人手握黑桃,她不姓田娜思。
4.保罗·翰德的搭档是以斯帖。
5.坐在南边的人握的牌花色不是梅花。

名:以斯帖,玛蒂娜,保罗,理查德
姓:翰德,拉夫,田娜思,启克
花色:梅花,钻石,红桃,黑桃

696 留学生

歌兹弗瑞大学城的一处3层楼房里住着留学生。根据下面的信息,你能找出每层楼所住学生的名字、家乡和所学的专业吗?

1.佐伊·温斯顿所在楼层比那个物理学专业的学生高。
2.约翰·凯格雷来自新西兰的惠灵顿。
3.住在3楼的学生来自南非的德班。
4.凯茜·艾伦不是来自底特律的美国学生,也不是历史系的。

697 信件

斯托贝瑞正在整理早晨要发送的信件，桌上的4封信都是寄给镇上的居民的。根据下面的信息，你能找出每封信的收信人姓名以及收信人各自的完整地址吗？

1. 寄给本德先生的信挨着收信地址为31号的信，并在它的右边。
2. 4封信中有一封信的地址是特纳芮大街10号。
3. 3号信将会在今天早上稍晚时间寄给雪特小姐，她不住在斯达·德弗街。
4. 梅尔先生的地址号码比1号信封上的收信地址号码大。
5. 收信地址为6号的那封信与寄给格林夫人的那封信之间隔了一封信。
6. 寄到斯坦修恩路那封信的号码比它右边那封信的收信地址号码大。

名字：本德先生，格林夫人，梅尔先生，雪特小姐
地址号码：6, 10, 31, 45
街名：斯达·德弗街，朗恩·雷恩街，斯坦修恩路，特纳芮大街

698 龙拥有者俱乐部

龙拥有者俱乐部是为那些拥有多里卡特·龙跑车的人创办的，这些车都在1930~1955年之间制造。开始时没有多少位车主加入俱乐部，下图展示的是幸存的在1940年之前制造的4辆跑车。根据下面的线索，你能说出每辆车的主人、颜色以及制造时间吗？

1. D号车是辆红色的龙跑车，它的主人不是加里·合恩，也不是1934年制造的。
2. B号车在1938年由多里卡特工厂制造，当时他们没有生产线。
3. 特德·温的车在黄色跑车和1932年生产的车之间。
4. 伦·凯斯的跑车被漆成深绿色，曾被认为是绿色英国跑车，该车不是A号车。
5. C号车不是蓝色的。

跑车主人：克里斯·丹什，加里·合恩，伦·凯斯，特德·温
跑车颜色：蓝色，绿色，红色，黄色
制造时间：1932, 1934, 1936, 1938

699 百岁老人

斯多布里的山楂牧场住着3位百岁老人。从以下给出的线索中，你能推断出每位百岁老人的全名、他们搬去山楂牧场前居住的村庄和他们搬家的时间吗？

1. 名叫西尼尔的住户搬到山楂牧场的时间，比曾住在莫博里的那个人迟。
2. 亨利以前是位农场工人，搬来山楂牧场前他一直生活在威逊韦尔。
3. 玛格丽特·格雷经营着一家乡村邮局。
4. 在1995年搬家的人姓艾尔德，但不叫戴西。

	姓						年份		
名	艾尔德	格雷	西尼尔	莫博里	布莱伍德	威逊韦尔	1985年	1990年	1995年
戴西									
亨利									
玛格丽特									
莫博里									
布莱伍德									
威逊韦尔									
1985年									
1990年									
1995年									

700 文学奖项

评委们正在对文学奖"震撼人心奖"进行评审工作。从下面所给的线索中，你能指出图中每个位置上坐着的评论家的名字以及他们最喜欢的小说是哪本吗？

1. 有一位评论家喜欢《木乃伊的诅咒》，他坐在科兰利·斯密斯特顺时针方向的下一位，同时坐在一位女性评论家的对面。
2. 喜欢《无血的屠宰场》的评论家坐在德莫特·谷尔的对面。
3. 评审团成员中有一位最喜欢《恶魔的野餐》，他坐在迪尔德丽·高尔顺时针方向的下一位，同时坐在盖莉·普拉斯姆的对面。
4. 《太空的魔王》受到D座的评论家的支持。

评论家：科兰利·斯密斯特（男），迪尔德丽·高尔（女），德莫特·谷尔（男），盖莉·普拉斯姆（女）
题目：《无血的屠宰场》，《木乃伊的诅咒》，《恶魔的野餐》，《太空的魔王》

701 射球明星

鲍勃·克劳斯是一名足球报道员,上星期六他为本地球队的五球杯赛做了报道,他的报道结合了5位进球员的图画。从以下给出的线索中,你能确定图中每位球员的名字、球衣号码和他进球的时间吗?

1. 8号的左边是文斯,右边是最后进球的人。文斯是紧接在8号后面进球的。A紧接在E的后面进球。E的球衣号码比A大。

2. 艾伦紧接在B后面进球,B的左边是7号。3号紧接在格雷厄姆后面进球。格雷厄姆比3号更靠左边不只一个位置。

3. 大卫比靠在他左右两边的人的球衣号码大,进球都早。

4. 9号是在第47分钟进球的。

5. 保罗的球衣号码比在第34分钟进球的人的号码小,那个人比保罗更靠左边不只一个位置。

球员:艾伦,大卫,格雷厄姆,保罗,文斯
球衣号码:3,6,7,8,9
时间:第21分钟,第34分钟,第47分钟,第65分钟,第88分钟

702 时间

右图中的这位先生上班时听到一个题,他花了一天的时间也没有把它解决,并且在晚上做了噩梦。题是这样的:一个人家里有2个时钟。一个时钟不走,另一个每天总是慢1个小时。那么,哪个时钟在1周之内的正确显示时间的次数多呢?请你快速给出答案,以使这位心情烦乱的人在天亮之前能够睡会儿觉。

703 磁铁

思维游戏俱乐部每个月都会举行的集会就要开始了。如果想进去的话,你

必须回答警察所提出的问题:"给你两个大小相同的铁条,一个是磁铁,另一个是普通的铁条。你要把它们以某种方式放在一起,以此来确定哪个是磁铁。你只能试一次,而且不可以使用其他东西。"那么,你准备怎么解决这个难题呢?

704 桥牌

图中有3个男人,他们是克劳德、贺瑞斯和塞尔温,他们分别与迪尔德丽、爱利卡和伊莫金结婚,尽管他们未必是按下图中的顺序就座,但他们都喜欢在俱乐部度过节日的夜晚。请你猜猜他们谁跟谁是一对儿。

克劳德的妻子和爱利卡的丈夫是桥牌的搭档,他们的对手是迪尔德丽和伊莫金的丈夫,所有的男人都不是和自己妻子的搭档,贺瑞斯根本就不玩桥牌。

705 螺钉

在伯灵顿螺钉和螺母厂,如果哪个学徒不能回答这个著名的螺钉思维游戏,那么他就不能成为一个合格的铸造工人!每个学徒都必须拿两个相似的大螺钉,然后把它们放在一起,使螺纹相啮合,步骤如下:学徒必须按图中所指的方向将螺钉A沿着螺钉B移动。在这个过程当中,两个螺钉要抓紧,这样它们才不会旋转。现在要回答的问题就是:两个螺钉头究竟是越离越紧、越离越远还是彼此之间距离保持不变?

706 欺骗

特拉斯丁·奈德·阿姆斯特朗是奈德精彩体育世界的老板。有一天，他与一个看起来很可疑的人完成了当天的第一笔交易。顾客花12元买了一筐高尔夫球，他支付了20元，奈德没有零钱，于是去隔壁的面包店换钱，然后把东西交给顾客并找给他8元。10分钟后，面包师进来抱怨说那20元是假的，然后奈德从柜台拿出20元还给他。现在，奈德想的是他到底在第一笔交易当中损失了多少钱。记住，这筐高尔夫球的利润是100%。

707 钓鱼

加尔文、怀利、埃米特和昆廷寄宿在马·博斯科姆斯公寓。他们一起到莫兰河钓鱼，一共钓了10条鱼。当他们把鱼交给玛让她放在冰箱时，她注意到：
1. 加尔文钓的鱼比昆廷多。
2. 怀利和埃米特两个人钓的鱼与加尔文和昆廷钓的鱼一样多。
3. 加尔文和怀利两个人钓的鱼比埃米特和昆廷两个人钓的鱼少。

那么，你能否根据以上事实计算出他们每个人各钓了几条鱼吗？

708 领导人

那么，读者朋友，你能解释这个巧事吗？

"我刚刚发现有关第二次世界大战的最让人吃惊的巧事。如果你把5个西方主要领导人的以下数字相加——出生年、1944年时的年龄、就职的年份以及截至1944年的掌权时间，你会发现结果都是一样的！"

"你说得很对，真是有史以来最伟大的巧合！但是，这种怪事肯定有它的合理解释！"

	丘吉尔	罗斯福	斯大林	希特勒	墨索里尼
出生年份	1874年	1882年	1879年	1889年	1883年
1944年时的年龄	70岁	62岁	65岁	55岁	61岁
就职年份	1940年	1933年	1924年	1933年	1922年
截至1944年的掌权时间	4年	11年	20年	11年	22年
总计	3888	3888	3888	3888	3888

709 排雷

右面方框中的一些格子埋有地雷。黑色三角旗上面的数字指的是周围的8个格子里的地雷总数。地雷分别埋在哪些格子中？

710 吃了什么

5个女人一起吃饭。根据所给的信息，你能否说出每个女人吃了什么肉和配餐以及饭后甜点？

1. 黛娜要么吃面条，要么喝汤；甜点要么吃蛋糕，要么吃巧克力。
2. 玛丽要么吃蔬菜，要么吃豆腐。
3. 丽丽和黛娜中有一个人主食会选择鸭肉或者羊肉，甜点选择巧克力。
4. 米琳会点鸡肉或者羊肉，配餐会选米饭或者汤。
5. 苏伊会点牛肉或者羊肉，配餐会点豆腐或者汤，甜点会点咖啡或者蛋糕。
6. 蛋糕会紧跟着汤或者蔬菜上。
7. 点鸭肉的会点咖啡或者冰激凌作为甜点。
8. 点面条的会点荔枝或者冰激凌作为甜点。
9. 有一个女人点的是猪肉。

711 篱笆墙

老园丁林肯去世的时候，留给每个孙子19个玫瑰花丛。这些孙子，Agnes（A）、Billy（B）、Catriona（C）和Derek（D）彼此憎恨，因此准备在各自的玫瑰丛外围上篱笆。那么，谁的篱笆周长将是最长的呢？

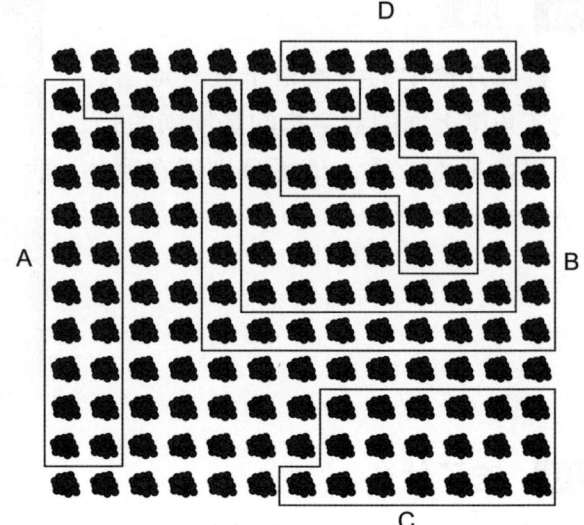

712 倒酒

最开始的时候，9升罐是满的，5升、4升和2升罐都是空的。

游戏目的是将红酒平均分成3份（这将使最小的罐留空）。

因为这些罐都没有标明计量刻度，倒酒只能以如下方式进行：使1个罐完全留空或者完全注满。如果我们将红酒从1个罐倒入2个较小的罐中，或者从2个罐倒入第3个罐，这两种方式的每种都算做2次倒酒。

达到目的的最少倒酒次数是多少？

713 裂缝

右图显示的是一块泥地，泥地上有很多裂缝，你能够说出这众多裂缝中哪一条是最先出现的吗？

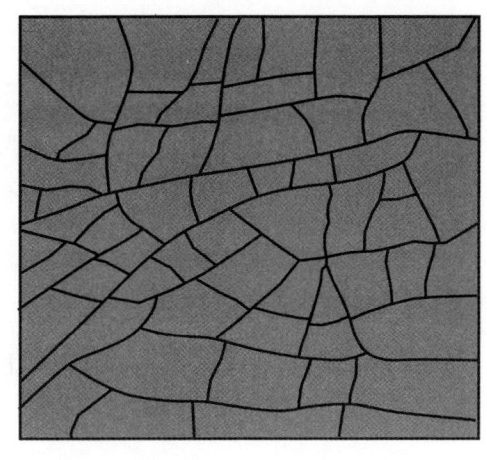

714 安全脱险

迈克和杰克用软梯下到一个深谷，准备探寻谷底的洞穴。刚走了几米，忽然谷底的泉水大量涌出，不一会儿水位就到了腰部，并不断上涨。他们两人没想到谷底会发大水，既不会游泳，又没带救生用具，只能立刻攀软梯出谷。但他们所用软梯的负重是250公斤，攀下时是一个一个下来的，因为他们的体重都是140公斤左右。如果两人同时攀梯，势必将软梯踩断；若依次先后攀梯而上，水势很急，时间来不及。你能帮助他们想一个办法安全脱险吗？

715 特别的碑文

在一块墓碑上刻着特别的碑文，它曾吸引了无数人前来推测和祭奠。这块墓碑的碑文如下：

如果包括同母异父或同父异母的关系，埋葬在墓地里的最少有几个人？

这里躺着女儿，这里躺着父亲；
这里躺着儿子，这里躺着母亲；
这里躺着姐妹，这里躺着兄弟；
这里躺着妻子和丈夫。

716 决斗制胜

有A，B，C共3人进行决斗，分别站在边长为1米的正三角形的顶点上。每人手里有一把枪，枪里只有一发子弹。每个人都是神枪手，不会失手。如果决斗者A不想死，他要怎么做才能保证存活？

717 切割菱形

下面的图是一个菱形，里面有几个数字，你能想办法在上面画1条直线，使各个区域的数字总和相等吗？

第十一章

综合法

718 未完的序列

想一想，哪个选项可以完成这组序列图？

719 移动的数字

从左上角的圆圈开始顺时针移动，求出标注问号的圆圈里应该填上的数字。

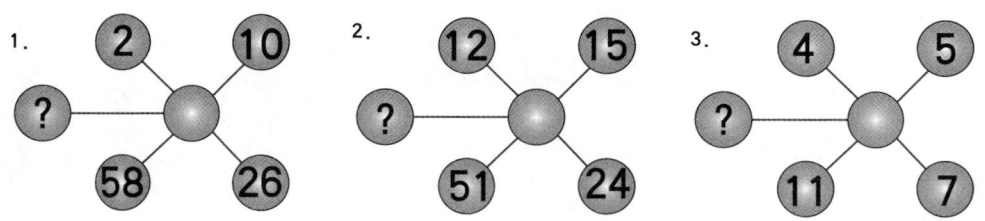

720 数字狭条

你能不能把这个图案分成85条由4个不同数字组成的狭条，使得每个狭条上的数字之和都等于34？

用数字1～16组成和为34的四数组合共有86种。左边的网格图中只出现了85条。你能把缺失的那条找出来吗？

1	4	14	15	1	3	5	12	14	14	4	7	11	12	3	13	2
12	13	4	5	6	10	16	3	5	7	2	16	9	7	6	8	10
11	8	1	14	12	16	5	2	11	9	1	7	12	14	10	3	7
10	9	13	2	15	5	6	16	7	4	2	9	11	12	15	10	15
13	6	3	15	8	9	2	3	2	6	3	3	7	8	16	4	1
7	11	7	4	16	8	6	8	5	7	6	13	16	1	4	7	6
8	9	9	2	5	12	15	9	13	10	11	12	1	3	8	10	11
6	8	15	16	6	10	2	14	14	11	14	1	10	9	14	13	16
2	8	11	13	4	11	7	1	15	4	2	1	3	2	6	11	15
6	7	9	12	9	15	3	14	2	6	7	5	9	5	7	9	13
3	7	11	13	10	1	16	10	7	9	11	13	10	1	3	14	16
3	7	10	14	11	2	8	10	14	15	14	15	12	5	8	9	12
3	4	14	2	5	6	10	13	4	3	4	7	2	6	12	14	5
8	13	6	7	2	3	13	16	6	11	8	13	9	11	1	8	
11	9	10	12	3	5	11	15	11	12	6	9	14	6	13	1	10
12	8	4	13	1	2	15	16	14	13	10	5	6	9	14	11	
4	16	12	2	12	4	8	1	14	3	13	4	5	5	6	8	15
3	4	11	16	5	12	1	16	4	15	12	3	7	2	4	13	15
12	11	1	10	1	8	10	9	10	5	4	15	8	5	7	10	12
16	3	9	6	16	10	15	8	6	11	5	12	14	4	5	9	16

a	b	c	d

a + b + c + d = 34

721 合适的长方形

问号所在位置应该填入选项中的哪个长方形？

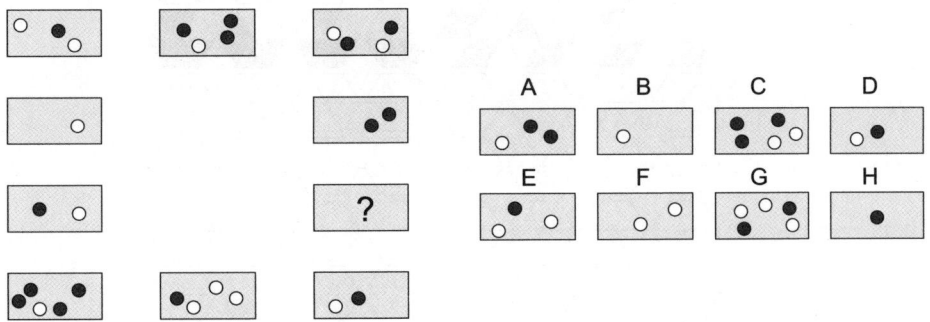

722 数字游戏板

如图所示，把数字 1~4、1~9、1~16、1~25 分别放进 4 个游戏板中，使每个圆中的数字都大于其右侧与正下方相邻的数字，你能做到吗？

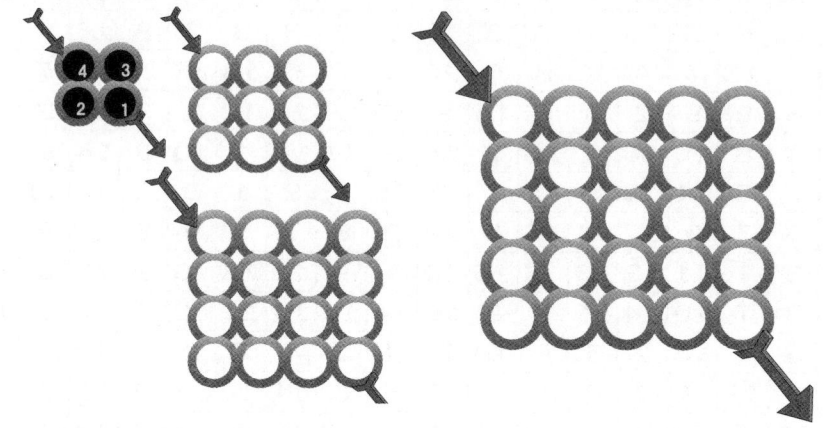

723 六边形上色

正六边形的对角线将其划分为 8 个部分，用黑白两种颜色给这些部分上色，一共有 64 种上色方法。

下面已经画出了其中的 32 种情况。

你能够画出另外的 32 种吗？（同一图形的旋转被认为是不同的情况。）

我们这里的六边形问题的原型来源于《易经》，它成书于公元前 8 世纪，是历史上最早的研究排列和分割问题的书，现在全世界仍然有很多人致力于这本书的研究。

724 旗子

如果最下面的齿轮按逆时针方向旋转，那么最上方的旗子是会上升还是会下降呢？

725 排列规律

A，B，C，D中哪一项符合这些图形的排列规律？

726 填图补白

哪一个选项可以放在空白处?

727 地板

图中缺少的那块地板应该是哪种样子?

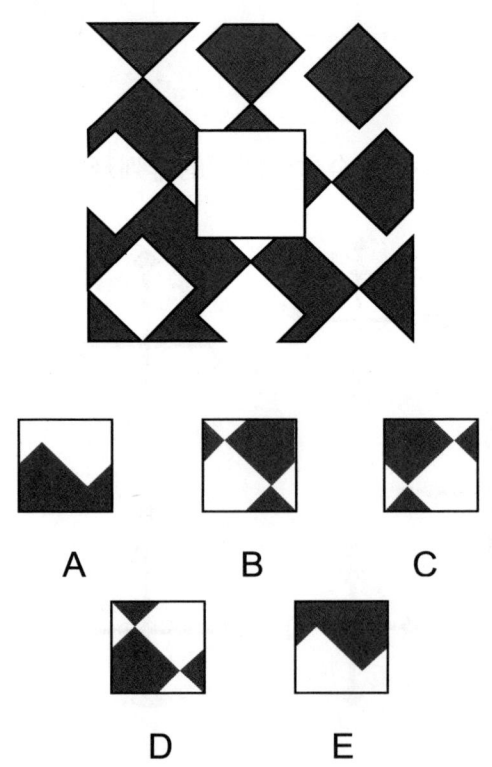

728 蛋卷冰激凌

现在有 1 个 3 层的蛋卷冰激凌，这 3 层的口味分别是草莓、香草和柠檬。请问你拿到这个冰激凌从上到下的口味排列正好是你最喜欢的顺序的概率是多少？

729 合适的图形

在标注问号的方框中填入合适的图形。

730 滑动链接谜题

在滑动链接谜题中，你需要从纵向或者横向连接相邻的点，形成一个独立的没有交叉或分支的环。每个数字代表围绕它的线段的数量，没有标数字的点可以被任意几条线段围绕。

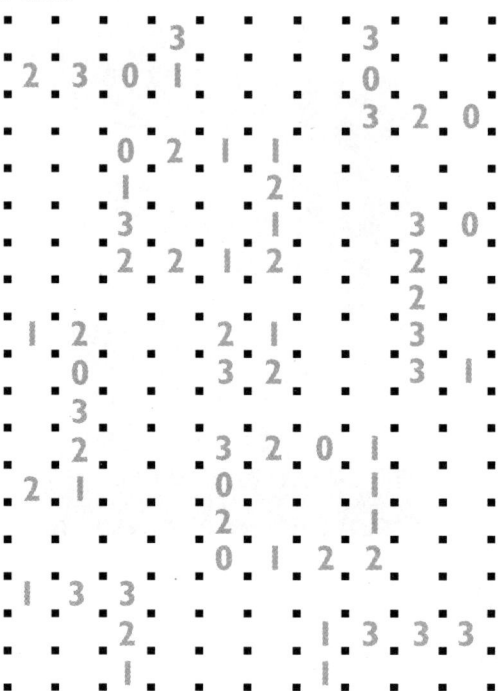

731 守卫

汤米·莱德斯给谜题国的国王帕泽尔佩特出了一道著名的"伦敦塔"问题。图中的 A，B，C，D，E 分别代表伦敦塔的 5 名守卫。每当日落的时候，A，B，C，D 各守卫都会迅即走出 A，B，C，D 出口，鸣枪示意，唯有 E 会从起始点走到 F 位置。问题是如何给这 5 名守卫找到 5 条路线，让他们行走时均不经过其他人所走的路线。图中已标出 A，B，C，D，E 各守卫的位置以及他们需要通过的 4 道门的位

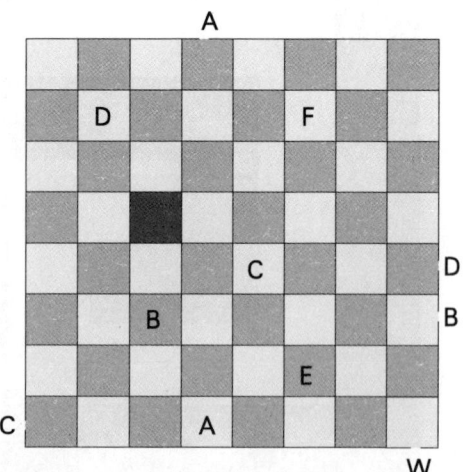

置。汤米说,当你知道怎么走之后,这道题其实很简单。

汤米的第二个问题比第一个更好。

每到午夜,1 名守卫就会从图中的 W 入口处进入塔内,然后迈着庄严的行军步伐走遍所有的 64 个房间,最后走到图中的黑格处。由于有长期的经验,守卫们都知道如何在尽可能少拐弯的情况下走完所有的房间,并且不重复经过任何房间。你能找到这条路线吗?

732 空白

在图中空白处填上恰当的选项。

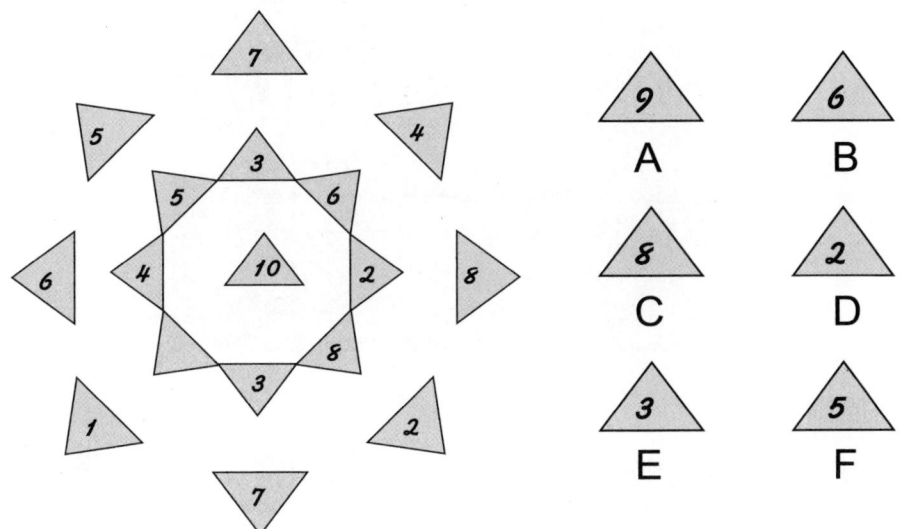

733 踩着石头过河

这次,你要到丛林里执行任务。当你路过一条河时,你必须小心翼翼地踩着这些石头才能到达河对面,如踩错了石头你就会跌进河里,要知道河里到处都是鳄鱼。

从 A 开始,每排里只能踩一个石头,你会选择踩哪些石头呢?

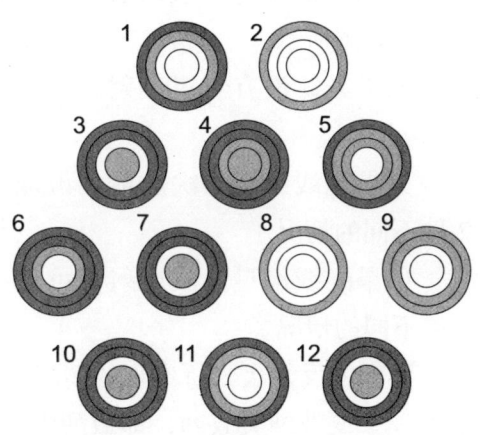

734 正透镜

凸透镜和会聚透镜都被称为正透镜，因为它们都能把平行的光线会聚于焦点。那么如果让平行的光线通过两个厚度不同的正透镜，如图所示，结果与只通过1个正透镜是相同的吗？如果不同，结果又应该是怎样的呢？

735 反射

我们来研究光的反射现象。如果把2种不同的透镜正面相贴地放在一起，那么可能反射光线的表面一共有4个，如图所示。

如果光线没有经过反射，它会直接穿过去。

如果光线经过1次反射，可能有2种不同的情况。

如果光线经过2次反射，可能有3种不同的情况。

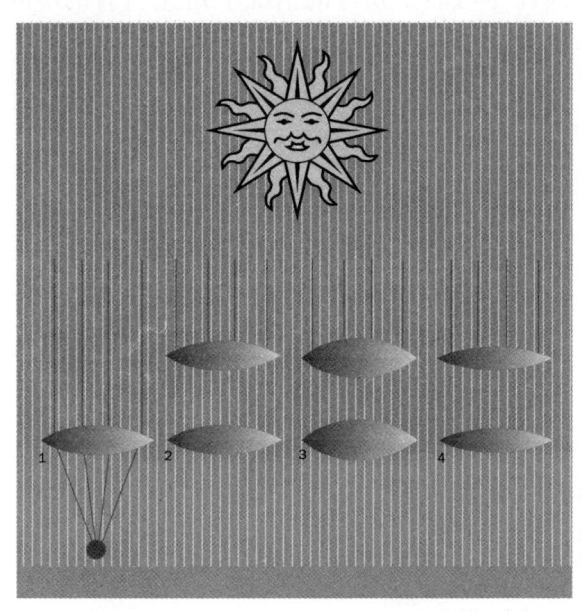

不同的反射次数所出现的情况的种数分别为：1，2，3，5，8，13，21……这是一个斐波纳契数列，即数列中后一个数字等于前两个数字之和。

那么你能够画出光线经过5次反射的13种情况吗？

736 蜡烛的像

假设有两面以铰链衔接的平面镜，以成对的彩线所成的角度摆放。

这个铰链衔接的镜子有几个值得注意的效果。

首先，惯常的左右互换现象消失了。

其次，你只需要一个很小的东西就能制造出一个万花筒。

最后，通过改变两面镜子之间的角度，你能使被反射的物象加倍并且增多。

你能从不同角度找到多少个燃烧的蜡烛的像（包括原物像）？

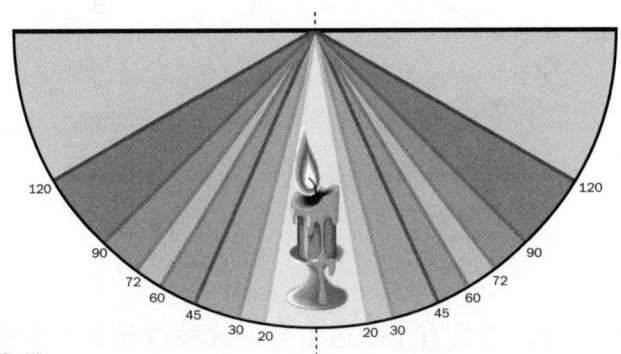

737 数字路线

从最顶端的数字开始，找出一条向下到达底部数字的路线，每次只能移一步。

1. 你能找出一条路线，使路线上所有数字之和为 130 吗？
2. 你能找出两条分开的路线，使路线上的数字之和为 131 吗？
3. 路线上可能的最大值是多少，你走的是哪条（哪些）路线？
4. 路线上可能的最小值是多少，你走的是哪条（哪些）路线？
5. 有多少种方式可以使值为 136，你走的是哪条（哪些）路线？

738 转移

图中外围圆圈里出现的每个图形和符号，都将按照下面的规则转移到中间的圆圈里面——如果某种图形或是符号在外围的圆圈里出现1次：转移；出现2次：可能转移；出现3次：转移；出现4次：不转移。A，B，C，D和E中哪一个应该放入问号处呢？

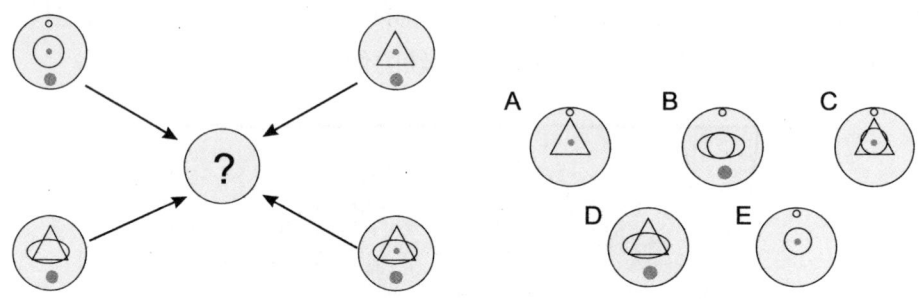

739 围栏

2个矩形围栏全等，并且有1条边重合，这种情况下怎样才能使制造围栏所用的材料最少呢？

如图所示，3种围栏中哪种所用材料最少？3幅图都是按照相同的比例尺画的，并且面积都相等。

740 平行四边形

下图是 3 个任意四边形。

把图 1 中的四边形的四条边的中点连接起来，形成 1 个平行四边形，且这个平行四边形的边分别与原四边形的 2 条对角线平行。

问这个平行四边形与原四边形的面积之间存在什么关系？平行四边形的周长与原四边形的对角线长度又有什么关系？

其他的任意四边形四边的中点相连也会得到 1 个平行四边形吗？你可以在所给的另外 2 个任意四边形上试试。

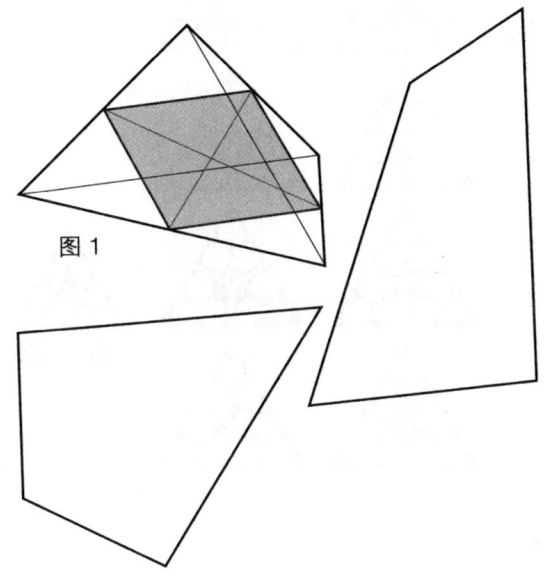

图 1

741 拼剪三角

如下图，有一家地毯店接到预约，客户预约的是一张铺在三角形房间的地毯。但是，店家裁制时竟不小心将布翻成反面来裁剪，而且形状为不等边三角形，请问怎么办？

742 分辨碟子

假设所有碟子颜色都一样——没有标签,也没有办法分辨哪个碟子是哪个。你能用几种方法将3个不同颜色的物体分配到3个没有标签的碟子上?

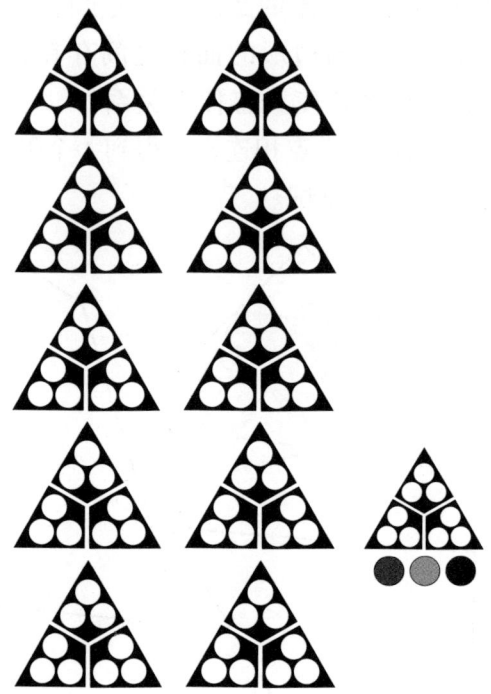

743 容积

下面6个烧瓶的容积分别为7,9,19,20,21和22个单位容积。现在化学家要把蓝色和红色的两种液体分别倒满其中5个烧瓶,留下1个空的烧瓶,同时使这些烧瓶中蓝色液体的总量是红色液体的总量的2倍(两种液体不能混合)。

请问:按照上面的条件,哪几个烧瓶应该倒满红色的液体,哪几个应该倒满蓝色的液体,哪一个烧瓶应该是空的?

744 如何出场

保龄球队一共有 6 个队员，队长需要从这 6 个人中选出 4 个人来打比赛，并且还要决定他们 4 个人的出场顺序。

请问有多少种排列方法？

745 演员金字塔

现在我们想象一下，这个金字塔最下面的一排由 20 个杂技演员组成。

不用计算，你能用最简单的方法求出这个金字塔演员的总人数吗？

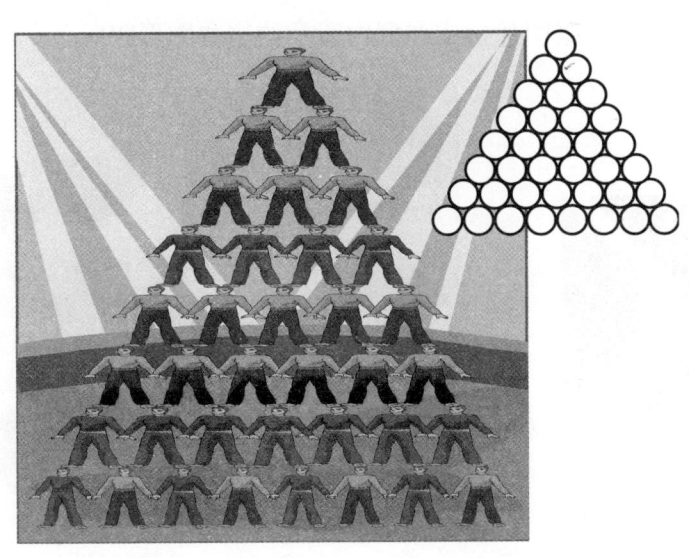

746 七巧板

我们熟知的最古老的分割问题是七巧板。经典的七巧板是世界上最美妙的难题之一。

把中间方框里的七巧板图片复制并剪下来，你能拼出外框的所有图吗？

当你解决了这里给出的问题，请试着自己发明一些图样。

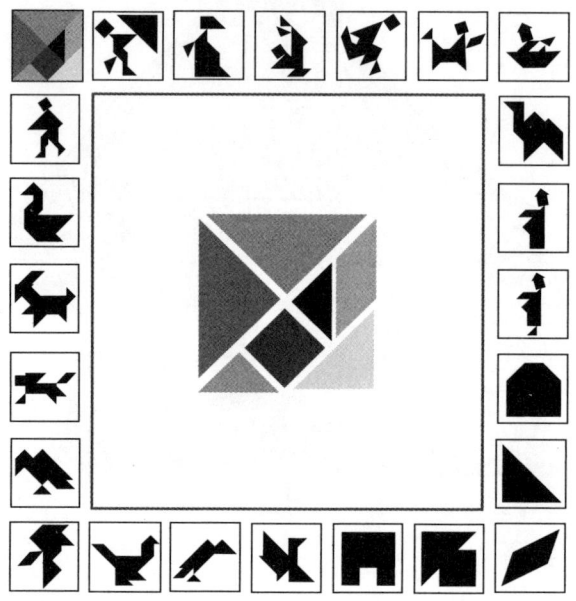

747 拼合图形

你能用下边的 4 张图片拼成如框内所示的这些图形吗？

748 拼数字

用七巧板拼出图中所示的数字，速度越快越好。

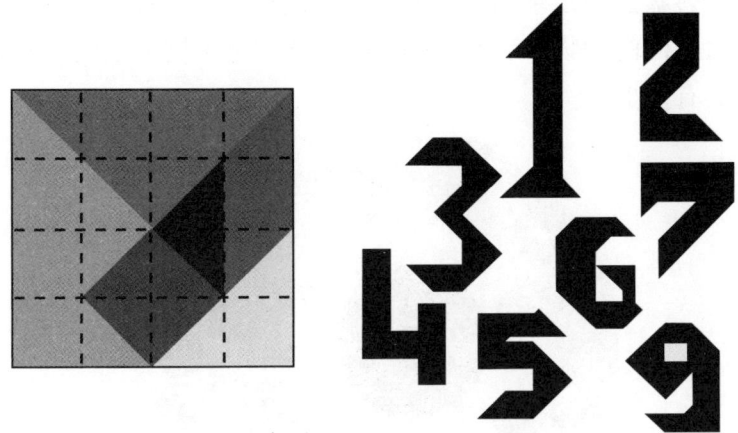

749 点菜

点餐时从下面 3 份菜单中各选出 1 道菜，即一共要选出 3 道菜，请问一共有多少种选择？

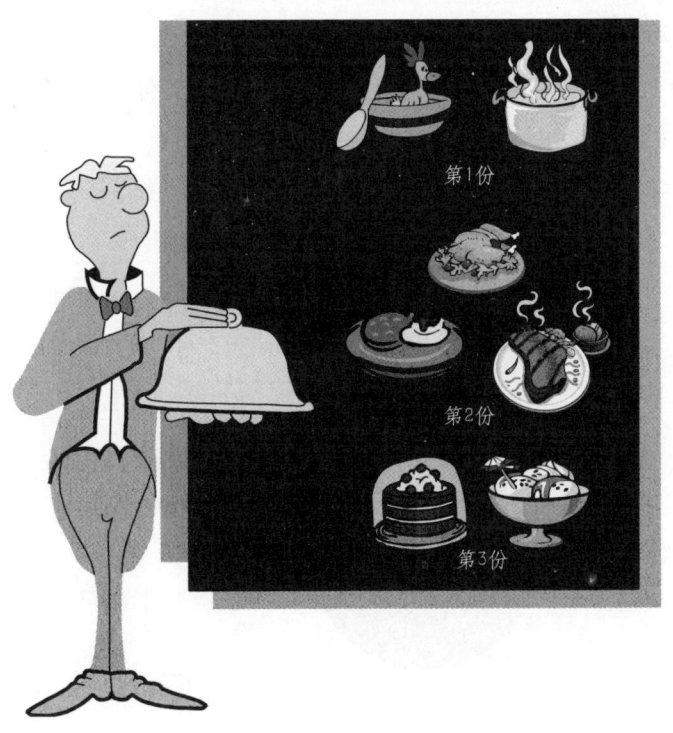

750 动物组合

如图，这个转盘的外环有 11 种动物。请在转盘的内环也分别填上这 11 种动物，使这个转盘能满足下面的条件：即无论转盘怎么转动，只可能有 1 条直线上出现 1 对相同的动物，而其他的直线上全部是不同的动物。问满足这种条件的排序一共有多少种？

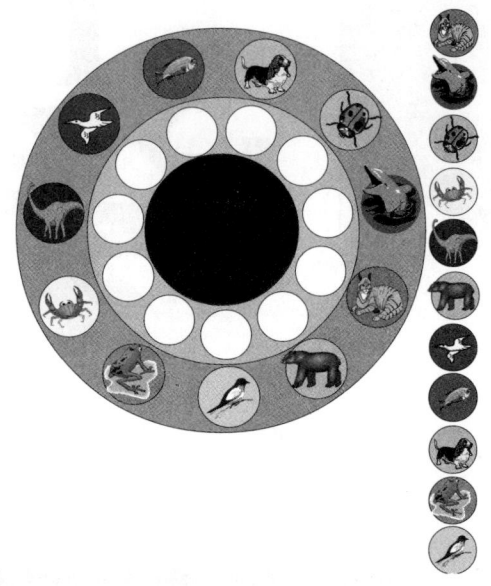

751 拓扑游戏

把右下的 7 个灰色的字母分别放入 3 个圆圈中，使每个圆圈内的字母都满足某个拓扑学的规则。

另外，每个圆圈内均有 1 个不符合规则的字母，请把它找出来。

752 走出迷宫

从顶端的入口进入迷宫,然后按顺序走遍从 A 到 F。每走到 1 个字母时,你所经过的数字相加必须正好等于 10(不可以相减)。从离开字母 F 到走出迷宫时,所经过的数字的和也要等于 10。该怎么走?

753 重新拼入

如图 1 所示,将 5 个边长为 1 个单位的正方形拼入 1 个正方形,此正方形的边长是 2.828 个单位。你可以把这 5 个小正方形重新拼入 1 个如图 2 所示的小一点儿的正方形内吗?

图 1　　　　图 2

754 钉子的跳跃

这个游戏规则是这样的：除了中间的那个小洞（编号17），其他的所有小洞上都插有钉子。

玩家的任务是通过一系列跳跃，拔掉板上所有的钉子，最后只剩下1个钉子，这个钉子的最终位置必须是板的中心（编号17）。

跳跃的规则是这样的：1个钉子跳过相邻的钉子到达1个没有钉子的小洞，同时拔掉跳过的钉子。每次跳只能是横向或竖向，不能斜向。可以连跳。

你玩这个棋需要多少跳？或者你最多能够走多远，直到最后无路可走了？

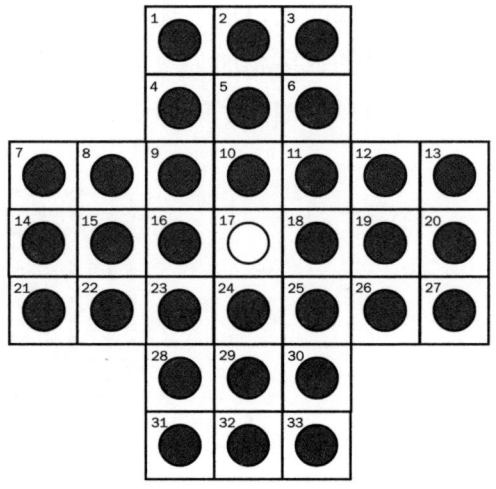

755 加法运算

简单的加法运算有时会让人迷惑！你把这组数字连加起来，答案是什么？给你的朋友试试，看看会不会有五花八门的结果。

$$\begin{array}{r} 1000 \\ 20 \\ 30 \\ 1000 \\ 1030 \\ 1000 \\ +\ 20 \\ \hline ???? \end{array}$$

756 三角形个数

这 6 幅图中分别有多少个三角形?

757 小人

除了右下角那个小人之外,这幅图看上去再自然不过了。那么,这个小人与后面的那个人谁大?

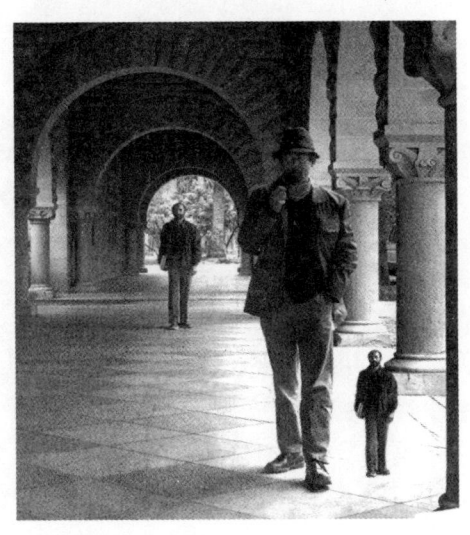

758 神奇的运算

题1：有多少个两位的阿拉伯数字，它们的十位和个位上的数字不是连续数字？

题2：有多少个两位的阿拉伯数字，它们的十位和个位上的数字不相同？

题3：举个例子，一个有连续数字的三位数，如234，把它倒过来得到的数字是432，用它减去原来的数字得到198。这对于符合同样规律的三位数都成立。

把上面的一组四位数按照同样的程序运算，并制出一个表格，你需要多长时间？

```
345     543 − 345 = ?
456     654 − 456 = ?
567     765 − 567 = ?
678     876 − 678 = ?
789     987 − 789 = ?
1234    4321 − 1234 = ?
2345    5432 − 2345 = ?
3456    6543 − 3456 = ?
4567    7654 − 4567 = ?
5678    8765 − 5678 = ?
6789    9876 − 6789 = ?
```

759 博彩游戏

在一种博彩游戏中，买彩票者需要在1～54这些数字中间选出6个数字，这6个数字的顺序不重要。

请问有多少种选择？

760 条形关系

这些由正方形组成的条形是平行的还是弯曲的?

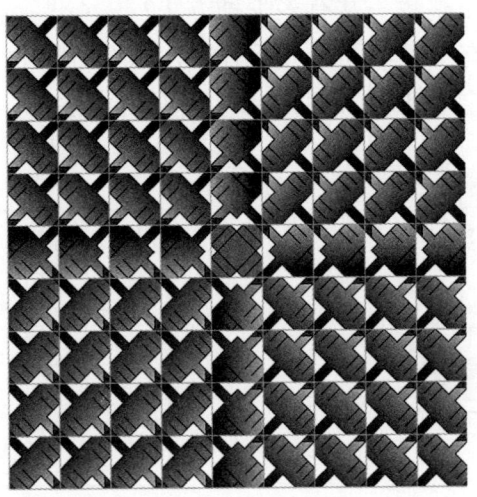

761 活塞

下图是液压机的一个模型,从中我们可以清楚地看到它的机械利益(一台机器产生的输出力和应用的投入力之间的比率)。这个液压机有两个汽缸,每个汽缸有一个活塞。

这个模型中:

小活塞的面积是 3 平方厘米;大活塞的面积是 21 平方厘米;机械利益为 $21 \div 3 = 7$。

请问小活塞上面需要加上多少力,才能将大活塞向上举起 1 个单位的距离?

762 数字分拆

高德弗里·哈代和锡里尼哇沙·拉玛奴江共同研究了数字分拆问题，即将正整数 n 分拆成几个正整数一共有多少种方法？

比如，数字 5 就有 7 种不同的分拆方法，如下图所示。

现在请问你：数字 6 和 10 分别有多少种分拆方法？

763 找出 4

A 图中有一个阿拉伯数字 4，B 图中也有一个大小一样、形状相同的 4，你能看出在哪里吗？

764 哥伦布竖鸡蛋

有一个非常著名的问题：怎样把一个鸡蛋竖起来？根据记载，克里斯托弗·哥伦布知道答案。

故事是这样的：西班牙的贵族们给哥伦布出了一个难题，要求他把一个鸡蛋竖起来。

所有人都认为他不可能做到。哥伦布拿起鸡蛋，轻轻地敲破了鸡蛋一端的一点儿蛋壳，轻而易举地就把鸡蛋竖起来了。这个故事的寓意在于，很多看上去非常困难的事情很可能会有一种非常简单的解法。

如果要求不能弄破蛋壳,你还能把一个鸡蛋竖起来吗?

765 巧分巧克力

要把这块巧克力分成 64 等份,你最少需要切几次?

注意:你可以把已经切好的部分放在没有切的巧克力上面。

766 组图

如果 A 对应于 B，那么 C 对应于 D、E、F、G、H 中的哪组图？

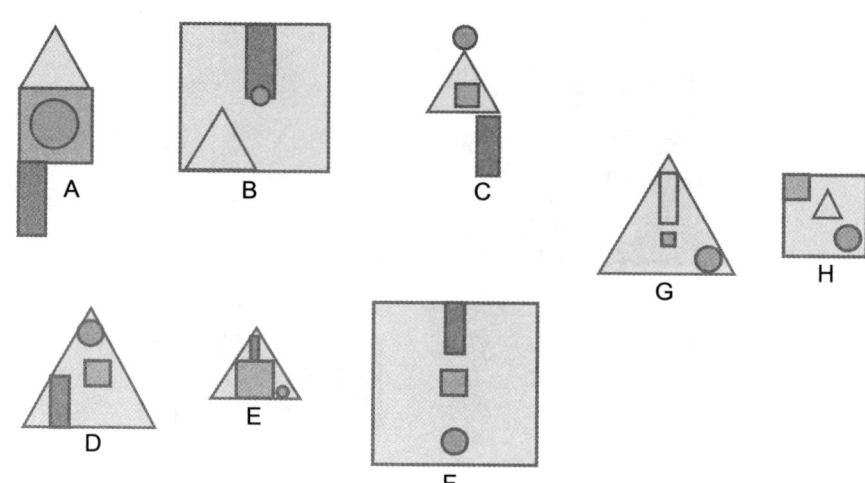

767 最长路线

在这个游戏里，需要通过连续的移动从起点到达终点，移动时按照每次移动 1，2，3，4，5……个格子的顺序，最后一步必须正好到达终点。并且必须是横向或是纵向移动，只有在两次移动中间才可以转弯，路线不可以交叉。

下图左边二图分别是连续走完 4 步和 5 步之后到达终点的例子。你能做出下图中右图这道题吗？

768 突变

4张卡片上的3幅图已经画出来了,你能把第4张卡片上的图也画出来吗?

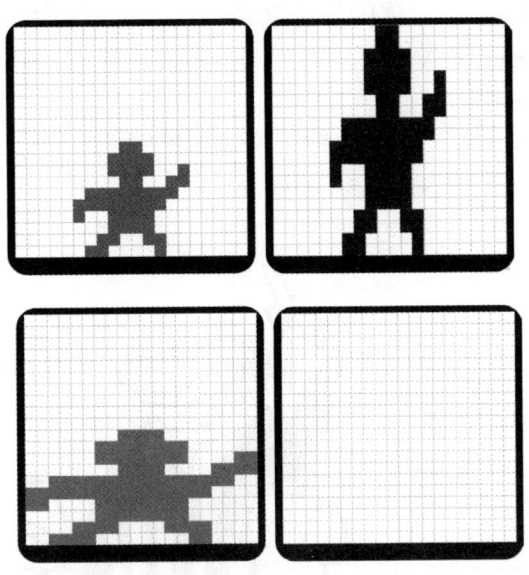

769 哈密尔敦路线

从游戏板上的1开始,必须经过图中每一个圆圈,并依次给它们标上号,最后到达19。你每次只能到达一个圆圈,并且必须按照图中的箭头方向前进。

注意:不能跳步。

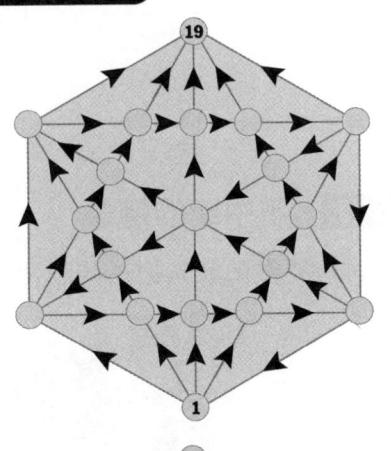

770 哈密尔敦闭合路线

一个完全哈密尔敦路线是从起点1开始,到达所有的圆圈后再回到起点。你能不能将1～19这几个数字依次标进下面的圆圈中,完成这样一条路线呢?

你每次只能到达一个圆圈,并且必须按照图中的箭头方向前进,不准跳步。

771 投票箱

在新泽西竞选的政客给了我们一个十分有趣的思维游戏。图中有一个投票箱,箱子上画着一个"×"。你的任务就是把这个投票箱用一笔连续画出。当然,线条不可以在任何地方交叉。

772 不中断的链条

你要做的就是把这些图片组成一个正方形,且链条不允许中断。

773 绳子上的猴子

如图所示，现在猴子和绳子另一端的香蕉处于平衡状态。如果这只猴子现在开始沿着绳子往上爬，左边的香蕉将会怎样移动？

774 举起自己

如果这个女孩将绳子向下拉，她能否令自己坐着的这端向上升？

775 木板上升

如果这个男孩使劲拉绳子，他能否把自己和他所站的木板都拉起来？

776 聚餐

5个年轻人在一家鱼和薯条店里聚餐。根据下面的信息，你能说出哪几个人，吃了什么鱼，还吃了其他的什么食品，以及他们各自付了多少钱吗？

1. 莫顿比点了鲽鱼套餐的男孩付钱付得多。

2. 点了面包的男孩比没有点加拿大鲽鱼，但是点了玛氏巧克力棒的男孩付钱付得少。

3. 要么莱恩点了加拿大鲽鱼，阿里斯德尔点了比萨；要么莫顿点了加拿大鲽鱼，莱恩点了比萨。

4. 尼尔点了一块芝士，他比点北大西洋鳕鱼的男孩多付了5元，这个人可能是多戈尔或者莫顿。北大西洋鳕鱼比鳕鱼套餐要贵。

5. 多戈尔或莫顿中有一个人总共付了55元，并且点了一个玛氏巧克力棒。
6. 有人点了薯片。
7. 这5个人分别所付的钱是40元，45元，50元，55元和60元。

777　警长的妙计

罗尔警长快要过60岁生日了，可是看上去很年轻，50岁还不到的样子。这得归功于他的自行车，也许你不相信，这辆自行车陪着他30多年了，还是当年巡逻时骑的呢。后来，警察巡逻开上了警车，可是罗尔警长坚持骑自行车，他说："坐在警车里不锻炼，连路也跑不动了，怎么抓坏人？"

有一天下午，他骑着自行车在街上巡逻，一辆黄色轿车"呼"地从他身边冲过，紧接着，身边传来喊叫声："他偷了我的汽车！"罗尔警长赶紧蹬车去追黄色轿车，可是，自行车的两个轮子，怎么追得上4个轮子的轿车呢？才追了一条马路，他就累得直喘气，眼看轿车越来越远了。

这时候，他看见路边停着一辆集装箱卡车，司机正在卸货，他扔下自行车，跳上卡车，开足马力，继续追赶。

偷车贼还以为把警长甩掉了，心中暗自嘲笑：一辆破自行车，还想追我？哼，没门！忽然，他从后视镜里看见了卡车，司机就是那个老警察！他慌忙加大油门，警长紧追不舍，两辆车在公路上追逐着。

前方有一座立交桥，轿车一下子就从桥底下穿了过去，可是集装箱卡车的高度，恰恰高出立交桥底部2厘米，警长一个急刹车，停在立交桥前，好险啊！

罪犯看到卡车被挡住了，还回头做个怪脸，罗尔警长气得两眼冒火。他毕竟是老警察了，马上冷静下来，看了看轮胎，立刻有了主意。

几分钟以后，集装箱卡车顺利从立交桥底下穿过，警长终于追上了罪犯。

罗尔警长用什么方法，很快就让卡车通过了立交桥呢？

778 神奇的幻方

1779年，追求时尚的催眠士弗朗茨·安东·梅斯梅尔准备在圣诞前夜招待他的贵族朋友。下图中他的实验对象正在解答他的思维游戏。这个题要求幻方上的数字在每个方向上，即水平、垂直以及对角线的相加结果都等于79。而读者朋友需要补充剩下的12个数字，这些数字要从11到29中选择。但是，每个数字都只能出现一次。

779 箭头与数字

在下面的方框中填上数字1～7，使得每一横行和每一竖行中这7个数字分别出现一次。方框中箭头符号尖端所对的数字要小于另一端的数字。

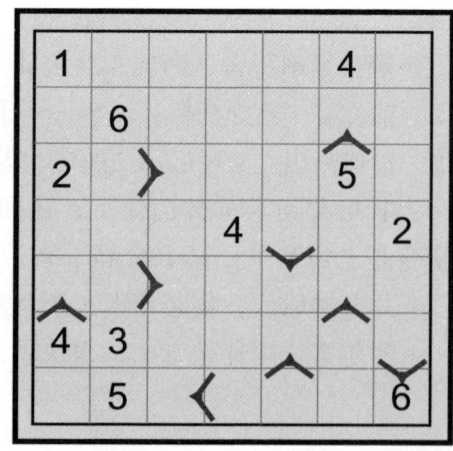

780 棋盘的方格

在这个思维游戏里,西洋跳棋和多米诺骨牌有望同时进行游戏。假如我们有 32 个多米诺骨牌,每一个多米诺骨牌可以占棋盘上的 2 个方格。把所有的多米诺骨牌放在棋盘上,它们会占满所有 64 个方格。

现在,将棋盘对角上的 2 个方格切掉并去掉 1 个多米诺骨牌。那么,你能否将剩下的 31 个多米诺骨牌放在棋盘剩余的 62 个方格上呢?如果可以的话,请给予证明;如果不可以的话,请解释原因。

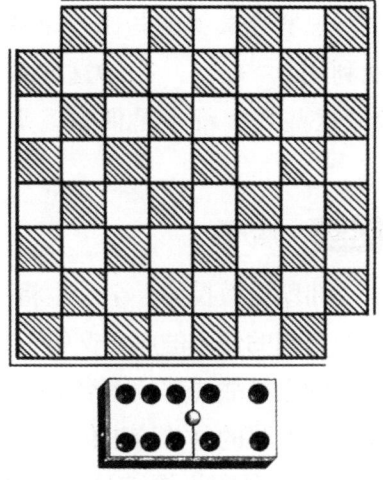

781 小猫找尾巴

在 2 分钟内,把猫的两截正确连接(找寻猫尾),不要搞错它的尾巴。

782 惩罚

思罗克莫顿能写出这个数字吗？彭尼帕克先生给了他一个很难的题。他只能利用1，3，5，7，9这些数字来写成这个数字。很显然，诸如333、753或者717这些数字都不是偶数。那么，你能否帮助思罗克莫顿走出这个困境呢？

783 瓶子

弗朗昆教授的一个学生将一个装着写有下面语句的便条的瓶子交给了他。他向这个博学的人挑战要解读著名的航海船长在这个便条上所写的这首诗中包含了什么：

"我现在指挥着这艘巨轮，船上装载着从世界各地运来的珍贵货物，这些东西我从来没有卖过。风也助我一臂之力，不管是港口还是海港，我最大的愿望就是能在上面自由奔跑。"

那么，你知道这位诗人船长是谁吗？

784 火柴杆

右图是用12根火柴拼成的一个正方形。每根火柴都长2厘米，这样，这个正方形的面积为6乘以6，即36平方厘米。现在，请你将这12根火柴重新排列，并使形成的新的图形的面积为12平方厘米。

785 玻璃杯中的瓶塞

一个瓶塞现在掉进斯迈德维奇女士的玻璃杯里。一般情况下，瓶塞是不会停留在杯内水的中央，相反，它会慢慢漂到玻璃杯的一侧，并且停在那里。然而，却有一个简单的方法可以使瓶塞停留在玻璃杯的中央（使水旋转不算答案）。

786 香水瓶

右图是一个塞有塞子的未装满的科隆香水瓶,你如何计算出瓶中液体所占瓶子的百分比（瓶塞所占空间面积不计）。你能使用的只有一把尺子，同时，你不能将瓶塞从瓶子上拿走。你有5分钟的时间计算出结果。

787 骰子

这个题需要你准备3个骰子。先在桌子上放一个骰子，然后把另外2个骰子夹在拇指和食指之间。接着，与在场的人打赌，说他们不能按照图中所示的角度将2个骰子并排放在桌上的那个骰子的顶部。不用说，他们每次都会失败。当他们最终认输时，你可以毫不犹豫地将骰子稳稳当当地放在上面。你如何去做呢？

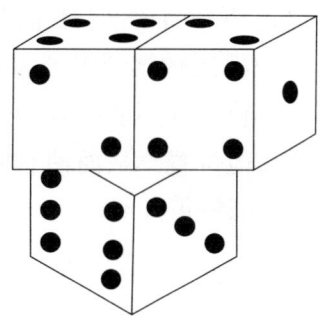

788　幻方

那位优秀的代课老师——普里西拉·孙珊女士今天给我们上数学课。大家注意听啊！

"你们的老师——特雷西先生告诉我你们需要在解答幻方上面多加练习。现在，我把9到16这几个数放在黑板上这个正方形的边的周围，同时，各边上的3个数字相加的结果都是36。你们的任务是将其中的8个数字重新排列，使各边上3个数字相加的结果都等于37。"

789　手表组合

这个小个子的老钟表匠过来考验你对准确性和规律的把握能力。他从自己的名贵手表当中拿出9块，他要求你做的是将这些手表排成10个组合，每个组合3块。你能在15分钟之内解决吗？

790　蜡烛

牧师斯皮尔现在身陷困境，教堂司事吃午饭时跟他打赌，如果将12根蜡烛摆成教堂和塔的样子的话，牧师就不能把其中的5根蜡烛换到其他位置，从而使它们变成3个大小相同的正方形。

"但愿我们教堂的司事维因斯科特先生不会在周六的晚上拿这个题向我挑战。如果这个题很难的话，我明天的布道就完不成了。那么，他究竟是怎么把这些蜡烛融合在一起的呢？"

791 连线碑

读者朋友们,你们也可以尝试做一下这个测试,只要将字母a到g这7个字母来代替图中的符号就可以了。

792 排列棋子

读者朋友请你也要把时间限制在5分钟内,看看能不能把这道思维游戏答出来。

第十一章 综合法 | 385

793 数独

在右面的每个格子里填上数字1~9，使得每一横行、每一竖行以及每个3×3的小方框中这9个数字分别出现一次。

794 字母游戏

在右面的每个格子里填上字母S，P，A，R，K，L，I，N和G，使得每一横行、每一竖行以及每个3×3的小方框中这9个字母分别出现一次。

795 蚂蚁回家

找4个立方体纸盒子堆成一个大立方体(如图所示)并标上相应的符号。

现在有一只蚂蚁在A处找到了食物，它要把食物搬回家(B)。因为食物比较重，小蚂蚁想找一条最近的路线，可是它冥思苦想怎么也想不出，你能帮助小蚂蚁找到这条路线吗？

796 五碗巧搬

有5个碗，按次序叠好放在甲盘里，一次一只往丙盘搬(如图)，大碗不能压小碗，试试应该怎样搬？

797 猜猜主角

亚历克斯·怀特有两个妹妹：贝尔和卡斯；亚历克斯·怀特的女友费伊·布莱克有两个弟弟：迪安和埃兹拉。他们的职业分别是：亚历克斯是舞蹈家，迪安是舞蹈家，怀特家贝尔是舞蹈家，布莱克家埃兹拉是歌唱家，卡斯是歌唱家，费伊是歌唱家。

6人中有一位担任了一部电影的主角，其余5人中有一位是该片的导演。（1）如果主角和导演是亲属，则导演是个歌唱家。（2）如果主角和导演不是亲属，则导演是位男士。（3）如果主角和导演职业相同，则导演是位女士。（4）如果主角和导演职业不同，则导演姓怀特。（5）如果主角和导演性别相同，则导演是个舞蹈家。（6）如果主角和导演性别不同，则导演姓布莱克。谁担任了电影主角？

798 聪明搬动

这是一座小型公寓的平面图，里面放着不少家具：办公室、钢琴、床、沙发和书橱。只有2号房间暂时没有放家具。租用这座公寓的房客想把钢琴和书橱对调一下位置，但房子太小了，任何一个房间都不能同时容纳两件家具。幸亏有工人帮忙，可以把家具从一个房间移到另一个房间，这样依次移动下去，最后总能解决这个难题的。但是，怎样做才能用最少的搬动次数来达到钢琴和书橱互相换位的目的呢？

799　死里逃生

如左图，两个人质的手腕连在一起。他们剪不断绳子，也解不开绳结，但他们却逃了出来，他们是怎么办到的？

800　七角星

如图的七角星中有15个小圆圈。请把1～15这15个数分别填入圆中，使每一个菱形的4个数的总和都为30。快试一试吧！

答案

第一章 排除法

001 波娣娅的宝盒

金盒子上的话和铜盒子上的话是矛盾的，所以两句话必有一真。又三句话中至多只有一句是真话，所以银盒子上的是假话。因此，画像在银盒中。

002 三棱柱

C

003 哪一个不一样

B图的符号和其他符号不一样，因为它是浅灰色的，而其他是深灰色的。A图的符号和其他的不一样，因为它是1，而其他是2。C图的符号也不一样，因为它是正方形而其他符号是圆形。因此，D图的符号才是真正不一样的，因为它没有"不一样"的地方。

004 形单影只

E。其他的都是中心对称图形。换句话说，如果它们旋转180°，将会出现一个完全相同的图形。

005 移民

基德拜夫妇有2个孩子（线索4），因此不只有1个孩子的希金夫妇（线索3）一定有3个孩子，并且他们去了澳大利亚（线索1）。通过排除法，去新西兰的布里格夫妇只有一个孩子；排除法又可以得出基德拜夫妇去了加拿大。希金夫妇不是开旅馆（线索1）或鱼片店（线索3），因此他们经营的一定是农场。鱼片店不是由布里格夫妇经营的（线索2），那么一定是基德拜夫妇经营的，布里格夫妇所做的生意是开旅馆。

答案：
布里格夫妇，1个，新西兰，旅馆。
希金夫妇，3个，澳大利亚，农场。
基德拜夫妇，2个，加拿大，鱼片店。

006 说谎者

亨利。因为亨利和西尔玛不可能同

时是说谎人，这就是说杰弗里肯定在撒谎。由于亨利说他撒谎，所以亨利肯定在说实话。因为亨利说实话，所以西尔玛肯定也在撒谎。

007 影像契合

E

008 镜像

E

009 小宝贝找妈妈

宝贝1，海蒂，是乔治亚的孩子。
宝贝2，伊莎贝尔，是詹妮的孩子。
宝贝3，戴西，是爱瑞的孩子。
宝贝4，达娜，是艾莉森的孩子。

010 儿子和爸爸

小孩1，罗宾，是詹姆士的女儿。
小孩2，吉米，是戈登的女儿。
小孩3，阿什利，是马克的儿子。
小孩4，布莱尔，是史蒂夫的儿子。

011 真正的夫妻

女士1，洛蕾特，是兰斯的妻子。
女士2，玛琳，是库尔特的妻子。
女士3，莫林，是纳尔逊的妻子。
女士4，梅贝尔，是莫里斯的妻子。

012 师生关系

学生1，约翰，是格林老师的学生。
学生2，劳埃德，是布罗德老师的学生。
学生3，马特，是肯特老师的学生。
学生4，韦斯，是威廉老师的学生。

013 司机与车

车1是阿曼达的。
车2是奥里弗的。
车3是诺埃尔的。
车4是吉尼的。

014 祖孙两代

小孩1，R.D.，是艾达的孙子。
小孩2，J.J.，是维拉的孙女。
小孩3，T.J.，是朱利的孙子。
小孩4，O.P.，是弗农的孙子。

015 医生与病人

病人1，特雷弗，是米尔顿医生的病人。
病人2，罗恩，是卢卡斯医生的病人。
病人3，布伦顿，是杰罗姆医生的病人。
病人4，威廉，是莱斯特医生的病人。

016 男女朋友

女孩1，艾米，是内特的女朋友。
女孩2，妮娅，是埃里克的女朋友。
女孩3，蕾娜，是罗兹的女朋友。
女孩4，凯莉，是特德的女朋友。

017 警察与小偷

小偷1是安吉洛，他是被鲍勃抓住的。
小偷2是米克，他是被特德抓住的。
小偷3是巴蒂，他是被大卫抓住的。
小偷4是托尼，他是被安迪抓住的。

018 采访

采访对象1，布拉德，将被杰克采访。
采访对象2，弗兰克，将被迪克采访。
采访对象3，艾迪，将被罗杰采访。
采访对象4，罗基，将被凯特采访。

019 翻身

D

020 国际象棋

解决这个问题,你不能仅仅经过左上角的 9 个方格。你要通过四步使"皇后"经过左上角的全部 9 个方格。在下次俱乐部会战时,你可以按照如图所示的步骤一展身手。

021 补缺口

E 要。

022 夏日嘉年华

杰克获得了第三名(线索 2),因此他的母亲不可能是丹妮尔(线索 1),而梅勒妮是尼古拉的母亲(线索 4),那么杰克只能是谢莉的儿子,剩下埃莉诺是丹妮尔的女儿,埃莉诺的服装像个蘑菇(线索 3)。尼古拉不是第二名(线索 4),我们知道她也不是第三名,因此她肯定是第一名,剩下埃莉诺是第二名,从线索 1 中知道,排名第三的杰克穿成垃圾桶装束,剩下第一名的尼古拉则穿成机器人的样子。

答案:
梅勒妮,尼古拉,机器人,第一名。
丹妮尔,埃莉诺,蘑菇,第二名。
谢莉,杰克,垃圾桶,第三名。

023 顶峰地区

位置 3 的山是第三高峰(线索 5),线索 2 排除了格美特是位置 4 的山峰,格美特被称为庄稼之神,而山峰 1 是森林之神(线索 3)。山峰 2 是飞弗特尔(线索 4),通过排除法,格美特是位置 3 的高峰。通过线索 2 知道,第四高峰肯定是位置 1 的山峰。辛格凯特不是位置 4 的山峰(线索 6),通过排除法,它一定是山峰 1,剩下山峰 4 是普立特佩尔。它不是第二高峰(线索 4),那么它肯定是最高的。因此它就是被人们当作火神来崇拜的那座(线索 1)。最后通过排除法,飞弗特尔是第二高峰,而它是人们心中的河神。

答案:
山峰 1,辛格凯特,第四,森林之神。
山峰 2,飞弗特尔,第二,河神。
山峰 3,格美特,第三,庄稼之神。
山峰 4,普立特佩尔,最高,火神。

024 出师不利

哈里滚球了(线索 3),而史蒂夫不是 LBW(线索 2),那么他一定是犯规的,剩下克里斯是 LBW。得了 7 分的不是哈里(线索 3),也非史蒂夫(线索 1),那么一定是克里斯。史蒂夫得分不是 2 分(线索 2),那么一定是 4 分,而哈里是 2 分。史蒂夫不是 3 号(线索 4),也非 1 号(线索 2),那他一定是 2 号。哈里不是 1 号(线索 3),则肯定是 3 号,剩下 1 号就是克里斯。

答案:
1 号,克里斯,LBW,7 分。
2 号,史蒂夫,犯规,4 分。
3 号,哈里,滚球,2 分。

025 汤姆的舅舅

1910年出生的舅舅的爱好不是制作挂毯（线索1），他也不是工程师，因为工程师的爱好是钓鱼（线索3），那么他肯定爱好诗歌。而他退休之前不是教师（线索2），那么只能是士兵，退休教师的爱好是制作挂毯。从线索1中知道，1916年不是伯纳德出生的年份，而线索3也排除了安布罗斯，那么1916年出生的只能是克莱门特。退休教师出生的年份不是1913年（线索2），那么他一定是1916年出生的克莱门特，退休工程师是1913年出生的。从线索3中知道，安布罗斯是1910年出生的，他退休前是士兵，退休工程师就是伯纳德。

答案：

安布罗斯，1910年，士兵，诗歌。

伯纳德，1913年，工程师，钓鱼。

克莱门特，1916年，教师，制作挂毯。

026 换装

B机器是穿红白相间的浴袍的女士用的（线索5），线索4排除了D是尤菲米娅·坡斯拜尔用的，因为兰顿斯罗朴小姐用了机器C（线索2），尤菲米娅的机器可能是A或者B。而拉福尼亚的是B或者C（线索4），因此她也不是用机器D。我们知道兰顿斯罗朴用了机器C，那么贝莎不可能是机器D（线索1）。因此，通过排除法，维多利亚肯定用了机器D。所以她的姓不可能是马歇班克斯（线索1），我们知道她的姓也不是坡斯拜尔或者兰顿斯罗朴，那么一定是卡斯太尔，而她的浴袍肯定是绿白相间的（线索3）。因此尤菲米娅不可能用了机器B（线索4），那么一定是在A上，剩下机器B是马歇班克斯用的。因此，从线索1中可以知道，贝莎就是兰顿斯罗朴小姐，她用了机器C，装束是黄白相间的，通过排除法，尤菲米娅·坡斯拜尔是穿了蓝白相间浴袍的人。

答案：

机器A，尤菲米娅·坡斯拜尔，蓝白相间。

机器B，拉福尼亚·马歇班克斯，红白相间。

机器C，贝莎·兰顿斯罗朴，黄白相间。

机器D，维多利亚·卡斯太尔，绿白相间。

027 小屋的盒子

蓝色的盒子里有58个东西（线索2），绿色盒子有螺丝钉（线索3），43个钉子不在灰色的盒子里（线索1），那么一定在红色的盒子。我们知道绿盒的东西不是43或58个，而线索3也排除了65个，那么在绿盒里一定是39个螺丝钉。通过排除法，灰色盒子的东西肯定是65个，它们不是洗涤器（线索3），那么一定是地毯缝针，灰色盒子就是C盒（线索4），剩下蓝色的盒子有58个洗涤器。绿盒不是D盒（线索3），因它有2个相邻的盒子，那么知道它就是B盒，而有洗涤器的盒子就是A盒（线索3），剩下红色的盒子就是D盒。

答案：

A盒，蓝色，58个洗涤器。

B盒，绿色，39个螺丝钉。

C盒，灰色，65个地毯缝针。

D盒，红色，43个钉子。

028 瓦尼斯城堡

铁门在城堡的南方（线索4），A门

为第二护卫队守卫（线索2），而剑门是在第四护卫队守卫的门的逆时针方向的下一扇门（线索1），它不是D门，而D门也不是钻石门（线索3），那么一定是鹰门，它不是由哈尔茨和第一护卫队负责的（线索5），也不是由第二护卫队负责的，线索3排除了第四护卫队，那么D门一定是由第三护卫队看守的。因此，从线索3中知道，第四护卫队看守钻石门。我们知道钻石门不是C和D，而护卫队号也排除了A门，因此它就是B门。从线索1中知道，A门就是剑门。通过排除法，哈尔茨长官和第一护卫队负责的一定是铁门。克恩不掌管第一护卫队，因此苏尔不掌管第二护卫队（线索6），也不是由弗尔掌管的（线索1），那么一定是克恩掌管了第二护卫队。苏尔是第三护卫队的长官，负责鹰门，即D门（线索6），剩下弗尔掌管第四护卫队，负责B门，即钻石门。

答案：

A门，剑门，克恩，第二护卫队。
B门，钻石门，弗尔，第四护卫队。
C门，铁门，哈尔茨，第一护卫队。
D门，鹰门，苏尔，第三护卫队。

029 发错的邮件

格雷尼的书不是被送到格拉斯哥（线索1）、切姆斯弗德（线索2）或威根（线索4），所以是斯旺西。克罗瞿的书不是被送到切姆斯弗德（线索1）或格拉斯哥（线索3），所以是威根；因此，道森的书一定是《伊特鲁亚人》（线索4）。《斯多葛学派》的作者不是克罗瞿（线索3），没有被送到威根或格拉斯哥（3），根据线索1，也不是被送到斯旺西，所以它是被送到了切姆斯弗德。它原来的目的地不是卡莱尔或索尔兹伯里（线索1），它的作者也不是格雷尼。又因为已知格雷尼的书被送到了斯旺西（线索1），所以《斯多葛学派》一书的作者是比格汉姆，因此它的正确的目的地不是布莱顿（线索1），而是马特洛克。《布达佩斯的秋天》的正确的目的地不是布莱顿（线索1），也不是卡莱尔（线索3），而是索尔兹伯里。克拉伦斯没有把它送到斯旺西（线索1），所以它的作者不是格雷尼，而是克罗瞿，综上所述，克拉伦斯错误地把《伊特鲁亚人》一书送到了格拉斯哥。没有打算送到卡莱尔的道森的书原本应该送到布莱顿。《迈阿密上空的月亮》原来是要送到卡莱尔的。

答案：

《布达佩斯的秋天》，克罗瞿，索尔兹伯里，威根。
《迈阿密上空的月亮》，格雷尼，卡莱尔，斯旺西。
《伊特鲁亚人》，道森，布莱顿，格拉斯哥。
《斯多葛学派》，比格汉姆，马特洛克，切姆斯弗德。

030 清仓大拍卖

唐纳德买了咖啡桌（线索2），而丽贝卡出了15英镑买了东西，她买的不是墙角柜（线索3），则一定是钟，剩下墙角柜是塞德里克买的。因此，从线索1中知道，2号拍卖物一定价值18英镑。丽贝卡买的不是3号拍卖物（线索3），我们知道，价值15英镑的不是2号，那么一定是1号。从线索3中知道，2号拍卖物一定价值 18 英镑，它就是墙角柜。通过排除法，3 号则是咖啡桌，是唐纳德花了 10 英镑买的。

答案：

1 号，钟，丽贝卡，15 英镑。
2 号，墙角柜，塞德里克，18 英镑。
3 号，咖啡桌，唐纳德，10 英镑。

031 信箱

绿色信箱不属于 228 号或 234 号（线索 1），并且 232 号信箱是蓝色的（线索 4），因此绿色信箱一定在 230 号。阿琳不住在 228 号（线索 2），而且她的黄色的信箱（线索 2）一定不是 230 号和 232 号，所以一定在 234 号。现在通过排除法，巴伦夫人的红色信箱（线索 3）一定在 228 号。从线索 1 中得出，杰布夫人住在 232 号，而加玛就是住在 228 号的巴伦夫人。阿琳不是菲什贝恩夫人（线索 2），而是弗林特夫人，剩下菲什贝恩夫人住在 230 号。根据线索 4，路易丝不是杰布夫人，而是菲什贝恩夫人，剩下杰布夫人是凯特。

答案：

228 号，加玛·巴伦，红色。
230 号，路易丝·菲什贝恩，绿色。
232 号，凯特·杰布，蓝色。
234 号，阿琳·弗林特，黄色。

032 等公车

格伦是 4 号（线索 2），根据线索 1，证券公司的雇员不是 2 号、6 号或 7 号。线索 2 排除了 5 号，因为 6 号是男的（线索 3），线索 1 同样排除了 4 号。已知 3 号在保险公司工作（线索 6），这样根据线索 1，1 号在证券公司上班，而在保险经纪人公司工作的 3 号就是塞布丽娜。1 号不是纳尔逊（线索 4）、雷切尔（线索 5），或在投资公司工作的托奎（线索 8），也不是格伦或塞布丽娜，线索 8 排除了马德琳，因此只能是吉莉安。线索 7 告诉我们 2 号在一家律师所工作，这样根据线索 2，5 号在法律顾问公司上班。已知托奎不是 7 号（线索 8），而他所在的公司排除了 2 号和 5 号，那他就是 6 号，根据线索 8，马德琳是 7 号。雷切尔不是 2 号（线索 5），得出他是 5 号，格伦在银行工作（线索 5）。最后通过排除法，纳尔逊是在律师事务所工作的 2 号，马德琳是建筑公司的职员。

答案：

1 号，吉莉安，证券公司。
2 号，纳尔逊，律师事务所。
3 号，塞布丽娜，保险公司。
4 号，格伦，银行。
5 号，雷切尔，法律顾问公司。
6 号，托奎，投资公司。
7 号，马德琳，建筑公司。

033 购物优惠券

已知马丁叔叔送给拉姆的礼物是 Benedam 优惠券（线索 3）。卡罗尔阿姨的面值为 20 的优惠券不是 W S Henry 发行的（线索 4），线索 1 又排除了 Ten-X，最后得出它属于 HBS 公司。从线索 2 可以知道，B 信封内的理查德叔叔所送的礼物面值为 15。由于丹尼斯叔叔给娜塔莎的礼物不是面值为 5 的优惠券（线索 5），那么可以知道它的面值是 10，面值为 5 的是马丁叔叔送的由 Benedam 发行的优惠券。又因为后者不在 C 信封内（线索 1），也不在 D 信封内（线索 3），而是在 A 信封内。我们现在已经知道 A 和 B

信封内的代币价值。根据线索1，面值为10的优惠券不在C信封内，因此C信封内的是卡罗尔阿姨所送的由HBS发行的面值为20的优惠券。根据线索1也可以知道，Ten-X的优惠券的面值一定为10，并且在D信封内。最后通过排除法，B信封里是理查德叔叔所送的面值为15的WS Henry的优惠券。

答案：

A信封，马丁叔叔，Bene-dam，5。
B信封，理查德叔叔，WS Henry，15。
C信封，卡罗尔阿姨，HBS，20。
D信封，丹尼斯叔叔，Ten-X，10。

034 职业女性

因为图片3中的人是迪安夫人（线索2），图片4中的那个人穿着救助队军官制服（线索3），所以消防员埃利斯夫人不是图片2中的人物（线索4），而是图片1中的妇女。又因为萨利不在图片1或图片4（线索5）中，所以她不是救助队军官或消防员，也不是交警（线索5），最后得出她是护理人员。她不姓托马斯（线索5）或埃利斯；马里恩姓帕日斯（线索1），得出萨利必定姓迪安，这样就知道她在图片3中。通过排除法，图片2中的女性是交警，这样根据线索3，图片4中穿着救助队军官制服的是托马斯夫人，现在排除法可以得出，红头发的马里恩·帕日斯在图片2中，并且是个交警。最后根据线索3，图片4中的救助队军官托马斯夫人不姓卡罗尔，而是姓盖尔，卡罗尔是图片1中的消防员埃利斯夫人的名。

答案：

图片1，卡罗尔·埃利斯，消防员。
图片2，马里恩·帕日斯，交警。
图片3，萨利·迪安，护理人员。
图片4，盖尔·托马斯，救助队军官。

035 模仿秀

由于扮演麦当娜的帕慈不在财务部工作（线索1），也不在蒂娜·特纳的扮演者所在的销售部（线索3），所以她一定在人事部。通过排除法，来自财务部的女性将扮演伊迪丝·普杰夫，但她不是卡罗琳（线索4），故必定是海伦·凡尔敦（线索2）。销售部扮演蒂娜·特纳的那位不是坦娜夫人（线索3），因此她姓玛丽尔，通过排除法，可以知道她的名字是卡罗琳。同样通过排除法，得到来自人事部的帕慈就是坦娜夫人的名字。

答案：

卡罗琳·玛丽尔，销售部，蒂娜·特纳。
海伦·凡尔敦，财务部，伊迪丝·普杰夫。
帕慈·坦娜，人事部，麦当娜。

036 新生命

由于小博尼只有3天大（线索4），并且4天前出生的婴儿不是基德（线索1），也不是阿曼达·纽康姆博（线索2），所以他一定姓沙克林。线索1告诉我们，他不是2号小床上的丹尼尔，同时也说明丹尼尔不姓基德。我们知道丹尼尔不姓纽康姆博，因此他姓博尼，年龄只有3天。根据线索1，姓基德的婴儿的年龄是2天，通过排除法，剩下阿曼达·纽康姆博是最晚出生的。根据线索2，1号小床上的婴儿只有2天大，她姓基德，但不叫托比（线索3），由此得出她叫吉娜，剩下托比姓沙克林。后者不在3号小床上（线索3），而是在 4 号小床上，剩下阿曼达在 3 号小床上。

答案：

1 号，吉娜·基德，2 天。
2 号，丹尼尔·博尼，3 天。
3 号，阿曼达·纽康姆博，1 天。
4 号，托比·沙克林，4 天。

037 捷径

已知 10 分钟路程中维恩广场是其中的第二段路（线索 3）。根据线索 1，通过斯拜丝巷和哥夫街的路程不需要 12 分钟，因此这条路只需花 8 分钟，同一个线索得出尼克花了 10 分钟并经过维恩广场。通过排除法，多吉丝·希尔是 12 分钟路程中的第二段路，根据线索 2，帕特走了 12 分钟的路程，并经过佩恩街。最后由排除法知道，尼克所走路程的第一段是丘奇巷，桑迪通过斯拜丝巷和哥夫街只花了 8 分钟到达小餐馆。

答案：

尼克，丘奇巷，维恩广场，10 分钟。
帕特，佩恩街，多吉丝·希尔，12 分钟。
桑迪，斯拜丝巷，哥夫街，8 分钟。

038 记者艾弗

已知星期五拜访的不是帕特丝·欧文（线索 1）或小说家阿比·布鲁克（线索 3），那么拜访的是利亚·凯尔，并且可以知道她是个流行歌手（线索 2）；通过排除法，帕特丝·欧文是个电影演员，她被拜访的时间不是星期天（线索 4），而是星期六，剩下小说家阿比·布鲁克是在星期天被采访的。根据线索 1，星期五拜访的利亚·凯尔来自加拿大，根据线索 3，星期六的被访者帕特丝·欧文来自澳大利亚，最后排除法得出，星期天的被访者小说家阿比·布鲁克来自美国。

答案：

星期五，利亚·凯尔，流行歌手，加拿大。
星期六，帕特丝·欧文，电影演员，澳大利亚。
星期天，阿比·布鲁克，小说家，美国。

039 野鸭子

因为沃德拜别墅在 4 号位置（线索 2），那么在 1 号位置筑巢的不是养了 7 只小鸭子的戴西（线索 1），也不是迪力（线索 3），线索 4 排除了多勒，通过排除法得出是达芙妮。然后根据线索 5，5 只小鸭子在 2 号别墅的花园里。我们知道拥有小鸭子数最多的不是戴西、多勒（线索 4）或迪力（线索 3），而是达芙妮，她拥有 8 只小鸭子。1 号位置小鸭子的数量比 2 号位置上的多 3 只，线索 3 排除了迪力在 2 号花园里的可能，已知多勒有 5 只小鸭子，剩下迪力有 6 只小鸭子。这样根据线索 3，罗斯别墅是戴西和她的 7 只小鸭子的家。我们知道它们不在 1 号、2 号或 4 号位置，那么一定在 3 号位置，根据排除法和线索 3，迪力在 4 号沃德拜别墅的花园里抚养她的 6 只小鸭子。线索 1 现在告诉我们洁丝敏别墅在 2 号位置，剩下 1 号是来乐克别墅。

答案：

1 号，来乐克别墅，达芙妮，8 只。
2 号，洁丝敏别墅，多勒，5 只。
3 号，罗斯别墅，戴西，7 只。
4 号，沃德拜别墅，迪力，6 只。

040 破纪录者

由于凯瑞的运动项目不是 100 米或

400米（线索1），她也不是在跳远比赛中获胜的1号女孩（线索1和4），因此通过排除法，她一定破了标枪比赛的纪录。1号位置上的是跳远运动员（线索4），所以凯瑞不是2号女孩（线索1），线索1排除了她是1号或4号的可能，所以她在3号位置。400米冠军哈蒂不叫瓦内萨（线索5），我们知道她不叫凯瑞，赫尔的名字是戴尔芬（线索2），那么哈蒂的名就是洛伊斯。她不在2号位置（线索3），而她的运动项目排除了1号和3号位置，因此她一定在照片中的4号位置。1号女孩不是戴尔芬·赫尔（线索2），而是瓦内萨，戴尔芬是2号女孩，排除法得出戴尔芬的运动项目是100米。最后根据线索4，瓦内萨不姓福特，而姓斯琼，剩下凯瑞是福特小姐。

答案：

1号，瓦内萨·斯琼，跳远。

2号，戴尔芬·赫尔，100米。

3号，凯瑞·福特，标枪。

4号，洛伊斯·哈蒂，400米。

041 请集中注意力

埃格要去拜访岳母（线索2），穿着绵羊皮外套的男人打算修他的小圆舟（线索5），并且穿着小牛皮上衣的奥格不打算粉刷他的窑洞墙壁（线索4），因此奥格一定是去钓鱼。由于穿着绵羊皮外套的男人不是阿格（线索5），我们知道他也不是埃格或奥格，那么他是艾格。通过排除法，剩下阿格是准备粉刷窑洞墙壁的男人。穿着绵羊皮外套的艾格不在1号位置（线索1），也不在3号位置，因为3号穿着山羊皮上衣（线索3），而线索1和3排除了他在4号位置的可能，那么他一定在2号位置，1号穿着狼皮上衣（线索1），剩下穿着小牛皮上衣的奥格在4号位置。线索5说明阿格在1号位置，他穿着狼皮上衣，通过排除法，在3号位置上穿着山羊皮上衣的人是埃格，就是那个打算拜访岳母的人。

答案：

1号，阿格，粉刷窑洞墙壁，狼皮。

2号，艾格，修小圆舟，绵羊皮。

3号，埃格，拜访岳母，山羊皮。

4号，奥格，钓鱼，小牛皮。

042 抓巫将军

"红母鸡"在1649年被宣判（线索4），在1648年被认为是女巫的不是"蓝鼻子母亲"（线索3），因此她一定是"诺格斯奶奶"，并且真名是艾丽丝·诺格斯（线索1）。通过排除法，"蓝鼻子母亲"在1647年被宣判为女巫，而她来自盖蒙罕姆（线索2）。那么伊迪丝·鲁乔不是在1648年被宣判（线索4），而是在1649年，她的绰号是"红母鸡"。可以得出艾丽丝·诺格斯住在希尔塞德（线索4）。克莱拉·皮奇不是来自里球格特乡村（线索3），所以必定来自盖蒙罕姆，并且她是在1647年被宣判的"蓝鼻子母亲"；排除法得出伊迪丝·鲁乔住在里球格特。

答案：

克莱拉·皮奇，"蓝鼻子母亲"，盖蒙罕姆，1647年。

艾丽丝·诺格斯，"诺格斯奶奶"，希尔塞德，1648年。

伊迪丝·鲁乔，"红母鸡"，里球格特，1649年。

043 吹笛手游行

6岁的格雷琴不可能是4号（线索1），

而3号今年7岁（线索4），1号是个男孩（线索3），因此，通过排除法，格雷琴肯定是2号。现在从线索1中知道，3号是7岁的牧羊者。玛丽亚的父亲是药剂师（线索5），不可能是1号（线索3），那么只能是4号，从线索5中知道，她今年5岁，剩下1号男孩8岁。所以1号不是汉斯（线索2），则一定是约翰纳，剩下汉斯是7岁的牧羊者。从线索3中知道，格雷琴的父亲不是屠夫，那么只能是伐木工，最后知道约翰纳是屠夫的儿子。

答案：

1号，约翰纳，8岁，屠夫。
2号，格雷琴，6岁，伐木工。
3号，汉斯，7岁，牧羊者。
4号，玛丽亚，5岁，药剂师。

044 在海滩上

莎的姓是卡索（线索2），蒂米穿红色的泳衣（线索1），因此，穿橙色泳衣叫响的小男孩肯定是詹姆士。通过排除法，莎的泳衣一定是绿色的，他的母亲是曼迪（线索4）。同样再次通过排除法，蒂米的姓是桑德斯，他的母亲不是丹尼斯（线索3），那么肯定是萨利，最后剩下丹尼斯是詹姆士的母亲。

答案：

丹尼斯·响，詹姆士，橙色。
曼迪·卡索，莎，绿色。
萨利·桑德斯，蒂米，红色。

045 跳棋比赛

史蒂夫的姓不是沃尔顿（线索2），他也不可能姓汉克，汉克是第三名（线索2和3），因此他只可能姓泰勒，所以他代表红狮队（线索1）。他不是第二名（线索2），那么他只能是第一名，而沃尔顿是第二名。比尔不代表五铃队（线索4），因此他只可能代表船星队，而玛丽代表五铃队。从线索4中知道她肯定是汉克，最后取得第三名，得出比尔肯定姓沃尔顿，取得第二名。

答案：

史蒂夫·泰勒，红狮队，第一名。
比尔·沃尔顿，船星队，第二名。
玛丽·汉克，五铃队，第三名。

046 古卷轴

卷轴B是迪格博士发现的（线索4）。卷轴A是衣物清单，不是被布卢斯教授发现的（线索3），夏瓦博士找到日记（线索6），因此卷轴A肯定是雀瓦教授发现的，它是用古巴比伦字体撰写的（线索1）。迪格博士发现的卷轴B不是用亚述语写的（线索4），也不是拉丁文（线索2），卷轴B的文字肯定是埃及文。而卷轴B不可能是那封情书（线索5），因此，通过排除法，卷轴B只能是账本，而情书只能是布卢斯教授发现的。现在，从线索6中知道，夏瓦博士发现的是卷轴C，它不用巴比伦语写的，那么只能是用亚述语写的，而布卢斯教授发现的卷轴D是用拉丁文写的情书。

答案：

卷轴A，古巴比伦文，衣物清单，雀瓦教授。
卷轴B，埃及语，账本，迪格博士。
卷轴C，亚述语，日记，夏瓦博士。
卷轴D，拉丁文，情书，布卢斯教授。

047 演艺人员

弹吉他的不是1号（线索1），1号也

不是变戏法者（线索3），也非马路艺术家（线索4），因此1号肯定是手风琴师，他不是泰萨，也不是莎拉·帕吉（线索2），而内森是2号（线索5），因此1号只能是哈利。因内森不玩吉他（线索5），线索1可以提示吉他手就是4号。4号不是莎拉·帕吉（线索2），而莎拉·帕吉不是1号和2号，因此只能是3号。因此，她不是变戏法者（线索3），通过排除法，她肯定是街边艺术家，剩下变戏法者就是2号内森。从线索4中知道，他的姓一定是西帕罗，而4号位置肯定是泰萨。从线索2中知道，克罗葳不是泰萨的姓，则一定是哈利的姓，而泰萨的姓只能是罗宾斯。

答案：

1号，哈利·克罗葳，手风琴师。
2号，内森·西帕罗，变戏法者。
3号，莎拉·帕吉，街边艺术家。
4号，泰萨·罗宾斯，吉他手。

048 戴黑帽子的家伙

图片A指的是雅各布（线索2），图片D指的是丘吉曼（线索4）。赫伯特的图片与"男人"麦克隆水平相邻，前者不可能是图片C上的人，而图片C上的也不是西尔维斯特（线索1），那么图片C上的一定是马修斯。我们知道西尔维斯特不是图片A、C和D上的人，那么肯定就是图片B上的人。通过排除法，赫伯特一定是图片D上的人。从线索1中知道，图片C上的一定是马修斯，他就是"男人"麦克隆。通过排除法知道，雅各布的姓就是沃尔夫。因此，从线索3中可以知道，"小马"就是西尔维斯特·加夹得，他是图片B上的人。D上的赫伯特·丘吉曼不是"强盗"，

那么他的绰号一定是"里欧"，而"强盗"就是图片A上雅各布·沃尔夫的绰号。

答案：

图片A，雅各布·沃尔夫，"强盗"。
图片B，西尔维斯特·加夹得，"小马"。
图片C，马修斯·麦克隆，"男人"。
图片D，赫伯特·丘吉曼，"里欧"。

049 剧院座位

坐在A排13号位置的（线索6）不可能是彼特和亨利（线索1），也不是罗伯特（线索4）。朱蒂不可能是13号（线索5），那么这条线索也排除了A排13号是查尔斯和文森特的可能。通过排除法，在A排13号的只能是托尼，安吉拉也在A排（线索1），除此之外，A排另外还有一位女性（线索3），她不是尼娜，因尼娜坐在B排的12号座（线索2），也不是珍妮特和莉迪亚（线索7），线索5排除了朱蒂，通过排除法只能是玛克辛在前排座位。她不可能是10或11号（线索4），我们已经知道她不是13号，那么肯定是12号。因此罗伯特是A排10号（线索4），剩下安吉拉是11号。现在从线索1中知道，彼特是B排11号。B排还有一位男性（线索3），他不是亨利，亨利在C排（线索1），而线索5排除了文森特在B排10号和13号的可能，10号和13号还未知。我们知道托尼和罗伯特在A排，那么通过排除法，在B排的只能是查尔斯，但他不是13号（线索5），因此他肯定是10号。从线索5中知道，朱蒂一定在C排10号，而她丈夫文森特是11号。从线索1和7中知道，亨利是C排的12号，而莉迪亚是那一排的13号，最后剩下B排13号上的是珍妮特。

答案：

A 排：10，罗伯特；11，安吉拉；12，玛克辛；13，托尼。

B 排：10，查尔斯；11，彼特；12，尼娜；13，珍妮特。

C 排：10，朱蒂；11，文森特；12，亨利；13，莉迪亚。

050 狮子座的人

某位女性的生日是8月4号（线索2），她不是内奥米（线索4）或者波利。巴兹尔的生日是个偶数日（线索7），安妮的生日是8月2日（线索5），因此，通过排除法，8月4日一定是威尔玛的生日。我们知道巴兹尔的生日不是2号或者4号，通过线索7知道，她的生日一定是7月28日或者7月30日，因此波利的生日是7月29日或者31日。斯图尔特·沃特斯的生日在8月份（线索7），但是克雷布的生日是8月1日（线索6），我们知道斯图尔特不是2号或者4号，那么一定是3号。出生在7月28号的不是查尔斯（线索1）、安格斯（线索3）、内奥米（线索4）或者波利（线索7），也不是安妮、斯图尔特和威尔玛，那么一定是巴兹尔。这样，从线索7中知道，波利的生日是7月29日。安格斯不是7月31日出生的（线索3），内奥米也不是，因为她的生日是在斯盖尔斯之前的（线索4），通过排除法，7月31日一定是查尔斯的生日。这样，从线索1中知道，巴兹尔姓菲什。因为阿彻是男的（线索4），那么线索4也排除了内奥米的生日是7月30日的可能，那么一定是8月1日，剩下7月30日是安格斯的生日。线索4现在可以告诉我们，安妮姓斯盖尔斯，查尔斯姓阿彻。从线索3中知道，布尔的名字是波利，出生在7月29日。安格斯不是拉姆（线索6），那么一定姓基德，剩下拉姆是威尔玛的姓。

答案：

7月28日，巴兹尔·菲什。

7月29日，波利·布尔。

7月30日，安格斯·基德。

7月31日，查尔斯·阿彻。

8月1日，内奥米·克雷布。

8月2日，安妮·斯盖尔斯。

8月3日，斯图尔特·沃特斯。

8月4日，威尔玛·拉姆。

051 黑猩猩

1号黑猩猩不是罗莫娜（线索1）、里欧或格洛里亚（线索2），也不是贝拉（线索3），那它一定是珀西。5号黑猩猩的母亲不是格雷特（线索1）、克拉雷（线索2）、爱瑞克（线索3）、马琳（线索4），而是丽贝卡。由此得出4号黑猩猩的母亲是马琳（线索4）。1号黑猩猩珀西的母亲不是格雷特（线索1）和克拉雷（线索2），那一定是爱瑞克。珀西、格雷特的后代都不是在11月出生（线索1），克拉雷（线索2）或丽贝卡（线索4）的后代也不是，因此在11月生产的是马琳。现在可以知道在10月生产的丽贝卡（线索4）是5号黑猩猩的母亲。根据线索3，贝拉是2号黑猩猩。5号黑猩猩不是罗莫娜（线索1）或里欧（线索2），而是格洛里亚。里欧是4号黑猩猩（线索2），排除法得出罗莫娜是3号。根据线索2，3号罗莫娜是克拉雷的后代，排除法可以知道格雷特是贝拉的母亲。在7月出生的黑猩猩不是罗莫娜

（线索1）或贝拉（线索3），那一定是珀西。贝拉在8月出生（线索3），最后通过排除法得出罗莫娜在9月出生。

答案：

1号，珀西，7月，爱瑞克。
2号，贝拉，8月，格雷特。
3号，罗莫娜，9月，克拉雷。
4号，里欧，11月，马琳。
5号，格洛里亚，10月，丽贝卡。

052 找出皇后

皇后不可能是1、4、7或9号牌（线索2）。因为中央的牌是红桃10（线索5），这又排除了皇后是2、5和6号牌的可能性，所以皇后是3号牌，2号牌是"7"，6号牌是梅花（线索2）。再根据线索6，梅花5一定是1号牌。"8"紧靠在黑桃的下面（线索3），这排除了"8"是4或9号牌的可能性，因为已知3和5号牌是红桃，这又排除了"8"是6或8号牌的可能性。又已知"8"不可能是5号牌，所以"8"是7号牌；4号牌是张黑桃。9号牌是张方块（线索7），所以杰克不可能是8号牌，也不可能是6和9号牌（线索4），杰克是4号牌的黑桃，因此5号牌是红桃10（线索4），线索8揭示9号牌是的方块4，因此8号牌是国王。根据线索9，国王不可能是梅花，所以是黑桃（线索8）。同样根据线索8，3号牌是方块皇后。现在我们知道，线索1中，出现3次的牌的花色不可能是方块和黑桃，因为所有的牌是已知的。2号牌和7号牌有相同的花色（线索9），但是我们已知1号牌和6号牌是梅花，而这里不可能有相同花色的4张牌（线索1），所以2号牌和7号牌是红桃，红桃就是有相同花色的3张牌的花色。最后得出6号牌是梅花3。

答案：

1号牌，梅花5。
2号牌，红桃7。
3号牌，方块皇后。
4号牌，黑桃杰克。
5号牌，红桃10。
6号牌，梅花3。
7号牌，红桃8。
8号牌，黑桃国王。
9号牌，方块4。

053 摇滚乐队

布鲁斯的乐队叫倾斜，他们正在录《黑匣子》，这是一首前卫摇滚风格的歌。

雷尔的乐队叫空旷的礼拜，在录制《毁灭世界》，这是一首歌德摇滚风格的歌。

莱泽的乐队叫内克，在录制《突然》，歌曲的曲风是独立摇滚。

梅根的乐队叫贝拉松，正在录制《帆布悲剧》，这是一首情绪摇滚风格的歌。

史蒂夫的乐队叫红色莱姆，在录制《朱丽叶》，这是一首另类摇滚的歌。

054 飞行训练

亚当去了伊顿大学，他被叫作海雀，他不能正确起飞。

詹姆士去了温切斯特大学，他被叫作水塘，他不能正确降落。

贾斯汀去了西鲁斯伯里大学，他被叫作没脑子，他总是瞄不准。

雷奥纳多去了拉格比大学，他被叫作烤面包，他不能通过演习。

塞巴斯蒂安去了海洛大学，他被叫作

生姜，他不会驾驶。

055 生病

艾丽斯得了腮腺炎，她拿到了一个冰激凌作为安慰，她穿着蓝色睡衣。

贝利叶得了扁桃体炎，有一个朋友来看望他，他穿着绿色睡衣。

弗兰克得了水痘，他得到了一个果冻，他穿着橘色睡衣。

里伊得了猩红热，他得到了一本书，他穿着红色睡衣。

罗宾得了麻疹，他得到了一个玩具，他穿着黄色睡衣。

056 在沙坑里

詹妮的孩子在3号位置上（线索3），4号位置上的卡纳（线索2）不是D位置上的雷切尔的儿子（线索4和5），丹尼尔是莎拉的儿子（线索4），这样通过排除法，卡纳的母亲是汉纳。然后根据线索1，爱德华是詹妮的孩子，他在3号位置，雷切尔的儿子是马库斯。我们知道汉纳不在D位置上，也不在C位置（线索1）或B位置（线索2），因此她一定在A位置。詹妮不在C位置（线索5），而是在B位置，剩下C位置上的是莎拉。丹尼尔不在2号位置（线索4），那他一定在1号，剩下马库斯在2号位置，这由线索4证实。

答案：

A位置，汉纳；4位置，卡纳。

B位置，詹妮；3位置，爱德华。

C位置，莎拉；1位置，丹尼尔。

D位置，雷切尔；2位置，马库斯。

057 运输

艾拉丁开着卡车将面粉运往大马士革。

布切斯开着有篷货车将大卫·海塞尔弗的专辑运往麦地那。

勒瑞切尔开着救护车将棉花运往利雅得。

扎弗尔开着小汽车将床单运往开罗。

奥玛开着面包车将DVD运往巴林群岛。

058 摄影师

阿瑞萨最喜欢拍动物，他在柏林，拍了18张照片。

艾耶姆喜欢拍花，他在纽伦堡，拍了16张照片。

麦古米喜欢拍陌生人，他在汉诺威，拍了14张照片。

尤凯克喜欢拍房屋，他在慕尼黑，拍了17张照片。

尤瑞喜欢拍教堂，他在达姆施塔特，拍了15张照片。

059 管事儿的撒克逊人

艾利被称作"革命"，他来自怀斯，管理弗瑞弗德村。

西温林被称作"公正"，他来自艾塞克斯，管理查德林顿村。

艾伯特被称作"大胆"，他来自麦西亚，管理阿宾顿村。

奥发被称作"野兽"，他来自苏塞克斯，管理阿斯恩沃村。

瑞德沃德被称作"伟大"，他来自维斯瑟克斯，管理卡斯西顿村。

060 "多产的果树林"

菲尔夫人的是39号病房（线索2），唐纳斯夫人不是住在53号病房（线索3），所以她是住在47号病房，而克劳普先生因此住在53号病房。唐纳斯夫人有一个来自萨克森比家的人拜访（线索4），所以克劳普先生的拜访者来自26号（线索1），那位拜访者不可能是多赫尔蒂（线索3），所以是莱德雪姆。房子是65号的多赫尔蒂（线索3）拜访的是菲尔夫人。最后，81号的萨克森比拜访的是唐纳斯夫人。

答案：

克劳普先生，53号病房，莱德雪姆，26号。

唐纳斯夫人，47号病房，萨克森比，81号。

菲尔夫人，39号病房，多赫尔蒂，65号。

061 马·博斯科姆斯公寓

因为出租车司机从没看过棒球比赛，所以他肯定是威廉姆斯先生。因为爱德华兹先生从来没听说过集邮，所以他肯定不是集邮者。这样，这3个人的职业就是：威廉姆斯先生是出租车司机；爱德华兹先生是司炉工；巴尼特先生是面包师。

062 足球评论员

杰克爵士跟随北爱尔兰的球队（线索1），佩里·奎恩将去俄罗斯（线索5），和去挪威的英格兰队有关的评论员不是阿里·贝尔（线索3），只能是多·恩蒙。前守门员在威尔士队（线索4），他不去比利时，因为曾经的经营者将去比利时，前守门员也不去俄罗斯（线索5），因此他只能去匈牙利，通过排除法，他是阿里·贝尔，而佩里·奎恩和苏格兰队有关。现在我们知道了3位评议员的目的地，因此去比利时的前经营者必定是杰克爵士，他跟随北爱尔兰队。最后，从线索4中知道，前记者不是和苏格兰队一起的佩里·奎恩，他只能是多·恩蒙，和去挪威的英格兰队有关，而佩里·奎恩和苏格兰队及俄罗斯有联系，他一定是前足球先锋。

答案：

阿里·贝尔，前守门员，威尔士队，匈牙利。

多·恩蒙，前足球记者，英格兰队，挪威。

杰克爵士，前经营者，北爱尔兰队，比利时。

佩里·奎恩，前足球先锋，苏格兰队，俄罗斯。

063 笔名

贝克探长的创作者不是农场经营者斯图亚特·文恩，也不是酒店老板或咖啡店主（均由线索3得出）；警察所写的侦探是法罗斯探长（线索5），所以贝克探长一定是来自格温内思郡的（线索1）兽医笔下的英雄。那个兽医是个男的（线索3），但他不是埃德蒙·格林（线索1），我们知道也不是斯图亚特·文恩，所以他是内文·坡。思尔文探长的创作者不是酒店老板或咖啡店主（线索4），也不是警察（线索5），所以是农场经营者斯图亚特·文恩。余下的那个男酒店老板（线索1），因此叫埃德蒙·格林。住在苏塞克斯东部地区的人不是埃德蒙·格林（线索1），所以那个人是斯图亚特·文恩。创作出法罗斯探长的那个警察不住在什罗普郡（线索5），或者泰赛德地区——因为住在泰赛德地区的必定是咖啡店主或者酒店老板（线索6），所以一定是住在多塞特地区。朱丽叶·李尔写的侦探是撒切尔警官（线索4），同时，因为埃德蒙·格林是酒店老板，所以朱丽叶·李尔是咖啡店主。余下阿米莉娅·科尔一定是来自多塞特地区创作出法罗斯探长的那个警察。而酒店老板埃德蒙·格林笔下的侦探必定是奎恩探长。朱丽叶·李尔居住在英格兰的乡村地区（线索2），所以，家在泰赛德地区必定是埃德蒙·格林；而朱丽叶·李尔家必在什罗普郡。

答案：

阿米莉娅·科尔，警察，多塞特地区，法罗斯探长。

埃德蒙·格林，酒店老板，泰赛德地区，奎恩探长。

朱丽叶·李尔，咖啡店主，什罗普郡，撒切尔警官。

内文·坡，兽医，格温内思郡，贝克探长。

斯图亚特·文恩，农场经营者，苏塞克斯东部，思尔文探长。

064 困惑

B。

065 找出异己

A。只有A具有左右对称性，其余3个字母都不具有这种对称性。

066 破损的宝塔

10和16。

067 找袜子

1号。

068 找不同

脸谱4与众不同。其他脸谱都有3个是一模一样的，只有脸谱4、6、11大致一样，但脸谱4的嘴形略有不同。

069 残缺的迷宫

C。

070 巧穿数字

如图：

071 捉老鼠

黑鼠。

072 封口

12。

073 最牢固的门

D。因为三角形的3条边长确定后，它的形状不易改变，而D是由2个三角形组成的。

074 南瓜脸

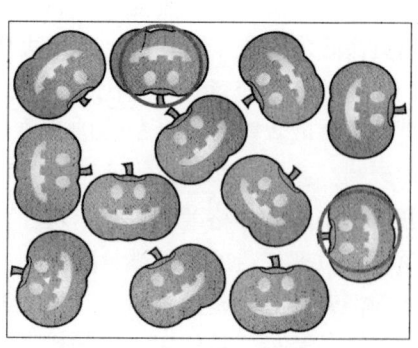

075 分开链条

只需要打开最下面的链子。上面的两根链子并没有连接在一起。

076 规律

D。在其他各项中，将直线两端的横木数量相乘，都得到偶数值，只有 D 项得到奇数值。

077 翻身

D。

078 帽子的颜色

甲可以正确地推导出自己头上所戴帽子的颜色。

079 美丽的正方体

A。

080 看一看

E 不是。

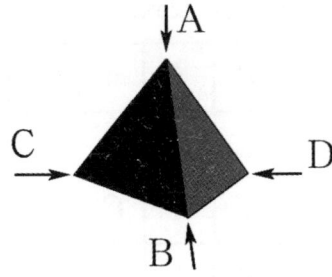

081 一刀两断

第三个。

082 残缺的纸杯

B。

083 工作服

科拉·迪在药店工作（线索 4），而艾米·贝尔不在面包店工作（线索 1），所以她肯定在零售店工作，而埃德娜·福克斯则在面包店工作。艾米·贝尔在半岛商店工作（线索 1），斯蒂德商店店员穿蓝色工作服（线索 2），因此，穿黄色工作服的埃德娜，肯定在梅森商店工作。通过排除法，艾米的工作服肯定是粉红色的，而在斯蒂德商店工作的一定是科拉，她穿蓝色的工作服。

答案：

艾米·贝尔，半岛商店，零售店，粉红色。

科拉·迪，斯蒂德商店，药店，蓝色。

埃德娜·福克斯，梅森商店，面包店，黄色。

084 莫斯科"摩尔"

伊丽娜·雷茨克沃不是克斯汀·麦克莫斯（线索 1），也不是 D 位置的帕姬·罗宾逊（线索 1 和 3），圣布里奇特·凯丽就是路得米勒·恩格罗拉（线索 4），因此，伊丽娜·雷茨克沃就是曼范伊·碧温。位置 D 中的帕姬·罗宾逊不是叶丽娜·幼娜娃（线索 4），那么一定是马里那·克兹拉娃。剩下叶丽娜·幼娜娃就是克斯汀·麦克莫斯。路得米勒·恩格罗拉不是人物 D，叶丽娜·幼娜娃不是人物 C（线索4），后者也非人物A（线索1），那么一定是人物B。因此，从线索1中知道，伊丽娜·雷茨克沃就是人物A，剩下路得米勒·恩格罗拉是人物C。帕姬·罗宾逊不是Z12（线索3），而曼范伊·碧温和克斯汀·麦克莫斯也不是Z12（线索1），那么Z12就是圣布里奇特·凯丽。Z4不是A或D（线索2），则一定是人物B，即克斯汀·麦克莫斯。曼范伊·碧温即伊丽娜·雷茨克沃，她不是Z7（线索5），则一定是Z9，剩下Z7是帕姬·罗宾逊，即人物D马里那·克兹拉娃。

答案：

位置A，伊丽娜·雷茨克沃，曼范伊·碧温，Z9。

位置B，叶丽娜·幼娜娃，克斯汀·麦克莫斯，Z4。

位置C，路得米勒·恩格罗拉，圣布里奇特·凯丽，Z12。

位置D，马里那·克兹拉娃，帕姬·罗宾逊，Z7。

085 势单力薄的警察们

由于2号警官的肩膀麻木（线索1），线索4说明斯图尔特·杜琼不是4号警官。线索2也排除了卡弗在4号位置的可能，并且线索3排除了布特，因此通过排除法，4号警官一定是艾尔莫特。这样根据线索3，格瑞在2号位置，并且遭受肩膀麻木的痛苦。1号警官不是鼻子发痒的内卫尔（线索2），也不是亚瑟（线索3），而是斯图尔特·杜琼。这样根据线索4，3号警官受鸡眼折磨。我们知道他不是格瑞、内卫尔或斯图尔特，那么必定是亚瑟，剩下4号警官是鼻子发痒的内卫尔·艾尔莫特。通过排除法，斯图尔特·杜琼一定受肿胀的脚的折磨。亚瑟就是卡弗（线索2），剩下格瑞就是布特。

答案：

1号，斯图尔特·杜琼，肿胀的脚。

2号，格瑞·布特，肩膀麻木。

3号，亚瑟·卡弗，鸡眼。

4号，内卫尔·艾尔莫特，发痒的鼻子。

086 英格兰的旗舰

根据线索2，V一定在C1，C2，D1或D2中的一个格子内。因为它不是重复的，所以不可能在C2（线索5），而那个线索也排除了包含有一个元音的D2。D3内是个A（线索4），那么线索2排除了V在D1内，排除法得出它在C1内。这样根据线索2，A1内有个R，而C3内是C。线索1和4排除了在D2内的元音（线索5）是A，也不是O（线索7），因此只能是I。根据线索6，G在C排，但G只有一个，不在C2内（线索5），只能在C4内。这样B4内的元音（线索5）不是O（线索7），而是另一个A。线索7排除了O在A或D排的可能，而已经找到位置的字母除掉了B1，B3或C2，以及B4，C1，C3和C4，只剩下B2包含O，而一个T在C2内（线索7）。这样根据线索5，第二个T在A4内。根据线索7，Y在A3内。我们还需找到两个R的位置，但

R	A	Y	T
L	O	R	A
V	T	C	G
R	I	A	F

都不在 D4 内（线索 4），线索 1 也排除了 B1 和 A2，只剩下 B3 和 D1。L 不是在 D4 内，也不是在 A2 内（线索 3），因此在 B1 内。线索 1 排除了剩下的 A 在 D4 的可能，得出 F 在 D4，而 A 在 A2。

087 特殊数字

6218。圆中其他数字都有与其对应的数字，例：7432 与 168（7×4×3 3×2=168）；6198 与 432；4378 与 672；9431 与 108。

第二章　递推法

088 图形识别

C。其他各个图形的中心部分是逆时针方向旋转，而周围部分是顺时针方向旋转。

089 黑点方格

D。将 D 放入原图中以后，整幅图中每一行或列小方格中的黑点数目都不同。

090 拼凑瓷砖

B

091 组合转换

B。图中的直线在同一位置变成了曲线，曲线变成直线。

092 女主人的难题

S，H，O，N，I，X 是字母表中颠倒后照样可以读出来的字母。因此，可以加在它们后面的就只剩下"Z"了。

093 递进的数字

第一个到第六个数字已列出，用序列数乘以它前一个序列数的数值便可得出该序列数的数值。这样，第二个数值为 2×1 = 2；第三个数值为 3×2 = 6；第四个数值为 4×6 = 24。那么，第七个数值就是 5040。

094 猜数字

8。前一个数各位上的乘积是第二个数。7×7=49，4×9=36，3×6=18，1×8=8。

095 天平配平

1 朵云。数值分别为：云 =3，伞 =2，月亮 =4。

096 神谕古文石

这些字母的共性在于它们都是数字。每个数字，即从 1 到 9，都与各自的镜像刻在一起。如果你把每个字母的左半部分遮住，你就会看到真的是这样。所以，所缺的数字是 6。

097 第七洞的成绩

数字 3 是这组递进数字的关键。你必须按照减去 3，除以 3，加上 3，减去 3，除以 3，加上 3 的顺序计算。我们先从第一洞的分数 12 中减去 3，得出 9，即第二洞的分数；然后让 9 除以 3，得出 3，即第三洞的分数；接着，再加上 3，得出 6，即第四洞的分数；再从 6 中减去 3，得出 3，即第五洞的分数；然后，再除以 3，得出 1，即第六洞的分数；最后，第七洞的分数就是 1 加上 3，得出 4，即这个题的答案。

098 数字模式

三角形中每个处在内部的数字都是它上面与之紧密相连的两个数字的乘积。比如，数字 8 是 2×4 所得的结果，32 是 2×16 所得出的结果，依此类推。

099 面积

阴影部分的面积是边长为 3 厘米的正方形的 $\frac{1}{4}$。这个正方形的面积是 9 平方厘米，那么阴影部分的面积就是 $2\frac{1}{4}$ 平方厘米。将边长为 4 厘米的正方形围绕小正方形旋转到任何位置，遮盖部分的面积总是相等。在旋转过程中，当大正方形将线段 AC 平分时，遮盖部分的这个更小的正方形面积就是 $1\frac{1}{2}$ 厘米乘以 $1\frac{1}{2}$ 厘米，即 $2\frac{1}{4}$ 平方厘米。

100 最佳数字

1009315742。表格第一行黑色方格前面的灰色方格个数对应数列的第一个数，第二行黑色方格后面的灰色方格个数对应数列的第二个数；第三行要计算黑色方格前面灰色方格的数量；第四行则要计算黑色方格后面灰色方格的数量，往后依此类推。

101 葛鲁丘的难题

答案是 18。下面那行上的每一个数在调换其各位数字的位置后正好是这个数上面那个数的平方。比如，上面那行的第一个数字是 4，它的平方是 16，16 调换位置后是 61，即下面那行的第一个数。我们取最后数字 9 的平方，即 81，这样，调换位置后就是 18。

102 格拉斯哥谜题

只需要走 8 步。两个 G 哪个做字头都可以。如用下面的 G 作字头，按下列顺序移动字母就可以达到目的：G，A，S，L，S，A，G，O。

103 还原多米诺

4	2	1	4	7	4
0	0	1	4	0	2
4	7	5	3	6	6
1	5	0	2	1	3
5	1	4	6	3	0
1	4	6	3	0	0
7	4	6	7	4	1
4	6	7	4	1	2
7	2	3	5	5	5
2	2	3	5	5	5
6	0	2	5	3	7
0	0	1	2	0	3

104 千禧年

因为，正方形正中央的 4 个数字以及四个角的数字相加的结果也是 2000。同时，每个象限的 4 个数字相加的结果都是 2000。另外，还有两组数字的相加结果等于 2000，那么，就看你能不能找到了。

499	502	507	492
506	493	498	503
494	509	500	497
501	496	495	508

105 四人车组

因为摄像师姓贝瑞（线索3），坐在D位置的是鸟类学专家（线索2），因此瓦内萨·鲁特（线索1）不是录音师，而是植物学家。他不在C位置上（线索3），又因为他的斜对面是录音师（线索1），所以他不在A位置上（线索2），我们知道他也不在D位置，那么他一定在B位置。这样根据线索1，录音师在C位置，通过递推法，摄像师贝瑞在A位置。坐在D位置的鸟类学专家不姓温（线索2），而姓福特，因此他不叫盖伊（线索4），而叫罗伊（线索2）。现在通过排除法，C位置的录音师姓温。A位置的贝瑞不叫艾玛（线索3），而叫盖伊，剩下C位置的录音师是艾玛·温。

答案：

位置A，盖伊·贝瑞，摄像师。

位置B，瓦内萨·鲁特，植物学家。

位置C，艾玛·温，录音师。

位置D，罗伊·福特，鸟类学专家。

106 勋章

因为勋章C有一个绿色的绶带（线索1），根据线索4，所以铁拳团的铁制勋章不可能是勋章D。勋章A用的是银作材料（线索2），勋章D不是金制的（线索5），所以勋章D应该是青铜制的。根据线索5，勋章C是金制的。综上可得，铁拳团的铁制勋章应该是勋章B。因此，由线索4得出，悬挂蓝色绶带的勋章是勋章A。现在已知3个勋章的团名或绶带颜色，所以赖班恩王子勋爵士团的有着紫色绶带的是青铜制勋章D，因此，白色绶带的勋章是铁拳团的勋章B。最后，由线索5，不是伊斯特埃尔勋爵士团的、带绿色绶带的金制勋章C是圣爱克赞讷勋爵士团的。而伊斯特埃尔勋爵士团的是银制的蓝色绶带的勋章A。

答案：

勋章A，伊斯特埃尔勋爵士团，银，蓝色。

勋章B，铁拳勋爵士团，铁，白色。

勋章C，圣爱克赞讷勋爵士团，金，绿色。

勋章D，赖班恩王子勋爵士团，青铜，紫色。

107 腼腆的获奖者

提艾泽尔得第三名（线索4），分到1号羊圈的克罗普（线索1）和普劳曼（线索3）都没有得到第一名。所以是海吉斯得第一名。现已知第一名的得主及另外两位农场主的编号，所以那个分到4号圈、得第二名的人（线索2），一定是普劳曼。综上，克罗普一定是第四名，根据线索3，在2号圈的是来自高原牧场的羊，而农场主是海吉斯这个比赛获胜者。所以不是布鲁克菲尔得牧场的农场主的普劳曼（线索2），他的农场是曼普格鲁牧场。而布鲁克菲尔的牧场是克罗普的。

答案：

圈栏1，克罗普，布鲁克菲尔得牧场，第四名。

圈栏2，海吉斯，高原牧场，第一名。

圈栏3，提艾泽尔，格兰其牧场，第三名。

圈栏4，普劳曼，曼普格鲁牧场，第二名。

108 没人在家

因为6号楼是一位女士的（线索4），根据线索1，5号公寓一定是一位男士，4号一定是位女士。所以剩下的两位男士一定是在1号和3号，最后那位女士则是住在2号。住在6号的女士不可能是里弗斯夫人（线索3）或沃特斯小姐（线索5），所以是格蕾小姐。现在在新西兰的那个人一定是位女士（线索3）。伯恩斯先生没有陪在女儿身边，也没去谈生意或进行商业旅行（线索6），所以他是在住院或度假，他不可能是住在1号的男士（线索2和线索3），他住在3号或5号。住在伯恩斯先生左边的女士（线索1）不可能是沃特斯小姐，因为她在去商业旅行的人的左边（线索5），去商业旅行的人不是伯恩斯先生（线索6），显然也不是格蕾小姐，所以是戴克斯，而这意味着伯恩斯先生是去度假了（线索3）。如果这两个人和格蕾小姐都住在楼上，那么沃特斯小姐和布洛克先生都只能住在楼下了，而这是不可能的（线索5）。所以，伯恩斯先生住在3号，里弗斯夫人住在2号；那个陪着女儿的男士（线索1）则是布洛克先生。因此，里弗斯夫人是在住院（线索2）。楼上的格局是：沃特斯小姐住在4号，戴克斯去商业旅行了，他住在5号，格蕾小姐住在6号，因为她不是去谈生意（线索6），所以她是去新西兰了。谈生意的是沃特斯小姐。

答案：

1号公寓，布洛克先生，陪女儿。
2号公寓，里弗斯夫人，住院。
3号公寓，伯恩斯先生，度假。
4号公寓，沃特斯小姐，谈生意。
5号公寓，戴克斯先生，商业旅行。
6号公寓，格蕾小姐，在新西兰。

109 测量

以下是解决这个题的9个步骤：（1）将绿色罐子注满水；（2）将绿色罐子内的水倒入红色罐子；（3）把红色罐子内的水倒回水池；（4）将绿色罐子内剩下的水倒入白色罐子内；（5）将绿色罐子注满水；（6）将绿色罐子内的水倒入红色罐子；（7）将绿色罐子内剩下的水倒入白色罐子内；（8）将绿色罐子注满水；（9）将绿色罐子内的水倒入白色罐子内。这时，绿色罐子内就剩下2升的水。

110 数字区

111 帐篷

112 阴影

113 赛马

下图中的答案只是众多方案中的一个：

6	5	4	3	2	1
5	3	1	6	4	2
4	1	2	5	6	3
3	6	5	2	1	4
2	4	6	1	3	5
1	2	3	4	5	6

114 图形组合

B。

115 图形四等分

如图：

116 哪个不相关

D。B、C 图形为图形 A 每次逆时针旋转 90° 所得。

117 填数字

3。每个图形上面 3 个数字之和与下面两个数字之和相等。

118 黑色还是白色

Z 应该是黑色。因为所有的黑色字母都能一笔写完，白色的字母就不能。

119 图形转换

B。

120 缺少的时针

指向 10。从左上方开始，沿顺时针方向进行，每个钟上时针与分针所指向的数字之和从 3 开始，每次加 2。

121 类同变化

F。大的部分变小，小的部分变大。

122 回忆填图

C。

123 补充图案

C，每行的图形不论颜色如何都是顺序重复着的。

124 规律推图

B。

125 图形选择

D。

126 搬运雪块

通过观察两个人放置的雪块，我们发现每个雪屋都还需要 6 块。比赛者保持同样的频率的话，A 会首先完成，因为，每次他拿回 1 块雪块的时候，B 都是空着手去搬，所以 B 会落后搬 1 块的时间。

127 对应

E。

128 有趣的脸谱

A。先在脸上添画一种元素，再加画一根头发、脸上添画一种元素，接着加画一根头发，然后加画一根头发、脸上添画一种元素。此后，按照这个顺序添加。

129 查缺补漏

每一行中的黑楔形都可以构成一个完整的正方形。

130 数字代码

0108。前一个数字中的外面两位数相乘，乘积就是下一个数字中的外面两位数。前一个数字中里面的两位数相乘，乘积就是下一个数字中的中间两位数。

131 推测符号

填△。其排列规则是从中心向外，按照○、△、×的次序旋转着填充。

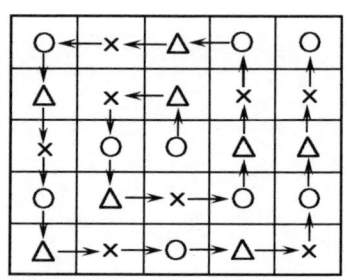

132 中国盒

从外面的大盒子里拿出 1 块糖，放到里面最小的盒子里就可以了。这样，最小的盒子里就有了 5 块糖（两对加 1 块），将这 5 块糖算进第二个小盒子的糖果数目中，第二个小盒子中的糖果数现在是 5+4=9 块（4 对加 1 块）。第三个小盒子中现在有了 9+4=13 块糖果（6 对加 1 块）。最外面的大盒子中有 13+8=21 块（10 对加 1 块）。

133 数字矩阵

每个数字是它所在小正方形其他个数字之和，根据这条规则，未给出的数字是 63。

134 补充表格

26。第一列数乘以第二列数，再加上第三列的数，等于第四列的数。

135 战舰（1）

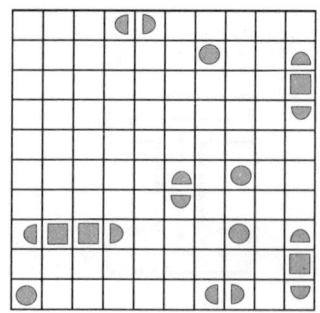

136 寻找骨牌（1）

0	3	0	3	6	4	6	2
5	5	0	5	4	5	5	0
6	2	0	4	2	3	4	1
1	2	2	4	4	3	1	3
1	1	0	6	5	3	3	1
1	3	6	6	6	2	2	5
2	1	4	0	4	0	6	5

137 战舰（2）

140 战舰（4）

141 寻找骨牌（3）

2	5	1	1	1	2	0	6
5	0	6	6	5	3	4	4
2	3	4	5	2	5	4	2
1	1	6	5	2	5	0	4
0	0	4	5	3	3	3	2
6	6	6	3	3	2	1	6
4	1	0	0	0	1	4	3

138 战舰（3）

142 战舰（5）

139 寻找骨牌（2）

143 战舰（6）

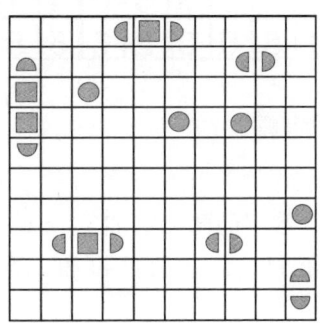

1	3	4	0	2	3	0	0
6	5	5	1	2	3	4	6
4	4	4	2	2	5	5	6
3	1	0	0	3	0	5	6
6	1	1	2	2	5	3	3
1	5	6	0	2	5	6	1
4	0	4	6	2	4	1	3

144 寻找骨牌（4）

2	3	2	1	6	6	0	5
3	6	6	2	2	4	5	1
3	4	3	2	6	0	1	1
3	5	5	0	1	3	4	5
0	0	0	1	3	1	4	6
4	4	2	5	2	4	0	6
4	6	5	5	0	2	1	3

145 战舰（7）

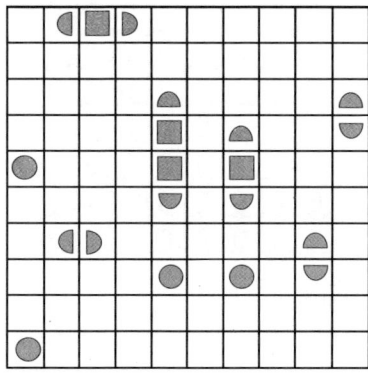

146 寻找骨牌（5）

0	5	2	2	5	4	6	5
3	6	2	2	4	4	4	1
3	6	6	1	2	3	4	6
0	1	4	3	0	2	2	1
3	5	5	3	0	3	1	6
6	4	0	3	6	0	4	1
1	6	0	0	2	5	5	5

147 思考帽

这个题的关键在于了解每个数字都是前一个数字的两倍再加 1。5 的两倍再加 1 等于 11，11 的两倍再加 1 等于 23，23 的两倍再加 1 等于 47，这样，就得出答案了。

148 方格寻宝

149 战舰（8）

150 战舰（9）

151 战舰（10）

154 战舰（11）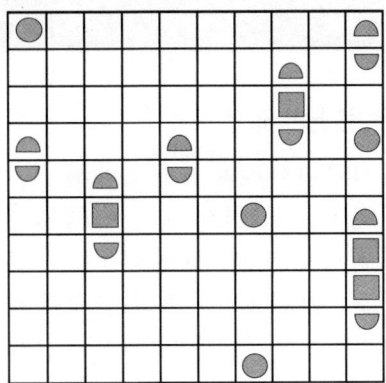

152 寻找骨牌（6）

1	4	2	1	1	6	0	2
3	6	2	1	1	6	6	5
4	3	2	5	3	3	3	4
0	1	4	2	4	4	6	1
3	5	0	4	2	5	3	0
1	5	5	6	5	0	0	0
3	2	5	6	0	4	6	2

155 寻找骨牌（8）

0	2	2	4	4	4	4	4
2	5	2	3	1	1	6	6
6	3	6	3	3	5	3	5
3	0	6	3	5	2	5	6
2	1	6	4	0	5	5	4
2	0	0	0	6	5	1	4
1	0	3	1	1	2	1	0

153 寻找骨牌（7）

2	0	6	6	3	6	2	1
1	0	6	3	4	3	3	6
5	1	1	1	3	6	0	0
1	2	5	2	2	5	5	1
2	0	5	2	5	4	5	4
4	6	6	4	0	1	0	4
0	3	3	3	5	2	4	4

156 战舰（12）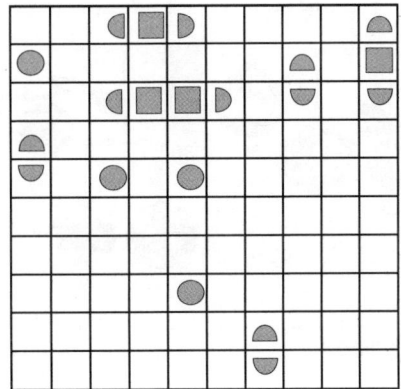

答案 | 415

第三章 倒推法

157 书上的绳子

如果想要拽断书下面的绳子，你可以把绳子向下猛拉。由于书的惯性，在拉力尚未传到书上面的绳子时，下面的绳子就已经拉断了。如果想要拽断这本书的上面的绳子，你可以慢慢地拉绳子，这时拉力发挥作用，再加上书的重量，书上面的绳子就会断掉。

158 古董

90% 的账面价值与 125% 的账面价值之间差了 35%。因为 35% 相当于 105 元，所以 1% 就是 3 元。因此，原账面价值就等于 300 元。

159 风铃

160 报酬

下面就是每人分得的钱数：马尔文得到 94.25 元、哈维得到 74.25 元、布鲁斯得到 41.25 元、罗洛得到 23.25 元。

161 小甜饼

可怜的阿里阿德涅一共有 15 块儿甜饼。劳拉得到 7.5+ 0.5，即 8 块儿甜饼，还剩下 7 块儿；梅尔瓦得到 3.5 + 0.5，即 4 块儿甜饼，还剩下 3 块儿；罗伦得到 1.5 + 0.5，即 2 块儿甜饼，还剩下 1 块儿；玛戈特得到 0.5 + 0.5，即 1 块儿甜饼，而阿里阿德涅则一块儿也没有。

162 布兰德魔宫

因为每个人所能分得的财产与各自服务的时间长短相一致，所以女佣人分得了 1 份遗产，会客室那个仆人分得了 3 份遗产，厨师则分得了 6 份遗产，这样，总共有 10 份。每一份遗产为 7000 元的 $\frac{1}{10}$，即 700 元，也就是那个女佣人所得的遗产。同时，会客室那个仆人得到 2100 元，而厨师得到 4200 元。

163 葡萄酒

A 桶中原来有 66 升的葡萄酒，B 桶中原来有 30 升的葡萄酒。

164 分钱

因为面包是 3 个人平分的，那么，每个人就吃了 $2\frac{2}{3}$ 片面包。这就是说那个拿 3 片面包的人只分给了弗西斯 $\frac{1}{3}$ 片面包，而那个拿 5 片面包的人则分给了弗西斯 $2\frac{1}{3}$ 片面包，这样，他分出的面包是第一个人的 7 倍。因此，他有资格分得 7 枚硬币，而第一个人只能分得 1 枚硬币。这就是公平的解决办法。

165 照相

爷爷一共邀请了 16 个亲戚朋友，一卷胶卷可以照出 60 张照片。

166 磨面

如果想要带回 111.111 千克的玉米面，那么，需要带来 $111\frac{1}{9}$ 千克的玉米（111.111 千克减去 10% 等于 100 千克）。

167 巧克力糖

我们利用反向思维从剩下的 8 块糖算起。因为桌上剩下的糖是第三个旅行者醒过来时的 $\frac{2}{3}$，所以他醒来时，桌上的盘子内会有 12 块糖；同样地，这 12 块糖是第二个旅行者醒过来时的 $\frac{2}{3}$，所以，他醒来时，盘子里有 18 块糖；这 18 块糖是第一个旅行者醒来时的 $\frac{2}{3}$，这就是说盘子里原来有 27 块糖。

168 赛车

巴里、伯特、哈利和拉里骑车行走 1 千米所用的时间分别是 $\frac{1}{6}$ 小时、$\frac{1}{9}$ 小时、$\frac{1}{12}$ 小时和 $\frac{1}{15}$ 小时。所以，他们行走一圈所用的时间就分别是 $\frac{1}{18}$ 小时、$\frac{1}{27}$ 小时、$\frac{1}{36}$ 小时和 $\frac{1}{45}$ 小时。这样，他们会在 $\frac{1}{9}$ 小时之后第一次相遇（即 $6\frac{2}{3}$ 分钟）。4 乘以 $6\frac{2}{3}$ 分钟得出 $26\frac{2}{3}$ 分钟，即他们第四次相遇所需要的时间。

169 硬币计数器

这 50 枚硬币分别是：12 枚 1 元硬币、12 枚 5 角硬币、14 枚 1 角硬币、12 枚 5 分硬币，总共为

1×12+0.5×12+0.1×14+0.05×12=20 元。

170 单轮脚踏车

奥斯汀家和姑妈家相距 60 千米。如果他以每小时 15 千米的速度骑车的话，他会在下午 4 点到（即晚餐开始前一个小时）。如果他以每小时 10 千米的速度骑的话，他会花 6 个小时（即迟到一个小时）。所以，奥斯汀以每小时 12 千米的速度骑车，他会花 5 个小时，他将在下午 5 点准时到达。

171 "陷阱"游戏

将这 4 个矩形按照下图中的样子放在一起。它们的四个边可以在中间（即阴影部分）组成一个边长为 1 厘米的空正方形。

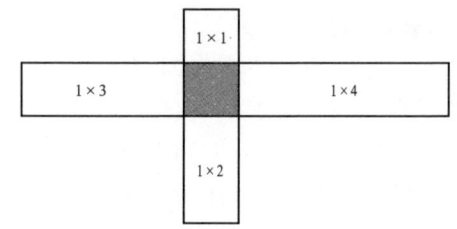

172 午餐托盘

"大块头"马修斯第一趟拿了 54 个托盘，第二趟拿了 45 个托盘。54 的 $\frac{2}{3}$ 等于 36，而 36 是 45 的 $\frac{4}{5}$。

173 滚轮船

A 港口距离 B 港口 300 千米。

船从 A 港口驶到 B 港口：

20×15＝300 千米

船从 B 港口驶到 A 港口：

15×（15＋5）＝300 千米

174 聚餐

一共有 10 个人在一起吃晚饭。80 元的账，每个人应平摊 8 元。本森这对孪生

兄弟离开之后，还剩下8个人，他们必须再多支付2元才能弥补差额。这样，8个人每人支付10元。

175 小费

帕特开始有50元，而迈克有30元。

176 下注

贝特萨罗特教授应该按以下方式下注：斯威·贝利，12元；杨特·萨拉，15元；桑德·胡弗斯，20元。当然，如果别的马获胜的话，教授就太不走运了。

177 魔力壶

因为有35个头，所以最少有70条腿（每只鸡都有2条腿）。农夫说一共有94条腿，这就是说额外有24条腿。将额外的腿数除以2得出12，即兔子笼中4条腿的动物的个数。我们知道兔有12只，所以另一个笼子里就有23只野鸡。

178 玻璃杯中的樱桃

将玻璃杯的"底"向左滑动，紧接着把玻璃杯"右边"的木棒挪到玻璃杯的柄脚的左边（如图所示）。这样，杯子就倒过来了，同时，樱桃也就到了杯子的外边。

179 邮票

将2枚邮票叠放在一起，放在中间的位置上。这样，在十字架的每条线上就都有4枚邮票。

180 杯垫

A图到C图向我们展示了如何将这些杯垫重新排列形成一个"完整的圆"的过程。

181 燕子李三

如图：

182 游戏天才

在这个题中，数字的排列方法有很多，下面是其中之一。

4	1	3	0	2
3	0	2	4	1
2	4	1	3	0
1	3	0	2	4
0	2	4	1	3

第四章　作图法

183 检查路线

舰长的检查路线如下：从 2 号指挥中心进去，然后是 E, N, H, 3, J, M, 4, L, 3, G, 2, C, 1, B, N, K, 3, I, N, F, 2, D, N, A, 1。

184 电池

下面是解决这个题的一种方法：

185 雪橇

答案如图所示（下图有 6 个小三角形和 2 个大三角形）。

186 管状面包

从下图的水平方向可以将这个面包切成 10 份。

187 斯芬克司画像

答案如下图所示：

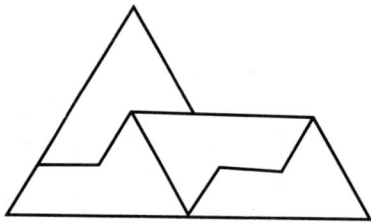

188 砖墙

ab 墙和 cd 墙的长度相等。如果沿着虚线 1 将 cd 墙切开并将上面那部分向下移动到虚线 2，那么我们会得到与 ab 墙尺寸、形状相同的砖墙。很明显，两面墙的用料都相等，因此花费也相等。这样，邓布迪先生和泥瓦匠都错了。

189 连线的风筝

比夫是按下图中的方法解答风筝思维游戏的。

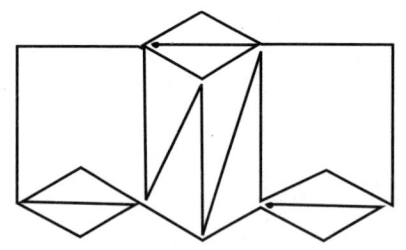

190 兔子难题

有 8 条直线上有 3 只兔子；有 28 条直线上有 2 只兔子；6 只兔子排成 3 排且每排 3 只，可以如下图排列：

191 学生会委员

按不同的划分标准画两个图：

如果 2 个特长生都是贫困生，那么题中介绍便只涉及了 6 个人，与题干矛盾；其他选项均不矛盾。正确选项是 A。

192 变大的正方形

如图，依照实线部分加以切割组合

即可。中央 4 个小正方形维持原状，四周的 12 个片断刚好可组合成 6 个小正方形，合计 10 个小正方形。

193 神奇的风筝

如图：

194 圆点

如图：

195 跳房子

答案如下：

196 字母连线

如图：

197 死亡三角

如图：

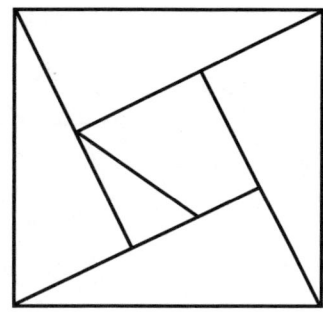

198 长方形

题中的 12 个黑色圆点可以画出 20 个长方形。大家可能漏掉的 2 个长方形已经在下图中画出。

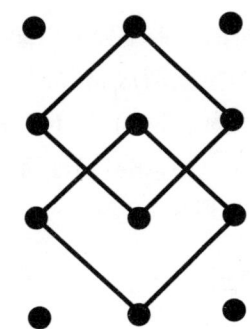

199 从 A 到 Z

如图：

200 潜水艇拦截网

如果将这个网剪成两半，最少需要 8 步。从 A 开始，由上向下剪到 B。

201 最佳路线

巡视员的行走路程可以减少到 19 千米，他只需重复两次路过两条铁轨。他的巡查路线为：E-I-J-K-J-F-B-C-B-A-E-F-G-H-D-C-G-K-L-H。重复路过的两条铁轨是 JK 段和 BC 段。

202 动物园

如图：

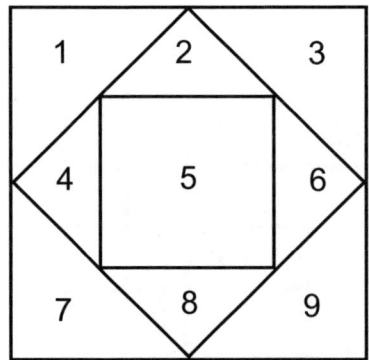

203 猴子的路线

猴子应该按照下面的顺序走遍所有的窗户：10, 11, 12, 8, 4, 3, 7, 6, 2, 1, 5, 9。这个线路在底部和中部的窗户之间的空间内只经过了 2 次。

204 鱼

如图：

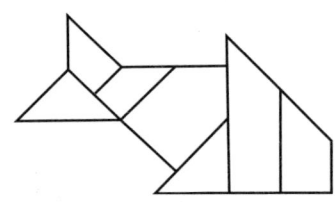

205 木匠活儿

下图展示了胶合板的切法以及 3 块板的拼法：

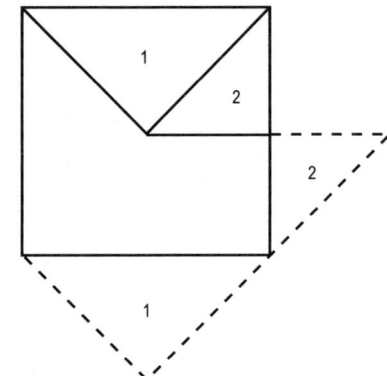

206 神奇的"Z"

图 1 展示了切割线，图 2 展示了这 3 块是如何在重组后形成一个正方形的。

图 1　　　　图 2

207 教授的难题

如图：

208 平分果园

如图：

209 火柴棍游戏

从右上角和左下角分别拿走 2 根火柴，然后再从表格里面拿走 4 根火柴。那么，现在图中就有 2 个大正方形和 1 个小正方形，一共有 3 个正方形。

210 高尔夫球座

下面的图将告诉纳尔达如何把 24 个高尔夫球座拼成 4 个完整的正方形。这样，她就可以从麦克戴维特那里赢一套新的铁头球杆了。

211 国际思维游戏大赛

如图：

212 最近的点

对于房子总数为偶数的情况，到所有的房子距离最近的点应该在最中间的两栋房子的中心。

而对于房子总数为奇数的情况，到所有房子距离最近的点应该是最中间的那栋房子。

213 奇怪的电梯

可以走遍所有的楼层。最少的步骤是 19 步，顺序如下：

0-8-16-5-13-2-10-18-7-15-4-12-1-9-17-6-14-3-11-19。

214 企鹅回家

215 谁点了牛排

坐在 C 处的萧先生点了牛排。破解此题的主要关键在于"邻座的人都点了不一样的东西"，因此，只要顺利排出各人所点的东西，并且填入他们的主菜，如此一来，主菜栏空白者便是点了牛排。李先生坐在 A 座，则连先生一定不是 B、C 座，那么确定 D 座是连先生，而坐在 B 的人点了一份猪排，那么萧先生肯定坐 C 座，而且 A、D 两人前文交代又点了鸡排和羊排，所以可以判定 C 座萧先生点的是牛排。

座位	人物	主菜	汤	饮料
A	李先生	鸡排	洋葱汤	冰咖啡
B	?	猪排	玉米浓汤	果汁
C	萧先生	?	玉米浓汤	热红茶
D	连先生	羊排	罗宋汤	冰咖啡

216 琴弦上的纸片

如图所示，琴弦开始振动，4 和 6 处的纸片会掉下来。

217 弹孔

答案如下图：

218 缝制地毯

他先沿着图1中虚线把地毯剪开，然后，再把上半部分的地毯向左下方移动，这样，就正好可以与下半部分的地毯合并在一起（参见图2）。然后，将它们缝合成一个完整的正方形地毯。

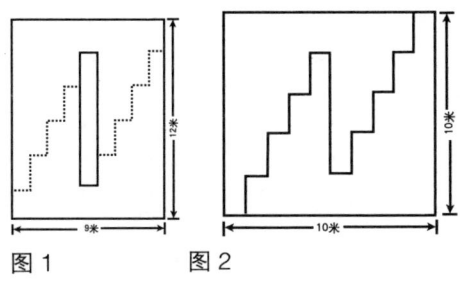

图1　　　　图2

219 不规则房地产

下图是西德尼想出来的解决方法：

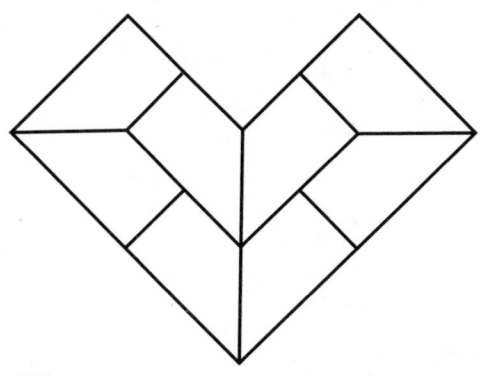

220 婚礼

举行婚礼的日子是星期日。我们得把他说的话分成两部分。

日	一	二	三	四	五	六	日
SUN	MON	TUES	WED	THUR	FRI	SAT	SUN
第一部分				第二部分			

在第一部分"那个日子的后天是'今天'的昨天……"，从星期天往前算，就到了星期三，即过了3天。在第二部分"那个日子的前天是'今天'的明天，这两个 '今天'距离那个日子的天数相等"，从星期天往后算，这样就到了星期四，即距离星期天有3天。所以，这个答案当然就是问题中所提到的日子。

221 剪正方形

下图就是我们所知道的解决方案：

222 肖像画

要解决这个题，直线开始和结束的地方必须是直线的3个部分的连接处。在下面的图中，这几个连接处是右眼的上面、与他衣领和头发相邻的左肩。

223 切蛋糕

你所要做的是把周长分成相等的5份（或"n"份，这个"n"是你所要得到的蛋糕块数）。

然后从中心按照一般切法把蛋糕切开。

诺曼·尼尔森和佛瑞斯特·菲舍在1973年提供了证明，证明如下：

224 老鼠迪克

225 谁先到达

两条小路的路程相同。如图，线路一的各分段距离之和，正好等于线路二的距离。

226 男生还是女生

最后一个学生是女生。

227 几个正方形

20个。如图。

228 双胞离体

沿虚线剪开。

229 不向左转

他走的路线如下图中虚线所示：

230 只剩一点

有可能。那个人像图中所显示的一样画直线,所以留下一个"点"的简体字。

231 视图

另一个黑面。这道题也要画一个展开图来考虑,但你很快会发现自己被捉弄了,那就是因为存在两个黑色的面,黑色面的对面还是一个黑色的面。

232 条条大道通罗马

如图:

233 油漆窗户

图中的阴影部分就是应漆成蓝色的地方。

234 太妃糖

答案如图所示:

235 应聘

答案如下图所示:

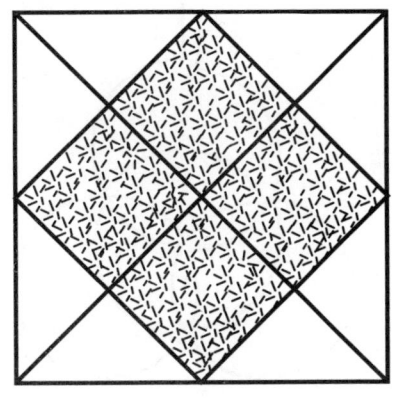

答案 | 427

236 十字架（1）

答案如下图所示：

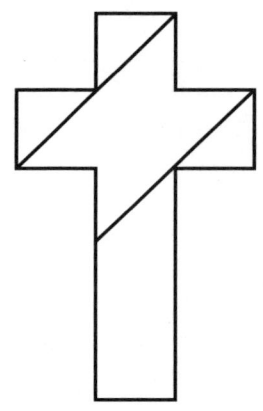

237 馅饼

这个馅饼可以切成 11 个大小不同的碎块（如图所示）。

238 书法

下图展示了内尔的有趣练习。

239 镜子

可以，抽烟斗的人能看到经过镜墙反射出来的火柴光。

240 曲线连数

答案如图所示。原题中选的是 18 个点，其实用任意多少个点都可以做到把它们从头到尾相连，且连线不相交。

241 拉直的绳子

如图所示，绳子拉开之后有两个结。

242 重叠的长方形

如图所示：

243 未来时光

要回答这个问题，对日历的形式必然熟悉，日历通常把每月的日期写成 5 行，看 24/31 添加栏的月份，1 号将是星期五或星期六。已经知道 24 号是黑体字，说明这天不是休息日。因此，1 号排除了星期五的可能，必然是星期六。

244 面积有多大

4：1。把小三角形颠倒过来，就能立刻看出大三角形是小三角形的 4 倍。

245 考试的结果

如表所示：

	历史	语文	地理	英语	数学	总分
A	5	4	4	2	3	18
B	4	5	3	3	1	16
C	3	2	5	1	4	15
D	1	1	1	4	5	12
E	2	3	2	5	3	14

246 拼汉字

4 个。如图：

247 各走各门

走道的设计如图。既然关系不好，不想见面，走路就别怕绕路。

248 保守的丈夫

渡法如下：船来去的情况用箭头表示。人用字母代表，大写的英文字母代表丈夫，小写的英文字母代表妻子。这道题的关键是在第 6 至第 7 次之间，又把 Bb 夫妇渡回来了。想到这一点，问题基本解决了。

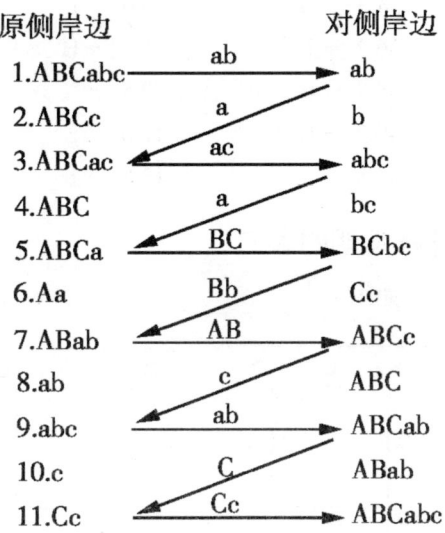

249 放不下的榻榻米

老头的房间确实是 7 张榻榻米面积，但该房的形状是不能整铺 7 张榻榻米的，而是铺 6 张整的和两个半张的。

250 移动汽车

照如下顺序移动即可。

1.6 → G　2.2 → B　3.1 → E
4.3 → H　5.4 → I　6.3 → L
7.6 → K　8.4 → G　9.1 → I
10.2 → J　　　　　11.5 → H
12.4 → A　　　　　13.7 → F
14.8 → E　　　　　15.4 → D
16.8 → C　　　　　17.7 → A
18.8 → G　　　　　19.5 → C
20.2 → B　　　　　21.1 → E
22.8 → I　　　　　23.1 → G
24.2 → J　　　　　25.7 → H
26.1 → A　　　　　27.7 → G
28.2 → B　　　　　29.6 → E
30.3 → H　　　　　31.8 → L
32.3 → I　　　　　33.7 → K
34.3 → G　　　　　35.6 → I
36.2 → J　　　　　37.5 → H
38.3 → C　　　　　39.5 → G
40.2 → B　　　　　41.6 → E
42.5 → I　　　　　43.6 → J

251 聪明的家丁

如图：

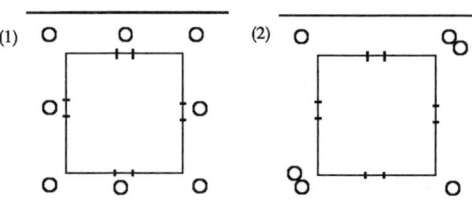

252 戒指放盒里

添 3 根直线。

253 十字变方

先沿图 1 的虚线折叠，然后再沿图 2 的虚线折叠，最后沿图 3 的虚线折一下，并沿这条线剪一刀，就把"十"字形分成了 4 块相同的图形，把它们拼起来，就是一个正方形了。

254 巧做十字标

沿虚线锯开。

255 设计桌面

如图：

256 圆圈

把这个正方形的纸板的任意一个角的顶点放在这个圆圈内边的任意一点。在 A 点和 B 点（即正方形与圆圈相交的两个点）做两个标记（参见图 1）。把纸板当直尺，将 A、B 两点连接。然后，用正方形的这个角的顶点放在这个圆圈内边的另外一点，并重复刚才的步骤，在另外的两个交点，即 C、D 两点做标记（参见图 2）。将 C、D 两点连接。这样，这个圆圈的中心点就是线段 AB 与线段 CD 的交点（参见图 3）。

图1

图2

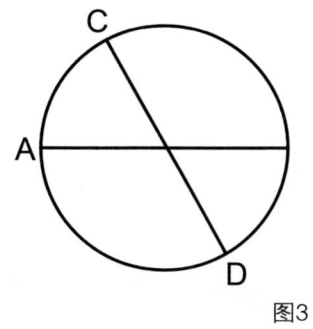

图3

257 警察

这名警察的巡视路线已经展示在下页的图中。

258 钉子

按照下图中的排列方式，你会发现，所有的钉子都会彼此相接触。

259 神奇的三角形

将下图中虚线位置上的短线去掉就可以了。这样，就只剩下 4 个小三角形和

1个大三角形。

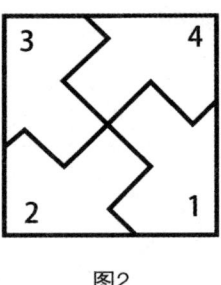

图2

262 铜锣

沿图中的切线可以将铜锣切成5部分。

260 古董商

答案如下图：

263 欢乐谷

下图是解决方案中的一种：

261 神庙

先按照图1的样子切开，然后按照图2所示将它们拼成一个正方形。

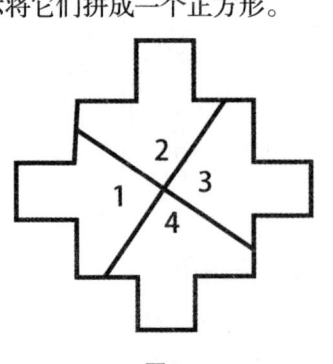

图1

264 直线

答案如图所示：

265 十字架（2）

答案如图所示：

266 胶合板

先沿着图1中的虚线切割，然后，将上面那块儿板向下滑动，使它挪到左边，这样便可得到一块儿实心板（如图2所示）。

图1

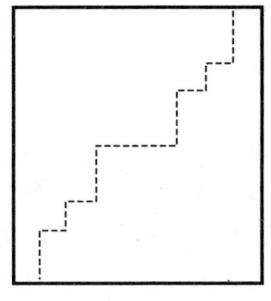

图2

267 喂狗的硬饼干

答案如下图所示：

268 电车

巡视员的行走路程可以减少到19千米，他只需重复两次路过两条铁轨。他的巡查路线为：E-I-J-K-J-F-B-C-B-A-E-F-G-H-D-C-G-K-L-H。重复路过的两条铁轨是JK段和BC段。

269 雕刻品

答案如下图：

270 时钟

答案如图所示：

271 皇冠

答案如下图：

272 房产规划

答案如下图：

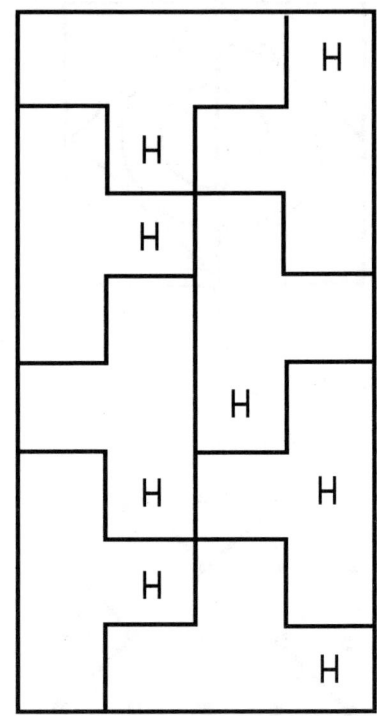

第五章 计算法

273 瓢虫

一共有 5040 种不同的排列方式，即 $7×6×5×4×3×2×1=5040$。

274 数学表达式

答案如下：
$123-45-67+89=100$

275 射击

这 3 只鸟是 25，6，19。

276 心算

将最大和最小的数组成一对（$1+100=101$；$2+99=101$；$3+98=101$）依此类推，这样，会得到 50 对数字。所以，$50×101=5050$，即"心算"的算法。

277 漂流速度

最好的计算方法就是从哈比的有利位置考虑问题：首先他离开帽子航行了 5 分钟，然后转身向回航行了 5 分钟并把帽子捡起来。在这个过程当中，帽子以水流速度在下游漂流了 1 千米，由于帽子用了 10 分钟漂流 1 千米，所以我们依此计算得出河流的水流速度是 6 千米/小时。

278 教授的难题

下面是弗朗昆教授最后想出来的答案：

$44 + \frac{44}{4} = 55$

279 五行打油诗

这个题有多种解法，下面是其中的一种解法：

$333333 \times 3 + 1 = 1000000$

280 计算闯关

如图：

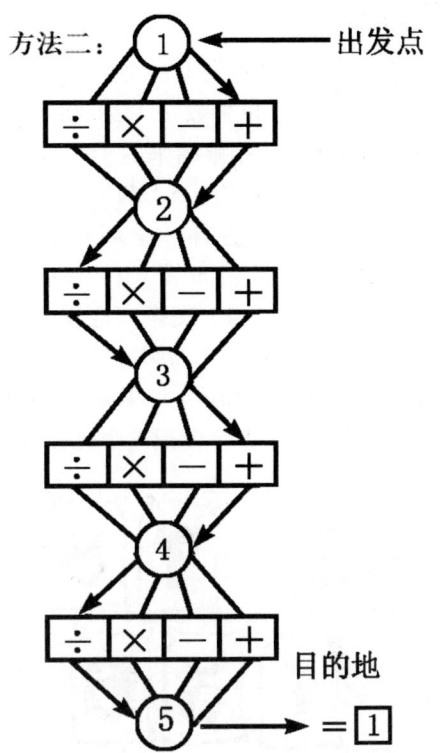

281 保险箱

比纳库克拉斯偷走了 60 枚 1 元硬币、15 枚 5 角硬币以及 50 枚 5 分硬币。

282 开商店

其中的一个答案为：草莓酱每罐 0.5 元，而桃酱每罐 0.4 元。3 罐草莓酱花费 1.5 元，而 4 罐桃酱则花费 1.6 元，这样，一共花费了 3.1 元。

283 车厢

乘客车厢每个 4 元，买了 3 个（共 12 元）；货物车厢每个 0.5 元，买了 15 个（共 7.5 元）；煤炭车厢每个 0.25 元，买了 2 个（共 0.5 元）。这些费用加起来就是 $12 + 7.5 + 0.5 = 20$。

284 面袋

在第一层,将布袋(7)和(2)交换,这样就得到单个布袋数字(2)和两位数字(78),两个数相乘结果为156。接着,把第三行的单个布袋(5)与中间那行的布袋(9)交换,这样,中间那行数字就是156。然后,将布袋(9)与同一行两位数中的布袋(4)交换,这样,布袋(4)移到右边成为单个布袋。这时,第三行的数字为(39)和(4),相乘的结果为156。总共移动了5步就把这个题完成了。

285 灵长类动物

动物园里有5只大猩猩、25只猿以及70只狐猴。

286 幻方游戏

如图:

16	3	2	13
5	10	11	8
9	6	7	12
4	15	14	1

287 航行

这3艘轮船下次同一天驶出纽约港需要等到240天以后。因为240是12,16,20的最小公倍数,在这期间3艘轮船都可以完成航行。至于这段时间,每一艘轮船所航行的次数,可以按以下方式计算:

第一艘轮船:240÷12 = 20次;
第二艘轮船:240÷16 = 15次;
第三艘轮船:240÷20 = 12次。

288 交叉的圆圈

将字母用以下数字来代替:a = 2,b = 11,c = 8,d = 1,e = 14,f = 4,h = 13,i = 5,j = 9。

289 进球数

他这5轮中,每轮分别打进了8,14,20,26,32个球。

290 数学题

答案如下:

```
  173         85
+   4       + 92
-----       ----
  177        177
```

291 年度思维游戏大赛

答案如下:

```
  98765
+  1234
-------
  99999
```

292 神秘的正方形

答案如下:

20	1	12
3	11	19
10	21	2

293 对角线间的角度

线段 BD、DG 和 GB 构成一个等边三角形。因此，线段 BD 和 DG 之间的角度是 60°。

294 蜘蛛网

下面的步骤清楚地说明了计算过程：

步骤 1

$20 \times 4 = 80$（圆周长）。

步骤 2

$80 \div 3.14 = 25.48$（圆直径）。

步骤 3

$25.48 \times 25.48 = 649.23$（正方形面积）。

步骤 4

$25.48 \div 2 = 12.74$（圆半径）。

步骤 5

$12.74 \times 12.74 \times 3.14 = 509.65$（圆面积）。

步骤 6

$649.23 - 509.65 = 139.58$（四个角的面积）。

步骤 7

$139.58 \div 4 = 34.9$（蜘蛛网的面积）。

295 财宝

在这个递进关系中，每一袋里的金币都比它前一袋的金币少。每一袋里的金币数都是第一袋里的金币数（即 60 枚金币）与那袋的序数比。

第一袋 = 60 枚金币

第二袋 = 30 枚金币（$\frac{1}{2}$）

第三袋 = 20 枚金币（$\frac{1}{3}$）

第四袋 = 15 枚金币（$\frac{1}{4}$）

第五袋 = 12 枚金币（$\frac{1}{5}$）

第六袋 = 10 枚金币（$\frac{1}{6}$）

296 还原公式

完整的算式应该是：

```
    1 1 7
  × 3 1 9
  -------
  1 0 5 3
    1 1 7
  3 5 1
  -------
  3 7 3 2 3
```

297 加法题

答案如下：

```
  1 X X         1 0 0
  3 3 X         3 3 0
  5 X 5         5 0 5
  X 7 7         0 7 7
+ X 9 9       + 0 9 9
-------       -------
  1 1 1 1       1 1 1 1
```

298 盒子的重量

盒子 1 的重量是 $5\frac{1}{2}$ 千克；

盒子 2 的重量是 $6\frac{1}{2}$ 千克；

盒子 3 的重量是 7 千克；

盒子 4 的重量是 $4\frac{1}{2}$ 千克；

盒子 5 的重量是 $3\frac{1}{2}$ 千克。

299 南瓜先生的难题

这是个难题，但是它却有不只一个答案。下面是我们所知道的一个答案：

$3^3 + 3^3 + 3^3 + \left(\dfrac{3}{3}\right)^3 + 3 \times 3 + 3 \times 3 =$
$27 + 27 + 27 + 1 + 9 + 9 = 100$

300 新式计算机

答案是 301。

301 啤酒

布伦希尔德一天内可以喝：

布伦希尔德一天喝 $\dfrac{3}{140}$ 桶的啤酒。140 除以 3，得出 $46\dfrac{2}{3}$ 天，即布伦希尔德自己喝光一桶啤酒所用的天数。

302 数独格

303 五角星游戏

这是我们知道的一个解答这个题的办法：

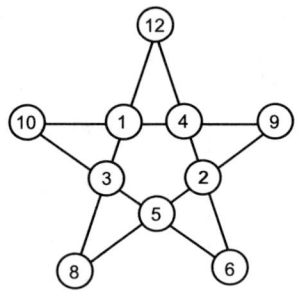

304 谁先越过终点

第一个冲过终点的是小青蛙。当它们到达橡树时，青蛙跳了 7 次，正好到达橡树，而蚱蜢在跳第 5 次时却超出了 1 米。这时，它们转身往回跳。由于蚱蜢每跳 3 次，青蛙就可以跳 5 次。所以，青蛙当然会轻松击败蚱蜢。

305 排列奇数

在答案中，两个数位上的数字组成了一个奇数：$13 + 3 + 3 + 1 = 20$（注意：13 是由两个数位上的数字组成的）。

306 点菜语言

$$\begin{array}{r} 1\ 9\ 8 \\ \times\ \ \ 2\ 7 \\ \hline 5\ 3\ 4\ 6 \end{array}$$

307 平均速度

莫里提行走的总路程除以总时间就是答案所要的平均速度。假如老秃山每个山坡从底部到顶部的距离都是 20 千米，那么莫里提上山会用 2 个小时、下山会用 1 个小时。由于返回去所用的时间也是 3 个小时，所以整个路程就用了 6 个小时。在这个时间之内，他一共走了 80 千米的路。这样，平均速度就等于 80 除以 6，即 $13\dfrac{1}{3}$ 千米/小时。

308 古老的思维游戏

内圈的数字是 5, 6, 7, 8, 这 4 个数字相加的结果等于 26。而外圈的数字是 1, 2, 3, 4, 9, 10, 11, 12, 它们相加的结果等于 52, 正好是内圈数字相加结果的 2 倍。

309 牲畜

苏巴克有 11 头牲畜、埃比尼泽有 7 头牲畜、押沙龙有 21 头牲畜。

310 房顶上的数

175。计算的规则是：(左窗户处的数值＋右窗户处的数值) × 门上的数值。

311 最后的格子

8。在每个图中按纵列进行计算，把上下 2 个数字相加，对上面的表格来说，所得结果填在它下面表格中间的正方形中；对下面的表格来说，所得结果填在它上面表格中间的正方形中。

312 阴影面积

80 平方米。如果你对这个经过切割的方格进行观察，你会发现在这些复合形状中包括了并行的几对图形，它们可以组合成 4 个正方形。整块土地的总面积是 20 米 × 20 米，即 400 平方米。这 5 个相同的正方形中任意 1 个的面积都是土地总面积的 1/5，即 80 平方米。

313 切割立方体

切 3 刀，将立方体的干酪分割为相等的 8 个小立方体。这 8 块立方体的小干酪中每一块的边长都是 1 厘米，因此其表面积也就是 6 平方厘米，那么 8 个立方体小干酪块的总表面积就是 48 平方厘米。

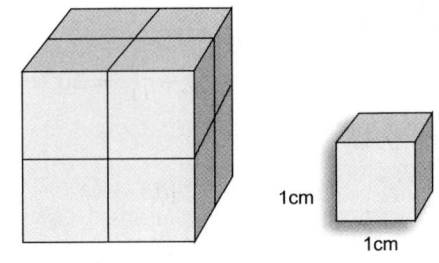

314 蜂群

$$\sqrt{\frac{x}{2}} + \frac{8}{9}x + 2 = x$$

这里 x = 蜂群中的蜜蜂数

整理式子为：(x−72)(2x−9)=0

很明显 x 不等于 4.5（假设 2x−9=0 得出的结果），所以 x 一定是 72，那么整个蜂群一共有 72 只蜜蜂。

315 射箭

6 支箭的分数刚好达到 100 分，那么他射中的靶环依次为：16、16、17、17、17、17。

316 真实年龄

马奇 30 岁，她的妹妹维罗妮卡 10 岁。

317 三角形组

这里给出其中一种解法：

318 巨型鱼

这条鱼头长 60 米、尾巴长 180 米、身体长 240 米，鱼的总长度为 480 米。

319 游戏者

$$1 + 3 + 5 + 7 + \frac{75}{75} + \frac{33}{11} = 20$$

320 伪钞

面值	数量	总值
1元	10	10元
5元	100	500元
10元	9	90元
50元	18	900元
总计	137	1500元

321 对角线路径

在10×14长方形中对角线穿过了23个小正方形。

关于被对角线穿过的正方形的个数，我们是否可以总结出这样一个公式：被对角线穿过的正方形的个数等于长方形两个边上小正方形的个数和减去1？

这个公式适用于所有的长方形吗？

试一下6×9这个长方形。

我们得到9 + 6 − 1=14,但是对角线穿过的正方形的个数只有12个。显然，我们的公式也不适用于对角线穿过正方形的角的情况。

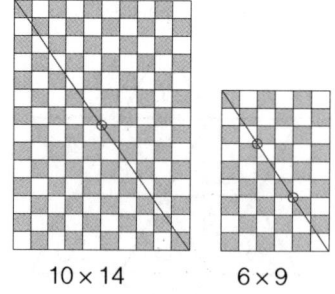

10×14   6×9

322 巧妙连线

连接如图。

323 数字和密码

625。用10减去数字里的每位数上的数字得到破解后的数字。

324 书蛀虫

书虫一共走了6.8厘米。书虫如果要从第一册第一页开始向右侧的第三册推进的话，第一件事情就是先从第一册的书开始破坏，接着是第一册的封底、第二册的封面、第二册书，之后是第二册的封底，然后是第三册的封面，最后是2厘米厚的书（即思维游戏的终点线）。期间，一共经过4个封页以及3册书的厚度，享用了6.8厘米的美味。

325 几何

线段OD是圆的半径，它的长度是14厘米。图形ABCO是个长方形，它与圆的中心以及圆边都相交。因此，线段OB（即圆的半径）的长度为14厘米。因为长方形的两个对角线的长度都相等，所以，线段AC与线段OB的长度相等，即14厘米。

326 细长玻璃杯

如果用小玻璃杯的话，我们倒8次才能把大玻璃杯装满水。因为大玻璃杯在杯身直径和高度上是小玻璃杯的2倍，所以它的体积就是小玻璃杯的体积乘以 8。比如，我们拿一个 1 厘米 ×1 厘米 ×1 厘米的立方体举例，它的体积为 1 立方厘米；那么，大玻璃杯的体积，即 2 厘米 ×2 厘米 ×2 厘米，这时它的体积就是 8 立方厘米。

327 自行车

贝蒂骑 1 个小时的自行车后把自行车放在路边，并继续步行 2 个小时，行走 8 千米后到达她的姑妈家；纳丁步行 2 个小时后到达放自行车的地方，然后骑 1 个小时的自行车，这样她就能和贝蒂同时在最短的时间到达姑妈家。

328 钱包

钱包里有 2 张 50 元的钞票、2 张 100 元的钞票、4 张 5 元的钞票。

329 卖车

达芙妮的主人每次都在前一次的基础上降价 20%，所以，最后的售价是 563.20 元。

330 加法

答案如下：
$1+2+3+4+5+6+7+8×9=100$

331 机器人

答案中的一种如图所示：

8	11		
9	10	6	1
	12	3	7	4
		5	2

332 4 个 5

答案为：$55\frac{5}{5}$

333 握手

8 位圣诞老人总共握手 28 次。A 与其他 7 位握手，B 因为已经与 A 握过手所以只需与其他 6 位握手，而 C 只需与其余 5 位握手，依此类推，握手的总次数为：$7+6+5+4+3+2+1=28$

334 护身符

答案如下图：

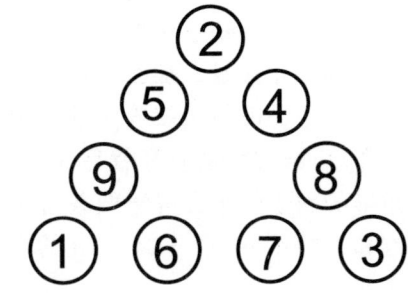

335 破解密码算式

如图：

```
    9 8 7 6 5 4 3 2
×                 9
─────────────────
    8 8 8 8 8 8 8 8 8
```

336 剩余的页数

92 页。从第 20～25 页共有 6 页，那么从 100 里减去 6 就是 94 页……那就错了。纸是有正反两面的，所以不可能只脱落其中的一面。既然第 20 页脱落了，那么第 19 页也必定脱落。同理第 25 页脱落了，那么背面的第 26 页也必然随之脱落。综上所述，应该是从第 19～26 页共计 8 页脱落了。即：100-8=92。

337 动物

公园里有 4 只狮子、31 只鸵鸟。以下是解题的方法：因为他算出有 35 个头，所以，最少有 70 条腿。但是，他算出一共有 78 条腿，也就是比最少的数多了 8 条腿，因此，多出的 8 条腿必定是狮子的。8 除以 2 便是四条腿的动物的数量。这样，狮子的数量是 4。

338 长角的蜥蜴

这只蜥蜴爬行时正好是一个直角三角形。如果一个直角三角形的三个点都与一个圆的边相接触，那么，这个直角三角形的长边，即斜边就等于这个圆的直径。所以，圆(窝)的直径就是 5 米(直角三角形的斜边的平方等于两条直角边的平方和，即 $4^2 + 3^2 = 25$，25 的平方根等于 5)。

339 数字

答案如下：

解题步骤：(1) 因为第一个值与除数相同，所以，商的第一个值就是 1；(2) 根据第二次减运算，可用得知字母 E 肯定是 0，因为字母 FC 原封不动的放在了下面；(3) 字母 FEE 所代表的数字就是 100，而这正是字母 AB 与第二个值的乘积，除数不可以是 0，所以当一个两位数和一个一位数相乘能够得出 100 的只有 25，因此，商的第二个值就是 4；(4) 在第一次减运算中，字母 GH 与 25 的差是 11，所以，字母 GH 肯定是 36；(5) 这最后一个字母 C 就是 7，8 或者 9。如果你每一个都试一试，那么，你很快就

可以发现只有 7 最合适。

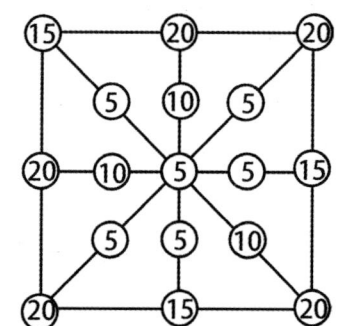

340 铁圈枪

奈德的得分如下：10 分靶槽内有 14 个铁圈，共得分 140；20 分靶槽内有 8 个铁圈，共得分 160；50 分靶槽内有 2 个铁圈，共得分 100；100 分靶槽内有 1 个铁圈，得分 100。这样，140 + 160 + 100 + 100 = 500。

341 排列数字

答案如下图：

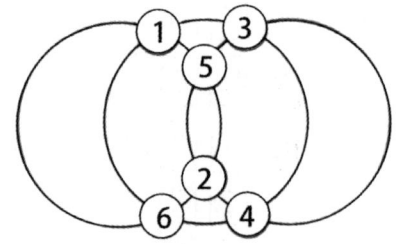

342 天文

答案如下：

343 三明治

满足条件的三明治的总数为 121。

344 靶子

亚历山大和他的妹妹西比拉的得分如下：两箭射中 25 环、两箭射中 20 环、两箭射中 3 环。

345 打赌（1）

任何数的 $\frac{3}{4}$ 的 $\frac{2}{3}$ 都等于这个数的一半。答案如下：

$$\frac{2}{3} \times \frac{3}{4} \times 111 = \frac{1}{2} \times 111$$
$$= 55.5 \text{ 元}$$

346 竞赛之后

答案为：

```
  A B C          1 9 8
×   D E        ×   2 7
---------      ---------
F G H I        5 3 4 6
```

347 失落的数字

从算式的最后一层可看出 (有些数字用字母表示) 图①, c=0。efg-hij 是三位数，而 lmnp-rst 是两位数，所以 lmnp>efg，因此 rst>hij，这样 b>7。a 和 d 分别与除数相乘后都得四位数，由此 a>b, d>b，这样只可能 b=8, a=d=9，现在得商是 97809。

因 rst ≤ 999，所以除数不能大于 124。xy 不能大于 11，应是 10 或 11，又 lmnp ≥ 1000，因此 rst> 女 988，123×8=984，所以除数一定大于 123。除数只能是 124，被除数是 124×97809=12128316，如图②。

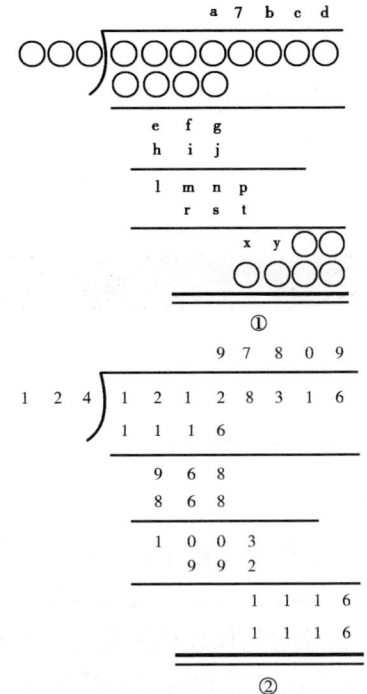

348 亚当和夏娃

这个题的答案是：

$$\frac{242}{303} = .798679867986\cdots\cdots$$

349 号角民谣口琴

下图中的答案是解决这个题的方法之一。

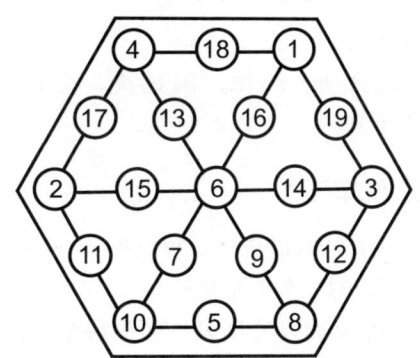

350 链子

把那条带 4 个环的链子拿出来，将上面的 4 个环都打开，这样会花费 4 元。接着，利用这 4 个环把剩余的 5 条链子连在一起；然后，把这 4 个环焊接在一起，这会花费 2 元。所以，一条 29 个节的链子一共会花费 6 元。

第六章　分析法

351 图形变身

E。图形等于折叠成一半。

352 机车

由于亚历山大是深红色和白色外表（线索 2），罗德·桑兹不是橄榄绿色（线索 3），因此它是猩红色和黄色，而橄榄绿的机车是沃克斯·阿比，属于阿比类（线索 1），并在 1942 年制造（线索 3）。亚历山大不是越野类型的发动机（线索 2），因此是商务车类型的，而越野类型的发动机是罗德·桑兹，它不是始于 1909 年（线索 4），而是在 1926 年制造的，1909 年的机车是亚历山大。

答案：

亚历山大，商务车类，深红/白色，1909 年。

罗德·桑兹，越野类，猩红/黄色，1926 年。

沃克斯·阿比，阿比类，橄榄绿，1942 年。

353 洗车工

由于那辆普乔特是黄色的（线索 3），比尔清洗的红车不是福特车（线索 1），因此得出红车是沃克斯豪，而福特车是蓝色的并属于派恩先生（线索 2）。我们现在知道比尔清洗的是沃克斯豪，派恩先生的车是福特，罗里清洗的斯蒂尔先生的车（线索 4）一定是黄色的普乔特。剩下卢克清洗的车是派恩先生的福特，最后排除法得出，比尔清洗的红色的沃克斯豪是科顿先生的。

答案：

比尔，科顿先生，沃克斯豪，红色。

卢克，派恩先生，福特，蓝色。

罗里，斯蒂尔先生，普乔特，黄色。

354 在购物中心工作

由于赫尔拜店是家化学药品店（线索 4），面包店不是罗帕店（线索 1），因此一定是万斯店，而罗帕店是家零售店。这家店没有雇佣卡罗尔·戴（线索 3）或艾玛·发，因为后者在面包店工作（线索 2），所以他们雇佣的是安·贝尔，而卡罗尔·戴在赫尔拜化学药品店工作，但她的工作不是 9 月份开始的（线索 4），艾玛·发也不是在 9 月份开始工作（线索 1），因此 9 月份开始工作的一定是安·贝尔。艾玛·发开始工作的时间不是 8 月份（线索 2），而是 7 月份，而卡罗尔·戴开始工作的时间是 8 月份。

答案：

安·贝尔，罗帕店，零售店，9 月份。

卡罗尔·戴，赫尔拜店，化学药品店，8月份。

艾玛·发，万斯店，面包店，7月份。

355 不同颜色的马

灰色小马叫邦妮（线索3），所以不叫维纳斯（线索1），属于贝琳达的那匹褐色小马一定是叫潘多拉。综上得出，黑色小马一定是叫维纳斯，维纳斯的主人姓郝克斯（线索2）。现在我们知道潘多拉的主人叫贝琳达，而维纳斯的主人姓郝克斯，所以费利西蒂·威瑟斯（线索4）必定是灰色小马邦妮的主人。得出凯蜜乐姓郝克斯，贝琳达姓梅诺。

答案：
贝琳达·梅诺，潘多拉，褐色。
凯蜜乐·郝克斯，维纳斯，黑色。
费利西蒂·威瑟斯，邦妮，灰色。

356 长长的工龄

布里奇特的职责是提供餐后甜点（线索4），洛蒂不是提供饮料的（线索3），所以她是提供主菜的，而内尔是提供饮料的。因此，根据线索2，洛蒂是56岁。内尔不可能是54岁（线索1），所以是52岁；布里奇特则是54岁。洛蒂已经为此工作了18年（线索3）。内尔的工作时间一定比16年长（线索1）。所以内尔是20年，布里奇特是16年。

答案：
布里奇特，54岁，16年，餐后甜点。
洛蒂，56岁，18年，主菜。
内尔，52岁，20年，饮料。

357 婚礼

琼是在圣约翰教堂结婚的（线索3），所以不在圣三教堂结婚的黛安娜（线索1）一定是在万圣教堂结婚的。因此，梅格的婚礼是在圣三教堂举行的。梅格的丈夫不是肖恩（线索4），也不是罗德尼（线索1），所以是威廉。因此她婚前是贝尔弗莱小姐（线索2）。黛安娜不是跟罗德尼结婚（线索1），她的丈夫是肖恩。罗德尼是跟琼结婚的，所以黛安娜不是希尔斯小姐，而是佩小姐。琼是原希尔斯小姐。

答案：
罗德尼，琼·希尔斯，圣约翰教堂。
肖恩，黛安娜·佩，万圣教堂。
威廉，梅格·贝尔弗莱，圣三教堂。

358 课程研究

哈里特的评分是A^-（线索1），所以，海伦·罗伯茨不可能得A（线索2），她得的是B^+，而艾玛是A。布兰得弗德不是哈里特的姓（线索1），所以是艾玛的，因此哈里特姓埃文斯。哈里特的题目是"克伦威尔"（线索3），所以海伦没有选"内战"为题目（线索2），她研究的是"伦敦大火"；艾玛写的是有关内战的文章。

答案：
艾玛·布兰得弗德，内战，A。
哈里特·埃文斯，克伦威尔，A^-。
海伦·罗伯茨，伦敦大火，B^+。

359 快乐家庭

迪波拉姓维克斯（线索3），所以不是姓皮尔森的梅格（线索4），一定是贝尔夫人，余下朱蒂是皮尔森的夫人。梅格·贝尔有3个孩子（线索4），所以根据线索1，比尔和他的妻子有2个孩子。朱蒂不可能有4个孩子（线索2），同时已知她也不可能有 3 个孩子，所以朱蒂有 2 个孩子，因此她是比尔的妻子。剩下迪波拉有 4 个孩子，她的丈夫不是瑞克（线索 3），而是艾伦。瑞克是贝尔先生，即梅格的丈夫。

答案：
艾伦和迪波拉，维克斯，4 个孩子。
比尔和朱蒂，皮尔森，2 个孩子。
瑞克和梅格，贝尔，3 个孩子。

360 十字路口

拿破仑将路标放回原处，这样，上面标有他刚刚去过的城镇的名字的牌子就指向他来的方向，同时，他也知道应该去的地方了。

361 卡车

这种情况只有当卡车的平板是敞开的时候才会发生。但是，这辆卡车的车厢是封起来的，当鸟保持飞的状态时，它们必然会利用与自身体重相当的力量在空气中挥动翅膀。这样，这种力量就会通过空气施加于卡车的平板上。因此，无论鸟是静止还是保持飞的状态，卡车的重量均会保持一致。

362 瓶子和钥匙

这个题只有在阳光充足的日子里才能解决，因为绳子要受阳光的影响。要把钥匙从绳子上取下来，只需要一个放大镜，并使太阳光透过瓶子聚在绳结上，时间不长，绳结就会烧断，这样，钥匙将落到瓶底。

363 双关语

解答"双关语"思维游戏是需要技巧的。这个题就是其中之一。当你把 2 与 191 相加时，你首先在 1 的右下部画一条横线，然后把 2 放在下面。此时，这个数字就读作 $19\frac{1}{2}$，这当然比 20 小。换句话说，把 2 与 191 相加并不只是将两个数相加。

364 渡河

2，3，8 和 10，每一排的圆圈都是沿着顺时针方向旋转 90°。

365 寄出的信件

埃德娜和鲍克丝夫人应为 2 号或 3 号（线索 1），而克拉丽斯·弗兰克斯肯定不是 4 号（线索 3），只能是 1 号。寄出 3 封信件的女人位于图中 3 或者 4 的位置（线索 3）。线索 2 告诉我们邮筒两边寄出的信件数量相同，那么它们必将是 5 封和 2 封在邮筒一侧，3 封和 4 封在另一侧，所以寄出 4 封信件的女人必将位于 3 或者 4 的位置。但只有一个人的信件数和位置数相同（线索 5），结果只可能是 4 号女人有 3 封信而 3 号女人有 4 封信。从线索 5 中知道，2 号有 2 封信件要寄，剩下克拉丽斯·弗兰克斯是 5 封。我们知道埃德娜和鲍克丝夫人位于图中 2 或者 3 的位置，因此现在知道埃德娜是 2 号，有 2 封信要寄出，而鲍克丝夫人是 3 号，有 4 封信，她不是博比（线索 4），那么她就是吉马，剩下在 4 号位置的博比，不是斯坦布夫人（线索 4），那么她只可能是梅勒，而斯坦布夫人是埃德娜。

答案：
位置 1，克拉丽斯·弗兰克斯，5 封。
位置 2，埃德娜·斯坦布，2 封。
位置 3，吉马·鲍克丝，4 封。
位置 4，博比·梅勒，3 封。

366 柜台交易

朱莉娅是其中一位顾客（线索2），29便士是2号售货员给4号顾客的找零（线索5），但是2号不是莱斯利（线索3），也不是杰姬，因为后者参与的交易是17便士的找零（线索1），因此2号肯定是蒂娜，4号是朱莉娅（线索2）。而后者不是买了洗发水的奥利弗夫人（线索2），那么奥利弗夫人肯定是3号。朱莉娅一定买了阿司匹林，她是阿尔叟小姐接待的（线索4），而阿尔叟小姐肯定是蒂娜。通过排除法，17便士的找零必定是1号售货员给3号顾客的，因此通过线索1，朱莉娅肯定是沃茨夫人，而剩下的1号售货员肯定是里德夫人，她也不是莱斯利（线索3），所以她只能是杰姬，最后得出莱斯利姓奥利弗。

答案：
1号，杰姬·里德，找零17便士。
2号，蒂娜·阿尔叟，找零29便士。
3号，莱斯利·奥利弗，买洗发水。
4号，朱莉娅·沃茨，买阿司匹林。

367 春天到了

亚瑟在图中位置3（线索4），从线索1中知道，看到翠鸟的不是位置1也不是位置4的人。位置2的那个小伙子在玩鳟鱼（线索5），因此，通过排除法，只能是位置3号的亚瑟看到了翠鸟。另从线索1中知道，汤米在2号位置，且是玩鳟鱼的人。通过线索3知道，比利肯定在1号位置，而埃里克在位置4。我们现在已经知道3个位置上人的姓或者所做的事，那么，听到布谷鸟叫的史密斯（线索2）肯定是1号的比利。剩下埃里克只能是看到山楂开花的人。最后，从线索5中知道，汤米不是波特，那么他必定是诺米，剩下波特是看到翠鸟的亚瑟。

答案：
位置1，比利·史密斯，听到布谷鸟叫。
位置2，汤米·诺米，玩鳟鱼。
位置3，亚瑟·波特，看到翠鸟。
位置4，埃里克·普劳曼，看到山楂开花。

368 业余赛马

麦克的姓是阿彻（线索4），而克里福特不是约翰，他的马是海员赛姆（线索2），他不可能是萨利（线索3），那么他就是埃玛。艾塞克斯女孩是第二名（线索1），第四名的马不是海员赛姆（线索2），不是西帕龙（线索4），则一定是蓝色白兰地。他的骑师不是理查德，理查德骑的也不是西帕龙（线索3），我们已经知道了海员赛姆的骑师，那么理查德的马一定是艾塞克斯女孩。麦克·阿彻不可能是第一名的马的骑师（线索4），而西帕龙不是第二，他也不在第三名的马（线索4），所以他肯定是第4名马匹的骑师，他的马是蓝色白兰地。因此，从线索4中知道，西帕龙是第三名，通过排除法，海员赛姆是第一名。从线索3中知道，萨利姓匹高特，则她的马一定是第三名的西帕龙。最后，剩下第二名的马就是艾塞克斯女孩，骑师是约翰·理查德。

答案：
第一名，海员赛姆，埃玛·克里福特。
第二名，艾塞克斯女孩，约翰·理查德。
第三名，西帕龙，萨利·匹高特。
第四名，蓝色白兰地，麦克·阿彻。

369 扮演马恩的4个演员

朱利叶斯是人物 A（线索 4），而哈姆雷特紧靠在理查德的右边（线索 3），不可能是人物 A 或者 B，他将饰演士兵（线索 3），他不可能是人物 C，因为人物 C 扮演孩童时代的马恩（线索 1），那么他必将是人物 D，理查德是扮演儿童时期的 C。我们现在知道 3 个人的名或者姓，因此安东尼·李尔王（线索 2）一定是 B。通过排除法，哈姆雷特肯定是约翰。安东尼·李尔王不扮演哲学家（线索 2），因此他肯定扮演青少年，而朱利叶斯扮演的是哲学家。最后，通过线索 1 知道，理查德不是曼彻特，他只能是温特斯，剩下曼彻特就是朱利叶斯，即人物 A。

答案：

人物 A，朱利叶斯·曼彻特，晚年。

人物 B，安东尼·李尔王，青少年。

人物 C，理查德·温特斯，孩童。

人物 D，约翰·哈姆雷特，士兵。

370 五月皇后

布莱克在 1723 年 5 月当选（线索 2），安·特伦特是在偶数年份当选的（线索 3）。1721 年当选的皇后不姓萨金特（线索 1），也不是沃顿，沃顿的父亲是铁匠（线索 5），她也不是索亚（线索 6），也非米尔福德（线索 7），因此只能是安德鲁。从线索 4 中知道，织工的女儿是在 1722 年当选的。教区长的女儿不是在 1723 年之后当选的，但是她也不是在 1722 年当选的。而布莱克在 1723 入选，线索 1 也能排除教区长的女儿在 1721 年入选。因此，知道教区长的女儿就是布莱克，即 1723 年的皇后。从线索 1 中知道，萨金特是 1725 年当选的，而汉丽特是 1727 年的皇后。我们已经知道 1721 年的五月皇后安德鲁的父亲不是织工、教区长和铁匠，也不是箍桶匠（线索 7），因为布莱克是在 1723 年当选的，所以安德鲁的父亲也不是旅馆主人（线索 7）和茅屋匠（线索 8），通过排除法，他只能是木匠，而安德鲁就是苏珊娜（线索 6）。线索 6 告诉我们索亚是 1722 年当选的。箍桶匠的姓不是特伦特（线索 3），也非米尔福德（线索 7），我们知道他也不姓安德鲁、布莱克、索亚、沃顿，因此只可能是萨金特。从线索 7 中知道，汉丽特的姓不是米尔福德，她的父亲不是旅店主人（线索 7），也不是铁匠，所以只能是茅屋匠。线索 5 告诉我们，铁匠的女儿不是 1726 年的五月皇后，通过排除法，她应该是在 1724 年当选的，而沃里特是教区长布莱克的女儿，她在 1723 年当选（线索 5），剩下旅馆主人的女儿是 1726 年当选的，通过排除法，可以知道她就是安·特伦特。现在从线索 7 可以知道玛丽就是沃顿，1724 年的皇后。织工的女儿不是比阿特丽斯（线索 4），则肯定是简，最后剩下比阿特丽斯就姓萨金特，她是箍桶匠的女儿。

答案：

1721 年，苏珊娜·安德鲁，木匠。

1722 年，简·索亚，织工。

1723 年，沃里特·布莱克，教区长。

1724 年，玛丽·沃顿，铁匠。

1725 年，比阿特丽斯·萨金特，箍桶匠。

1726 年，安·特伦特，旅馆主人。

1727年，汉丽特·米尔福德，茅屋匠。

371 年轻人出行

雷蒙德往东走（线索3），从线索1中知道，骑摩托车去上高尔夫课的人不朝西走。去游泳的人朝南走（线索2），拍卖会不在西面举行（线索2），因此朝西走只可能是去看牙医的人。西尔威斯特坐出租车出行（线索5），不朝北走。同时我们知道雷蒙德不朝北走，安布罗斯也不朝北走（线索1和2），那么朝北走的只可能是欧内斯特。从线索4中知道，坐巴士的人朝东走。我们知道雷蒙德不去游泳，也不去看牙医，而他的出行方式说明他不可能去玩高尔夫，因此他必定是去拍卖会。现在通过排除法知道，骑摩托车去上高尔夫课的人肯定是欧内斯特。从线索1中知道，安布罗斯朝南出行去游泳，剩下西尔威斯特坐出租往西走，去看牙医。最后可以得出安布罗斯开小汽车出行。

答案：
北，欧内斯特，摩托车，上高尔夫课。
东，雷蒙德，巴士，拍卖会。
南，安布罗斯，小汽车，游泳。
西，西尔威斯特，出租车，看牙医。

372 交叉目的

村庄4的名字为克兰菲尔德（线索3），从线索5中知道，波利顿肯定是村庄2，那么利恩村肯定是村庄1，而剩下村庄3是耐特泊。村庄3的居民是出去遛狗的（线索2），从线索5中知道，这个居民一定是丹尼斯。而婚礼发生在利恩村（线索5），参加婚礼的人住的村庄一定是村庄4，即克兰菲尔德，因此，现在从线索4中可以知道，西尔维亚一定住在村庄2，即波利顿村。现在我们已经知道了村庄2和3的居民，以及村民4出行的目的，那么线索1中提到的去看朋友的波利一定住在利恩村。通过排除法，最后知道玛克辛住在克兰菲尔德，而西尔维亚出行的目的是去看望她的母亲。

答案：
村庄1，利恩村，波利，见朋友。
村庄2，波利顿村，西尔维亚，看母亲。
村庄3，耐特泊村，丹尼斯，遛狗。
村庄4，克兰菲尔德村，玛克辛，参加婚礼。

373 可爱的熊

照片A是帕丁顿（线索2），D不是鲁珀特（线索4），也不是泰迪（线索5），因此只能是布鲁马，来自天鹅湖动物园（线索1）。照片B不是格林斯顿的灰熊（线索3），也不是来自天鹅湖的熊。线索5排除了它来自布赖特邦动物园的可能性，因为布赖特邦动物园的熊就在泰迪的右边，因此照片B上的熊一定来自诺斯丘斯特。现在，从线索5中可以知道，泰迪不可能在照片C上，因此，只能是B照片上的来自诺斯丘斯特的熊，而C则是鲁珀特。来自天鹅湖的布鲁马是一只眼镜熊（线索4），从线索5中知道，鲁珀特肯定是在布赖特邦动物园，剩下帕丁顿则是来自格林斯顿的灰熊。来自布赖特邦动物园的不是东方太阳熊（线索5），那么肯定是极地熊，最后剩下东方太阳熊肯定是照片B中的来自诺斯丘斯特动物园的泰迪。

答案：

照片A，帕丁顿，灰熊，格林斯顿动物园。

照片B，泰迪，东方太阳熊，诺斯丘斯特动物园。

照片C，鲁珀特，极地熊，布赖特邦动物园。

照片D，布鲁马，眼镜熊，天鹅湖动物园。

374 下一个出场者

B位置上的是9号选手（线索6）。万能选手6号不可能在A位置上（线索1），而C位置上的选手是乔希（线索4），线索1提示位置D上的不可能是万能选手，那么万能选手一定是C位置上的乔希。现在，从线索1中可以知道，帕迪一定是位置B上的9号选手。我们现在已经知道A不是乔希，也不是帕迪，线索5排除了艾伦，那么他只可能是尼克，他是乡村队的守门员（线索2），最后剩下艾伦在D位置上。现在，从线索5中知道，艾伦一定是7号，尼克则是8号。而艾伦一定不是旋转投手（线索3），那么他一定是快投，剩下旋转投手是帕迪。

答案：

选手A，尼克，8号，守门员。

选手B，帕迪，9号，旋转投手。

选手C，乔希，6号，万能。

选手D，艾伦，7号，快投。

375 囚室

卡萨得公主在一位王子的对面（线索5），那么吉尼斯公主一定在另外一位王子的对面，后者不是阿姆雷特王子（线索4），那么一定是沃而夫王子。从线索4中知道，按顺时针方向，他们房间分别是卡萨得公主、吉尼斯公主、阿姆雷特王子、沃而夫王子。从线索2中知道，吉尼斯公主的父亲是尤里天的统治者，而沃而夫王子的父亲则统治马兰格丽亚（线索4）。卡萨得公主的父亲不统治卡里得罗（线索5），那么他一定统治欧高连，通过排除法，阿姆雷特王子的父亲必定统治卡里得罗。从线索2中知道，卡萨得公主的父亲一定是阿弗兰国王，而吉尼斯公主的父亲统治尤里天，后者必定是国王西福利亚（线索3）。卡里得罗的阿姆雷特王子的父亲不是国王恩巴（线索5），那么必定是国王尤里，剩下国王恩巴是沃而夫王子的父亲。最后，从线索1中知道，阿姆雷特王子的房间是I，那么沃而夫王子则是II，卡萨得公主是III，而吉尼斯公主在房间IV中。

答案：

I，阿姆雷特王子，国王尤里，卡里得罗。

II，沃而夫王子，国王恩巴，马兰格丽亚。

III，卡萨得公主，国王阿弗兰，欧高连。

IV，吉尼斯公主，国王西福利亚，尤里天。

376 多面体环

所有相同大小的正多面体都可以组成1个多面体环，除了正四面体。

377 签名售书

10号书摊上的作者不是大卫·爱迪生（线索1）、坦尼娅·斯瓦（线索2）、卡尔·卢瑟或拜伦·布克（线索3），也不是曼迪·诺布尔（线索4），因此一定是保罗·帕内尔。大卫·爱迪生的书摊在拜伦·布克及女作家的书摊之间（线索1），那他不可能在7号书摊。而拜伦·布克的书摊也不是7号（线索3），由此得出大卫·爱迪生不在6号书摊。3号书摊上的作者不是坦尼娅·斯瓦（线索2），也不是曼迪·诺布尔（线索4），大卫·爱迪生不在4号，那他一定在3号，而4号是拜伦·布克（线索1和3）。我们从线索1中知道，1号摊上是个女作者，她不是坦尼娅·斯瓦（线索2），可以得出她是曼迪·诺布尔。现在根据线索3，卡尔·卢瑟在6号摊，排除法得出坦尼娅·斯瓦在7号摊。根据线索3，坦尼娅·斯瓦的书是《英式烹调术》，而线索4告诉我们，《城市园艺》是3号摊的大卫·爱迪生所写。由线索2可以得出，《乘车向导》是10号摊的保罗·帕内尔所写，《自己动手做》这本书的作者是4号摊的拜伦·布克签售的。曼迪·诺布尔的书不是《超级适合》（线索4），而是《业余占星家》，剩下6号摊上卡尔·卢瑟签售的是《超级适合》。

答案：
1号，曼迪·诺布尔，《业余占星家》。
3号，大卫·爱迪生，《城市园艺》。
4号，拜伦·布克，《自己动手做》。
6号，卡尔·卢瑟，《超级适合》。
7号，坦尼娅·斯瓦，《英式烹调术》。
10号，保罗·帕内尔，《乘车向导》。

378 牛奶送错了

瓦利在5号只留了一瓶牛奶（线索4），从线索2中知道，1号收到的是2或者3瓶，而劳来斯本来应该收到的是3或者4瓶（线索2）。那天布雷特一家期望得到4瓶（线索1），劳莱斯本来应该收到3瓶，而1号当天收到了2瓶（线索2）。那么收到了3瓶的克孜太太（线索3）应该住在3号或7号，汀斯戴尔一家也应该住在3号或7号（线索3）。克孜订的不止1瓶（线索3），我们知道她的也不是3或者4瓶，那么肯定是2瓶，因此她住在7号（线索5），汀斯戴尔一家住在3号，从线索3中知道，他们订了1瓶牛奶，通过排除法，那天他们收到的是4瓶牛奶。从线索2中知道，瓦利在劳莱斯家放的不是2瓶，因此他们不住在1号，那么肯定住在5号，那天收到了1瓶。剩下布雷特一家住在1号，本来订了4瓶实际上只收到了2瓶。

答案：
1号，布雷特，定购4瓶，收到2瓶。
3号，汀斯戴尔，定购1瓶，收到4瓶。
5号，劳莱斯，定购3瓶，收到1瓶。
7号，克孜，定购2瓶，收到3瓶。

379 别尔的行程

到别尔·斯决住所的距离是20英里（线索4）。距离有25英里的丹得宫不是别尔·里格林的（线索3），在考克斯可布住的是别尔·笑特（线索2），那么丹得宫一定是别尔·温蒂后的房子。我们知道别尔·斯决的住所不是丹得宫或者考克斯可布，也不是斯沃克屋（线索4）。那么只能是福卜利会馆。剩下别尔·里格林是斯沃克屋的主人。但它不是房子4（线索4），而福卜利会馆也不是房子4（线索1），丹得宫也不是（线索3），那么考克斯可布一定是房子4。从线索1和3中知道，丹得宫是房子2，福卜利会馆是房子1，剩下别尔·里格林的沃克屋是房子3。从相同线索中知道，别尔·来格斯从福卜利会馆到丹得宫骑了25英里，接着又骑了22英里去了斯沃克屋。我们知道，最短的行程是20英里到别尔·斯决的房子，那么最长的距离就是到考克斯可布的28英里。

答案：

房子1，20英里到福卜利会馆，别尔·斯决。

房子2，25英里到丹得宫，别尔·温蒂后。

房子3，22英里到斯沃克屋，别尔·里格林。

房子4，28英里到考克斯可布，别尔·笑特。

380 巫婆和猫

颇里安娜的主人已经86岁，并且住在4号别墅（线索1），又知道3号别墅的主人75岁（线索4），凯特的主人住在2号别墅（线索3），那么颇里安娜一定是1号别墅主人的猫。住在1号别墅的不是马乔里(线索1)，也不是80岁的罗赞娜（线索2）和拥有尼克的塔比瑟（线索5），那么一定是格里泽尔达。这样可以知道2号别墅的主人71岁(线索6)，她的猫是凯特，剩下罗赞娜是80岁，并住在4号别墅里。3号别墅的猫不是托比（线索4），那么一定是尼克，并且75岁的塔比瑟住在3号别墅。通过排除法，凯特的主人是71岁的马乔里，而罗赞娜的猫是托比。

答案：

1号别墅，格里泽尔达，86岁，颇里安娜。

2号别墅，马乔里，71岁，凯特。

3号别墅，塔比瑟，75岁，尼克。

4号别墅，罗赞娜，80岁，托比。

381 女英雄希拉

由于设有巨石陷阱的红门的后面不是一个跳舞的女孩（线索2），绊网陷阱保护的是老鹰像（线索1），并且战士金像在黄门后面（线索4），因此红门后面是狮子像，红门也就是2号门（线索3）。这样根据线索2，跳舞女孩在1号门后面，但1号门不是绿门（线索2），也不是红门或黄门，那么它一定是蓝门，绿门后面就是老鹰像和绊网陷阱。黄门不是3号门（线索4），而是4号门，因此3号门是绿色的。最后根据线索4，地板陷阱不保护4号黄门后面的战士金像，得出后者的陷阱一定是断头台，剩下地板陷阱保护1号蓝门后面的跳舞女孩。

答案：

1号门，蓝色，跳舞女孩，地板陷阱。

2号门，红色，狮子，石头陷阱。

3号门，绿色，鹰，绊网陷阱。

4号门，黄色，战士，断头台。

382 改变形象的染发

由于坐在1号位置上的红头发妇女（线索3）不是莫利（线索1）或霍莉（线索2），也不是多莉（线索4），所以她只能是颇莉。根据线索4，2号位置上的妇女想把她的头发染成黑色。已知那位原本灰发并想把头发染成赤褐色（线索5）的女性不在1号或2号位置，也不在

3号位置（线索5），那么她肯定在4号。她不可能是霍莉（线索2），而且线索2也说明霍莉的头发不是金黄色的。我们已经知道她的头发不是红色，那么一定是棕色的。红头发的颇莉不可能再把头发染成红色，故她想染的颜色是白色，所以3号位置上的妇女想把她的头发染成红色。现在根据线索3，得到霍莉坐在2号位置，而3号位置上的妇女有一头金发。线索4告诉我们多莉在4号位置，莫利在3号位置。

答案：
1号，颇莉，红色，染成白色。
2号，霍莉，棕色，染成黑色。
3号，莫利，金黄色，染成红色。
4号，多莉，灰色，染成赤褐色。

383 帕劳旅馆之外

来恩·摩尔是76岁（线索4），74岁的退休邮递员不是珀西·奎因（线索2），也不是牧场主人乔·可比（线索1），因此一定是C位置上的罗恩·斯诺。这样根据线索2，珀西·奎因在D位置上，他不是72岁（线索3），而是78岁，剩下乔·可比是72岁。来恩·摩尔不是马医（线索4），而是机修工。因此他不在B位置上（线索5），而在A位置上，剩下B位置上的是乔·可比。通过排除法，78岁的珀西·奎因在D位置上，并且是个马医。

答案：
位置A，来恩·摩尔，76岁，机修工。
位置B，乔·可比，72岁，牧场主人。
位置C，罗恩·斯诺，74岁，邮递员。
位置D，珀西·奎因，78岁，马医。

384 杰克和吉尔

由于他们计划星期三去喂猫（线索4），星期四去草地（线索2），所以根据线索1可以知道，他们星期二去山上取水，星期一沿2号方向前进。他们声称朝4号方向前进是去清理茶匙（线索3），因此那天不是星期一，也不是星期二或星期三，那么一定是星期四，并且是去草地。剩下星期一他们去割卷心菜，但不是在河边（线索5），而是在树林中，剩下河边是他们星期三去喂猫的地方，但不是在1号方向（线索4），而是在3号方向，最后得出他们在星期二沿1号方向去爬山。

答案：
1号方向，星期二，山上，取水。
2号方向，星期一，树林，割卷心菜。
3号方向，星期三，河边，喂猫。
4号方向，星期四，草地，清理茶匙。

385 曼诺托1号

A位置上的军官是罕克·吉米斯（线索2），坐在C位置上的是宇航员（线索5），因此弗朗茨·格鲁纳工程师（线索1）一定在B或D位置上，而陆军少校也在B或D位置上（线索1）。空军上校在B位置上（线索3），这样根据线索1，他一定是工程师弗朗茨·格鲁纳，而陆军少校在D位置上。我们现在已经知道罕克·吉米斯不是宇航员或工程师，也不是军医，因此他一定是飞行员，剩下坐在D位置上的陆军少校是个军医，根据线索4，他是尤瑞·赞洛夫，C位置上的宇航员是萨姆·罗伊斯，但她不是海军司令官（线索5），而是海军上尉，剩下海军司令官是A位置上的罕克·吉米斯。

答案：

位置 A，罕克·吉米斯，海军司令官，飞行员。

位置 B，弗朗茨·格鲁纳，空军上校，工程师。

位置 C，萨姆·罗伊斯，海军上尉，宇航员。

位置 D，尤瑞·赞洛夫，陆军少校，军医。

386 谁的房子

由于瑞克特立建筑始于 1708 年（线索 4），詹姆士·皮卡德拥有的财产在 1685 年建造（线索 3），丽贝卡·德雷克拥有的佛乔别墅不是始于 1770 年（线索 1），而是 1610 年。这样线索 1 就告诉我们 2 号建筑始于 1685 年，并且属于詹姆士·皮卡德，但不是曼纳小屋（线索 3），我们知道它也不是瑞克特立建筑或佛乔别墅，因此必定是狗和鸭建筑，剩下曼纳小屋是 1770 年建造的。线索 2 现在告诉我们，巴兹尔·布立维特是 1 号建筑的主人。史密塞斯上校不拥有曼纳小屋（线索 5），因此他的房子一定是瑞克特立建筑，剩下 1 号建筑是曼纳小屋，并属于巴兹尔·布立维特。而瑞克特立建筑不是 3 号房子（线索 4），只能是 4 号，剩下的佛乔别墅在 3 号位置。

答案：

1 号，曼纳小屋，1770 年，巴兹尔·布立维特。

2 号，狗和鸭建筑，1685 年，詹姆士·皮卡德。

3 号，佛乔别墅，1610 年，丽贝卡·德雷克。

4 号，瑞克特立建筑，1708 年，史密塞斯上校。

387 神像

由于 D 面上的神像拥有水蟒的面孔（线索 3），这样根据线索 2，战神爱克斯卡克斯特不在 B 面；而 B 面神像不是爱神（线索 4），A 面代表了气候神（线索 4），因此 B 面上的是事业神。可以得出 C 面神像以蝙蝠为面孔（线索 5）。事业神的名字不是埃克斯特里卡特尔（线索 5），也不是爱克斯卡克斯特或奥克特拉克斯特（线索 4），因此他一定是乌卡特克斯赖特，而 B 面神像的面孔是水怪（线索 1）。通过排除法，A 面神像拥有美洲虎的面孔，这样根据线索 3，战神爱克斯卡克斯特一定在 C 面上，剩下以水蟒为面孔的神像在 D 面，并且他是爱神。奥克特拉克斯特不在 A 面（线索 4），那只能在 D 面，剩下 A 面神像是埃克斯特里卡特尔。

答案：

A 面，美洲虎，埃克斯特里卡特尔，气候。

B 面，水怪，乌卡特克斯赖特，事业。

C 面，蝙蝠，爱克斯卡克斯特，战争。

D 面，水蟒，奥克特拉克斯特，爱情。

388 新来的人

住了 16 年的那个居民是在罗斯村（线索 4），住龄 8 年的住户，他家不在怀特盖茨村（线索 3），所以一定是在牧场，因此他是沃尔特·杨（线索 1）；他不是来自艾林特（线索 1），也不可能来自帕丁顿（线索 2），所以一定是来自柏特斯。艾伦·布拉德利不是来自帕丁顿（线索

2），所以一定是从艾林特来的。剩下梅维斯·诺顿是来自帕丁顿的那个人，他在镇上的罗斯村生活了16年（线索2）。综上可知，艾伦·布拉德利在怀特盖茨村生活了11年。

答案：

艾伦·布拉德利，艾林特，11年，怀特盖茨村。

梅维斯·诺顿，帕丁顿，16年，罗斯村。

沃尔特·杨，柏特斯，8年，牧场。

389 退货

排在第三位退牛仔裤的女士不是希拉（线索1），不是退剪草机的马里恩（线索3），也不是排在第四位的希瑟（线索4），所以，她是卡罗尔。现在我们已知其中两位女士的名字；希拉·普里斯（线索1）不是排在第一位，排第一位的是特威德夫人（线索5），所以希拉·普里斯排的是第二位。综上所述，排第一位的特威德夫人是马里恩。现在我们知道了两位女士的姓，希瑟不姓克拉普（线索4），她姓夏普。因此退牛仔裤的卡罗尔是克拉普夫人。从线索2得出，希瑟·夏普排第四位，她退的不是烤箱，是手提箱。退回烤箱的是排在第二位的希拉·普里斯。

答案：

第一位，马里恩·特威德，剪草机。

第二位，希拉·普里斯，烤箱。

第三位，卡罗尔·克拉普，牛仔裤。

第四位，希瑟·夏普，手提箱。

390 租车

罗孚汽车停在位置5（线索1），所以不在位置2、3、4的沃尔沃汽车（线索4）一定在位置1。在位置3的车是白色的（线索3），因此，在位置5的罗孚汽车的颜色不是黄色，黄色是菲亚特汽车的颜色（线索3），不是棕色（线索5）或红色（线索2），所以一定是绿色。在位置4的车我们已知不可能是罗孚或沃尔沃汽车，根据线索2，它也不是福特，位置3的车是白色的（线索3），而线索5排除了丰田在位置4的可能。所以，位置4停的是黄色的菲亚特。再根据线索5，棕色汽车不在位置1，所以是在位置2。而在位置1的沃尔沃必定是红色的。现在由线索2得出，位置2的棕色车子是福特，由线索5得出在位置3的白色车子是丰田。

答案：

1号，红色沃尔沃。

2号，棕色福特。

3号，白色丰田。

4号，黄色菲亚特。

5号，绿色罗孚。

391 书报亭

雅克的顾客叫阿曼裕（线索4），乔·埃尔买的是诗集（线索2），因传记是玛丽安在出售，且不是由斯尔温购买（线索5），所以必定是威廉买去的。玛丽安的书亭不是1号和4号书亭（线索1）。结合小说是在3号书亭买到的（线索3），所以玛丽安的书亭是3号。因此，从线索1得出字典是由3号书亭出售，而从线索5得出斯尔温一定是在3号书亭买了小说的顾客。余下阿曼裕在1号书亭。排除上面已知的，乔·埃尔一定在4号书亭买书，而4号书亭不是由艾兰恩经营的（线索2），它是波莱特的，剩下艾兰恩在3号书亭卖小说给斯尔温。

答案：

1号，雅克，阿曼裕，字典。

2号，玛丽安，威廉，传记。

3号，艾兰恩，斯尔温，小说。

4号，波莱特，乔·埃尔，诗集。

392 小镇

标号3的镇是肯思费尔得（线索4），所以亚克斯雷不是4号镇（线索1），不是6号镇（因为6号镇没有其他镇在它的东北方向），也不是8号镇（因为根据线索1，它们两者都没有一个镇在它们的偏南方），又因为它在图上是偶数标记的（线索1），所以亚克斯雷镇是2号镇。因此，根据线索1，布赖圣特恩是1号镇。由线索5，威格比不是9号镇，同时我们知道它不是3号镇，又因为它的偏西方有一个镇（线索5），所以威格比一定是6号镇。再结合线索5，摩德维尔一定是5号镇。根据线索1，科尔布雷杰一定是8号镇。已知勒索普不是2号、5号或8号镇，也不可能是4号或7号镇（线索2），再根据线索2，勒索普一定是10号镇，而波特菲尔得是9号镇，最后，由线索3，德利威尔一定是7号镇，欧德马科特是4号镇。

答案：

1号，布赖圣特恩镇；

2号，亚克斯雷镇；

3号，肯思费尔德镇；

4号，欧德马科特镇；

5号，摩德维尔镇；

6号，威格比镇；

7号，德利威尔镇；

8号，科尔布雷杰镇；

9号，波特菲尔得镇；

10号，勒索普镇。

393 美好记忆

8月份的那次度假不是坐长途汽车去的（线索1），也不是小汽车（线索2），而是火车。8月份的假期去的不是科茨沃尔德（线索2），也不是英国的湖泊地区（线索3），而是康沃尔。爱丽丝是开小汽车去科茨沃尔德的（线索2），所以长途汽车之旅去的是英国的湖泊地区，但是不是在5月份（线索3），所以是在6月份。综上，5月份的假期是在科茨沃尔德度过的。在英国的湖泊地区的度假不是在1986年（线索3），也不是1971年（线索1），而是1974年。最后，由线索1得出，康沃尔的假期是在1971年，去科茨沃尔德是在1986年。

答案：

5月份，1986年，科茨沃尔德，小汽车。

6月份，1974年，英国的湖泊地区，长途汽车。

8月份，1971年，康沃尔，火车。

394 环行线路

德莫特住在提姆布利村（线索2）；村庄2是格里斯特里村，经过它的环线朝东开（线索1）。5千米长朝南开的路程起始自罗莉住的那个村庄（线索4），所以她不可能住在6千米路段的起始地桑德莱比村（线索3），罗莉是住在托维尔村。7千米路段不是起始自格里斯特里村（线索1），同时已知它不可能起始自桑德莱比村或托维尔村，所以它一定是起始自德莫特家所在的提姆布利村。剩下4千米路段的起始自格里斯特里村。阿诺德不住在桑德莱比村（线索2），所以他住在格里斯特里村。而桑德莱比村是吉姆住的村庄。提姆布利不是村庄3（线索1），所以它是村庄4。因此，罗莉的村庄托维尔，自它开始的环线车朝南开（线索4），一定是村庄3，余下桑德莱比是村庄1，作为整个车程的开始点。

答案：

村庄1，桑德莱比村，吉姆，6千米。

村庄2，格里斯特里村，阿诺德，4千米。

村庄3，托维尔村，罗莉，5千米。

村庄4，提姆布利村，德莫特，7千米。

395 修理店的汽车

4号汽车是深蓝色的（线索4），灰色美洲豹不是1号汽车（线索1），它肯定是2号汽车或3号汽车，而且它肯定是丰田（线索3）。既然4号汽车不是流浪者（线索4），它肯定是宝马。4号汽车不归阿尔玛所有（线索3），同时阿尔玛的汽车也不可能是美洲豹或者丰田，因为这两辆车都在汽油泵旁边（线索3），所以她的汽车肯定是流浪者，同时肯定是1号汽车。从线索1中可以看出，灰色美洲豹是3号汽车，哈森的汽车是2号，而且必定是丰田，它不是绿色的(线索3)，所以它肯定是浅蓝色的。剩下阿尔玛的流浪者牌是绿色的。最后，根据线索2中，蒂莫西的汽车肯定是灰色美洲豹，而深蓝色宝马必定是杰拉尔丁的汽车。

答案：

1号，阿尔玛，绿色流浪者。

2号，哈森，浅蓝色丰田。

3号，蒂莫西，灰色美洲豹。

4号，杰拉尔丁，深蓝色宝马。

396 遍地开花

家庭主妇的花展是蓝色（线索5），主要使用黄花的夏洛特不是牙科接待员（线索1），艾里斯是健康访问员（线索4），所以夏洛特一定是蔬菜水果商，因此她的展出不是在3号展厅（线索2）。线索1排除在1号展厅的可能，而展厅4是卢斯的（线索3），所以夏洛特设计的花展一定是在2号的北耳堂。因此根据线索1得出，牙科接待员最有可能是在1号展厅。所以她不可能是卢斯，已知她也不是夏洛特或艾里斯，她是米兰达。剩下卢斯是家庭主妇。综上可得，艾里斯设计了3号花展，即圣餐桌，它的基本颜色不是粉红色（线索4），所以一定是白色。最后粉红色花展是米兰达设计的。

答案：

1号展厅，米兰达，牙科接待员，粉红色。

2号展厅，夏洛特，蔬菜水果商，黄色。

3号展厅，艾里斯，健康访问员，白色。

4号展厅，卢斯，家庭主妇，蓝色。

397 博物馆的展品

B物是胸针，不是在1912年被赠出的（线索3），根据线索5，A物不可能是酒杯或在1912年被赠出之物，而这两者是邻排的。A物也不可能是剑（线索4），所以它是银匙。已知B物胸针、A物银匙都不是在1912年被赠出，酒杯也不是（线索5），所以赠出的是那把剑。它出产的时间不是10世纪（线索4）或9世纪（线索5），也不是12世纪（线索2），所以那把剑是出产于11世纪。因此，根据线索5可知，酒杯是10世纪的东西。已知它不是A物或B物，根据线索4得出也不是D物，所以是C。剩下D物是11世纪的那把剑。产于10世纪的酒杯赠送的时间不是1936年（线索1），不是1948年（线索2）或1912年（线索5），所以是1929年。银匙不是9世纪的东西（线索1），它是12世纪出产1948年赠出的（线索2）。最后，B物胸针一定是9世纪出产并在1936年赠出。

答案：

物品A，银匙，12世纪，1948年。
物品B，银胸针，9世纪，1936年。
物品C，银酒杯，10世纪，1929年。
物品D，银剑，11世纪，1912年。

398 偶然所得

阿曼达发现的是20便士（线索2），根据线索1，韦斯利发现的一定是10便士，所以那个5便士的硬币一定是在公园被发现的。综上可知，它的发现者是约瑟夫。约瑟夫不是5岁（线索1），而6岁的小孩在人行道上发现一个硬币（线索3），所以约瑟夫是7岁。阿曼达不可能是在停车场发现那20便士的（线索2），所以她是在人行道上发现的，因此阿曼达6岁。剩下韦斯利是5岁，他是在停车场发现那10便士硬币的。

答案：

阿曼达，6岁，20便士，人行道。
约瑟夫，7岁，5便士，公园。
韦斯利，5岁，10便士，停车场。

399 盾形徽章

徽章C是绿色的（线索4），徽章A不是蓝色的（线索1），也不是黄色的（线索2），所以徽章A是红色，因为徽章A的主人是莱弗赛奇领主（线索5），根据线索1，蓝色的徽章不是徽章B。综上所述，它是徽章D，剩下徽章B是黄色的那个。因此，根据线索2，鹰是莱弗赛奇领主的红色徽章上的图案。再根据线索2，徽章B属于伯特伦领主，莱可汉姆领主的有火鸡图案的徽章不是徽章D（线索1），所以它一定是徽章C。留下徽章D是曼伦德领主的。曼伦德领主徽章上的图案不是狮子（线索3），而是牡鹿，狮子是伯特伦领主黄色的徽章上的图案。

答案：

徽章A，莱弗赛奇领主，鹰，红色。
徽章B，伯特伦领主，狮子，黄色。
徽章C，莱可汉姆领主，火鸡，绿色。
徽章D，曼伦德领主，牡鹿，蓝色。

400 宠物

萨姆不是阿尔萨斯犬（线索1），萨姆的主人是利德（线索1），它不是吉娃娃狗，那是克勒家的狗（线索3），而马克斯是约克夏小猎犬（线索6），综上所述，萨姆是拳师犬，它住在17号房子(线索2)。因此，根据线索1，阿尔萨斯犬应该住在19号房子,它的主人不叫肯内尔(线索5)，也不可能是利德或克勒，所以是叫波尼。因此，马克斯是肯内尔家的。因为弗雷迪的家不是21号房子（线索4），它也不是阿尔萨斯犬，所以它是克勒家的吉娃娃狗。最后，阿尔萨斯犬名叫迪克，肯内尔家住在23号房子。

答案：

17号，利德家，拳师犬，萨姆。

19号，波尼家，阿尔萨斯犬，迪克。

21号，克勒家，吉娃娃狗，弗雷迪。

23号，肯内尔家，约克夏小猎犬，马克斯。

401 罗希的玫瑰花结

D玫瑰花结上的马不是"爵士"（线索1），不是"小鬼"（线索2）或"斯玛特"（线索3），是"花花公子"。罗希没有骑"花花公子"去切尔特娱乐中心（线索2），也不是骑着"爵士"（线索1）或"小鬼"（线索2），所以是斯玛特。因此，罗希在1998年骑的不可能是"斯玛特"（线索1），不是"爵士"（线索1）或"小鬼"（线索2），所以是"花花公子"，因此，C玫瑰花结上的是"爵士"（线索1）。在切尔特娱乐中心颁的玫瑰花结在"小鬼"赢的玫瑰花结右边（线索2），它不是A玫瑰花结，也不是"爵士"的C玫瑰花结，所以一定是B玫瑰花结，而"小鬼"是A玫瑰花结。A玫瑰花结不是在梅尔弗德公园（线索4）和斯特克农场（线索5）赢的，是在提伊山赢的。因为斯特克农场的玫瑰花结不是B，1996年的不是A（线索5），A也不是2001年的（线索4），A玫瑰花结是1999年的，因此，根据线索2得出，B玫瑰花结是2001年的。最后，1996年的是C，斯特克农场的玫瑰花结是D（线索5），剩下梅尔弗德公园的玫瑰花结是C。

答案：

玫瑰花结A，"小鬼"，提伊山，1999年。

玫瑰花结B，"斯玛特"，切尔特娱乐中心，2001年。

玫瑰花结C，"爵士"，梅尔弗德公园，1996年。

玫瑰花结D，"花花公子"，斯特克农场，1998年。

402 加油

伯特使用的是5号泵（线索3），一位女士使用的是2号泵（线索5），所以彼得用的是3号或8号泵。因为报纸是在3号泵的开车人买的（线索4），线索1排除了彼得使用8号泵的可能性，所以彼得是买了报纸并在3号泵加油的人。同时根据线索1得出，买糖果的标致车的驾驶员用的是8号泵。在2号泵的女士没有买书（线索5），她买的是杂志，所以不是萨利（线索2），一定是尤妮斯。剩下萨利是开标致车的人，他买了糖果。综上所述，伯特买的是书。尤妮斯的车不是福特车（线索5），也不是沃克斯豪尔车（线索2）和标致车，所以它是丰田车。最后，根据线索5，开福特车的人不是买书的伯特，所以彼得的车是福特，伯特的车是沃克斯豪尔。

答案：

2号泵，尤妮斯，丰田，杂志。

3号泵，彼得，福特，报纸。

5号泵，伯特，沃克斯豪尔，书。

8号泵，萨利，标致，糖果。

403 迟到

星期五艾丽丝预约出租车的时间不是下午2:40（线索4），也不是上午11:15（线索1），所以是上午9:20。她去看皮肤科医生是在星期四（线索2），又因为她去医院那天不是星期五（线索4），所以是在星期二去医院的。而星期五她是去中心公园，当时出租车迟到了5分钟（线索3）。迟到10分钟的那辆出租车不是在星期四预约的（线索2），所以是在星期二。星期四那天等出租车等了 15 分钟。艾丽丝为去医院预订了下午 2:40 的出租车（线索 4）。所以是在上午 11:15 去皮肤科医生那里的。

答案：

星期二，下午 2:40，10 分钟，医院。

星期四，上午 11:15，15 分钟，皮肤科医生。

星期五，上午 9:20，5 分钟，中心公园。

404 遮住眼睛

3 号女孩戴着白色的帽子（线索 4），4 号女孩的帽子不是黄色的（线索 2），4 号女孩也不可能是叫曼尼斯（线索 3），所以她是杰西卡，戴着粉红色的礼帽（线索 1）。1 号女孩不可能是爱莉尔（线索 2）或莎拉（线索 3），所以她是路易丝。因此 2 号女孩姓肯特（5）。已知她的帽子不可能是白色或粉红色，而肯特这个姓排除了绿色，所以是黄色。因而爱莉尔一定是 3 号女孩（线索 2）。综上所述，曼尼斯是 1 号女孩的姓，所以 1 号女孩是路易丝。而 2 号女孩的全名是莎拉·肯特。爱莉尔不姓修斯（线索 4），所以她姓巴塞特，剩下 4 号女孩是杰西卡·修斯。

答案：

1 号，路易丝·曼尼斯，绿色。

2 号，莎拉·肯特，黄色。

3 号，爱莉尔·巴塞特，白色。

4 号，杰西卡·修斯，粉红色。

405 雕像交易

加尔文赔了 4 元钱。他在第一个雕像交易中赚了 18 元（198 元除以 11 就是 10% 的利润）。然而，在第二个雕像交易中他却赔了 22 元（198 元除以 9 就是 10% 的损失）。这样，赔的 22 元减去赚的 18 元就是损失的钱。

406 卖小鸡

如果按照正常计算，艾米和贝茜分别会卖得 15 元和 10 元，一共是 25 元。当贝茜带 60 只小鸡去集市，每 5 只小鸡中，2 只是自己的，3 只是艾米的，这样直到把艾米的小鸡卖完；接下来，她开始卖自己剩下的 10 只小鸡。按理说，她自己的 5 只小鸡应该价值 2.5 元，但是，在最后两笔交易中她每次都损失了 5 角。所以，最终少了 1 元。

407 密码

答案为：37—37—37。这几个数计算如下：$37 \times 3 = 111$；$37 \times 6 = 222$；$37 \times 9 = 333$。

408 提起火柴

首先，将第 4 根火柴点着，然后，用它点燃 3 根按金字塔形状放置的火柴。之后，快速将这 4 根火柴熄灭。这时，你会发现组成金字塔的 3 根火柴已经熔合在一起，这样，你就可以用第 4 根火柴轻而易举地把它们从桌子上抬起来。

409 浴缸

需要 5 分钟的时间。解决这个问题，首先要把时间转换成秒。

（1）打开凉水的水龙头，浴缸放满水需要 400 秒，即每秒进 1/400 的水。

（2）打开热水的水龙头，需要 480 秒的时间，即每秒进 1/480 的水。

（3）浴缸放完水需要 800 秒的时间，即每秒排 1/800 的水。

如果我们取 4800 作为它们共同的分母，便会得出以下等式：

$$\frac{12}{4800} + \frac{10}{4800} + \frac{6}{4800} + \frac{16}{4800} = \frac{1}{300}$$

这个值就是每秒放入浴缸的实际水量。这样，浴缸放满水就需要 300 秒，即 5 分钟。

410 泰迪玩具熊

她们开始以 10 元 3 只的价格出售玩具熊。第一个女人卖了 30 只玩具熊，赚了 100 元；第二个女人卖了 24 只玩具熊，赚了 80 元；第三个女人卖了 21 只玩具熊，赚了 70 元。下午的时候，她们开始以 10 元 1 只的价格出售玩具熊。这样，第一个女人卖了她最后的 3 只玩具熊，赚了 30 元；第二个女人卖了剩下的 5 只玩具熊，赚了 50 元；第三个女人卖了剩下的 6 只玩具熊，赚了 60 元。所以，她们每个人都赚了 130 元。

411 岔轨

火车头 T 将车厢 B 向上推，使它进入 C。然后 T 绕到另一侧将车厢 A 向上推，使它与车厢 B 相连接；接着，T 将车厢 A 和车厢 B 向下拉，使它们都在右边的岔轨。然后，T 再经左边绕到 C，接着，再将车厢 A 推到主铁轨。T 将车厢 B 留在右边的岔轨，然后再绕回到车厢 A，并把它拉到主铁轨与左边岔轨的交叉口，接着再把它向上推，使它进入左边的岔轨。最后，T 再回到原来的出发地。

412 钟

当多朗格·基德开始拽绳子时，他会发现自己也升在空中而且距离地面高度与钟相同。当钟距离地面 1 米时，基德也是 1 米。无论他拽绳子有多快或者慢，他距离地面的高度与钟相同。两者会一起到达塔的上面，而这也是牧师想要做的。

413 孩子的年龄

在圣诞节这一天，巴顿是 8 岁、温德尔是 5 岁、苏珊是 3 岁。

414 跨栏

在找出最短的路线的同时要跨过 12 个跨栏，即偶数数量的跨栏。虽然有很多包括 12 个跨栏的路线，但是我们要找出数字相加为最大值的那条路线。最大值是 36，那条路线就是下图中用虚线标出的路线。

415 隧道

以 75 千米/小时的速度，客车穿过 0.5 千米的隧道需要 24 秒（1 小时为 3600 秒，除以 75 千米/小时，得出火车行驶 1 千米需要 48 秒的时间。这样，穿过 0.5 千米的隧道就需要 24 秒）。这就是说，当弗瑞德到达隧道出口时，火车头已经从隧道口出来并行驶了 3 秒；因此时间太晚，他无法引起司机的注意。但是，由于火车完全进入隧道需要 6 秒的时间，所以等最后的车厢从隧道出来也需要 6 秒的时间。从弗瑞德开始向隧道出口跑，整个火车需要 30 秒才能驶出隧道。而弗瑞德跑到隧道出口需要 27 秒，这足够可以吸引煞车手的注意，从而拯救了乘车的旅客。

416 纺织女

格瑞特在织袜子，她喜欢消化饼和咖啡。
艾达在织毛衣，她喜欢生姜饼干和茶。
凯伊在织围裙，她喜欢果酱饼干和水。
丽丝在织披肩，她喜欢黄油饼干和橙汁。
尼斯萨在织围巾，她喜欢朱古力饼干和汤。

417 母亲节

安特尼特将收到罗恩特送的蓝色玫瑰。
多米尼克将收到巴斯坦送的红色兰花。
艾丝泰勒将收到蒂第尔送的白色康乃馨。
玛克西将收到华森特送的粉色菊花。
塞宾将收到乔治送的黄色百合花。

第七章 假设法

418 碑铭

根据碑铭上所说的，莎拉·方丹太太比她的丈夫先去世。如果是那样的话，她怎么会是寡妇呢？

419 一样的小马

420 最适合

E。每一竖行里的数字每次将被颠倒顺序，竖行里最小的数字将被去掉。

421 商业调查

先分析一下调查结果：
（1）在食用辛辣芥末的 234 人当中，有 90 个人只食用辛辣芥末（234 − 144 = 90）。（2）在食用清淡芥末的 213 个人当中，有 69 个人只食用清淡芥末（213 − 144 = 69）。

这就说明有三类人群：
（1）只食用辛辣芥末的有 90 人。（2）只食用清淡芥末的有 69 人。（3）既食用辛辣芥末又食用清淡芥末的有 144 人。共 303 人。

然而报告上却显示只有 300 个人接受了调查。

422 隐藏的图形

423 小丑

约翰扮演了高尔夫球手和理发师；迪克扮演了喇叭手和作家；罗杰扮演了计算机技术员和卡车司机。

424 玩具

加尔文为每辆拖拉机花了 60 元，为每辆挖土机花了 15 元，为每辆卡车花了 5 元。这样，第三堆玩具一共花了 950 元，第四堆玩具共花了 80 元。

425 卡兰德手表

如果这 3 块手表要再次在中午显示正确时间，那么，每天慢 1 分钟的那块表必须等到它慢 24 小时中的 12 个小时，而每天都快 1 分钟的那块表必须等到它快 24 小时中的 12 个小时。以每天 1 分钟的速度，那么这 3 块表要过整整 720 天才能再次在中午显示正确时间。

426 考古

这个题的答案与题本身一样，都有很长的历史了……即：人。当人是婴儿的时候，人四肢着地；壮年时，人用两条腿走路；年老时，人走路就需要拐杖帮忙了。

427 埋伏地点

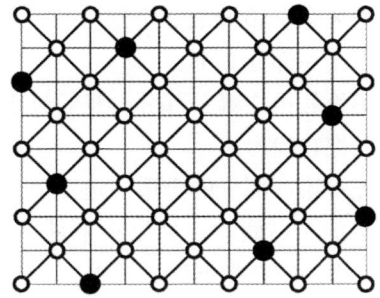

428 猜纸牌

这 4 张正面朝下的扑克牌从左到右依次是红桃 K、方块 J、黑桃 Q、梅花 A。

429 左撇子，右撇子

N 是既是左撇子同时也是右撇子的学生数。

7N 个人是左撇子，9N 个人是右撇子。那么 N+6N+8N=15N 即全班的学生数。

而右撇子在学生总数中所占的比例是 9N/15N，即 3/5，超过班上一半的人数。

430 选票

格拉德汉德尔先生获得 1336 张选票；墨菲先生获得 1314 张选票—少了 22 张；霍夫曼先生获得 1306 张选票—少了 30 张；

唐吉菲尔德先生获得1263张选票——少了73张，共5219张选票。

431 假币

把8个金币分成2个部分，一部分6个金币，一部分2个。

不管假币在哪一部分，我们只用2步就可以把它找出来：

先将第一部分的金币一边3个分别放在天平的左右两边。如果天平是平衡的，那么假币一定在剩下的2个中。

再将剩下的2个金币分别放在天平的两端，翘起的那一端的金币较轻，这个就是假币。

如果第一步分别将3个金币放在天平的两端，天平是不平衡的，那么假币在翘起的那端。

再取这3个金币中的任意2个分别放在天平的两端，如果天平不平衡，那么轻的那一端放的就是假币。

如果天平仍然是平衡的，那么剩下的那个就是假币。

432 黄金产权

他们是按下面的方法平分遗产的：

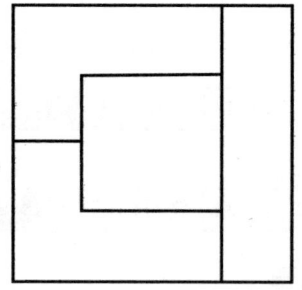

433 红白筹码

将2号和3号筹码移到方格9和10；将5号和6号筹码移到方格2和3；将8号和9号筹码移到方格5和6；将1号和2号筹码移到方格8和9。

434 煮鸡蛋

当水沸腾后，艾伯特将鸡蛋放进去，并把两个沙漏都倒放过来。当7分钟的沙漏中的沙子漏光时，他把它再倒放过来；这时，11分钟的沙漏还剩下4分钟，当里面的沙子漏光时，7分钟的沙漏底部正好有4分钟的沙子。艾伯特再把7分钟的沙漏倒放，这样，等到沙子再漏光时，时间正好是15分钟，然后他把鸡蛋从水里拿出来。

435 假砝码

首先，他们把9个砝码分成3堆、每堆3个砝码。然后把其中的两堆放在秤上，一边一堆。如果两堆中有一堆向上升，那么那个假砝码肯定在这堆砝码里；如果两边保持平衡，那么那个假砝码肯定在第三堆砝码里。无论哪种情况，在称了一次后就知道假砝码在哪一堆里。称第二次时，他们从放有假砝码的那堆砝码里挑出两个砝码，然后把它们放在秤上，一边一个。如果秤两边保持平衡，那么第3个砝码就是假砝码；否则，向上升的那个砝码就是他们要找的。

436 水下答题人

拜罗斯夫人是30岁，她女儿塞西莉是10岁。现在，拜罗斯夫人的年龄是她女儿的3倍。5年前，当她25岁时，塞西莉是5岁，即是女儿年龄的5倍。

437 古董车

题中在1948年所提到的汽车是：

（1）产于1924年的艾塞克斯轿车，它已经买了24年。

（2）产于1928年的林肯敞篷车，它已经买了20年。

（3）产于1932年的杜森伯格汽车，它已经买了16年。

（4）产于1936年的考特812型汽车，它已经买了12年。

438 城镇

1. F
2. B
3. E
4. F
5. C

439 狂欢大转盘

中间数字为：6。

5 + 6 + 7

9 + 6 + 3

10 + 6 + 2

11 + 6 + 1

8 + 6 + 4

如图：

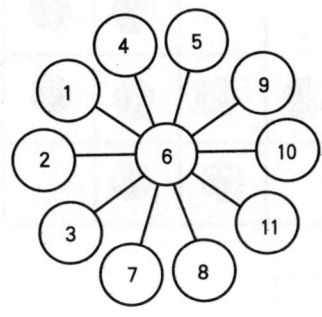

440 硬币置换

移动的步骤如下：从2号到3号、从8号到5号、从10号到7号、从3号到9号、从5号到2号、从7号到4号、从9号到6号、从4号到10号、从6号到8号、从1号到6号、从2号到4号、从6号到5号、从4号到3号、从10号到9号、从5号到7号、从3号到2号、从9号到1号、从7号到10号。

441 牌点

第1个多米诺骨牌：上半部分有6个点；下半部分有4个点。

第2个多米诺骨牌：上半部分有1个点；下半部分有1个点。

第3个多米诺骨牌：上半部分有1个点。

第4个多米诺骨牌：上半部分有1个点；下半部分有4个点。

如图所示：

442 铁皮

如图：

443 蜂箱

这个题的解法有很多。下面是其中一个：

444 热狗

如图：

445 玻璃杯难题

在拿走玻璃杯之前，先把第二根火柴点着。然后，再用它点着支撑在两个玻璃杯之间的那根火柴；当这根也点着时，等一两秒钟，然后吹灭。稍等片刻，这根火柴就会熔贴在玻璃杯上。然后，你可以将另一侧的玻璃杯拿走，这时，这根火柴将会悬在空中。

446 换位置

这22步依次如下：10号到5号、1号到8号、11号到6号、2号到9号、12号到7号、3号到4号、5号到12号、8号到3号、6号到1号、9号到10号、7号到6号、4号到9号、12号到7号、3号到4号、1号到8号、10号到5号、6号到1号、9号到10号、7号到2号、4号到11号、8号到3号、5号到12号。

447 筹码

我们知道，可以排列的最多的偶数行列数是16。下图就是所要画出的棋盘。你也可以把筹码放在与之不同的地方，但是结果要保持一致。

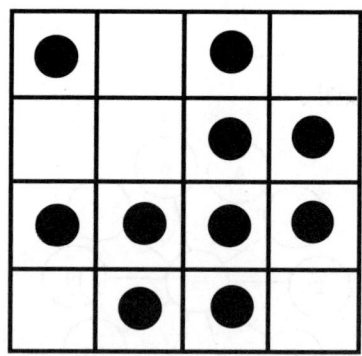

448 标志牌

```
  96233
+ 62513
-------
 158746
```

449 棋盘上的硬币

答案为：从1号移到4号、从7号移到1号、从6号移到7号、从5号移到6号、从3号移到5号、从2号移到3号、从1号移到2号、从7号移到1号、从6号移到7号、从5号移到6号、从3号移到5号、从2号移到3号、从1号移到2号、从7号移到1号、从4号移到7号。

450 撞球

如图：

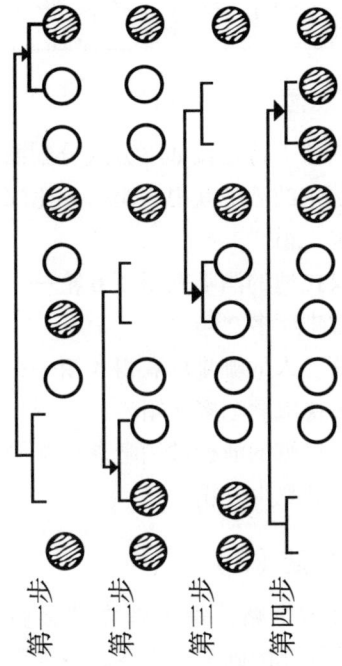

451 可可豆盒

将盒子的一边沿着桌边放置，并在桌子上留出与盒子一样宽的长度（即，a 的长度与 b 的长度相等，如图所示）。现在，拿起尺子，并将它放在桌子角的末端，然后，测量桌角与盒子后面左侧顶角的长度。而这个长度与盒子主对角线的长度相等。

452 硬币游戏

（a—bc）是指 a 硬币从位置 a 移到另一个地方，它在那里可以与另外两个硬币 b 和 c 相接触。本题移动的步骤为：（1—56）、（3—14）、（4—58）、（5—23）、（2—54）。

453 盐和胡椒粉

如果你有浓密的头发，那么它会有助于你解决这个题。拿出你的梳子在头上梳几下，然后把梳子往下放，并使梳子齿放在胡椒粉的上方。这样，胡椒粉就会从盐里分离并吸附在带电的梳子上，原因在于你在梳头时将静电传在了梳子上。

454 扑克牌点

按照下图所示的样子将 4 张扑克牌放在一起，每张扑克牌的右上角都彼此相互重叠，就能显出 16 个牌点了。

455 蜘蛛的路线

解决这个题之前,先把这个圆柱体想象成一个展开的平面(如下图所示)。苍蝇的位置在 F 点,蜘蛛的位置在 S 点。将左边的线段延长 1 厘米至 B 点,线段 BS 与图中顶端线段相交于 A 点,而这个点就是蜘蛛应该从圆柱体边上经过的地方。蜘蛛行走的路线就是一个直角三角形的斜边,这个三角形底边长 4 厘米、高 3 厘米。这样,斜边长为 5 厘米,这是蜘蛛所能走的最短路线。

456 寄钱

这个大三学生需要 10652 元。

```
  SEND      9567
+ MORE    + 1085
-------   ------
 MONEY    10652
```

457 逃出高塔

女儿将炮弹作为平衡物先下去,然后国王和儿子把上面篮子里的炮弹取出来,让儿子下去,这时让女儿作为平衡物。接着,让炮弹单独下去,当它落地时,让儿子和炮弹作为平衡物,他们的合力可以使国王下来。王子然后从篮子里出来,再让炮弹单独下去。接着,女儿下去,炮弹上来。儿子再把炮弹取出来,然后单独下来,他的妹妹上去。女儿接着把炮弹放在另一个篮子里,使自己降落到地面上。

458 滑行路线

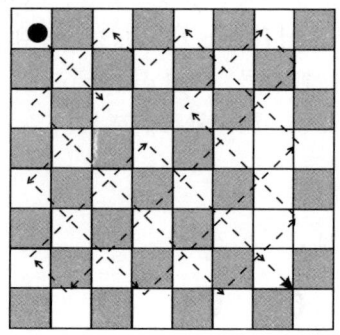

459 烈酒

斯威夫特是按如下方式分配酒的:

萨尔的酒吧获得 8 箱——比汉拉迪的酒吧多 2 箱。

汉拉迪的酒吧获得了 6 箱——比荷兰人的咖啡厅多 2 箱。

荷兰人的咖啡厅获得 4 箱——比埃德娜的海德威酒吧多 2 箱。

埃德娜的海德威酒吧获得 2 箱——比萨尔的酒吧少 6 箱。

460 打赌(2)

打这个赌,每副牌你都会赢 26 元。每对儿扑克的确是一张红、一张黑。因为每堆扑克底部的扑克牌颜色不同,所以当你洗牌时,扑克牌都是交互排列的。你自己不妨试试看。但是,你只能洗一次牌。

461 吹翻书

拿一个结实的纸袋子放在桌子上,使开口的那边悬在桌边。接着,把这两本书放在袋子的另一边。现在,你要做的就只是往袋子口里吹气,但是袋子要贴紧嘴巴,保证不漏气。只要使劲吹两下,书肯定会倾斜并翻倒。

462 牙签游戏

将原图中最右边的3根牙签移到下图中的新位置上,这样,图中就有9个小正方形、4个由4个小正方形组成的中等正方形以及1个由9个小正方形组成的大正方形,一共是14个正方形。

463 奇怪的装饰品

图中虚线所示的3根棍子就是应从图形上拿走的棍子。这之后图形上就剩下3个小三角形、3个中型三角形以及1个包括所有三角形的大三角形。毕竟,这位女士并没有指明这7个三角形必须一样大。

464 圣诞老人

拿起笔和尺子,将正方形画成25个小正方形(如图1所示)。再将正方形切成4块儿(沿着深色线切),把这4块儿标成1至4部分。如果你按照图2和图3将这4部分重新拼的话,那么,你会拼成2个正方形,而每个正方形都各有一个完整的圣诞老人。

465 海马

正确的移动步骤如下:2号移到1号、5号移到2号、3号移到5号、6号移到3号、7号移到6号、4号移到7号、1号移到4号、3号移到1号、6号移到3号、7号移到6号。这样,6只海马互换了位置,最后7号位置是空的。

466 作弊

如果那个知道奥妙的玩家第二个走,那么他就会获胜。这个秘密就是:如果受骗者先拿走1张扑克牌,那么骗子就拿走2张扑克牌;如果受骗者先拿走2张扑克牌,那么骗子就拿走1张扑克牌;无论哪种情况,当骗子拿牌之后,那个圆圈必定被分成两个半圆,各自包括5张扑克牌。接下来,骗子从对方相反的半圆中拿走与之相同数量的扑克牌,这样,他就总能拿到最后一张牌并在打赌中获胜。

如果骗子先拿一张扑克牌,那么,要等待可以将扑克牌分成各含相同数量的扑克牌的两个部分的机会。只要稍加练习,那么十之八九都是骗子赢。当然,如果对家也知道其中的奥妙,那么骗子就不一定能赢了。

467 为难人的扑克牌

这个题有几种排列方式,下图中的答案是其中之一。

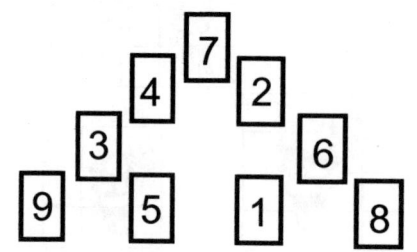

468 长袜里的玩具

大的长袜里有 54 个玩具,小的长袜里则有 45 个玩具。54 正好是 45 的翻版。2 个袜子里的玩具总和为 99,其 $\frac{1}{11}$ 为 9,即 2 个长袜里玩具个数的差。

469 纽扣图形

如图:

470 抢劫计划

如图:

471 跳棋

第一步将 9 号正方形内的棋子依次从下面正方形跳过,13 号、14 号、6 号、4 号、3 号、1 号、2 号、7 号、15 号、17 号、16 号和 11 号,然后将被跳过棋子全都拿走;第二步将 12 号正方形内的棋子从 8 号正方形跳过;第三步将 10 号正方形内的棋子从 5 号和 12 号正方形跳过;最后一步将原来 9 号正方形内的棋子从原来 10 号正方形内的棋子上跳过,这样,原来的 9 号棋子就回到了最初跳到的地方。

472 合理安排

要解决这个难题,施工人员必须先安装其中的一条水管道,该管道应该从水厂出来然后经过 1 号房子的下面到达 3 号房子。这条管道完成之后,其余的就容易解决了。

473 冰激凌棒

下图可以说明一切。因为并没有限定这 6 个正方形必须大小相同。

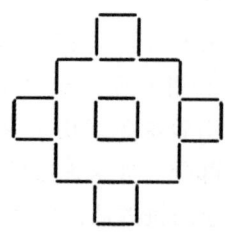

474 玩具火车

16步依次如下：从1号车厢移到5号车厢、从3号车厢移到7号车厢、从7号车厢移到1号车厢、从8号车厢移到4号车厢、从4号车厢移到3号车厢、从3号车厢移到7号车厢、从6号车厢移到2号车厢、从2号车厢移到8号车厢、从8号车厢移到4号车厢、从4号车厢移到3号车厢、从5号车厢移到6号车厢、从6号车厢移到2号车厢、从2号车厢移到8号车厢、从1号车厢移到5号车厢、从5号车厢移到6号车厢、从7号车厢移到1号车厢。

475 线轴

巴斯卡姆按照下面的方式支配弗勒莱特手中的8元：5个价值2角的蓝色线轴、30个价值1角的红色线轴以及8个价值5角的绿色线轴。这样，一共是8元，而且出纳内维尔在做账时也容易多了。

476 黄金之城五角星

放硬币第1个的位置就是最开始放硬币的圆圈。第2个位置就是跳过介于中间的圆圈后的圆圈：从2号圆圈跳到4号圆圈、从8号圆圈跳到2号圆圈、从5号圆圈跳到8号圆圈、从3号圆圈跳到5号圆圈、从9号圆圈跳到3号圆圈、从7号圆圈跳到9号圆圈、从1号圆圈跳到7号圆圈、从6号圆圈跳到1号圆圈、从10号圆圈跳到6号圆圈。

477 法拉比奥手表比赛

答案如图：

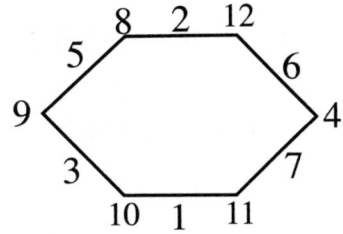

478 假设

正确答案为D。

479 堆积（1）

从上到下：C，A，B，F，E，D。

480 堆积（2）

从上到下：A，E，D，B，C，F。

481 堆积（3）

从上到下：A，D，C，F，B，E。

482 堆积（4）

从上到下：A，B，F，E，C，D。

483 堆积（5）

从上到下：D，A，C，B，F，E。

484 堆积（6）

从上到下：A，B，C，D，E，F。

485 堆积（7）

从上到下依次是：C，E，B，A，F，D

486 堆积（8）

从上到下依次是：D，E，A，F，C，B。

487 朗姆酒

下面就是派斯特·皮耶应该做的：

（1）将3升的罐子倒满酒，然后，把酒倒入5升的桶中。

（2）将3升的罐子重新倒满酒，然后，再倒入5升的桶中，倒满为止。

（3）3升的罐子这时剩下1升的酒。

然后，把5升桶中的酒倒回浪姆酒桶，接着，把3升的罐子里剩下的1升酒倒进去。

（4）将3升的罐子重新倒满酒，然后倒入5升的桶内。这时，桶内正好有比利·伯恩斯想得到的4升酒，即他此次想要购买的酒。

488 挽救熊猫的方法

B。

489 犯罪嫌疑人

D。

第八章　推理法

490 他绝不是自杀

探长的伤口在左侧太阳穴。

491 栅栏

每3米长的栅栏都是从左边的栅栏柱开始延伸，唯有最后3米长的栅栏是从左边的栅栏柱开始、在右边的栅栏柱结束。因而西姆斯应该买34个栅栏柱，并非33个。

492 名字

尼德尔瓦勒先生的那个朋友是位女士，而不是男士；她女儿的名字当然就是埃莉诺。

493 感染病毒的计算机

第一行是2，3，1；中间是1，2，3；最后一行是3，1，2。或者，第一行是3，1，2；中间是1，2，3；最后一行是2，3，1。

494 绳管道

绳子将与管道脱离。

495 相同符号

B 和 H。

496 抢劫

旅行包里有1枚5角硬币、39枚1角硬币以及60枚1分硬币。

497 遗嘱

他留给后人的是"一无所有"。

498 置换棋子

移动的步骤如下：

从 2 号移到 6 号、从 1 号移到 5 号、从 8 号移到 2 号、从 7 号移到 1 号、从 4 号移到 8 号、从 3 号移到 7 号、从 10 号移到 4 号、从 9 号移到 3 号、从 6 号移到 10 号、从 5 号移到 9 号。

499 顶针

你只需要保证从下一个放顶针的位置可以滑到前一个顶针开始的位置。比如：将顶针放在 W 点，并把它滑到 X 点；然后，将下一个顶针放在 Y 点，并把它滑到 W 点；接着，再把一个顶针放在 Z 点，并把它滑到 Y 点。依此类推，直到所有 7 个顶针都放好。

500 人物关系

这幅画中的人是买这幅画的先生的儿子。

501 大厦

在第 121 号大厦和编号开始处之间一共有 120 栋大厦。相应地就有 120 栋编号高于 294 的大厦。因此，街两旁建筑共有 294 ＋ 120=414 栋。

502 家庭关系

祖父的生日宴会有许多人参加。下面列出的是在场的家庭成员，其中也包括祖父：2 个弟兄、2 个姐妹，他们的父母，以及父母各自的父母——这样，对孩子而言就有 1 个祖父和 1 个外祖父，1 个祖母和 1 个外祖母。因此，共有 10 位家庭成员。

503 不同的路线

奥托在开始新一轮骑车路线之前将走整整 70 条不同的路线。

504 立方体

答案如下：

（1）3 个面灰色的小立方体数：8 个；
（2）2 个面灰色的小立方体数：12 个；
（3）1 个面灰色的小立方体数：6 个；
（4）无色的小立方体数：1 个。

505 冬日受伤记

泊尔去了法国（线索 1），去澳大利亚旅游的人摔断了一条腿（线索 2），所以，摔断了锁骨的索尼亚（线索 4）一定是在瑞士受伤的。综上所述，泊尔一定是摔断了她的手臂，去澳大利亚的是迪莉娅。斯塔布斯夫人既不叫索尼亚也不叫泊尔（线索 3），所以她叫迪莉娅。索尼亚不是霍普夫人（线索 4），所以她是费尔夫人，霍普夫人的名字是泊尔。

答案：
迪莉娅·斯塔布斯，澳大利亚，腿。
泊尔·霍普，法国，手臂。
索尼亚·费尔，瑞士，锁骨。

506 纽扣

以下是移动的步骤（W 表示白色，G 表示灰色；以纽扣所在的棋盘位置标识）：W2 移到 3；G4 移到 2；G5 移到 4；W3 移到 5；W1 移到 3；G2 移到 1；G4 移到 2；W3 移到 4。

507 绳梯

因为船会随着潮水而上下浮动，所以潮水涨至最高点时水面上仍有 50 条横档。

508 扑克筹码

两行筹码要相交在一个角。这样，一行有3个筹码而另一行有4个筹码（如图所示）。

509 正方形木板

沿图1虚线切木板，然后按图2中的样子排列。

图1

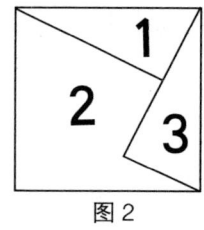

图2

510 三位数

你只需保证第一张牌和第三张牌的相加的和等于中间那张牌的数值。

511 多米诺骨牌

这个题的答案就是快速行动。移动B骨牌使其垂直竖立时正好可以碰到A骨牌的边。将你的食指穿过塔的拱门，然后放在B骨牌的底边并且按紧；之后，"弹起"并迅速击打A骨牌。这样，A骨牌便会从塔上分离，它上面的骨牌随即落在两边竖立的骨牌上，而塔安然无恙。

512 魔术硬币

首先使2枚硬币在桌上相接触，然后，再把2枚硬币放在它们上面，使4枚硬币相接触。最后，将第5枚硬币竖立放置（如图所示）。这样，所有5枚硬币都彼此接触。

513 拿走硬币

把脸靠近这枚硬币，然后吹。如果用力吹，那么风会把这枚硬币将从盘子上吹下来。你所挑选的盘子的边缘坡度要小。

514 绳索

答案的奥秘所在就是你要在拿绳子之前先将胳膊交叉。当你把绳子两端分别拿在手中时，再展开两个胳膊；这时，绳子中间就出现了结点。

515 拿走扑克牌

任何一个不知情的人都会将扑克牌慢慢地抽出，这无疑会失败。正确的方法是用左手向扑克牌的一个角猛弹,如果运用得当的话,扑克牌将旋转着快速飞出去,而硬币仍会安然停留在你的右手拇指上。

516 移动钉子

如果将下图中虚线所示的钉子拿走的话,那么将有5个小正方形和1个大正方形,一共是6个。

517 圈地

农夫先圈出3块地,并在每块儿地里圈3头小母牛;然后,他们再把这3块地圈起来,圈出第4块儿地。这样一来,每块地都有奇数数量的小母牛。

518 路径逻辑

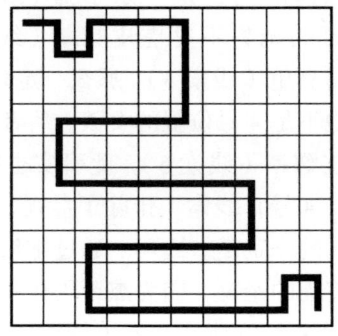

519 房间之谜

SD间谍在6号房间(线索2),从线索5中知道,OSS间谍一定在5号房间,而SDECE间谍在3号房间,鲁宾在1号房间。2号房间的间谍不可能来自阿布威(线索3),也不来自M16,而间谍加西亚不在1号房间(线索1),那么他肯定是GRU的间谍。从线索4中知道,毛罗斯先生的房间是4号,罗布斯不可能在3号(线索1),也不可能在2号房间,因为加西亚不在4号房间,所以罗布斯也不可能在6号。罗布斯只能在5号房间,而加西亚在3号,M16的间谍则在4号房间(线索1)。6号房间的SD间谍不是罗布斯(线索2),则肯定是戴兹,剩下罗布斯一定是2号房间的GRU间谍,最后通过排除法,1号房间的鲁宾是阿布威的间谍。

答案:

1号房间,鲁宾,阿布威。

2号房间,罗佩兹,GRU。

3号房间,加西亚,SD-ECE。

4号房间,毛罗斯,M16。

5号房间,罗布斯,OSS。

6号房间,戴兹,SD。

520 女运动员

人物3的运动项目是射击(线索3),人物5的项目不是滑冰(线索1)、羽毛球(线索3)和台球(线索4),则一定是高尔夫,那么人物4就是斯特拉·提兹(线索2),她的项目不是滑冰(线索1)和台球(线索4),那么一定是羽毛球。人物5刚从卡萨布兰卡回来(线索3),人物1不从罗马回来(线索5),也不是来自洛杉矶(线索1)和东京(线索4),那么一定从布里斯班来。人物2不是来自洛杉矶(线索1),也非东京(线索5),那么一定来自罗马。人物3和4来自洛杉矶或者东京。如果4来自洛杉矶，则从线索1中知道凯特·肯德尔就是人物3，来自东京。但线索1告诉我们，凯特·肯德尔不是来自东京，因此3一定来自洛杉矶，而4来自东京。因此凯特·肯德尔就是人物2。人物1的项目就是滑冰（线索1），人物5不是黛安娜·埃尔金（线索5），也不是格丽尼斯·福特（线索4），则一定是莫娜·洛甫特斯。黛安娜·埃尔金也不是人物1（线索5），那么她肯定是人物3，人物1就是格丽尼斯·福特。人物2凯特·肯德尔的项目是台球。

答案：

1号，格丽尼斯·福特，布里斯班，滑冰。

2号，凯特·肯德尔，罗马，台球。

3号，黛安娜·埃尔金，洛杉矶，射击。

4号，斯特拉·提兹，东京，羽毛球。

5号，莫娜·洛甫特斯，卡萨布兰卡，高尔夫。

521 巴士停靠站

从线索1知道，雷停靠的巴士牌号要比324号大。7号的车牌不是324（线索2），雷停靠的也不是5号位置的车牌号为340的巴士（线索5）。特里的车号是361，那么雷的就是397。它不在6或者7号位置（线索1）。赖斯把车停靠在4号位置（线索7），5号的车牌是340，这就排除了雷的车是3号的可能性（线索1）。因3号车的车牌号要比邻近的车牌号都大（线索4），雷的车也不可能是2号（线索1），那么雷的车一定在1号位置。从线索1中知道，324一定在3号位置。从线索4中知道，2和4号位置的车牌都是2开头的。因此可以从线索2中知道，7号的车牌是361，是特里停靠的（线索3）。2号位置的车牌不是286（线索2），6号的也不是286（线索5），通过排除法，286一定是4号的车牌，是赖斯停靠的。线索6告诉我们车牌号为253的不在2号位置，那么它一定在6号。因此肯停靠的车在5号位置（线索6）。罗宾的车不在2或者3号（线索8），那么一定是6号。通过排除法，2号位置的车号一定是279。3号位置车的司机不是戴夫（线索4），则一定是埃迪，剩下戴夫是把车号为279的车停在2号位置的司机。

答案：

1号，雷，397。

2号，戴夫，279。

3号，埃迪，324。

4号，赖斯，286。

5号，肯，340。

6号，罗宾，253。

7号，特里，361。

522 说谎的女孩

杰茜的宠物是一条小狗（线索5）。朱莉娅的宠物不是虎皮鹦鹉（线索4），也不是乌龟（线索3），那么一定是只猫。因此她不是4号位置的女孩，后者的宠物是虎皮鹦鹉（线索5）。此事实也排除了杰茜是4号，线索1排除了詹妮，那么4号位置的一定是杰迈玛。通过排除法，乌龟是詹妮的宠物。因为杰迈玛在4号，那么朱莉娅不可能在3号（线索3），她也不可能在2号（线索4），所以她一定在1号位置。因朱莉娅的宠物是猫，那么杰茜不可能在 2 号（线索 2）。因此她肯定在 3 号位置，2 号则是詹妮。线索 5 告诉我们杰茜 10 岁，而朱莉娅不可能是 8 岁（线索 4）和 9 岁（线索 3），那么一定是 11 岁。詹妮不是 9 岁（线索 1），那么一定是 8 岁，剩下杰迈玛今年 9 岁。

答案：
位置 1，朱莉娅，11，猫。
位置 2，詹妮，8，乌龟。
位置 3，杰茜，10，小狗。
位置 4，杰迈玛，9，虎皮鹦鹉。

523 邮票的面值

数字 5 都不是棕色的（线索 1），那么棕色邮票的面值一定是 10 分，但不是第 4 张（线索 2），因此在面值中有个 1 的第 4 张邮票（线索 3）面值一定是 15 分。这样根据线索 4，第二张邮票是蓝色的。由线索 2 告诉我们，描写大教堂的那张邮票的面值中有个 0，但不是第四张，而是第二张，从这个线索中，我们也可以知道第一张就是棕色的 10 分面值的邮票。根据同一个线索，第二张蓝色邮票的面值是 50 分。通过排除法，第三张邮票一定是 25 分面值的。山峰不是第一张 10 分邮票上的图案（线索 5），也不是 25 分面值邮票上的图案（线索 5），因为 50 分面值的邮票边框是蓝色的。而我们知道它也不是 50 分面值邮票上的图案，那只能是第四张 15 分邮票上的图案。这样根据线索 5，25 分邮票的边框是红色的，剩下 15 分邮票边框是绿色的。线索 3 告诉我们第三张邮票描写的不是海湾，那一定是瀑布，剩下海湾是棕色的、10 分面值的、第 1 张邮票上的图案。

答案：
第一张，海湾，10 分，棕色。
第二张，大教堂，50 分，蓝色。
第三张，瀑布，25 分，红色。
第四张，山峰，15 分，绿色。

524 与朋友相遇

因为穿红毛衣的不是丹尼或吃巧克力派的刘易丝（线索 4），而凯文的毛衣是蓝色的（线索 1），所以穿红毛衣的一定是西蒙。碰到的第一位朋友穿的毛衣不是红色的（线索 4），也不是蓝色的（线索 1），而第三位穿着米色毛衣（线索 2），由此得出第一位一定穿着绿毛衣。这样根据线索 3，第二位朋友在吃香蕉，而且我们知道他的毛衣不是米色或绿色的，他也不是穿红毛衣的西蒙（线索 3），那他一定是穿蓝毛衣的凯文。接着根据线索 1，穿绿毛衣的第一位朋友在吃棒棒糖，排除了凯文、刘易丝和西蒙，那他只能是丹尼。通过排除法，西蒙在吃苹果，刘易丝是汤米碰到的第三位穿米色毛衣的朋友，最后碰到的是西蒙。

答案：
第一位，丹尼，绿色，棒棒糖。
第二位，凯文，蓝色，香蕉。
第三位，刘易丝，米色，巧克力派。
第四位，西蒙，红色，苹果。

525 出租车

已知索菲在多恩卡斯特上车（线索 4）。根据线索 1，黛安娜不是从约克角旅行回来，线索 1 和 3 又排除了她来自格兰瑟姆的可能，而且搭乘 1 号出租车的妇女来自格兰瑟姆，所以可以得出黛安娜在皮特博芮上火车。我们现在知道从格兰瑟姆来的乘客不是黛安娜或索菲,也不是伯尼的乘客帕查(线索3),因此她是安妮特。排除法得出帕查从约克角旅行回来。黛安娜的司机不是詹森(线索1),也不是诺埃尔(线索2),那么他就是克莱德,而她搭乘的是4号出租车(线索5)。然后根据线索1,詹森是3号出租车的司机,他的乘客不是伯尼的乘客帕查,而是索菲。最后通过排除法,我们知道安妮特的司机是诺埃尔,伯尼的车是2号车。

答案:
1号,诺埃尔,安妮特,格兰瑟姆。
2号,伯尼,帕查,约克角。
3号,詹森,索菲,多恩卡斯特。
4号,克莱德,黛安娜,皮特博芮。

526 电影制片厂

由于言情电影(线索1)、枪战电影(线索2)和喜剧片(线索5)都不在C制片厂上,因此通过排除法,拉娜·范姆帕担任女主角的警匪片(线索4)是在那里拍摄的。然后根据线索4,奥尔弗·楞次在B制片厂担任导演。我们知道他不是和拉娜·范姆帕一起工作,线索1也排除了海伦·皮奇在B制片厂工作的可能。西尔维亚·斯敦汉姆由卡尔·卡马拉导演(线索3),因此奥尔弗导演多拉·贝尔。海伦·皮奇不在D制片厂工作(线索1),而是在A制片厂,剩下卡尔和西尔维亚在D制片厂工作。线索1现在告诉我们,奥尔弗和多拉在拍言情电影,这样根据线索2,枪战电影一定在A制片厂拍摄,喜剧在D制片厂。线索2得出,沃尔多·特恩汉姆在C制片厂导演警匪片,鲍里斯·旭茨在A制片厂导演枪战电影,其中海伦·皮奇是女主角。

答案:
A制片厂,枪战,鲍里斯·旭茨,海伦·皮奇。
B制片厂,言情,奥尔弗·楞次,多拉·贝尔。
C制片厂,警匪,沃尔多·特恩汉姆,拉娜·范姆帕。
D制片厂,喜剧,卡尔·卡马拉,西尔维亚·斯敦汉姆。

527 刺绣展览

2号作品不可能是凯维丝夫人的(线索1),也不是福瑞木夫人的(线索2)。线索4告诉我们萨利·斯瑞德的作品在3或4号位置,这样通过排除法,2号作品是尼得勒夫人的。然后根据线索5,以斯帖刺绣了1号作品,但不是《雪景》(线索1)或《河边》(线索3),伊冯刺绣了《村舍花园》(线索2),可以得出以斯帖的作品是《乡村客栈》。接着根据线索4,萨利·斯瑞德制作了4号作品。根据线索3,赫尔迈厄尼就是刺绣2号作品的尼得勒夫人。排除法得出3号作品是伊冯的《村舍花园》,但她不是福瑞木夫人(线索2),而是凯维丝夫人,剩下福瑞木夫人是以斯帖。赫尔迈厄尼没有刺绣《河边》(线索3),因此她的作品一定是《雪景》,剩下《河边》是萨利·斯瑞德的作品。

答案:
1号,《乡村客栈》,以斯帖·福瑞木。
2号,《雪景》,赫尔迈厄尼·尼得勒。
3号,《村舍花园》,伊冯·凯维丝。
4号,《河边》,萨利·斯瑞德。

528 欢度国庆

第2个村庄是丝特·多米尼克村（线索2）。丹尼斯住在村庄3（线索3），线索1说明波科勒村不是村庄1或村庄4，那么圣子埃特鲁米亚展览（线索1）一定在村庄3开展，丹尼斯观看了这场展览。线索1告诉我们克里斯多佛住在村庄2，安德烈住在墨维里（线索4），通过排除法，马丁所在的村庄是格鲁丝莫村，但它不是村庄1（线索5），而是村庄4，剩下村庄1是墨维里。住在那里的安德烈没有在街道上跳舞（线索3），也没有看电视（线索4），那他一定参加了烟花大会。由线索4得知马丁没有看电视，那她一定在街道上跳舞，剩下克里斯多佛待在家里看电视。

答案：
村庄1,墨维里村,安德烈,烟花大会。
村庄2,丝特·多米尼克村,克里斯多佛,看电视。
村庄3,波科勒村,丹尼斯,圣子埃特鲁米亚展览。
村庄4,格鲁丝莫村,马丁,街道舞蹈。

529 美好的火车旅行

已知斯杰普生德桥是第2号桥（线索2）。4号桥不是托福汉姆桥（线索1）或悬臂建筑维斯吉格桥（线索4），那么一定是埃斯博格桥。第1条河不是被吊桥横跨的波罗特（线索1），也不是戴斯尔河（线索3）或科玛河（线索4），因此一定是斯沃伦河。我们现在知道托福汉姆桥和维斯吉格桥是1号或3号桥，那么波罗特河（线索1）和科玛河（线索4）不可能是3号河，因此排除法得出第3条河是戴斯尔，而它上面的桥不是拱桥（线索3），也不是摆桥（线索5）或吊桥，而是悬臂桥维斯吉格。根据线索4，科玛是被埃斯博格横跨的第4条河。通过排除法，第1条河斯沃伦被托福汉姆横跨，线索1得出，在波罗特河上的吊桥就是2号桥斯杰普生德。根据线索1和5，1号桥托福汉姆是座拱桥，而4号桥埃斯博格在科玛河上，并且是座摆桥。

答案：
1号桥,托福汉姆桥,斯沃伦河,拱桥。
2号桥,斯杰普生德桥,波罗特河,吊桥。
3号桥,维斯吉格桥,戴斯尔河,悬臂桥。
4号桥,埃斯博格桥,科玛河,摆桥。

530 沿下游方向

由于C位置上的旅店名是升起的太阳（线索3），D位置上的船属于凯斯家庭（线索4），因此根据线索1，停泊在挪亚方舟处的费希尔家庭的船在B位置上，而斯恩费希船在A位置上。我们知道停在狗和鸭码头的帕切尔号（线索2）不在A、B或C位置上，所以它一定属于D位置上的凯斯家庭。现在通过排除法，A位置上的旅店是钓鱼者休息处。罗德尼家庭的船不是停靠在升起的太阳处（线索3），而是在A位置上的钓鱼者休息处，并且是斯恩费希号，剩下停在C位置上的升起的太阳处的船属于德雷克家庭，但不是南尼斯号（线索3），而是罗特斯号，费希尔家庭的船南尼斯停在B位置上的挪亚方舟处。

答案：
位置A,罗德尼,斯恩费希,钓鱼者

休息处。
位置 B，费希尔，南尼斯，挪亚方舟。
位置 C，德雷克，罗特斯，升起的太阳。
位置 D，凯斯，帕切尔，狗和鸭客栈。

531 穿过通道

由于最前面一辆车的司机不是菲利普（线索1）和曼纽尔（线索3），并且也不是汉斯（线索4），因此一定是安东尼奥。这样根据线索5，红车在2号位置上，那么它的数字是15（线索2）。第4个位置上的车不是车牌号为27的黄车（线索1），它的车牌号也不是38（线索3），排除法得出它的车牌号是9。我们知道它不是红色或黄色，也不是绿色（线索4），那只能是蓝色。剩下车牌号38的车是绿色的，但绿车不在3号位置（线索3），因此它是领先的安东尼奥的车，剩下3号车是带数字27的黄车。线索4现在告诉我们汉斯是2号红车的司机，线索1说明菲利普是4号蓝车的司机，剩下曼纽尔是3号黄车的司机。

答案：
1号位置，安东尼奥，绿色，38。
2号位置，汉斯，红色，15。
3号位置，曼纽尔，黄色，27。
4号位置，菲利普，蓝色，9。

532 叠纸牌

罗斯的房子达到7层高（线索5），所以她不可能是叠出4层高房子的2号女孩（线索2）。线索4排除了她在3号位置用蓝色纸牌的可能，她也不是在4号位置（线索5），所以，罗斯坐在1号座位。我们已知夏洛特用的纸牌是绿色的（线索1），她不在位置1或3，因为2号女孩叠出4层楼，所以，夏洛特不可能是在4号位置（线索1），她是在位子2，造出了4层楼的房子。因此，由线索1得出，5层楼的房子是由4号女孩建造的。留下用蓝色纸牌造的6层房子在位置3。综上，根据线索4，罗斯用的是红色的纸牌，剩下由黑色纸牌构成的在位置4的5层房子，它不是由安吉拉建造的（线索3），而是蒂娜做的。安吉拉坐在3号位置，持蓝色纸牌。

答案：
座位1，罗斯，红色，7层楼。
座位2，夏洛特，绿色，4层楼。
座位3，安吉拉，蓝色，6层楼。
座位4，蒂娜，黑色，5层楼。

533 票

亨利排在队伍的第3个位子（线索3）。第4个位子排的不是珀西瓦尔（线索1），也不是马克斯（线索2），所以，一是威洛比。威洛比买的是星期五晚上的票（线索4）。星期六晚上定在包厢座位的票不是珀西瓦尔买的（线索1），也不是亨利的（线索3），排除法得知买票的是马克斯。所以，马克斯不可能是排在第1位的（线索1），而是排在第2位，第1位排的是珀西瓦尔。因此据线索2可得，第3位是亨利，买的是剧院花楼的票。但不是星期4的演出（线索2），是星期三的。剩下珀西瓦尔买的是星期四的票，并根据线索3得出，是在正厅后排的座位。所以，威洛比星期五晚上的票是正厅前排的座位。

答案：
位置1，珀西瓦尔，星期四，正厅后排座位。
位置2，马克斯，星期六，包厢。
位置3，亨利，星期三，剧院花楼。

位置4，威洛比，星期五，正厅前排座位。

534 加薪要求

思德·塔克坐在 C 位置（线索 1），BBMU 的人坐在 D 位置（线索 4），所以来自 UMBM，不是坐在 B 位置的雷·肖（线索 5），一定是在 A 位置。现在根据线索 2，代表 ABM 的 6 位成员的那个人不可能是坐在 A 或 C 位置，也排除了坐在 D 位置的可能，所以他是坐在 B 位置；同样根据线索 2，阿尔夫·巴特一定是在 D 位置。综上，吉姆·诺克斯坐在 B 位置，思德·塔克代表 BBT 坐在 C 位置。所以 BBT 代表的不是 7 位成员（线索 3），也不是 4 位（线索 1），我们知道是吉姆·诺克斯代表有 6 位成员的 ABM，所以 BBT 有 3 位成员。UMBM 的雷·肖代表的人数比 ABM 的吉姆·诺克斯代表的少（线索 5），所以 UMBM 一定有 4 位成员，而 BBMU 的阿尔夫·巴特代表的是 7 位成员。

答案：
位置 A，雷·肖，UMBM，4。
位置 B，吉姆·诺克斯，ABM，6。
位置 C，思德·塔克，BBT，3。
位置 D，阿尔夫·巴特，BBMU，7。

535 照片定输赢

"布鲁克林"是第一名（线索 5），身穿红色和橘黄色衣服的骑师是第三名（线索 4），由线索 1 排除了"矶鹞"得第二名和第四名的可能性，所以，它排在第三名。根据线索 1 得出，卢克·格兰费尔身着黑蓝两色，骑的是排在第四的马。已知"国王兰赛姆"是马文·盖尔骑的那匹马（线索 2），排名不是一、三或四，所以是第二名；剩下卢克·格兰费尔骑的马叫"蓝色闪电"。马文穿的不是粉色和白色（线索 2），所以应是黄色和绿色。而粉色和白色是穿在胜利的骑师身上。得胜的不是杰姬·摩兰恩（线索 3），而是科纳·欧博里恩。杰姬·摩兰恩的马是排在第三名的"矶鹞"。

答案：
第一名，"布鲁克林"。科纳·欧博里恩，粉色和白色。
第二名，"国王兰赛姆"，马文·盖尔，黄色和绿色。
第三名，"矶鹞"，杰姬·摩兰恩，红色和橘黄色。
第四名，"蓝色闪电"，卢克·格兰费尔，黑色和蓝色。

536 溜冰

肖特带着红色的围巾（线索 2），伯妮斯·海恩的围巾不是黄色的（线索 1），她也不是围着蓝色围巾的 1 号位置的溜冰者（线索 1 和 4），所以她的围巾是绿色的，已知她不在 1 号位置，因为 1 号位置的人带着蓝色围巾，线索 1 同时也排除了她在 2 号位置的可能性，从线索 3 中得出她不可能在 4 号位置，所以伯妮斯·海恩在 3 号位置。因此从线索 1 得出，2 号位置的溜冰者必定带着黄色围巾，而由线索 3 知道，路易丝一定是在 4 号位置，余下红色围巾由她带着，所以，她是肖特。杰姬不是 2 号溜冰者（线索 2），她是 1 号溜冰者，2 号是夏洛特。杰姬不姓劳恩（线索 5），她姓利特尔，劳恩是夏洛特的姓。

答案：
位置 1，杰姬·特利尔，蓝色。
位置 2，夏洛特·劳恩，黄色。

位置3，伯妮斯·海恩，绿色。
位置4，路易丝·肖特，红色。

537 服务窗口

因为4号窗口的顾客在购买一本邮票集锦（线索4），3号窗口的顾客在办理公路收费执照（线索2）。路易斯在3号窗口工作（线索3），那么亨利就在1号窗口工作。艾莉斯在2号窗口前提取养老金（线索1）。用排除法可知，亨利必定在寄挂号信。所以，大卫必然在2号窗口工作（线索5）。在亚当的窗口前办理业务的不是亨利（线索2），所以迈根必然在1号窗口处工作，亚当在4号窗口处工作。从亚当那里购买邮票的不是玛格丽特（线索4），他是丹尼尔，剩下在路易斯的窗口前办理公路收费执照的是玛格丽特。

答案：
1号窗口，迈根，亨利，挂号信。
2号窗口，大卫，艾莉斯，养老金。
3号窗口，路易斯，玛格丽特，公路收费执照。
4号窗口，亚当，丹尼尔，邮票集锦。

538 学习走廊

5B班有28个学生（线索3），3A班的学生少于30个（线索5）。根据线索2，培根先生所教的30个学生不是1A班或2B班，所以是上地理学的4A班（线索4）。现在再由线索4得出，1A班有32个学生。而从线索3得知，海恩斯先生是在教室5给2B班上课的（线索2）。已知拉丁语课在教室4上（线索1），且不是培根先生或海恩斯先生教的，而线索1排除了汉森太太教的可能性，史宾克斯小姐教的是英语课（线索3），所以拉丁语学老师是伯尔先生。已知上拉丁语课的班级不是2B或4A班，也不是3A班（线索5），线索1排除了是1A班，所以伯尔先生是在教室4给5B班上拉丁语课的。根据线索1，汉森太太的课是给3A班上的，而史宾克斯小姐的英语课是给1A班上的。从线索2得知，历史课不是在教室1或5，所以一定是教室2。教室1是培根先生给4A班上地理课的教室（线索4）。综上所述得出，教室2的历史课是汉森太太给3A班上的。剩下海恩斯先生给2B班教数学。2B班不是29人（线索2），而是26人，29人的是3A班。

答案：
教室1，4A班，地理，培根先生，30人。
教室2，3A班，历史，汉森太太，29人。
教室3，1A班，英语，史宾克斯小姐，32人。
教室4，5B班，拉丁语，伯尔先生，28人。
教室5，2B班，数学，海恩斯先生，26人。

539 善于针织的母亲们

梅勒妮母亲的作品不可能是A（线索2），也不是在索菲的旁边（线索5），而索菲的作品不是D（线索4），所以，梅勒妮母亲的作品不是B，而是C或D。而索菲的可能是A或B。索菲的女儿不是莎拉（线索1），当然也不可能是梅勒妮，因为哈里特母亲的作品一定是C或D（线索3），所以也不可能是哈里特，因此索菲的女儿是崔纱。米歇尔不是梅勒妮的母亲（线索1），她女儿是哈里特，剩下梅勒妮是坦尼娅的女儿。D部分的主题不是艺术（线索2），不是物理教育（线索3），也不是人文学科（线索5），所以一定是科学技术。我们知道描述艺术类的那部分不可能是 A 作品，所以一定是 B 或 C 其中一个；而且另一个是描述物理教育的；因此 A 是有关人文学科的。关于艺术类的那部分作品不可能是坦尼娅负责的，也不是哈里特的母亲米歇尔的（线索 2），所以必定是海伦或索菲的，因此它不可能是 C 作品。所以 C 是梅勒妮的母亲米歇尔的工作，它是有关物理教育方面的。因此，海伦的是 B 部分（线索 3），索菲的是 A 部分，D 部分是米歇尔的工作。

答案：

A 部分，人文学科，索菲，崔纱。
B 部分，艺术类，海伦，莎拉。
C 部分，物理教育，坦尼娅，梅勒妮。
D 部分，科学技术，米歇尔，哈里特。

540 瓶塞

这个题的秘密就在于两只手交叉时的位置。没有经验的人将两只手交叉时，手掌往往朝向身体，这样就会出现我们所描述的结果。要解决这个难题，要把右手的手掌向内转并把左手的手掌向外转，然后再抓住瓶塞。这样，两只手不仅不会相互交叉在一起反而会轻而易举地分开。

541 吸血鬼

乔治，阿尼纳的公爵，爱吃罪犯。
兰克，图尔达的伯爵，爱吃女人。
杰诺斯，纳波卡的男爵，爱吃老人。
米哈斯，扎勒乌的侯爵，爱吃外国人。
弗拉德，苏恰瓦的王子，爱吃有钱人。

542 粮食

下图是这个难以应付的题的一种解法：

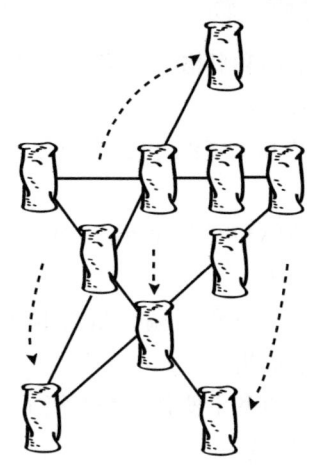

543 航空公司

BabyAir 是比利时的一家航空公司，飞往伦敦，不允许儿童乘坐。

Connor 是意大利的一家航空公司，飞往巴塞罗那，飞机上的食物太贵。

EFD 是葡萄牙的一家航空公司，飞往法兰克福，座位太狭窄。

Herta 是丹麦的一家航空公司，飞往布拉格，总是晚点。

Simplejet 是荷兰的一家航空公司，飞往巴黎，两天才飞一次。

544 减肥

波瑞斯选择了跑步和低碳疗法，因为她马上要举行婚礼。

路德米拉选择了打网球和低脂肪疗法，因为她要去度假。

乐达卡选择了骑自行车和低 GI 值疗法，因为医生建议她减肥。

斯坦尼斯勒选择壁球和低卡路里疗

法，因为她要做一个报告。

若斯蒂米尔选择了游泳和减食疗法，因为她要参加同学聚会。

545 结婚礼物

蒂瑞斯和贝格特结婚7年了，他给她买了内衣。

库特和贝特结婚16年了，他给她买了耳环。

米切尔和安妮特结婚3年了，他给她买了摄像机。

罗兰德和恩格瑞德结婚14年了，他给她买了戒指。

沃尔克和卡罗蒂结婚5年了，他给她买了项链。

546 乘坐出租

格斯去苏豪公寓见朋友，坐车花了30元。

艾妮去阳光屋健身，坐车花了35元。

菲琳去自由岛购物，坐车花了40元。

琳达去中央公园喝咖啡，坐车花了45元。

泰娜去世纪中心车站观光，坐车花了50元。

547 国外度假

艾德瑞去了柬埔寨，住在旅馆，为的是那里的游泳池。

杰娜去了泰国，住在度假村，为的是那里的森林。

莫娜去了马来西亚，住在牧人小屋，为的是那里的寺庙。

罗梅去了印度尼西亚，住在别墅，为的是那里的商店。

泰莎去了毛里求斯，住在酒店，为的是那里的沙滩。

548 糖果店

比亚妮买了10块巧克力，她穿着紫色的雨衣。

古恩娜买了6个棒棒糖，她穿着黄色的雨衣。

何瑞莎买了8块奶糖，她穿着白色的雨衣。

若哥娜买了12个甘草糖，她穿着蓝色的雨衣。

沃里买了4个太妃糖，她穿着黑色的雨衣。

549 邻居

别克住在2303，他家的大门是绿色的，他喜欢在院子里看报纸。

大卫住在2305，他家的大门是黄色的，他喜欢在院子里晒太阳。

约翰住在2302，他家的大门是蓝色的，他喜欢在院子里洗车。

迈克住在2304，他家的大门是红色的，他喜欢在院子里野餐。

沃尔特住在2306，他家的大门是白色的，他喜欢在院子里打篮球。

550 戏剧表演

表演队	戏剧	月份	票价
面团表演队	麦克白	6月	¥10
真正的莎士比亚	黄景罗	10月	¥3
业余戏剧队	朱利叶斯·凯撒	3月	¥6

551 失衡的天平

浸在水里的物体的浮力等于它所排出的水的重量。

你可能想说结果应该是在天平右端原来的重物基础上再加上与左端容器里重物承受的浮力相等的重量，然而真的是这么简单吗？

根据牛顿定律，作用力与反作用力相等。那么容器里的水对重物的浮力就等于重物对水的反作用力。

因此，天平右端的重量减少时，天平左端的重量相应增加。

所以要达到平衡，天平右端需要加上2W的重量，W等于重物在左端容器里排出的水的重量。

552 迷宫算式

553 蜂窝

字母K在六边形7（线索5）中，从线索1中知道，A不在1，2，4，6，7，9，10，11，13，14中，因此A只可能在3，5，8，12中。M不可能在14中，因其里是个元音（线索7），A不可能在12（线索1）中，也不可能在5（线索7）中，线索2又排除了F在1中的可能性，而A也不可能在六边形3中（线索1），所以只能在8里。F在5中，M在11里（线索1）。从线索7中知道，14里的元音一定是E。线索3排除了H在3，4，6，9，10，12，13中的可能性，而且我们早就知道它不可能在5，7，8，11，14中，因此只可能在1和2里。但是线索2排除了1，因此H在2中，而D在4中（线索3），线索6可以提示B在9中。现在我们已经知道了A，B，D，E的位置，从线索2中知道1里的肯定是C。从线索4中知道，N只可能在3中，I在13里。现在从线索8中可以推出G在12中，L在10中，剩下J位于六边形6中。

答案：

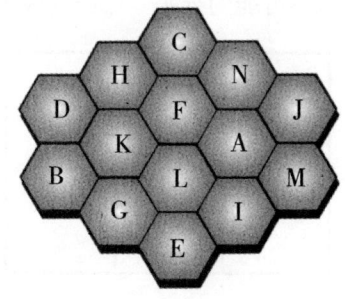

554 派对

这里有一个解决办法，即从离那个男孩子最近的1号盘子开始：将1号盘子内的硬币移到4号盘子、将5号盘子内的硬币移到8号盘子、将9号盘子内的硬币移到12号盘子、将3号盘子内的硬币移到6号盘子、将7号盘子内的硬币移到10号盘子、将11号盘子内的硬币移到2号盘子。再次绕桌子一圈便可回到1号盘子。这时，你一共绕桌子3圈。如果绕桌子4圈，那么这个题很容易解决。

555 直线和正方形

下图正好有100个正方形，它只用15条直线就画出来了。其中，一个格的小正方形有40个，由4个小正方形组成的正方形有28个，由9个小正方形组成的正方形有18个，由16个小正方形组成的正方形有10个，由25个小正方形组成的正方形有4个。

556 "不可能"的纸张

准备一张硬纸，按下图的样子将它剪三下，每次剪到纸张的中间部位。将内折边A沿着中间线折起来，使它与BB边垂直。将C边旋转180°。接着，将这张纸放在桌子上面。这时，你会发现这个著名的"看似不可能的纸张"已经完成了。

557 智慧之星

下面的图形展示了所要画的9条线的位置。

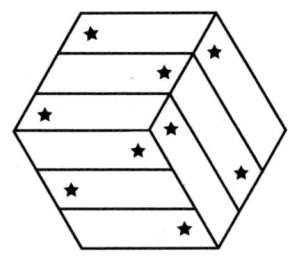

558 撒谎的肯特

在圣诞节前天，肯特是无法利用太阳光在北极圈内生火的。因为从当年10月到大约第二年3月期间，北极圈里是没有阳光的。

559 取怀表

温斯探长故意让阿莱去拿怀表，却没有告诉他案发现场在哪里，而阿莱直接就去了旅馆的房间，可见他是凶手。

560 邮轮上的日本国旗

电力工程师在说谎。日本国旗是白底加太阳的图案，无所谓正反的区别，更别说出现挂倒这种事情了。所以，电力工程师根本没有重新挂国旗，他有足够的时间作案。

561 寻找放哨的人

因为酒是不会结冰的，所以酒鬼一定是假装的。他拿的酒瓶里装的肯定是水。一个清醒的人有什么必要在街上闲逛，还要假装喝醉了呢？他一定是放哨的人。

562 女教师之死

凶手是她的姐姐，因为有人敲门以

后，贝尼卡先会通过"猫眼"看来访者是谁，如果是同事，出于礼貌，贝尼卡一定会更衣后才开门，只有是自己的姐姐，才会穿着睡衣开门。

563 冰凉的灯泡

证据就是那只冰凉的灯泡。因为仆人说从锁孔中窥看时电灯突然关闭，而她们两人破门而入不超过两分钟，加上夏季气温较高，灯泡应该还是热的才对。

564 敲诈事件

希拉尔说："我从电话里得知你被绑架之后，再也没有和你通过电话，你怎么能知道我是买的蓝皮箱装钱给绑匪的呢，一定是绑匪告诉了你，我用蓝皮箱装的钱。既然绑匪会告诉你，那么只有一种解释符合逻辑，那就是你与绑匪合谋来敲诈你自己的丈夫。"

565 遗书

一个重病患者仰着面卧在床上，胳膊上又吊着绷带，怎么可能悬着腕写遗书，而且是写了3页纸呢！这是违背逻辑的。

566 飞来的小偷

山田吉木说："有些鸟儿，如喜鹊、松鸡等，它们喜欢闪闪发光的东西，有时候会把这些东西衔回窝里，我根据这点，才怀疑是喜鹊干的呀！"

567 柯南的解释

这个地方冬天非常冷。由于下雨落雪，使坑里积了水，到夜晚就结成冰。白天，这坑里南面的冰因受太阳的照射，又融化成水，而北面由于没有太阳照射，仍结着冰。这样，北面的水结成冰，而南面的冰又融化成水，沉重的球面便渐渐地出现倾斜，从而非常缓慢地向南移动。其正面的十字架，必然也会渐渐地被隐埋起来。这种物理现象，就是男爵的墓石之所以移动的原因。

568 幽灵的声音

洛奇不愧是大侦探，他说得很对，男子和其他人都没错，男子确实听到了两声巨响，其他人则只听到一声爆炸。这并不是什么幽灵在作祟，而是因为水传播声波的速度要快于空气，是空气的5倍。男子仰泳的时候耳朵是埋在水里的，他首先听到了由水传过来的爆炸声，当他抬头察看的时候，耳朵离开海水，又听到了空气传导过来的爆炸声。由于心情紧张和水传导的失真，男子把第一次爆炸的声音误认为是幽灵发出的怒号。

569 萨斯城的绑架案

多利警长是通过汽艇后面水波纹的大小情况来判断的，汽艇开得越快，其接触水的面积就会越小，引起的波纹就会越小。由于警察的汽艇比罪犯的开得快，所以警察汽艇后面的波纹就比罪犯汽艇后面的波纹小。多利警官在关键时候利用波纹的科学知识将罪犯的汽艇分辨出来了。

570 过继

知县李铁桥将那个孩子断给老妇人是欲擒故纵，他知道如此不公的判决，老妇人一定不服，甚至觉得冤屈。果然如他所料，老妇人听到不公的判决后便说了"不孝之子……"那句话。于是李铁桥马上便问道："你说这个儿子对你不孝，你能列举事实吗？"老妇人立刻便说出了很多件侄儿不孝之事。李铁桥于是当众对其父李富友说道："父母控告儿不孝，儿子犯了十恶大罪应当处死。"李富友闻听儿子要被处死，连连求情。李铁桥便说道："现在只有一个办法，就是不让他做婶子的儿子，就可以不以不孝重罪来处死。"李富友只得照办，老妇人便顺利地不要这个儿子了。

571 雨中的帐篷

阿尔在撒谎。阿尔说他们早上就支起了帐篷，可当时还没下雨，帐篷里的地面却是湿的，显然帐篷是雨后支起的。说明他就是凶手。

572 被杀的猫头鹰

法布尔望着警长疑惑的脸，笑道："我在采集昆虫标本时，常常发现大树底下有小鸟和老鼠的骨头，抬头一看便会发现猫头鹰的巢穴。猫头鹰抓住小鸟或老鼠后是整个吞食的，然后把消化不了的骨头吐出来。"

停顿了一会儿，法布尔又说道："格罗得在食饵肉中夹上3枚古钱喂了猫头鹰，猫头鹰是整吞的。第二天早晨，猫头鹰吐出不消化的古钱，格罗得将它们藏起来，然后再杀了猫头鹰，并剖腹检查，好证明自己的清白。"

573 迷乱的时间

一场橄榄球赛需要90分钟，还不包括比赛时的中间休息时间，再加上60分钟的路程时间，所以B教练在下午5点20分之前是不可能到达史密斯先生家的。而足球比赛全场比赛时间是90分钟，即使加上中间休息15分钟，这两位教练也完全有可能在案发之前到达史密斯先生家。

我们再继续分析下去：A教练的球队参加的是锦标赛，当他们与对手踢成平局时，还得进行30分钟的加时赛，最后再进行点球决胜负。即使忽略点球比赛时间，至少也要进行135分钟的比赛，再加上10分钟的路程时间，他肯定不可能在下午5点05分前到达史密斯家。

所以，只有C教练才有可能杀死史密斯先生，因为比赛时间90分钟，中间休息15分钟和路程20分钟，这样，他可以在下午5点05分，即在枪响之前一分钟到达史密斯先生的家。

574 聪明的谍报员

马克被监禁在新西兰。因为在北半球的夏威夷宾馆里，拔下澡盆的塞子，水是呈顺时针方向旋转流进下水道的。而在这个禁闭室，水是呈逆时针方向流下去的。所以，马克弄清了当地是位于南半球的新西兰。

575 聪明的珍妮

珍妮从科尔的提包里拿出的是听诊器，因为科尔是医生，自然随身带着听诊器。正是由于借助了听诊器，珍妮才听清了隔壁房间的谈话内容。

576 匿藏赃物的小箱子

斯密特探长根据带路人提供的每个箱子都有联系，而且都是400多号的情况，发现了其中的内在规律：两数之和的十位上的数字与第一个加数的十位上的数字相同，这就要求个位上的数字相加一定要向十位进1，1与第二个加数396十位上的 9 相加得整数 10 向百位进 1，所以两数之和的百位上的数字一定是 8，而它的十位上的数字从 0～9 符合条件，因此，藏有赃物的另外 9 个箱子的号码是：408、418、438、448、458、468、478、488 和 498。

577 被打翻的鱼缸

在黑暗中，当佣人与盗贼搏斗时，将大鱼缸碰翻掉在地板上摔碎。电鳗便爬到地板上，而且碰到了盗贼的身体使其触电死亡。

电鳗属于硬骨类电鳗科的淡水鱼。生存于亚马孙河及奥里诺科河流域，长成后，身长可达 2 米。尾部两侧各有两处发电器官。电压可高达 650～850 伏。如果碰到它会受到强电流的打击。连猛兽也会被电死，更何况是人呢？

578 博尔思岛上的抢劫案

令 A 表示被告，B 表示被告的辩护律师，C 表示原告。

先分析大侦探到达前我们已能得出哪些结论。

首先，A 不可能是无赖。因为如果他是无赖的话，他说的就是假话，因而事实上他是罪犯，这和罪犯不是无赖的条件矛盾。因此，A 是骑士或外来居民。

可能性 1：A 是骑士。这样他说的话就是真的，因而他事实上是无辜的。这样 B 说的话也是真的，因此 B 是外来居民，C 是无赖。由条件可知，罪犯不是无赖，所以 B 是罪犯。

可能性 2：A 是外来居民但不是罪犯。这样 B 的话同样是真的，因此，B 是骑士，C 是无赖。同样因为罪犯不是无赖，所以 B 是罪犯。

可能性 3：A 是外来居民而且是罪犯。这样，C 的话是真的，因此 C 是骑士，B 是无赖。

骑士再分析大侦探到达后的情况。

当大侦探问原告他是否犯罪的时候，事实上他已知道原告是无罪的（见上表），他提这个问题的目的是要弄清原告是骑士或无赖。如果原告真实地回答"不"，则大侦探立即可以确定上表中"可能性 3"是真实情况，因而无须再提问题，即可确定谁是罪犯及 3 个人的身份。但事实上大侦探又提了第二个问题，这说明原告肯定是无赖，他的回答是"是"。这样就排除了可能性 3，只剩下可能性 1 和可能性 2。这时我们已能知道被告律师是罪犯，被告是无罪的，但仍不能区分两人谁是骑士谁是外来居民。这时大侦探问被告原告是否有罪，显然，骑士的回答一定是"不"，而外来居民的回答则可能是"不"，也可能是"是"。因此，如果大侦探得到的回答是"不"，他仍然没法分清两人的身份，但现在他分清了，因此，他得到的答案肯定是"是"，因而，被告是外来居民，被告律师是骑士同时也是罪犯。

总之，可能性 2 是真实情况：被告是外来居民，原告是无赖，被告律师是骑士并且是罪犯。

579 口香糖艺术

神探博士和其他人都听到了 3 声电钻响声，但是画上共有 6 颗螺丝钉，这就说明一定是两个人同时开动电钻钉启掉了所有螺丝钉。因此这两个人都参与了作案，而不是只有一个人作案。

580 甜水和苦水

包公心想,救火如救命,哪能分什么苦水和甜水?问话的人虽很可疑,但这还不能说明他是坏人,因为有的愚笨的人也可能会问出这样的话。但是答话人肯定说要挑苦水时,问题明显了。事实正是这样,人们都涌到苦水巷,进出不得,哪里还能救火呢?于是,包公猜想,这一定是说话人事先预谋好了的圈套。事后一审问,果然如此。

581 被偷的古书

莱蒙德没有上过楼,怎么会知道小偷是拆了书橱的门偷走书的呢?实际上是他拆了书橱门,造成古书被偷的假象,以骗取保险金。

582 火车上的嫌疑犯

这两个人的代号分别是5和10。4组嫌疑犯的代号分别是:1和9;2和8;3和7;4和6。

583 厨房里的男人

温迪的公公拿了一个腊肠卷(线索4),所以没有拿小蛋糕和冰蛋糕的小儿子(线索3)不是拿了猪肉派的保罗(线索2),他拿的是奶酪卷。吃小蛋糕借煎锅的人不是温迪的丈夫(线索3),也不是温迪的大儿子,温迪的大儿子借的是一个碗(线索5),同时也不是温迪的公公或小儿子,所以他是温迪的小叔子佩里(线索6)。帕特里克借的是一只碟子(线索1),所以,没有借刀和叉的彼得(线索1)借的一定是碗,他是温迪的大儿子(线索5),综上得出,他拿的是冰蛋糕。同时也可得出,保罗是温迪的丈夫。借刀者不是温迪的公公,也不是温迪的小儿子(线索4),而是丈夫保罗。小儿子没有借勺子(线索3),他借的是碟子,小儿子叫帕特里克。最后,勺子是由菲利普借走的,温迪的公公和拿腊肠卷的人。

因此得出答案:
帕特里克,小儿子,碟子,奶酪卷。
保罗,丈夫,刀,猪肉派。
佩里,小叔子,煎锅,小蛋糕。
彼得,大儿子,碗,冰蛋糕。
菲利普,公公,勺子,腊肠卷。

584 逃走的秘密

怪盗朗班从别墅骑上马飞奔到S车站,并在S车站附近下马,把马放开,自己奔向S车站乘上21点16分的夜车,回到伦敦自己的住处。放在那儿没人管的马自己回到了马棚。因为马棚的门由外往里是可以推开的,所以马可以自己走进马棚。

585 列车上的古董抢劫案

神探博士知道被盗车辆和他的大众汽车一样,而且西德尼还没来得及加油车就被盗了。因为西德尼住在40英里之外,而且总是每周五加一次油,这就表明盗车者根本跑不到下一个高速路出口车就没油了。

586 周五劫案

神探博士知道被盗车辆和他的大众汽车一样,而且西德尼还没来得及加油车就被盗了。因为西德尼住在40英里之外,而且总是每周五加一次油,这就表明盗车者根本跑不到下一个高速路出口车就没油了。

587 照片的证明

上午10点市内公园正下大雨，而哈克的照片是在晴朗的阳光下照的。这证明这张照片不是当天照的，哈克说了假话。

588 谁是贩毒者

第三个人聪明得过头了，因为他知道道格、帕特尼是两个人。

589 猫尾巴上的棉花团

只要用倒推的方法，就可以找出答案：猫咪尾巴上的棉花团可能塞住煤气管的缺口，凶手需要的是在自己走以后让煤气泄漏出来。

所以，他先给猫咪注射麻醉剂，再把猫咪尾巴上绑上一个棉花团然后塞住管子，等到深夜麻醉效力消失的时候，猫咪爬起来走开，煤气就开始泄漏……因为只有劳伦斯一个人来过，所以说作家就是被劳伦斯杀死的！

590 婚礼灾难

苏菲的丈夫文森是个骗子，他是该观光客轮的一等水手。为了骗取苏菲的2万美元，他使用假名，隐瞒船员身份，同她闪电般地结了婚。在码头上，他同苏菲一起上舷梯时，穿的是便服，以便不暴露身份。二等水手以为上岸的一等水手回来了，怎么也不会想到他是苏菲的新郎。所以在苏菲向他们询问时，说了那样一番话。文森还在船舱的门上贴上了假号码。第二天早晨，打电话把苏菲叫到甲板上并企图杀害她的也是他。

591 引诱

苏秦知道自己伤势太重，要不久于人世了。为了捉住刺客，便献了一个"自污"的计策来帮助齐王破案。他对齐王说道："臣死后，请大王亲自将臣的尸体车裂示众，然后再当众宣读我的罪行，说我是燕国派来颠覆齐国的奸细。如果这样做，就能捉到刺客，为臣报仇了。"

齐王按苏秦的主意办了之后，刺客看见苏秦被车裂，便从人群中走出来，承认了自己就是刺客，结果中了苏秦的圈套。

592 失窃的宝石

宝石是男仆偷的。房间里总共只有3位客人和主人安德鲁，所以根本不需要5杯加了冰的酒。原来，那位男仆乘人不备，把宝石偷了出来放在酒杯里，乍一看就好像是冰块一样。

593 抢钱的破绽

如果真是歹徒抢钱，是不会把钱一捆一捆地拿出来，给出纳员留下一个空包的。

594 足球的破绽

波特平静地说："球星中有英国人、德国人、巴西人、意大利人，怎么都用英文签名呢？"

595 血型辨凶手

凶手不是弟弟。AB型和O型血液的人结婚，子女不会有AB型血。

596 受过伤的死者

一个右手不能动弹的人是不会把东西放在右边的兜里面的，除非是有人给他放进去的。

597 失窃的海洛因

罪犯是实习医生。被盗的药瓶写有海洛因化学式的标签。一看到这个化学式就知道它是海洛因的人,只能是实习医生。

598 是银圆还是红枣

经过几年,红枣早该霉烂。新红枣显然是邻居换进去的。

599 苹果

塞从筐里拿出苹果,然后分给前5个儿子每人1个苹果。这时,筐里只剩下1个苹果。塞接着把筐子连同苹果一起给了第6个儿子。正如题中所说的,塞把6个苹果平分给了他的儿子,这时筐里只剩下1个苹果。

600 巧搬巨石

在石头前挖个大坑,把石头埋起来就可以啦。谁说一定要把它搬到不挡道的地方,埋起来不是一样可以不挡道吗?

601 当水缸满溢

和雨竖直下的一样长。

602 网球

因为每场比赛都会淘汰一对选手,既然一共有128对选手,那么在冠军队伍产生之前会进行127场淘汰赛。

603 模具

图像被倒置后,大脑会收到来自另一角度的光线指示,凹陷的图形就会凸起。

604 狡诈的走私犯

霍普走私的正是他每月定期开过海关的高级轿车,而他的那3个神秘的行李箱是迷惑转移海关视线的工具。当海关人员为此而头昏脑涨时,也就忽视了走私的轿车,他采用了障眼法。

605 识破伪证

人在划小船的时候,船行驶的方向和划船人的面部方向是相反的。所以向着桥急速划来的那个男人,是背向着桥身的,他不可能看见桥上发生的事情。

606 巨款仍在

伯纳注意到在纪念品中有一件鱼目混珠的物品,即那个企鹅标本,它是罪犯留下的而不是老探险家的,因为企鹅仅生活在南极。

607 明察秋毫

依据在银碗中见到的影像,营业员不可能认定罪犯是谁,因为碗中反射出来的影像是个倒影。

608 可疑旅客

从曼谷有直达北京的航班,没有必要绕这么个大圈子。既然是旅游,哪有一天之内飞经那么多地方的?另外,作长途旅行,行李却非常简单,违背常理。

609 打破的水晶

凶手用的凶器是一把用水晶做成的小刀,他把水晶故意打碎,然后把刀扔到水晶碎片里面以混淆人们的注意力。

610 雪夜目击

当时下着大雪,目击者的车在外面整整停了两个半小时,目击者上车前并没有把车窗上的雪擦掉，所以他不可能看见那人摔下来。

611 有毒的苹果

凶手只在刀子的一面涂上毒药，所以切开苹果的时候，一半就沾有剧毒，而另一半却没有。

612 阿基米德的胜利

尽管许多科学家和历史学家都对这个故事着迷，但是他们都判定这是个不可能实现的功绩。不过有几个科学家曾试图证明阿基米德的确能使罗马船舰突然冒出火苗。这些科学家的假设是，阿基米德用的肯定不是巨型镜子，而是用非常多的小反射物制造出一面大镜子，这些小反射物可能是磨得非常光亮的金属片（也许是叙拉古战士的盾牌）。

613 铅球落水

如果球直接掉进水池里，它排出的水量等于它本身的体积。

如果球落到船上，那么它排除的水量等于它自身的重量（阿基米德定律）。由于铅球的密度比水的密度大，因此落到船上所排出的水的体积要更大。

614 吞食蛇

这些蛇会逐渐相互填满对方的肚子，而且不会再继续吞食任何东西。因此这个圆环也就会停止缩小。

615 轮子

是的。左下角的轮子将按逆时针方向转动，而其他的轮子都将按顺时针方向旋转。

616 抓强盗

柯南特意选在更夫走到屋子门外的时候点亮了灯盏，这样一来强盗拿着刀的影子就很清楚地映在了窗户上，这就给更夫提供了一个最好的暗示，使更夫知道屋子里有强盗。

617 寻找凶器

用来勒死死者的凶器，原来是被害人自己头上长长的头发。最初，被害人的头发是一个或两个编在一起的辫子，与死者一道淋浴的凶手，从其身后将长长的辫子绕在她的脖子上，使其窒息而死。

第九章　判断法

618 比比谁大

一样大。

619 商业谈判

从甲乙两方的对话看，乙方以反问句的形式，指出甲方在谈判中无中生有，故意指责乙方，以便在本次谈判中讨价还价。

620 地牢奇事

这位董事长是女的，她在地牢里生了一个男孩。

621 奇怪的线

其实根本不是什么法术。悟空在八戒的鞋底上画了一条线，八戒走了几天才能磨完。

622 太空人

既不会带来光明，也不会引起爆炸。因为没有氧气。

623 奇特的算式

在时间上，上午 7 点钟再加上 8 个小时是下午 3 点钟。

624 魔法变数

如图中的 2 例都是正确答案。

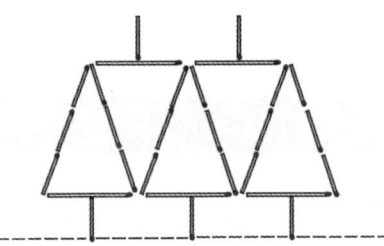

SIX 英文的"6"

IX6 算式所得的"6"

625 五棵松

如图：

626 半张唱片

你有没有上过当，以为某物的一半加 $\frac{1}{2}$ 就不可能是一个整数？假如是这样的话，也许你会从掰开唱片的角度来考虑解决这个问题，那可就立即误入歧途了。本题窍门在于看出：数量为奇数的唱片，取其一半再加上半张唱片，一定是个整数。因为小熊在最后一次送礼后只剩下了一张唱片，所以在他把唱片送给小海之前，一定有 3 张唱片。3 的一半为 $1\frac{1}{2}$，而 $1\frac{1}{2} + \frac{1}{2} = 2$，所以小熊最后一次送礼是 2 张唱片，末了自己留有一张完整的唱片。现在倒过来往前算就很简单了，他原来一定有 7 张唱片，给了小吴 4 张。

627 几人能脱险

到达岛上要 4 分钟的话，来回就要花 8 分钟。先让 5 个人乘船上岛，因为必须有一个人要把船划回来，所以只有 4 个人到达岛上避难(花 8 分钟，4 人获救)。然后，再载 5 个人到岛上，1 个人再驾船回来（16 分钟，8 人获救），当船再载 5 个人离开后，就没有时间再回来接人了，当船到达岛上时，那艘船已经沉了。所以最多能有 13 人安全脱险。

628 青蛙爬井

不少粗心的人做出的答案是 6 天。他们的思路是：青蛙每天白天向上爬 6 米，晚上向下滑 3 米，因此平均每天向上爬 3 米。井深 18 米，所以 6 天后青蛙爬出井口。他们忽略了关键的一点，即当最后一天青蛙爬出井口后就不再下滑了。因此，正确答案是青蛙只需 5 天爬出井口。前 4 天青蛙共向上爬了 12 米，第 5 天白天，青蛙正好爬完剩下的 6 米，爬出井口。

629 军队成员

已知 4 号士兵是所罗门·特普林（线索 4），根据线索 1，穿着灰色外衣的伊齐基尔·费希尔一定是 2 号或 3 号士兵，鼓手是 1 号或 2 号士兵。但 1 号是个步兵（线索 3），因此鼓手是 2 号，伊齐基尔·费希尔是 3 号。现在我们已经知道一个士兵的兵种及另一个士兵的上衣颜色，可以推断出穿棕色上衣的配枪士兵（线索 2）是 4 号士兵。然后，通过排除法，穿灰色制服的伊齐基尔·费希尔是个炮手，根据线索 2，2 号鼓手必定是末底改·诺森，剩下 1 号步兵是吉迪安·海力克，他的上衣不是蓝色的（线索 5），那就是红色，而 2 号鼓手末底改·诺森的制服是蓝色的。

答案：

1 号，吉迪安·海力克，步兵，红色。

2 号，末底改·诺森，鼓手，蓝色。

3 号，伊齐基尔·费希尔，炮手，灰色。

4 号，所罗门·特普林，配枪士兵，棕色。

630 装饰物

在剪绳子之前，先在绳子中间打一个环儿并系牢，然后拿起剪刀将绳环儿剪断。绳子被剪为两段，而装饰物却安然无恙。

631 印度方块

如果这个大图的边长为 8 厘米，那么各尺寸的正方形个数依次为：

8×8 厘米　1 个

6×6 厘米　4 个

4×4 厘米　9 个

2×2 厘米　18 个

1×1 厘米　8 个

总共 40 个正方形。

632 啤酒搅拌器

答案为：

633 狗窝

图中虚线已经将所要移动的火柴说清楚了。

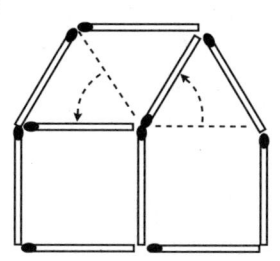

634 硬币

将手指按在顶部中间那枚硬币上，然后向上滑动，再向左滑。接着，将硬币沿着左列硬币向下滑动。最后滑到底部中间硬币的下面。现在将中间那列硬币整体向上推，直到每行再次有 3 枚硬币。此时，你会发现每一行的硬币或者全是正面或者全是背面。在整个移动的过程当中，你的手只接触了一枚硬币。

635 布料

答案就是沿直线 A—A，B—B 将布剪开。这两条横向和纵向的直线与正方形相交在四个边的 $\frac{1}{3}$ 点处，将碎片儿 3 和 4 沿着它们的长边缝合便是第三个正方形。这个正方形与正方形 2 大小一样。

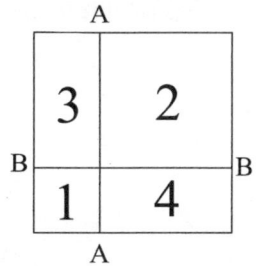

636 疯狂的科学家

如果想扭转对史密斯的不利局面,那么应该把那张硬纸板颠倒过来。这时,原来的数字表达式在重新排列之后就变成 81 加上 19,其结果就是 100。

637 银行业务

这个题有很多种解法。下面的这个是斯本登勃洛先生提交的答案。

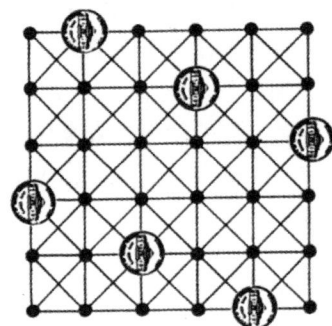

638 拼图

K16,O5,Q36

639 地理名胜

这幅图中隐藏的是印度的泰姬陵。

640 找不同

641 凸面镜

男孩看到的自己是右边凸起的。

642 三维世界的剑

眼睛贴近纸面,从图右下方的一点往上看。

643 瀑布

不可能。图中水所经之处是一个平面。

644 花瓶

花瓶是放在地面上的。该图使用了特殊的灯光技巧使物体和影子分离,造成了花瓶悬浮的假象。

645 底片

许多人错误地认为覆盖着冰雪的图片(上图)是照片。事实上,这张是底片,下图才是照片。

646 距离

线段 AB 与 CD 一样长。

647 几个人？

图中有 5 个脑袋，但是可以数出 10 个完整的身体。

648 最矮

一样高。

649 巧分农庄

如图：

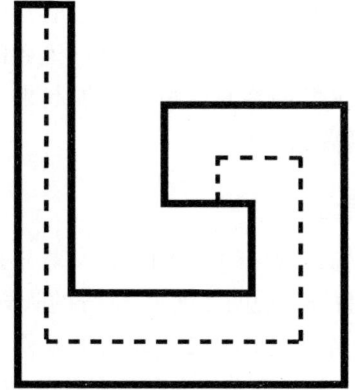

650 间谍之死

双重间谍 R 出身罗马在题中被特别强调出来。一提到"出身罗马"，就要想到 X 不仅只是一个字母，而且又是一个罗马数字的 10。那么 R 肯定是要写 XII，但没写完就断了气。XII 是 12 号，杀死 R 的人肯定是 A 间谍。

651 四减四的结果

吃粽子的时候，顺次在它的 4 个角上各咬一小口，每咬一口，在粽子上留下一个三角形截面，咬 4 口以后，留下 4 个三角形截面，粽子剩余部分，共有 12 个角。

652 错觉

小景看到的人就是凶手。凶手是个圆脸的人。由于小景在窗户的细长的缝隙中看到他迅速地走来走去，这样看到的就是细长的脸而不是圆脸，这只是错觉。

653 6+5=9

如图所示，由原来的 6 根火柴加上后来的 5 根共 11 根拼成了英文 nine（9）。提到 9，我们容易想到阿拉伯数字 9 或汉字九，英文虽然早已进入了我们的生活，但未能形成习惯性思维，容易被忽略。根据火柴棍的特点，nine 的摆法仔细思考是可以想到的。

654 12 顶帐篷

5 号和 8 号。

655 出征

如图所示，泰勒斯指挥部队在营寨后面挖了一条很深的弧形沟渠，使其两端与河水沟通。这样，湍急的河水分两股而流，原来河道的河水就变得浅而流缓，大部队足可以涉水过河了。

656 财主分田

如图：

图1

图2

图3

图4

657 钟表不慢了

因为这个时候，时钟刚好比实际的时刻慢了6个小时。那座时钟是个传统式时钟，所以实际时刻和显示时刻的差不会比这更大了。虽然时钟会继续慢下去，但显示时刻反而更接近实际时刻，这个时候就不再是"时钟走得慢"，而是"时钟走得快"了。

658 客轮

从甲地开往乙地的客轮，除了在海上会遇到13艘轮以外，还会遇到2艘：一艘是在开航时候遇到的（从乙地开过来的客轮），另一艘是到达乙地时遇到的正从乙地出发的客轮，所以，加起来一共是15艘客轮。

659 得分

解题步骤：（1）主队个人得分是一组等差数列，说明3名得22分的队员中，只有一名在主队；（2）客队个人得分上下只差3分，已知其中有两人各得22分，可见得30分者不在客队；（3）在主队个人得分的等差数列中，以30分为首项，22分只能是中项，由此可推知主队个人得分分别为30，26，22，18，14分；（4）客队个人得分除两名得22分外，少于20分者只能是19；（5）根据条件3和4，余下两名的得分数只能是21和20。综合上述可知比赛结果为：主队110分，客队104分，赢6分。

660 卖水

倒给要买12升水的客人。乍看之下，可能会让人觉得只要由25升的皮囊中倒出 6 升水，再把剩下的卖给第一位客人即可。但是，皮囊装有 25 升水的事情，只有水商知道，客人并不晓得。任何事都可视为大前提。在交易方面，让客人了解就是大前提。这个问题或许会出现多种解答方法，但首先能满足大前提者，才是正确的解答。

661 实际损失

商店老板损失了 100 元。老板与朋友换钱时，用 100 元假币换了 100 元真币，此过程中，老板没有损失，而朋友亏损了 100 元。老板与持假钞者在交易时，100=75+ 25 元的货物，其中 100 元为兑换后的真币，所以这个过程中老板没有损失。朋友发现兑换的为假币后找老板退回时，用自己手中的 100 元假币换回了 100 元真币，这个过程老板亏损了 100 元。所以，整个过程中，商店老板损失了 100 元。

662 电话

劳拉接到了朋友的电话（线索 1，2，3），所以女儿（不是乔伊斯）一定是艾莉森，是玛格丽特打电话给艾莉森的。通过排除法，乔伊斯肯定是其中一位女性的母亲，这位女性不可能是伯妮斯（线索 1），得出乔伊斯肯定是波林的母亲，因此伯妮斯是打电话给她的朋友劳拉的人。伯妮斯（线索 1）和玛格丽特（线索 2）都不是在 9:20 打的电话，因此，9:20 时肯定是波林在打电话。而从线索 1 中知道，伯妮斯是在 9:22 打的电话，剩下只能是玛格丽特在 9:25 打电话。

答案：
9:20，波林打电话给母亲乔伊斯。
9:22，伯妮斯打电话给朋友劳拉。
9:25，玛格丽特打电话给女儿艾莉森。

663 回到地球

巴石在 E 躺椅上（线索 2），尼克的姓是索乐（线索 3）。克可在 A 躺椅上，他不是萨姆（线索 1），线索 6 告诉我们克可不是多克，那么克可肯定就是姜根而不可能是宇航员（线索 1）；躺椅 D 上的是物理学家（线索 4），化学家姓多明克（线索 5），生物学家的名字是多克（线索 6），因此姜根·克可肯定是飞行员。现在，我们知道了一些姓或名或职业的搭配关系，因此，多克是生物学家，但不是克尼森（线索 6），则肯定是戴尔。我们知道她（是的，多克·戴尔是第 2 位女性，虽然没办法找出来）不在躺椅 A，D，E 上，线索 2 能排除躺椅 B，因此她必定在躺椅 C 上。现在我们知道 3 个躺椅占有者的职业。线索 1 告诉我们，宇航员不在躺椅 B 上，那么他只能是 E 上的巴石。通过排除法，躺椅 B 被多明克占了，她是化学家。另外，我们把姓和职业与名搭配，可以推得多明克只能是萨姆。通过排除法，尼克·索乐只能是躺椅 D 上的物理学家，而克尼森是 E 上的巴石。

答案：
躺椅 A，姜根·克可，飞行员。
躺椅 B，萨姆·多明克，化学家。
躺椅 C，多克·戴尔，生物学家。
躺椅 D，尼克·索乐，物理学家。
躺椅 E，巴石·克尼森，宇航员。

664 排行榜

保持相同排名的不是贝林福特队和

答案 | 499

罗克韦尔·汤队（线索1），从第2跌到第7的是匹特威利队（线索2），而保持相同排名的也不是克林汉姆队和格兰地威尔队（线索3），也非内德流浪者队和福来什运动队（线索6），因此通过排除法，只能是米尔登队，它最后取得了第3名（线索5），而在圣诞节时也是第3名。线索5告诉我们，中场时罗克韦尔·汤队是第4名，而最后取得了第1名（线索1）。贝林福特队到赛季末下降了2个名次（线索1），在圣诞节时它不可能是第7和第8，我们知道它也不可能是第2、第3和第4。既然我们已经知道了圣诞节时第3和第7名的队伍，而贝林福特队不可能从第1和第5开始下降的，那么只能从第6下降到第8（线索1）。从第1下降到第5的队（线索7）不可能是福来什运动队（线索6）、克林汉姆队和格兰地威尔（线索3），因为他们的名次都是上升的，那么，只可能是内德流浪者队。现在从线索3中已经可以知道，在圣诞节时，克林汉姆队是第7，格兰地威尔是第8。剩下当时福来什运动队是第5。福来什运动队最后不是第4（线索4），那么肯定是第2名。最后，从线索3中知道，克林汉姆队以第4结束，而格兰地威尔队以第6告终。

答案：
圣诞
1. 内德流浪者队
2. 匹特威利队
3. 米尔登队
4. 罗克韦尔·汤队
5. 福来什运动队
6. 贝林福特队
7. 克林汉姆队
8. 格兰地威尔队

赛季末
1. 罗克韦尔·汤队
2. 福来什运动队
3. 米尔登队
4. 克林汉姆队
5. 内德流浪者队
6. 格兰地威尔队
7. 匹特威利队
8. 贝林福特队

665 填空（1）

E	D	C	A	B
B	A	E	D	C
D	B	A	C	E
A	C	B	E	D
C	E	D	B	A

666 填空（2）

D	E	A	C	B
E	D	C	B	A
C	A	B	E	D
A	B	E	D	C
B	C	D	A	E

667 军官的来历

已知军官C不是陆军中尉阿尔迪丝或水兵（线索5）。根据线索1，如果水兵是A或B，陆军中尉阿尔迪丝就是D，空军军官是 E；如果水兵是 D 或 E，那么陆军中尉阿尔迪丝是 B，空军军官是 A，这样得出空军军官一定是 A 或 E。而他的家乡不是爱达荷州（线索1）、新墨西哥州（线索2）或缅因州（线索3），也不是乔治亚州（线索4），那么一定是堪萨斯州。由此知道他不是军官 E（线索4），而是军官 A。同时得出水兵是 D 或 E，陆军中尉阿尔迪丝是 B。水兵不是普迪上尉（线索2）或沃德少校（线索5），因此他是德莱尼上尉或哈伦上尉，这样得出军官 C 一定是沃德少校（线索5）。因为陆军中尉阿尔迪丝就是军官 B，所以他不是步兵（线索2）或工兵（线索3），而是军事警察。军官 C 沃德少校不是工兵（线索3），而是步兵，那么普迪上尉就是军官 A，而来自美国新墨西哥州的是军官 B，即陆军中尉阿尔迪丝（线索2）。军官 E 不是哈伦上尉（线索4），而是德莱尼上尉，通过排除法，哈伦上尉就是军官 D，因此来自乔治亚州的是军官 E（线索4）。因为步兵梅吉尔·沃德不是来自缅因州（线索3），由此得出缅因州是军官 D 的家乡。现在可以知道军官 E 是工兵（线索3）。最后通过排除法，水兵是军官 D 哈伦上尉，而梅吉尔·沃德来自爱达荷州。

答案：

军官 A，普迪上尉，空军，堪萨斯州。

军官 B，陆军中尉阿尔迪丝，军事警察，新墨西哥州。

军官 C，沃德少校，步兵，爱达荷州。

军官 D，哈伦上尉，水兵，缅因州。

军官 E，德莱尼上尉，工兵，乔治亚州。

668 填空（3）

D	B	A	E	C
C	E	B	D	A
E	A	C	B	D
B	C	D	A	E
A	D	E	C	B

669 站岗的士兵

根据线索4，纳斯德卡思在城墙上的3或4号位置，但3号位置上的是斯堪达隆思（线索2），因此纳斯德卡思一定在4号位置上。由于已经参军12年的人不是来自大不列颠的密尼布司（线索1），也不是来自伊伯利亚半岛（线索2），而来自高卢的士兵已经参军10年（线索3），因此通过排除法得出他是罗马市民。因为他不在4号位置（线索4），线索1还说明来自大不列颠密尼布司的那个人的参军年数不是11年，而且我们知道也不是10年或12年，所以他是最晚参军的，已经参军9年。剩下来自伊伯利亚半岛的士兵的参军年数是11年，根据线索2知道，3号位置上的斯堪达隆思来自罗马，并且他已经参军12年。由线索4得到最晚参军的密尼布司在2号位置，因此1号位置上的就是阿格里普斯。线索3告诉我们他不是来自高卢，那么来自高卢的是纳斯德卡思，最后剩下阿格里普斯是来自伊伯利亚半岛的已经参军11年的士兵。

答案：

1号，阿格里普斯，伊伯利亚半岛，11年。

2号，密尼布司，大不列颠，9年。

3号，斯堪达隆思，罗马，12年。

4号，纳斯德卡思，高卢，10年。

670 在国王桥上接客人

由于下午3:00接的乘客来自剑桥（线索4），并且上午10:00的乘客不是来自北安普敦（线索3），那么他来自林肯，而来自北安普敦的乘客于12:30在4号站台被接到。上午10:00要接的站台号比下午3:00要接的站台号小（线索2），由此可以知道10:00接的客人在7号站台，而下午3:00接的客人德拉蒙德夫人在9号站台（线索2）。来自林肯的乘客将进入7号站台，因此斯坦尼夫人会进入4号站台（线索1），排除法得出古氏先生到7号站台。最后通过排除法，古氏先生来自林肯，斯坦尼夫人来自北安普敦，而德拉蒙德夫人来自剑桥。

答案：

上午10:00，7号站台，古氏先生，林肯。

中午12:30，4号站台，斯坦尼夫人，北安普敦。

下午3:00，9号站台，德拉蒙德夫人，剑桥。

671 填空（4）

B	A	E	C	D
D	C	A	B	E
E	B	D	A	C
A	D	C	E	B
C	E	B	D	A

672 跨栏比赛

海吉斯在2号位置（线索4）。由于4号马上的选手不是迪克兰（线索3）或沃特（线索5），因此他一定是赫多尔。这样根据线索2，安德鲁就是骑2号马的海吉斯。1号马不是"跳羚"（线索1），不是"杰克"（线索3），也不是被加百利骑着的"跳过黑暗"（线索5），因此一定是"小瀑布"。我们现在知道安德鲁的马不是"小瀑布"或"跳过黑暗"，也不是"跳羚"（线索1），那么就是"杰克"。现在线索3说明迪克兰·吉姆帕是骑1号马"小瀑布"的选手。通过排除法，沃特骑3号马。根据线索5，4号马是"跳过黑暗"，剩下沃特骑的是"跳羚"。现在已经知道赫多尔就叫加百利，而沃特是吉斯杰姆的姓。

答案：

1号，"小瀑布"，迪克兰·吉姆帕。

2号，"杰克"，安德鲁·海吉斯。

3号，"跳羚"，吉斯杰姆·沃特。

4号，"跳过黑暗"，加百利·赫多尔。

673 填空（5）

E	C	A	B	D
B	D	C	A	E
D	E	B	C	A
A	B	E	D	C
C	A	D	E	B

674 四人骑自行车

戴夫在3号位置（线索5），詹妮不可能是在4号位置（线索1），又因为2

号位置骑的人是"迈德·海特"（线索3），线索1排除了1号位置是詹妮的可能，所以，詹妮是在2号位置，扮成"迈德·海特"。根据线索1，在1号位置的戴夫扮演的是"托德先生"。现在，由线索2得出，诺德一定是在1号位置，剩下"贝格尔斯"，即贝尔（线索4）在4号位置。"诺德"不是基思扮演的（线索2），所以他一定是莫尼卡扮的，而基思姓贝尔，扮的是"贝格尔斯"。莫尼卡不姓斯普埃克斯（线索2），也不姓切诺（线索3），所以她姓福克斯。最后，根据线索3，切诺不是扮成"迈德·海特"的詹妮，所以他是戴夫。詹妮姓斯普埃克斯。

答案：

1号，莫尼卡·福克斯，"诺德"。

2号，詹妮·斯普埃克斯，"迈德·海特"。

3号，戴夫·切诺，"托德先生"。

4号，基思·贝尔，"贝格尔斯"。

675 阳光中的海岛

蓝色海湾镇拥有卡西诺赌场（线索4），巴瑞特一家人所住的小镇拥有宜人的海滩（线索2）。罗德斯一家人住在国王乡村中，但此处没有游艇港湾（线索1），所以它肯定是潜水中心。我们知道住在蓝色海湾镇上的家庭不是巴瑞特或者罗德斯一家，同时也不可能是沃德尔一家（线索4），所以它必定是莱斯特一家。因此，蓝色海湾镇位于B处（线索2），D处小镇叫作白色沙滩（线索3）。在游艇港湾镇顺时针方向的下一站就是国王乡村镇（线索1），所以国王乡村镇不可能是C处小镇，它必然是A处小镇，剩下C处是纳尔逊镇。游艇港湾必定在白色沙滩镇上（线索1），所以，用排除法可知，必定是沃德尔一家人住在白色沙滩镇上。那么巴瑞特一家人肯定在纳尔逊镇上，那里有宜人的海滩。

答案：

A镇，国王乡村，罗德斯，潜水中心。

B镇，蓝色海湾，莱斯特，卡西诺赌场。

C镇，纳尔逊镇，巴瑞特，宜人海滩。

D镇，白色沙滩，沃德尔，游艇港湾。

第十章 解析法

676 标签怎样用

正确答案是一种。当然用9个数字标签也可以轻易地区分出狗宝宝，但是，即使只有一种卡片也是可以把狗宝宝区分开的。只要把方向和贴的部位区分开，不要说是9只，就是再多的狗宝宝也可以清楚地区分开。举个例子，比如我们有写有"1"的卡片，就可以在第一只肚子上横着贴，第二只背上竖着贴，以此类推……除此之外还有很多方法。

677 远近

离远一些。

678 理发

选择了第一个头发七长八短的理发师。

679 只动一点点

如图所示，把火柴棒竖起来当作小数点。还可以将一根火柴棒放在等号上，变成"不等于"。

把火柴棒竖起来当小数点

680 推理

我们当然要掀开1号扑克牌，因为它的底面是蓝色。我们可以不顾红色底面的扑克牌，这样，我们把2号扑克牌略过。3号扑克牌是K，它的底面是蓝色或者红色都无关紧要，这样它也可以略过。最后，我们要把4号扑克牌翻过来。如果1号扑克牌是K并且4号扑克牌的底面是红色，那么这个答案就是"肯定的"；如果1号扑克牌不是K或者4号扑克牌的底面是蓝色，那么这个答案就是"否定的"。

681 竞技比武大会

首先，要从一个方向进行，然后，当你把一枚硬币翻过来后，先跳过下一枚硬币，然后再开始计数。

682 错误

683 板砖

这个问题把你难住了吗？许多人认为答案是1.5千克，实际上应该是2千克。

684 通话

声音的传播跟光一样，也遵循反射定律。

当两根管子跟墙所成的角度分别相等时，两个孩子能够听到对方讲话。声波反射到墙面上，然后再通过墙反射到管子上。

685 魔方

D。如果只通过大脑思考就能解决的话是最好不过了，不过画一个展开图来看是比较常用的方法。

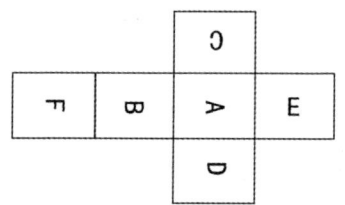

686 聪明的匪徒

这位聪明的匪徒是从头目前两名开始数起的。当他点到第一个第七名时，一名弟兄就得救。再往下数，数到第二个第七名，又一名弟兄得救。依次点下去，弟兄们全部得救留在车上，最后一个第七名正好轮到狡猾的头目。

687 多点相连

如图：

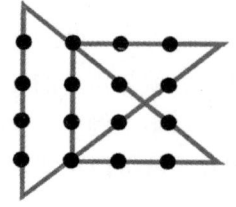

688 图形数字

应该是6835。六边形在图形外面表示45，在里面表示35；圆在外面表示79，在里面表示16；正方形在外面表示68，在里面表示24。

689 三只桶的称量

先从大桶中倒出5千克油到5千克的桶，然后将其倒入9千克桶里，再从大桶里倒出5千克油到5千克的桶里，然后用5千克桶里的油将9千克的桶灌满。现在，大桶里剩有2千克油，9千克的桶已装满，5千克的桶里有1千克油。再将9千克桶里的油全部倒回大桶里，大桶里有了11千克油。把5千克桶里的1千克油倒进9千克桶里，再从大桶里倒出5千克油，现在大桶里有6千克油，而另外6千克油也被换成了1千克和5千克两份。

690 两数之差

在1~8这8个数中，只有1与8各只有一个相邻数(分别是2与7)，其他6个数都各有两个相邻数。图中的C圆圈，它只与H不相连，因此如果C填上了2~7中任意一个，那么只有H这一个格子可以填进它的邻数，这显然不可能，于是C内只能填1(或8)。同理，F内只能填8(或1)，A只能填7(或2)，H只能填2(或7)，再填其他4个数就方便了。

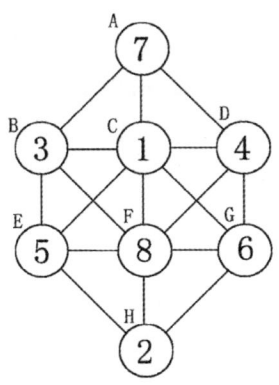

691 往返旅途

范是坐计程车回来的（线索3），巴里·沃斯不是坐警车回来的（线索1），则一定是被救护车送回来的，因此他去的时候是步行（线索4）。通过排除法，扎吉是坐警车回来的，他或者她去的时候不是坐巴士去的（线索2），那么只能是骑自行车去的，剩下范是坐巴士去的。因此扎吉不是乔安妮（线索5）的姓而是罗宾的，剩下乔安妮的姓就是范，后者去的时候坐巴士，回来时坐计程车。

答案：
巴里·沃斯，步行，救护车。
乔安妮·范，巴士，计程车。
罗宾·扎吉，自行车，警车。

692 航海

图中3号游艇是维克多的（线索4），从线索1中知道，海鸠不可能是游艇4，有灰蓝色船帆的燕鸥也不是游艇4（线索2）。线索5排除了海雀是4号的可能性，因此4号游艇只能是埃德蒙的三趾鸥（线索6）。游艇1不是海鸠也不是海雀（线索1），那么它一定是燕鸥。我们知道燕鸥的主人不是埃德蒙，也不是拥有白色帆游艇的马尔科姆（线索5），那么只能是大卫，而剩下马尔科姆是游艇2的主人。从线索1中知道，游艇3是海鸠，而剩下游艇2是海雀。三趾鸥的帆不是灰绿色的（线索1），那么肯定是黄色的，剩下海鸠是灰绿色的帆。

答案：
游艇1，燕鸥，大卫，灰蓝色。
游艇2，海雀，马尔科姆，白色。
游艇3，海鸥，维克多，灰绿色。
游艇4，三趾鸥，埃德蒙，黄色。

693 戒指女人

戒指1是马特·佩恩给的（线索2），戒指3价值20000英镑，那么紧靠雷伊给的戒指右边的那个价值10000英镑的戒指一定是戒指4。从线索1中知道，从雷伊那得到的钻戒一定是戒指3，价值20000英镑。戒指1价值不是25000英镑（线索1），那么它肯定值15000英镑。通过排除法知道，戒指2肯定价值25000英镑。而戒指1上的不是翡翠（线索3），也不是红宝石（线索2），那么一定是蓝宝石。红宝石戒指价值不是10000英镑（线索2），那么一定是价值25000英镑的戒指2。剩下价值10000英镑的戒指4是翡翠戒指，它不是休·基恩给的（线索3），那么一定是艾伦·杜克给的，剩下休·基恩给了洛蒂价值25000英镑的红宝石戒指。

答案：
戒指1，蓝宝石，15000英镑，马特·佩恩。
戒指2，红宝石，25000英镑，休·基恩。
戒指3，钻石，20000英镑，雷伊·廷代尔。
戒指4，翡翠，10000英镑，艾伦·杜克。

694 小猪储蓄罐

12岁的小孩不可能是大卫（线索1）、卡米拉（线索3）、本和卡蒂（线索5），那么一定是杰茜卡，8岁小孩的小猪不是蓝色的（线索1），也不是绿色（线索2）、黄色（线索4）或者白色（线索5）的，那么一定是红色的。小猪E不是蓝色（线索1）、绿色（线索2）、黄色（线索4）或者红色的（线索6），那么一定是白色的。大卫的小猪储蓄罐不是红色的（线索1），也不是蓝色（线索1）、绿色（线索2）或者黄色的（线索4），那么白色的小猪E就是大卫的。红色小猪的主人8岁，不是卡米拉（线索3），或者本（线索5），那肯定是卡蒂，那么本今年9岁，而白色小猪的主人大卫今年10岁（线索5），通过排除法知道，卡米拉今年11岁。杰茜卡的小猪不是蓝色（线索1），或者黄色的（线索4），那么一定是绿色的小猪D（线索2），而C一定是黄色的（线索4），A不是卡蒂的红色小猪（线索3），那么只能是蓝色的，而红色的只能是小猪B。因此A是卡米拉的（线索3），而通过排除法知道，C是本的小猪。

答案：
位置A，蓝色，卡米拉，11。
位置B，红色，卡蒂，8。
位置C，黄色，本，9。
位置D，绿色，杰茜卡，12。
位置E，白色，大卫，10。

695 桥牌花色

保罗·翰德是以斯帖的搭档（线索4），因此玛蒂娜的搭档就是理查德，所以后者的花色就是红桃（线索2）。从线索1中知道，拉夫坐北边的位置，手握钻石花色。我们知道保罗·翰德的花色不是钻石和红桃，而在西边位置的人手握黑桃（线索3），那么保罗的一定是梅花，因此他不坐在南边（线索5）。

我们知道他不在北边，也不在西边（线索3），那么只能在东边，而以斯帖则在西边，手握黑桃（线索3和4）。通过排除法，理查德不在北边，那么一定在南边，而拉夫在北边的位置上，那么他就是玛蒂娜。以斯帖不姓田娜思（线索3），那一定姓启克，剩下田娜思的名字就是理查德。

答案：
北，玛蒂娜·拉夫，钻石。
东，保罗·翰德，梅花。
南，理查德·田娜思，红桃。
西，以斯帖·启克，黑桃。

696 留学生

我们已知约翰·凯格雷来自惠灵顿（线索2），并且凯茜·艾伦不是来自美国底特律（线索4），所以她一定来自德班，并且由于她住在3楼（线索3），所以剩下佐伊·温斯顿来自底特律，但她不住在1楼（线索1），而是2楼，剩下的约翰·凯格雷就是住在1楼。因为凯茜·艾伦不学历史（线索4）或物理学（线索1），那么她必定学医学。线索1还告诉我们，佐伊·温斯顿不学物理学，所以她学的是历史，剩下学物理学的是1楼的约翰·凯格雷。

答案：
1楼，约翰·凯格雷，惠灵顿，物理学。
2楼，佐伊·温斯顿，底特律，历史。
3楼，凯茜·艾伦，德班，医学。

697 信件

3号信是寄给雪特小姐的（线索3）。由于1号信不是寄给梅尔先生的（线索4），也不是给本德先生的（线索1），因此它一定是给格林夫人的。根据线索5，3号信的收件人雪特小姐住在6号，但不可能在斯坦修恩路（线索6），也不是在斯达·德弗街（线索3）。10号在特纳芮大街（线索2），因此雪特小姐的地址是朗恩·雷恩街6号。线索1说明本德先生的信不是4号信，我们知道也不是1号或3号，那么一定是2号信，剩下4号信是寄给梅尔先生的。线索1告诉我们，1号信寄到31号，这样根据线索4，梅尔先生的地址是45号，剩下本德先生的地址是特纳芮大街10号。最后由线索6得知，斯坦修恩路不是4号信上的地址，而是1号信上的地址，剩下斯达·德弗街45号是梅尔先生的完整地址。

答案：
1号信，格林夫人，斯坦修恩路31号。
2号信，本德先生，特纳芮大街10号。
3号信，雪特小姐，朗恩·雷恩街6号。
4号信，梅尔先生，斯达·德弗街45号。

698 龙拥有者俱乐部

由于特德·温的车不是黄色的（线索3），也不是红色的D号车（线索1和3）；伦·凯斯的跑车是绿色的（线索4），因此特德·温的车是蓝色，但不是C号车（线索5），根据线索3，一定是B号车，并且于1938年制造（线索2）。红车不是加里·合恩的（线索1），而是属于克里斯·丹什，剩下加里·合恩是黄车的主人。伦·凯斯的车不是A号车（线索4），因此一定是C号车，而加里·合恩的车是A号车。根据线索3，伦·凯斯的车是1932年的模型。1934年的模型不是D号车（线索1），而是加里·合恩的黄车，克里斯·丹什的 D 号红车始于 1936 年。

答案：
A 号车，加里·合恩，黄色，1934 年。
B 号车，特德·温，蓝色，1938 年。
C 号车，伦·凯斯，绿色，1932 年。
D 号车，克里斯·丹什，红色，1936 年。

699 百岁老人

艾尔德是在 1995 年搬来的（线索 4），所以，由线索 1 得出，西尼尔是 1990 年到的，格雷是 1985 年。格雷名叫玛格丽特（线索 3），所以不叫戴西的艾尔德，他的名字是亨利（线索 4）。剩下戴西的姓是西尼尔。从线索 1 知道，玛格丽特·格雷来自莫博里，而由线索 2，亨利·艾尔德原住在威逊韦尔。最后，戴西·西尼尔以前的家在布莱伍德。

答案：
戴西·西尼尔，布莱伍德，1990 年。
亨利·艾尔德，威逊韦尔，1995 年。
玛格丽特·格雷，莫博里，1985 年。

700 文学奖项

线索 3 指出两位女性评论家不可能坐在面对面的位置上，所以喜欢《木乃伊的诅咒》的肯定是一位男性评论家（线索 1）。这位男性评论家不可能是科兰利·斯密斯特（线索 1），所以他必然是德莫特·谷尔。两名男性评论家也不可能坐在面对面的位置上。喜欢《无血的屠宰场》的是一位女性评论家。喜欢《恶魔的野餐》的是一位男性评论家（线索 3），此人就是斯密斯特，他坐在盖莉·普拉斯姆的对面（线索 3），所以迪尔德丽·高尔就是那个喜欢《无血的屠宰场》的女性评论家。因此，顺时针的顺序就是：高尔（《无血的屠宰场》）、斯密斯特（《恶魔的野餐》）、谷尔（《木乃伊的诅咒》）和普拉斯姆（《太空的魔王》）。从线索 4 看出，普拉斯姆坐在 D 座上，高尔坐在 A 座上，斯密斯特坐在 B 座上，谷尔坐在 C 座上。

答案：
位置 A，迪尔德丽·高尔，《无血的屠宰场》。
位置 B，科兰利·斯密斯特，《恶魔的野餐》。
位置 C，德莫特·谷尔，《木乃伊的诅咒》。
位置 D，盖莉·普拉斯姆，《太空的魔王》。

701 射球明星

最后进球的不是文斯（线索 1），不是艾伦或格雷厄姆（线索 2），也不是大卫（线索 3），所以是保罗。E 位置的不是文斯（线索 1），不是格雷厄姆（线索 2），不是保罗（线索 5），也不是大卫（线索 3），所以是艾伦。因为艾伦没有进第 1 个球（线索 2），A 位置的人没有进第 1 和第 2 个球（线索 1）；线索 1 同时指出 A 不是 9 号，A 也没有进第 3 个球（线索 4）和最后一个球，因此 A 进的是第 65 分钟的球，艾伦是 9 号。B 进的是第 2 个球，而 A 是 7 号（线索 2）。因为保罗不是 A（线索 5），所以他不是 7 号，B 不是 8 号（线索 5）。因此 B 的号码是 6，保罗的是 3。因为已知最后一球不是在 E 位置的艾伦踢出的，8 号不在 D 位置（线索 1），所以 8 号在 C 位置，D 位置的是保罗，是进最后一个球的人。文斯是在 B 位置的人（线索 1）。大卫不在 A 位置（线索 3），所以是在 C 位置，而格雷厄姆在 A 位置。综上，大卫踢进的是第 21 分的球。

答案：
位置 A，格雷厄姆，7 号，第 65 分钟。
位置 B，文斯，6 号，第 34 分钟。
位置 C，大卫，8 号，第 21 分钟。
位置 D，保罗，3 号，第 88 分钟。
位置 E，艾伦，9 号，第 47 分钟。

702 时间

那个坏时钟每天会显示两次正确的时间，一周共显示 14 次。而那个每天慢 1 小时的时钟每显示正确一次则需要 12 天。所以，就正确性而言，那个不走的时钟要强于那个慢走的时钟。

703 磁铁

如果你用一个铁条的一端接触另一个铁条的一端，它们之间就会产生吸力，但是，却无法说明究竟是哪个铁条在吸引对方。然而，当你用一个铁条的一端接触另一个铁条的中间部位，那么就会发生下面的情况：如果与另一个铁条的中间部位相接触的铁条是磁铁的话，那么它会吸引另一个铁条（如图 1 所示）；反之，如果不是磁铁的话，那么它就不会吸引另一个铁条，因为磁铁在中间部位几乎没有什么吸力（如图 2 所示）。这样，如果与另一个铁条接触的铁条是磁铁的话，那么它会吸引另一个铁条；如果不是的话，那么两根铁条之间就没有明显的吸引现象。

704 桥牌

迪尔德丽和贺瑞斯是一对，伊莫金和克劳德是一对，爱利卡和塞尔温是一对。

705 螺钉

不管朝哪个方向旋转，两个螺钉头总是保持相同的距离。

706 欺骗

奈德损失了整整 14 元。那筐高尔夫球的成本是 6 元，他又给了那位先生 8 元。

707 钓鱼

埃米特 4 条鱼、加尔文 3 条鱼、昆廷 2 条鱼、怀利 1 条鱼。

708 领导人

问题中的年份是 1944 年。如果把任何一个出生在 1944 年之前的人的出生年份加上他此时的年龄，那么这个结果都是 1944。同时，如果我们把 5 位政治人物的就职年份加上截至 1944 年的掌权时间，那么这个结果又是而且只能是 1944。所以，将这两个结果相加的话，结果就是题中给出的 3888。

709 排雷

710 吃了什么

黛娜吃的是羊肉、汤和巧克力。
丽丽吃的是鸭肉、面条和冰激凌。
玛丽吃的是猪肉、蔬菜和蛋糕。
米琳吃的是鸡肉、米饭和荔枝。
苏伊吃的是牛肉、豆腐和咖啡。

711 篱笆墙

B。Billy 那块地的篱笆最长。

712 倒酒

倒 6 次即可解决问题，有 4 种不同方法，其中一种解法如下图所示：

713 裂缝

最先出现的那条裂缝是图中间横向的一条，从正方形左边的中间向右延伸到右边离右上角 1/3 的地方。

通常要判断两个裂缝中哪个更早出现并不难：更早出现的裂缝会完全穿过这两个裂缝的交点。

714 安全脱险

一个人先攀上软梯，另一个人待水齐到颈部时开始攀升。攀升速度与水涨的速度相等，使水的高度始终在人的颈部。借助水的浮力，软梯就可以负担两个人的重量了。

715 特别的碑文

3 个人。

716 决斗制胜

A 把枪丢到 A 和 B 之间，且枪离自己 0.7 米，离 B 为 0.3 米。这时 C 会比 B 先开枪，因为 C 为了防止 B 射杀自己，再捡枪射杀 A（因为 A 的枪离 B 较近，所以 B 完

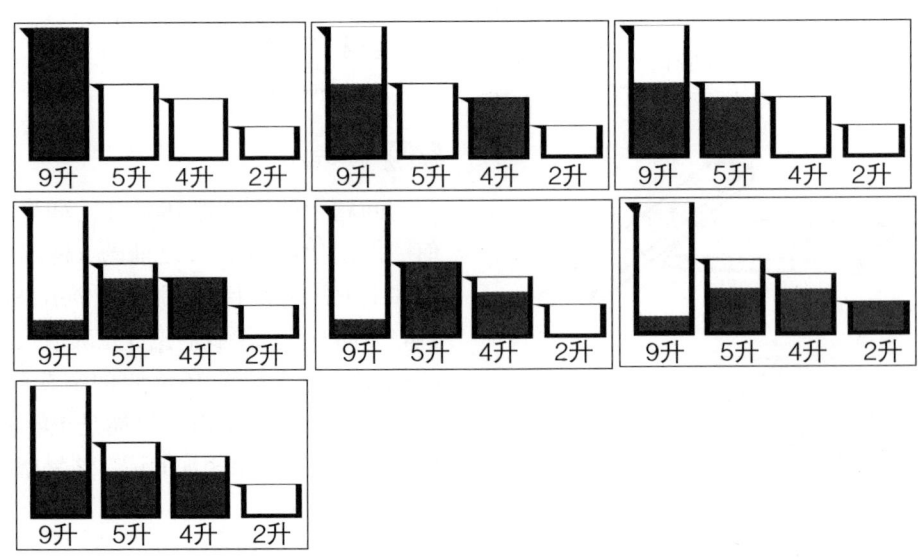

全会这么做），所以只好射杀 B。此时，A 再捡回自己的枪（因为 A 离枪 0.7 米，而 C 离枪大于 1 米），这样就可以保命。

717 切割菱形

把 18 切成两个"1"和两个"0"。

第十一章 综合法

718 未完的序列

A 按行计算，如果你把左右两边的图形添加在一起，就得到中间的图形。

719 移动的数字

下列答案中 n 指前一个数：
1. 122 （n+3）×2
2. 132 （n–7）×3
3. 19   2n–3

720 数字狭条

缺失的是：

| 4 | 7 | 8 | 15 |

721 合适的长方形

E。长方形的每条边上都包含 6 个黑点和 5 个白点。

722 数字游戏板

723 六边形上色

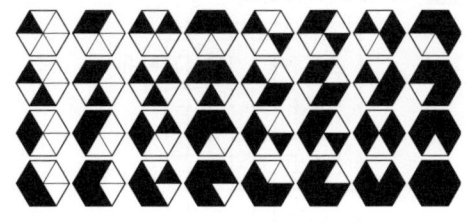

724 旗子

旗子会上升。

725 排列规律

D。图形交替旋转 180°或 90°。圆圈和正方形交换位置，菱形和矩形交换颜色。

726 填图补白

C。从左上角开始，按照顺时针方向以螺旋形向中心进行。7 个不同的符号每次按照相同的顺序重复。

727 地板

B

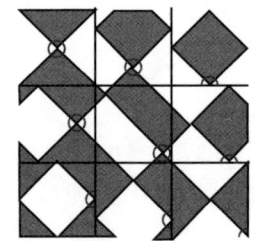

728 蛋卷冰激凌

一共有 3 种口味需要排序，那么就是 3 的阶乘，也就是一共有 6 种排序方法，因此冰激凌的口味正好是你最喜欢的顺序的概率应该是 1/6。

729 合适的图形

E

730 滑动链接谜题

731 守卫

图 1 表明 5 名看守人的行进路线，图 2 则是伦敦塔看守人走遍所有房间的路线，他只要拐 16 次弯就够了。

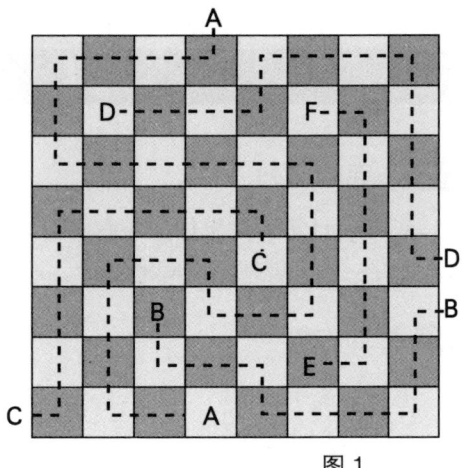

图 1

图 2

732 空白

A。外环三角形里的数字跟与之相对应的内环三角形里的数字之和等于最中间的三角形里的数字。

733 踩着石头过河

踩踏石头的顺序是 2—5—6—12，

环在这些石头上的图案呈现出逐渐向中间靠拢的趋势。

734 正透镜

如下图所示,通过两个正透镜的光线的弯曲度更大,因此两个正透镜会聚光线的能力要比一个正透镜强。

735 反射

736 蜡烛的像

当镜子之间角度减小时,放在两面镜子之间的物体的多重镜像的数目将会增加。

每次夹角度数以 360/N (N=2,3,4,5,…) 的数值减少时,镜像数目会对应增加。

因此,镜像数是两镜夹角度数的一个函数,如下所示:

夹角度数:120°, 90°, 72°, 60°, 51.4°。
镜像数:3, 4, 5, 6, 7。

理论上,当夹角接近零时,镜像数将变为无穷。当你站在两面平行镜之间或者看一面无穷大的镜子时,你就会看到这种效果。但实际上,能看到的只有有限的镜像数,因为随着每次反射,镜像将逐渐变得微弱。

737 数字路线

1. 路线为:17-19-22-24-28-20,总值为 130。
2. 路线为:17-19-22-28-25-20,总值为 131;17-23-22-24-25-20,总值为 131。
3. 路线为:17-24-26-28-25-20,最大值是 140。
4. 路线为:17-19-22-24-25-20,最小值是 127。
5. 一共有 2 种方式:17-24-26-24-25-20;17-23-22-26-28-20。

738 转移

C

739 围栏

关大象的围栏所用的材料最少。

也就是说,2 个相连的全等图形面积相等时,周长最短的并不是正方形,而是长比宽长 1/3 的长方形。

举个例子,2 个边长为 6 厘米的相连的正方形,面积为 72 平方厘米,而围栏长为 42 厘米。

而 2 个长和宽分别为 6.83 和 5.27 的长方形,面积与上面的正方形是一样的,但是总围栏长只有 41.57 厘米。

740 平行四边形

所有任意四边形四边中点的连线都会组成 1 个平行四边形,我们将这个平行四边形称之为伐里农平行四边形,是以数学家皮埃尔·伐里农(1654 ~ 1722)的名字命名的。

伐里农平行四边形的面积是原四边形的面积的一半,而它的周长则等于原四边形两条对角线的长度之和。

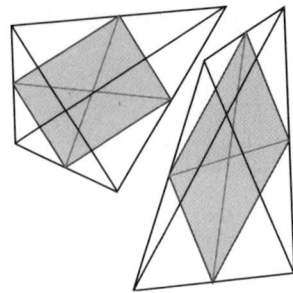

741 拼剪三角

因为是不等边三角形,翻成反面时会变形,因此,只要将翻成反面也不会变形的部分分割成几个等腰三角形,再缝合起来即可。要分割成数目最少的等腰三角形,如图所示,只要分割成 4 片就行了。

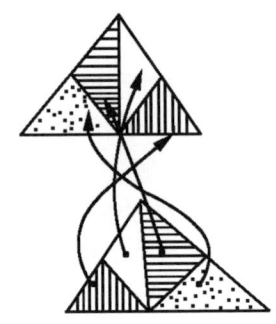

742 分辨碟子

有 5 种分配方法将 3 个不同的物体放在 3 个没有标记的碟子上。

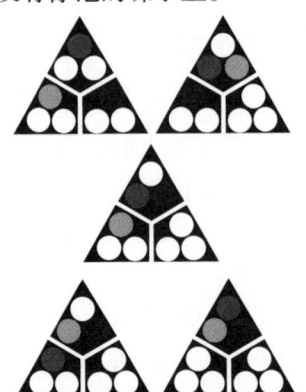

743 容积

6 个烧瓶的总容积是 98 个单位容积（98 被 3 除余数为 2）。

空烧瓶的容积必须是被 3 除余数为 2 的 1 个数（因为蓝色的液体是红色液体总量的 2 倍）,而在已给出的 6 个数中,只有 20 满足这一条件,因此容积为 20 的是空烧瓶。剩下的 5 个烧瓶的总容积为 78,它的 1/3 应该为红色液体,即 26；剩下的 52 为蓝色液体。由此得到最后的结果,如图所示。

744 如何出场

可能的排列顺序应该是 $6×5×4×3=360$ 种。

745 演员金字塔

如图所示,想象有两个这样的金字塔,它们正好拼成 1 个平行四边形,从图中可以很直观地看出这个平行四边形有 20 横行,21 纵行,那么组成这个平行四边形需

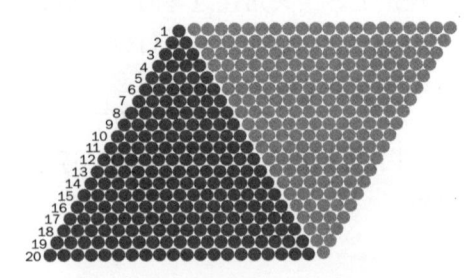

要 20×21=420 个演员，两个金字塔需要 420 个演员，那么一个金字塔则需要 210 个演员。

746 七巧板

747 拼合图形

748 拼数字

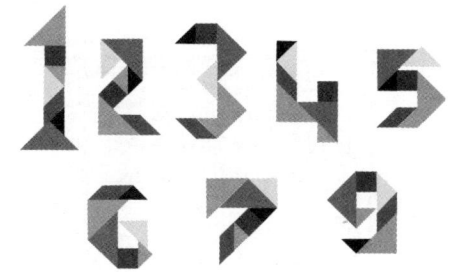

749 点菜

第一份菜单中你有 2 道可以选择，第二份菜单中你有 3 道可以选择，而第三份菜单中你有 2 种选择。因此，你的选择一共是 2×3×2=12 种。

750 动物组合

满足条件的排序一共有 4 种，下图是其中的 1 种。

751 拓扑游戏

字母应该如下图分别放入 3 个圆圈中，其中与众不同的字母用方框标了出来。

该圆圈内的字母都不含曲线。　该圆圈内的字母都不是闭合的。　该圆圈内的字母都是闭合的。

答案 | 515

752 走出迷宫

753 重新拼入

如图所示，5 个边长为 1 个单位的正方形可以拼入 1 个边长是 2.707 个单位的正方形内。

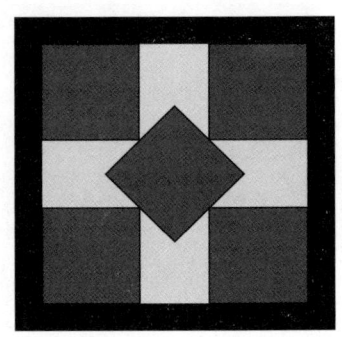

754 钉子的跳跃

如下图所示，18 步是步数最少的解法。

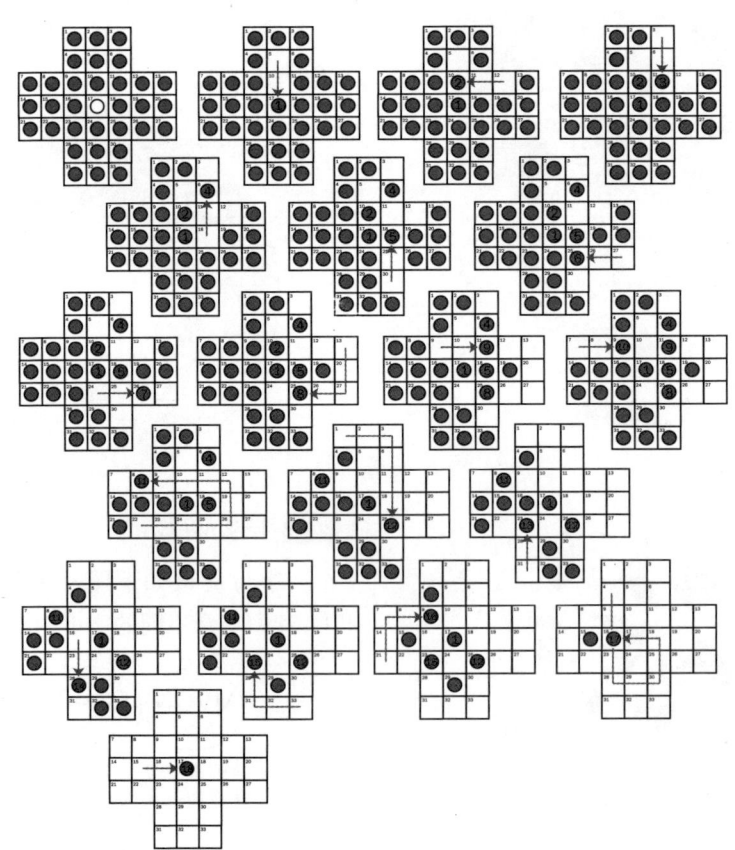

755 加法运算

4100。

756 三角形个数

1. 1 个三角形
2. 5 个三角形
3. 13 个三角形
4. 27 个三角形
5. 48 个三角形
6. 78 个三角形

如果 n(n 为每条边上三角形的个数)为偶数,三角形的总数将遵循下面这个公式:

n(n+2)(2n+1)

而如果 n 为奇数,公式应该是:

n(n+2)(2n+1)−1

757 小人

一样大。

758 神奇的运算

题 1:一共有 90 个两位的阿拉伯数字,如下图所示。在它们之中有 8 个有连续的数字,所以答案是 82 个两位数。

10	11	12	13	14	15	16	17	18	19
20	21	22	23	24	25	26	27	28	29
30	31	32	33	34	35	36	37	38	39
40	41	42	43	44	45	46	47	48	49
50	51	52	53	54	55	56	57	58	59
60	61	62	63	64	65	66	67	68	69
70	71	72	73	74	75	76	77	78	79
80	81	82	83	84	85	86	87	88	89
90	91	92	93	94	95	96	97	98	99

759 博彩游戏

$C_n^k = \dfrac{n!}{k!(n-k)!} = \dfrac{54!}{6!(54-6)!} =$

$\dfrac{54 \times 53 \times 52 \times \cdots \times 3 \times 2 \times 1}{(6 \times 5 \times 4 \times 3 \times 2 \times 1) \times (48 \times 47 \times 46 \times \cdots \times 3 \times 2 \times 1)}$

=25827165

760 条形关系

这些条形是平行的。

761 活塞

我们必须记住的是水压所产生的巨大力量是以距离为代价的。

因此,大活塞每活动 1 个单位距离,那么小活塞应该要活动 7 个单位距离。

加在小汽缸上的压力应该是 7 个单位,那么这个压力能够举起的重量应该是 49,也就是 7 倍。

762 数字分拆

数字 6 有 11 种分拆法,数字 10 则有 42 种分拆法。

随着数字增大,分拆的方法数迅速增加。

n=50 时,有 204226 种。

n=100 时,有 190569292 种。

763 找出 4

如图:

764 哥伦布竖鸡蛋

如图所示,这个鸡蛋竖起来的道理与高空走钢丝是一样的:两个叉子给鸡蛋提供了平衡力,降低了鸡蛋的重心。(多一点儿耐心就可以完成题目的要求。)

元素都转移到中心较大元素的内部。

767 最长路线

最多可以走 5 步。

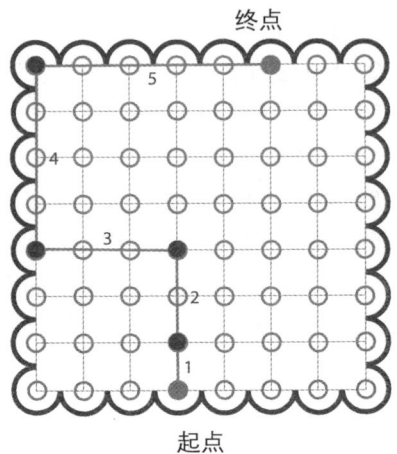

765 巧分巧克力

如图所示切 6 次。

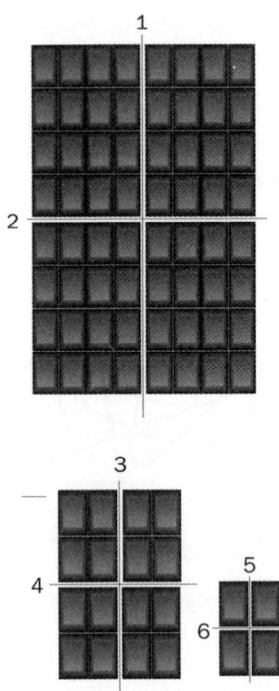

768 突变

如下图所示，突变后图片的宽和高比原始图片均增加了 1 倍。

769 哈密尔敦路线

解法之一：

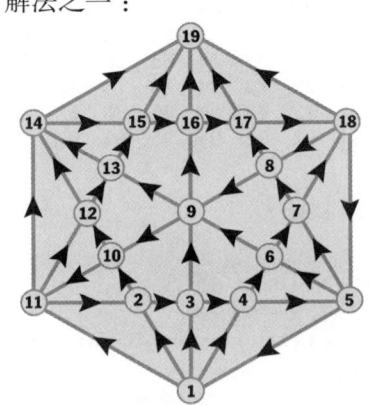

766 组图

G。顶部和底部的元素互换位置，中心较小的元素变得更小，在外的两个

770 哈密尔敦闭合路线

解法之一：

771 投票箱

按照图1所示将一张纸的顶部和底部的一部分折叠。然后，画出"×"的一

图4

边，并将线画到顶部折纸上（如虚线所示）；接着往回画线，返回纸张的中部并将"×"的另一边画出来（如图2所示）。随后，继续画线并延伸到底部折纸上，同时，将线延伸到另一侧（如图3中虚线所示）。最后，使线条离开折纸，并返回纸张的中部，再围绕"×"画出方框（如图4所示）。这时，你就可以用一笔在线条不相互交叉的前提下连续画出一个正方形，其正中央有一个"×"。

772 不中断的链条

773 绳子上的猴子

如下页图所示，无论猴子怎样往上爬，它跟香蕉总是保持平衡状态。

答案 | 519

774 举起自己

如果这个女孩的力气足够大的话，她可以举起自己。如果她体重60磅（约27千克），而她坐的秋千重4磅（约1.8千克），她对绳子施加32磅（约14.5千克）的力就可以把自己举起来。

775 木板上升

理论上是可以的，尽管操作起来会非常困难。如果这个男孩对绳子施加的力等于他的体重加上木板的重量，他就可以把自己拉起来。但是在这种情况下他还必须努力保持平衡。

776 聚餐

阿里斯德尔点的是鳕鱼套餐，有一个比萨，付了40元；

多戈尔点了一个北大西洋鳕鱼，有一个面包，付了45元；

莱恩点了一个加拿大鲽鱼，并点了薯片，付了60元；

莫顿点了一个鳊鱼套餐，含一个玛氏巧克力棒，总共付了55元；

尼尔点了一个鲽鱼套餐，含一块芝士，付了50元。

777 警长的妙计

罗尔警长马上打开轮胎的气门，放掉了些气，让轮胎瘪一点儿，卡车就降低了高度，能穿过立交桥了。

778 神奇的幻方

下面是解答的方法。值得注意的是，这个方格4个角上的数字以及中央的4个数字相加的结果也是79。当然，除此之外还有其他几组4个数字相加的结果也是79。看看你能找到多少个。

19	22	26	12
25	13	18	23
14	28	20	17
21	16	15	27

779 箭头与数字

1	2	7	6	3	4	5
5	6	4	2	7	3	1
2	4	1	7	6	5	3
6	1	3	4	5	7	2
3	7	6	5	1	2	4
4	3	5	1	2	6	7
7	5	2	3	4	1	6

780 棋盘的方格

答案是不可能将多米诺骨牌放在棋盘上。因为，一个多米诺骨牌占两个方格，黑白方格各占一个。然而，当我们将棋盘的两个对角上的方格切掉时，这两个方格的颜色是相同的。在这个例子当中，棋盘还剩下32个黑色方格和30个白色方格。当你把30个多米诺骨牌放在棋盘上时，棋盘上所剩下的两个黑色方格并不会相互接触，这样，最后一个多米诺骨牌就无法放在上面。在任何一个棋盘上，相同颜色的两个方格不会并排相连。

781 小猫找尾巴

① H，② D，③ C，④ G，⑤ B，⑥ F，⑦ E，⑧ A，

782 惩罚

这个问题的答案就是用分数来表示整数，比如 $3\frac{3}{3}$，即等于偶数4。其他例子：$9\frac{9}{9}$，即偶数10；$7\frac{7}{7}$，即偶数8。

783 瓶子

这位船长当然就是挪亚了。他的那艘巨轮装载了来自世界各地的动物，这些动物自然不是为了出售。因为没有陆地，所以他根本无需担心风向问题，所有的港口都被水淹没，他最希望的就是找到陆地将船停泊。

784 火柴杆

如果我们把这些火柴拼成一个直角三角形（如下图所示），那么这个三角形的面积为24平方厘米（8厘米×6厘米÷2＝24平方厘米）。然后，按照图中的样子将4根火柴放进三角形内，这样，减去阴影部分的12平方厘米的面积，剩下就是一个面积为12平方厘米的区域。

785 玻璃杯中的瓶塞

将水缓缓倒入玻璃杯，直到水平面几乎超出杯口。如果你小心操作的话，液体的表面张力会使水稍稍凸起。这样，瓶塞便会向上"漂"直到杯子的中央并停留在那里。

786 香水瓶

首先，测量瓶子内液体的高度。然后，将瓶子颠倒，并测量瓶子内空气柱的高度。将这两个高度相加，便得出一个虚构圆柱体的高度。现在，用液体的高度除以圆柱体的高度，这样便可以得出瓶内液体体积所占瓶子的百分比。如果虚构圆柱体的高度是5厘米，而液体高度是4厘米，那么，用4除以5，得出80%，即液体体积所占的百分比。

787 骰子

当你拿起骰子之前，偷偷地把你的食指弄湿。接着，让这个手指将一个骰子的一个面沾湿。然后，把第二个骰子贴在那个骰子的沾湿面上，用拇指与食指将两个骰子夹住，这样持续夹住两个骰子，接着，

把它们放在桌上那个骰子的上面,并把手指松开,两个骰子将粘在一起,并会稳稳地停在最下面的骰子之上。

788 幻方

下图所示答案是将数字放在正方形边周围的一种方法。

789 手表组合

答案如下图所示:

790 蜡烛

将下图中虚线位置上的蜡烛移动就可以了。

791 连线碑

皮特里和霍金斯所想出来的答案如图所示。

a	b	c	d	e	f	g
d	e	f	g	a	b	c
g	a	b	c	d	e	f
c	d	e	f	g	a	b
f	g	a	b	c	d	e
b	c	d	e	f	g	a
e	f	g	a	b	c	d

792 排列棋子

图片展示了如何将12个棋子排成7行——水平方向3行、垂直方向3行和一条对角线(从右上角到左下角),每行各有4个棋子。

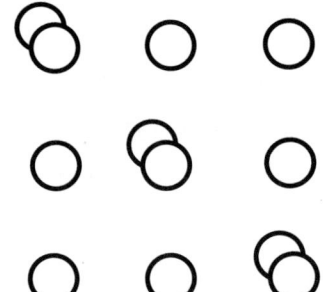

793 数独

2	5	6	9	1	7	3	8	4
1	7	8	3	4	5	9	6	2
9	3	4	8	6	2	7	1	5
5	6	2	7	3	1	8	4	9
3	9	7	2	8	4	1	5	6
4	8	1	5	9	6	2	7	3
6	4	9	1	2	8	5	3	7
7	1	3	6	5	9	4	2	8
8	2	5	4	7	3	6	9	1

794 字母游戏

795 蚂蚁回家

将立方体展开(如下图所示)，A 和 B 的连线就是最短的路线。

796 五碗巧搬

1入丙；2入乙；1入乙；3入丙；1入甲；2入丙；1入丙；4入乙；1入乙；2入甲；1入甲；3入乙；1入丙；2入乙；1入乙；5入丙；1入甲；2入丙；1入丙；3入甲；1入乙；2入乙；1入甲；4入丙；1入丙；2入乙；1入乙；3入丙；1入甲；2入丙；1入丙。

797 猜猜主角

根据陈述中的假设，（1）和（2）中只有一个能适用于实际情况。同样，（3）和（4）（5）和（6）也是两个陈述中只有一个能适用于实际情况。根据陈述中的结论，(1)和(5)不可能都适用于实际情况。同样，（2）和（3）（4）和（6），也是两个陈述不可能都适用于实际情况。因此，要么（1）（3）和（6）组合在一起适用于实际情况；要么（2）（4）和（5）组合在一起适用于实际情况。如果（1）、（3）和（6）适用于实际情况，则根据这些陈述的结论，导演是费伊，一位布莱克家的女歌唱家。于是，根据陈述中的假设，担任电影主角的是埃兹拉，一位布莱克家的男歌唱家。如果（2）（4）和（5）适用于实际情况，则根据陈述中的结论，导演是亚历克斯，一位怀特家的男舞蹈家。于是，根据陈述中的假设，担任电影主角的是埃兹拉，一位布莱克家的男歌唱家。因此，无论是哪一种情况，担任电影主角的都是埃兹拉。

798 聪明搬动

两件家具互换位置，至少要把家具搬动 17 次。搬动的顺序是：1. 钢琴；2. 书橱；3. 沙发；4. 钢琴；5. 办公桌；6. 床；7. 钢琴；8. 沙发；9. 书橱；10. 办公桌；11. 沙发；12. 钢琴；13. 床；14. 沙发；15. 办公桌；16. 书橱；17. 钢琴。

799 死里逃生

很容易就能使他们分开。一个人质用双手抓住他的绳子，使他的绳子在他同伴的另一侧形成一个松弛的绳圈。然后他把绳圈塞进同伴手腕上的套索中，并将绳圈绕过同伴的手指。当他把绳圈绕过同伴的手并从套索中拉出后，他们就自由了。

800 七角星

如图：